종교개혁자들 이야기

종교개혁자들 이야기

- 1판 1쇄 인쇄 | 2013년 7월 15일
- 1판 1쇄 발행 | 2013년 7월 16일

- 지은이 | 이은선
- 펴낸이 | 이정현
- 펴낸곳 | 도서출판 지민(指民)
- 등록번호 | 140-90-13084

- 주소 | 시흥시 정왕동 함송로 29번길(1878-12)
- 전화번호 | 031)431-4817, 431-0212
- 팩시밀리 | 031)432-4818
- e-mail | jdaora@hanmail.net

※ 도서출판 지민(指民)이란, 글자그대로 혼탁한 세상속에서 글로써 하나님의 백성들을 인도하고 지도한다는 뜻이다.
※ 잘못된 책은 바꿔드립니다.

- ISBN | 978-89- 93059-33-5   93230

정가 15,000원

이 책의 인쇄비를 윤은자 권사님이 담당해 주셨습니다.

종교개혁자들 이야기

신학박사 이 은 선 교수 지음

도서출판 지민(指民)

서 문

종교개혁은 서양 역사에서 중세에서 근대로 넘어가는 과정에서 일어났다. 중세 사회가 근대라는 새로운 사회로 옮겨가는 과정에서 중세교회는 새로운 변화에 적응하지 못하고 오히려 과거에 안주하고자 하는 과정에서 붕괴되어 갔다. 그러한 사회 변화 과정의 중심에 서서 변화를 이끌어냈던 주역들이 종교개혁자들이었다. 중세 사회를 뒷받침하고 있었던 중세교회는 권력집단으로 변질되어 하나님의 말씀에 따라 사람들을 섬기기보다는 오히려 사람들을 지배하고 있었고, 새로운 사회의 변화를 가로막으며 기득권 체제를 유지하고자 하였다. 로마교황청의 거대한 권력은 면죄부를 판매하여 그 돈으로 로마의 베드로 성당을 건축하고 있었다. 그들은 스스로 얼마나 부패했는지 자각하지 못하였으며, 그 부패의 가장 깊은 곳에 자리잡은 것은 교회의 물욕이었다. 면죄부 판매뿐만 아니라, 성인숭배, 성지순례와 성유물 숭배, 공적(merit)으로서의 미사 등의 온갖 제도들을 통하여 사람들에게 구원을 약속하였다. 그러한 행위를 통한 구원의 추구는 결국은 맘몬을 통한 구원의 추구였다.

그렇게 교회의 타락이 깊어져갈 때, 루터는 성경을 깊이 연구하면서 하나님의 음성을 듣고자 하였다. 사제였음에도 불구하고, 중세교회가 제공하는 모든 것들을 통하여 구원의 확신과 마음의 평안을 얻을 수 없었던 루터는 성경을 연구하고 씨름하던 중에 오직 믿음으로(sola fide) 구원을 얻는다는 이신칭의의 성경의 교훈을 발견하게 되었고 그 이신칭의를 통하여 중세교회와는 다른 새로운 개신교회를 세우게 되었다. 이신칭의의 교리는 우리의 구원이 행위가 아니라 하나님의 은혜로 말미암는다는 오직 은혜로(sola gratia)의 진리였다. 하나님의 자녀들이 믿음을 통해 오직 은혜로 구원받는 것이 가능해진 것은 예수 그리스도께서 십자가의 고난과 부활을 통해 하나님의 의를 온전히 성취하셨기 때문이다. 그러므로 우리들의 구원의 길은 오직 예수 그리스도를 통해서만 열리게 된다(solus christus). 이신칭의를 통한 구원의 진리를 깨달으면서 루터는 우리의 신앙생활에서 진정한 권위가 교회와 그 전통이 아니라 성경이라고 주장하는 오직 성경으로(sola scriptura)를 내세웠다. 오직 성경이란 모토는 로마가톨릭교회의 가르침을 거부하고 새로운 성경해석이 가능하게 만들었다.

그런데 이 오직 성경의 원리는 성경을 해석하는 사람들 사이의 다양성을 만들어내게 되었다. 성경을 읽고 해석할 수 있는 학자들의 권리가 주장되면서, 다양한 성경해석이 등장하게 되었다. 루터는 오직 성경을 주장할 때, 로마가톨릭교회의 권위와 그들의 성경해석을 비판하기 위한 목적이면서 동시에 다른 사람들이 자신의 성경해석을 따라 줄 것이라 생각했을 것이다. 그러나 루터가 새로운 성경해석을 시작하자, 여러 명의 종교개혁자들이 등장하여 다양한 성경해석을 내놓기 시작하였다. 그리하여 성경으로 돌아가서 성경적인 교회를 세우겠다고 시작한 종교개혁은 다양한 분쟁과 논란을 야기하기 시작하였다. 그리하여 결과적으로 종교개혁이 끝나갈 무렵에는 루터파, 개혁파, 재세례파, 영국 성공회가 탄생하게 되었다.

  종교개혁을 통하여 탄생한 교파들은 로마가톨릭교회와 구별되는 분명한 특색이 있다. 첫째는 루터와 함께 모든 종교개혁자들은 오직 믿음으로, 오직 은혜로, 오직 그리스도로, 오직 성경으로라는 진리를 공유하고 있다. 종교개혁자들은 다른 점에서 성경 해석이 달라졌지만 이러한 근본진리는 공유하고 있다. 둘째로 이와 함께 믿음으로 구원을 받기 때문에 모든 믿는 사람들이 하나님 앞에서 신분이 동일하다는 믿는 성도들의 제사장직을 주장하고 있다. 이것은 로마가톨릭이 성직자와 평신도의 신분을 성속으로 구분할 뿐만 아니라, 성직자들 사이에서도 계급을 인정하는 것을 분명하게 반대하는 교리이다. 종교개혁교회들은 이러한 중요한 근본진리들은 공유하고 있지만, 다른 부분에서는 성경 해석이 서로 달라서 견해를 달리하고 있다.

  종교개혁자들의 이야기는 이러한 종교개혁을 주도했던 사람들이 어떻게 공부하여 그들의 신앙을 형성하고, 그 신앙을 꽃피우기 위하여 분투하며 살았는지를 풀어보려는 이야기이다. 이 책은 크게 다섯 부분으로 나누어보고자 한다. 첫째는 종교개혁의 선구적인 역할을 했던 사람들로 위클리프와 요한 후스를 살펴보고자 한다. 이들은 종교개혁이 일어나기 150-100년 전에 살면서 중세말기의 부패한 교회를 개혁하고자 하였으나, 그 목적을 이루지 못하고 오히려 희생당한 사람들이다. 그러나 이들의 희생이 밑거름이 되어 종교개혁은 탄생하게 되었다. 이와 함께 종교개혁 직전에 인문주의자로서 종교개혁의 문을 열었던 에라스무스의 생애도 함께 살펴보고자 한다. 둘째는 종교개혁을 시작했던 루터와 그의 동역자였던 멜랑히톤의 사역을 이야기하려고 한다. 루터가 종교개혁의 사상을 분출시키면서 과단성 있게 전진하는 개혁자라면, 그러한 그의 사상들을 잘 모아서 체계화시켜 나간 인물이 멜랑히톤이다. 멜랑히톤이 루터의 활동을 훌륭하게 뒷받침해서 독일의 종교개혁이 열매를 맺을 수 있었다. 그렇지만 루터가 세상을 떠난 후에 루터의 사상을 엄격하게 따르려는 사람들과 인문주의 성격이 강했던 멜랑히톤과 그 제자들 사이에 논쟁이 일어나게 되었고, 그로 인해 멜랑히톤의 삶의 후반부는 그러한 논쟁으로 얼룩져야 했다. 셋째로 개혁파 종교개혁의 주역들인 취리히의 츠빙글리와 불링거, 스트라스부르의 부처, 제네바의 칼뱅과 베자를 고찰해 보고, 칼뱅의 영향을 받으며 스코틀랜드의 종교개혁을 이룩했던 녹스의 생애를 풀어보고자 한다. 개혁파 개혁자들은 공통점을 가지면서도 서로의 차이점 때문에 갈등하며 조정하며 개혁신학의 물줄기를 형성하게 되었다. 넷째로 재세례파의 콘라드 그레벨과 메노 시몬스의 행적을 찾아보고자 한다. 이들은 이신칭의 교리에 근거하여 유아세례를 반대하고 산상수훈의 교훈을 문자적으로 해석하며 절대평화주의를 내세워 군 입대를 반대하고 교회와 국가의 분리를 주장하였다. 다섯째로 영국의 성공회 개혁을 이끌었던 주역인 크랜머의 삶의 행로를 따라가 보고자 한다. 성공회는 교회의 머리를 영국의 국왕으로 인정하는 독특한 교회이며, 개신교와 로마가톨릭교회의 중간에 있는 교회이다.

  이러한 종교개혁자들의 이야기를 통해 개혁자들이 개혁의 이상을 품게 되었던 과정과 협력과 갈등, 그리고 성취와 좌절의 이야기를 들어보며 오늘 우리는 어떻게 신앙생활을 해야 할 것인지를 생각하는 계기가 되었으면 좋겠다. 이제 2017년이면 종교개혁 500주년을 맞이하는데, 성경에 근거하여 가장 성경다운 교회를 세우고자 했던 종교개혁자들의 열정을 우리들이 계승하여 위기에 빠진 한국교회를 다시 한 번 건강한 교회로 세우게 되는 소망을 가져본다. 너희 안에서 착한 일을 시작하신 이가 그리스도 예수의 날까지 이루실 줄을 우리는 확신하노라(빌1:6).

  마지막으로 졸고를 출판해 주신 이정현 목사님께 진심으로 감사를 드린다.

2013년 7월
연구실에서 이은선

목 차

서문 __ 4

제1장   영국의 선구적 종교개혁자 **존 위클리프**(J.Wyclif) __ 10

제2장   보헤미아의 종교개혁자 **얀 후스**(J.Hus) __ 39

제3장   인문주의 종교개혁자 **에라스무스**(D.Erasmus) __ 69

제4장   독일의 종교개혁자 **마틴 루터**(M.Luther) __ 99

제5장   2세대 독일의 종교개혁자 **필립 멜랑히톤**(P.Melanchthon) __ 132

제6장   취리히의 종교개혁자 **츠빙글리**(H.Zwingli) __ 162

제7장   2세대 취리히의 종교개혁자 **하인리히 불링거**(H.Bullinger) __ 194

제8장   스트라스부르의 종교개혁자 **마틴 부처**(M.Bucer) __ 223

제9장   제네바의 종교개혁자 **존 칼빈**(J.Calvin) __ 254

제10장 2세대 제네바의 종교개혁자 **테오도레 베자**(T.Beza) __ 287

제11장 스코틀랜드의 종교개혁자 **존 녹스**(J.Knox) __ 312

제12장 재세례파 종교개혁자 **메노 시몬스**(M.Simons) __ 343

제13장 영국의 종교개혁자 **토마스 크랜머**(T.Cranmer) __ 371

에필로그   종교개혁에 대한 종합적인 평가 __ 401

제1장

영국의 선구적 종교개혁자 존 위클리프

위클리프(John Wyclif, 1330-1384)

위클리프(John Wyclif, 1330-1384)는 독일에서 마틴 루터의 종교개혁이 시작되기 약 150년 전에 이미 교황 중심적인 로마 교회와 그 성직자들의 타락상과 성서에 근거하지 않은 로마 교회의 교리를 비판하는 개혁적인 삶을 살았다. 그의 사상은 바다를 건너 체코의 요한 후스에게 전달되어 그의 개혁활동에 영향을 주었으며, 후에 루터는 자신의 개혁사상이 후스의 것과 일치한다는 것을 인정하였다. 이와 같이 루터의 종교개혁이 일어나기 훨씬 전에 이미 종교개혁을 외쳐 종교개혁의 새벽별이라고 불리는 위클리프의 생애와 함께 그의 신학사상을 분석해 보고자 한다.

1. 위클리프의 시대적 배경

위클리프는 잉글랜드가 프랑스와 백년 전쟁을 하던 시대에 살았다. 백년 전쟁은 1337년부터 1453년까지 진행되었는데, 크게 3기로 나눌 수 있다. 1기는 1337년부터 1360년까지의 기간으로 영국이 승리하여 1360년 브레티니 칼레 조약을 맺으면서 푸아티에를 비롯한 옛 앙주 왕령을 차지하였다. 그러나 1364년부터 다시 전쟁이 시작되었고 이번에는 프랑스가 승리하여 1375년 브뤼헤(Bruges)에서 휴전 협정을 체결하였는데, 잉글랜드는 1차 전쟁에서 승리해서 얻었던 영토의 대부분을 프랑스에 넘겨주었다. 그 후 여러 이유들 때문에 오랫동안 전쟁이 중단되었다. 첫째로 양국에서 미성년자가 왕이 되어 전쟁을 수행하기가 어려웠다. 1377년 잉글랜드에서는 에드워드 3세가 죽고 리처드 2세가 왕위에 올랐으며, 프랑스에서도 1380년 샤를 5세가 죽고 그의 아들 샤를 6세가 뒤를 이었으나, 두 왕이 모두 미성년자였다. 둘째로 잉글랜드에서 1381년 와트 타일러의 난이 일어났을 뿐만 아니라 셋째로 리처드 왕의 지배에 대한 귀족의 반항까지 겹쳤다.

이 시기에 교황청은 1309년에 프랑스의 아비뇽으로 옮겨가 프랑스 왕실의 지배하에 있었다. 이 시기에 교황청은 더욱 타락하여 여러 나라에서 세금을 거둬들이려고 애를 쓰고 있었다. 교황청은 영국에 대하여 많은 세금을 부과하고 영국의 고위성직에 외국인들을 임명하여 영국인들의 많은 반발을 일으켰다. 이러한 교황청을 개혁하기 위하여 1378년 교황이 로마로 돌아갔으나, 아비뇽의 교황이 계속 남아 있어 교황권의 대분열이 시작되었다. 두 명의 교황이 존재하던 시기에 각국은 자기들의 이해관계에 따라 교황을 선택하여 지지하였는데, 영국은 로마 교황을 지지하였다. 이렇게 로마교황청이 분열하고 타락하였던 시기에 위클리프는 교회 개혁을 위하여 나서게 되었다.

2. 위클리프의 생애

위클리프의 초기 생애는 거의 알려져 있지 않지만 1320년대 중반에 태어난 것으로 추정되며, 요크셔(Yorkshire)의 노스 리딩(North Riding)에 있는 힙스웰(Hipswell) 마을의 부유한 가문에서 출생하였다. 그는 자신의 고향에서 초등교육을 받았으며, 옥스퍼드 대학의 입학 시기는 알려지지 않았으나, 1345년에 옥스퍼드에 재학하고 있었고 1356년에 머튼 칼리지의 연구원이 되었다. 그는 옥스퍼드 대학에서 계속 공부하여 1360년에 발리올 칼리지(Balliol College)에서 석사 학위를 받았다. 대학을 졸업하면서 그는 링컨셔에 있는 필링햄(Fylingham) 교구를 제공받았다. 그는 1362년에 옥스퍼드 대학으로 돌아와 신학을 공부하기 시작했는데, 신학사 학위를 얻은 후에 성경 연구에 큰 관심을 보였다. 1365년에 캔터베리 대주교가 그의 능력을 보고 그를 캔터베리 홀(Canterbury Hall)에서 12명의 사제후보자들을 가르칠 수 있는 교수 자리를 주었다. 그러나 대주교가 사망한 후에 그 자리를 계승한 랭함(Simon Langham)은 수도사 출신으로 그 직을 탁발수도사에게 줌으로써 위클리프는 그 자리를 잃게 되었다. 그는 로마교황청에 호소했으나, 별로 호의적인 반응을 얻지 못했다. 그의 동시대인들은 위클리프가 이 사건을 계기로 로마 교황청과 수도원주의를 공격하기 시작하였다고 설명하였다. 그는 1368년에 옥스퍼드에서 멀지 않은 버킹햄셔(Buckinghamshire)의 러저스홀(Ludgershall)의 교구목사직을 받았으며 대학과의 연계를 유지하였다. 그는 6년 후인 1374년에 라이세스터셔(Leicestershire)의 루터워스(Lutterworth)의 교구장의 직책을 받아 죽을 때까지 그 자리를 유지하였다. 그는 신학을 계속 공부하여 1372년에 신학박사 학위를 받았으며, 옥스퍼드 대학에서 신학을 강의하게 되었다.

그가 랭카스터의 공작인 곤트의 존(John of Gaunt)과 연결되어 교회 정치에 관련을 맺기 시작한 것은 아마도 1371년경으로 보이는데, 위클리프가 왕실을 위해 일하기 시작한 것은 외교적 사명을 위해 브뤼헤로 갔던 1374년이었다. 『신정지배론』 속에 표현된 주권(lordship)과 교회 부에 대한 그의 이념들과 관련하여 교황 그레고리 11세는 1377년에 19개 항목에 대해 공식적인 정죄를 하였다. 이러한 정죄를 받고 난 후에 위클리프는 1377-1378년에 교회의 정치적 부패와 남용에 대한 공격으로 교회와 성례를 더욱 과격하게 비판하기 시작하였다. 그는 1378년에 저술된 『교회론』에서 사제직에 대한 왕의 우위권을 분명하게 주장하였고, 1380년경 『성찬론』과 『배교론』에서 성찬에 빵의 본질의 유지를 주장하여 화체설을 부인하고 그리스도의 영적인 임재를 주장하였다. 이러한 명제들은 15세기에 프라하의 요한 후스와 제롬에게 영향을 미쳤을 것이다. 그가 교회의 남용과 부를 공격하는 한에서 성직자와 국왕을 포함한 귀족들의 지지를 받았으나, 일단 화체설을 공격하기 시작하자 그의 입장은 더 이상 변호를 받을 수 없었다. 이렇게 해서 1382년에 대주교 코르네이(Courtenay)는 위클리프에게 귀속된 24개 명제에 대해 신학위원회가 정죄하게 만들었고 옥스퍼드에 있는 위클리프의 추종자들이 그들의 견해를 철회하거나 떠나도록 만들었다. 콘스탄츠종교회의(1414-1418)는 위클리프의 저술들을 정죄하고 그의 책을 불태우며 그의 시신을 매장된 땅에서 제거하도록 명령했다. 이 마지막 명령은 1428년에 시행되었다.

3. 위클리프의 저작들

위클리프는 라틴어와 영어로 상당히 많은 양의 작품을 저술하였는데, 전반기에는 주로 형이상학과 관련된 철학적인 저술들을 썼고, 후반기에는 당시 교회의 신학적인 문제들에 대한 논쟁들을 다룬 작품들을 저술하였다. 먼저 라틴어로 된 논리학과 철학적인 작품들에는 다음과 같은 것들이 있다. 논리학과 관련해서는 『논리학 논고』(De logica)와 『속논리학』(Continuatio logicae)이 있고 철학 작품들로는 1365년부터 1374년 사이에 저술된 『보편존재론』(De ente in communi), 『제일존재론』(De ente primo in communi), 『영혼의 활동론』(De actibus animae), 『보편에 대한 오류 수정』(Purgans errores circa universalia in communi), 『범주적 존재론』(De ente praedicamentali), 『하나님의 지성론』(On the Intellection of God), 『하나님의 의지론』(De volucione Dei), 『보편에 관한 논문』(Tractatus de universalibus), 『질료와 형상론』(De materia et *forma*) 등이 있다. 이러한 작품들의 대부분은 1374년경에 13개의 논문을 포함한 두 권으로 되어 있는 『존재론 대전』(*Summa de ente*)으로 종합되었다.

위클리프는 철학에서 자신보다 앞섰던 오캄의 유명론을 반대하여 실재론을 주장하였다. 그는 실재론 철학자로 자신의 입장을 『보편에 관한 논문』에서 가장 잘 설명하고 있는데, 이 저술은 보편적 개념들의 실질적인 존재를 주장하고 오컴과 전형적으로 결합되는 유명론 견해를 반대하는 자신의 입장을 변호한다. 실재론은 인간 개개인들에 앞서 보편적인 인간 개념이 있고, 거기서 개별적인 인간이 나온다고 이해한다. 반면에 유명론자들은 개개인들이 먼저 있고, 그들의 특성을 모아 추상화시킨 것이 보편 개념이라고 이해한다. 그러므로 유명론자들은 보편 개념은 실재가 없고 이름만 있다고 주장한다. 이러한 두 가지 철학적 입장 가운데 위클리프는 실재론의 입장을 취하였고, 이러한 그의 철학적 입장은 자신의 신학적 주장의 논리적인 근거가 된다. 『보편에 관한 논문』과 같이 위클리프의 『존재론 대전』의 12개의 남아 있는 철학적 논문들은 성격에서 주로 인식론에 관한 것이다. 그것들의 절반은 일반적으로 논리에 의해서만 이해되는 바로서 인간 지식의 성격에 초점을 맞추는 반면에, 나머지 6편은 하나님의 속성들을 고찰하면서 신학의 영역으로 넘어가고 있다.

위클리프의 가장 중요한 신학적 작품들의 대부분은 그의 저술활동과 공적 활동의 절정기인 1374년부터 1384년 사이에 저술되었다. 그는 1374년경에 저술한 『왕조에 반대하는 지배권에 대한 어떤 석사 존 위클리프의 결정』(*Determinatio quaedam Magistri Johannis Wyclif de dominio contra unum monachum*)에서, 의회 앞에서의 7개의 연설 형태로 교황에 의한 영국 왕조의 봉건적 지배에 반대하는 그의 주장을 펼쳤다. 그는 3권으로 되어 있는 『신정지배론』(De dominio divino)과 『세속지배론』(De civili dominio)을 포함하는, 연속되는 교회 정치에 대한 좀 더 공식적인 논문들 속에서 이러한 이념들을 깊이 있게 발전시켜 나갔다. 전체적으로 위클리프의 초기 정치신학은 지배권(dominion)이란 개념을 중심으로 전개되는데, 그가 말하는 지배권은 교회 혹은 국가 내의 권위를 실행하는 권리 또는 재산에 대한 권리를 모두 의미한다. 당시 스콜라주의자들은 이러한 지배권이 하나님으로부터 왕과 교황을 통해 밑으로 전달된다고 주장하였다. 그러나 위클리프는 그와 같은 주장을 부정하면서, 이 같은 지배권들이 하나님으로부터 사람들에게 은혜로 직접 부여된 것이며, 교회나 국가는 거룩하게 하는 은총으로부터 그 권리를 빼앗을 수 없다고 주장했다.

 위클리프의 견해에서, 이 권한은 원래 하나님으로부터 부여된 것이기 때문에, 합법적인 지배권의 핵심적인 전제조건은 죄의 부재이다. 행정적인 지배권은 필연적으로 죄와 불완전에 물들기 때문에 교회의 통치자들, 다시 말해 교회는, 위클리프의 주장에 따르면, 행정 권력으로부터 아주 멀리 떨어져야만 한다. 『성경의 진리론』(De vertitate sacrae scripturae)에서 위클리프는 성직자에 의한 해석의 절대적 필요성을 부정하고 성경의 개별적인 연구의 충족성과 모든 진리의 토대이신 하나님에 대한 그의 믿음의 심도있는 강해를 제시하였다. 1377년 이후의 저술들 속에서 위클리프는 훨씬 더 비판적인 입장을 취하기 시작하였고, 그의 많은 작품들은 상당한 양의 논쟁을 포함하였다. 그의 『교황의 권세론』(De potestate papae)은 대개 14세기 교회 위계질서를 완전하게 거부한다. 그 속에서 위클리프는 지속적으로 교황을 적그리스도라고 부르고 교회 부패에 대해 비판한다. 『배교론』

(*De apostasia*)과 『신성모독론』(*De blasphemia*)은 비슷하게 강력한 논쟁적인 작품들이며, 탁발수도사들과 수도사들의 세속적인 악들을 공격하고 있다. 어느 정도 절제되었지만, 『왕의 직무론』(*De officio regis*)은 교회와 국가 사이의 모든 논쟁에서 종교 권위보다는 세속 권위를 지지하면서, 행정적인 일에서 왕권의 우위에 관한 위클리프의 모든 사상을 종합한다. 가장 논쟁적인 작품들 가운데 하나인 『성찬에 관한 대논문』(*De eucharistia tractatus maior*)은 성찬과 관련하여 화체설 교리의 철저한 거부를 제시하고 있다. 또한 그의 『교회론』(*De ecclesia*)은 예정론을 길게 논의하고 있다.

그의 대표적인 작품인 『삼자대화록』(*Trialogus*)은 세 명의 연사들 사이의 일련의 대화로 구성되어 있는데, 유명론을 비판한다. 세 명의 연사의 이름은 진리(Alithia), 거짓(Pseudis), 그리고 지혜(Phronesis)인데, 진리와 거짓이 대립되는 가운데, 위클리프 자신은 지혜의 인격 속에서 발언한다. 쟁점이 되는 문제들에 대한 자신의 판단을 제시하면서, 그는 일반적으로 거짓의 궤변을 드러내고 진리의 견해를 지지하는 성향이 있는 그의 의견들에 대한 이유들을 정리하고 있다. 이 책의 내용은 당시 신학적인 쟁점들에 대한 깊이있는 학문적인 논의이다. 신학과 관련된 작품들을 모아 1384년에 『신학대전』(*Summa theologiae*)이 편찬되었다.

위클리프의 또 하나의 중요한 작품으로 설교들의 모음집인 『40개의 설교들』(*Sermones quadraginta*)이 있는데, 다른 저술들의 특성인 공식적이고 스콜라주의적인, 논리적인 주장의 방식과는 다른 성격을 가지고 있다. 설교들은 성경의 원리들의 제시와 보편적인 적용을 통해 평신도를 가르치려는 단순한 목표에 초점을 맞추고 있다.

4. 위클리프의 생애 구분과 개혁사상

위클리프의 공적인 생애의 시기는 크게 보아 세 시기로 나눌 수 있다. 첫 번째 시기는 1366년까지로 대학에서 교육을 받고 목회활동에 전념하던 시기이다. 둘째 시기는 목회 활동 이외에 정치활동 참여와 교황의 권위에 도전하는 시기인데 교황에 의한 1차 정죄가 이루어진 1377년까지의 시기이다. 셋째는 로마교회와의 공공연한 논쟁 및 대중을 위해 통속 라틴어로 된 성경을 영어로 번역하는 시기이다(1378-1384).

존 위클리프는 옥스퍼드 대학 교수가 된 후에 당시 유럽교회와 영국 교회가 직면하고 있던 문제들을 해결하기 위하여 다양한 저술활동을 하였다. 위클리프가 이러한 저술들을 통해 당시 교회를 개혁하고자 했던 개혁 작업은 네 가지로 나누어 볼 수 있다. 그의 첫 번째 중요한 개혁 작업은 당시 로마교황청의 타락과 관련된 것이었다. 그는 당시 로마 교황청과 세속 권력의 개혁에 대하여『세속지배론』과『신정지배론』등을 저술하였다. 그는 이러한 저술을 통하여 당시 로마교황청의 부패에 대한 비판과 함께 개혁의 방안을 제시하였다. 둘째로 위클리프는 중세의 교회론을 비판하였다. 당시 중세교회는 제도적인 권위를 내세워 교인들을 억압하고 있었다. 그 때 그는 참된 교회는 제도적인 교회가 아니라 하나님이 선택한 사람들의 모임이라고 주장하였다. 셋째로 그는 수도원의 개혁을 주장하였다. 특히 탁발수도사들의 생활형태를 비판하면서 이들과 논쟁하였다. 넷째로 그는 중세의 성찬론인 화체설을 비판하였다. 그는 앞의 두 가지 개혁에서는 세속권력의 지지를 받을 수 있었으나, 화체설을 비판하는 단계에 이르면, 세속권력마저 그에 대한 지지를 중단하여 옥스퍼드 대학을 떠나야만 했다.

1) 국가에 의한 교회 개혁

존 위클리프가 교회 정치에 가담하게 된 것은 영국이 1213년에 존 왕에 의해 교황에게 지불하게 되어 있었던 봉건적인 세금의 문제와 관련되어 있었다. 이 세금은 1365년 우르반 5세가 주장할 때까지 33년 동안 지불되지 않고 있었다. 의회는 존 왕도, 어떤 다른 사람도 영국을 어떤 외국 세력에게 굴복시킬 권리를 가지고 있지 않다고 주장하였다. 교황은 이러한 반발에 직면하여 자신의 주장을 철회하였다. 그러나 이 과정에서 교황 편을 드는 무명의 수도사가 있었는데, 위클리프는 정부의 입장을 지지하는 저술을 하면서 1365-1366년경에 정치와 연계되었다. 위클리프의 정치에 대한 직접적인 관여는 1374년 브뤼헤(Bruges)에서 프랑스와 영국 사이에 열린 평화 회의와 함께 시작되었다. 이 회의에서 영국의 대표들은 교황 사절들과 교회 문제들도 동시에 논의하였는데, 1373년에 교황 그레고리 11세가 영국에 대해 요구한 10만 플로린에 대해서도 협상하였다. 위클리프는 여기에 왕실 측의 신학자의 자격으로 참여하여 교황청 측의 대표들과 교섭하는 역할을 하였다. 그는 이러한 임무수행을 통해 교황청의 타락과 부당한 주장에 대해 분명하게 인식하게 되었다. 이에 대해 이곳에서 상대했던 교황청 사신들과의 협상경험과 교황청의 과도한 세금요구나 영국 내 성직에 많은 외국인들의 임명과 같은 교황청의 무리한 운용 등은 위클리프에게 교황청의 문제를 직시하여 정당한 권위에 대해 연구하게 하였고, 결국 교황을 향하여 형제적인 꾸짖음(마18:15)을 시작하게 만들었다. 위클리프는, 통치권은 은혜받은 사람이 행사해야 하기 때문에 범죄한 사람은 통치권을 주장할 수 없다고 보았다. 성경적인 교회의 모습과 현실 교회는 너무나 다르기 때문에 개혁의 필요가 절실하였다. 그는 성직자의 세속적인 지배의 폐해와 그리스도와 사도의 교훈과의 양립 불가능함을 강조하였다.

그는 교회 개혁이 필요한 시기에 전면에 나서 활동하였다. 그는 교회 재산의 세속화를 주장하는 대변자가 되었으며, 그의 강력한 후원자는 이 시기에 통치자로 활동하고 있던 랭카스터의 공작 곤트의 존이었다. 그는 브뤼헤에서 돌아온 후에 세속 지배권과 교회의 지배권, 그리고 하나님의 정의와 인간 법에 대한 그의 이념들을 발표하기 시작하였다. 10권의 논문으로 된 『신학대전』(Summa Theologie)은 인간의 정당한 통치(4개), 교회의 구조와 통치(2개), 그리고 교회를 괴롭히는 특별한 문제들(3개)에 대한 저술을 담고 있다.

하나님의 통치와 십계명과 관련된 첫 번째 책에서, 그는 성직자들의 세속적인 통치를 공격했으며, 세속적인 일에서 왕은 교황보다 상위에 있다고 주장했다. 그러므로 교회의 세속적 지배는 포기되어야 한다. 『신정정치론』에는 커미션, 강제 징수, 사제들의 자선금의 부적절한 낭비 등등을 가지고 있는 아비뇽 체제를 반대하는 가장 강력한 절규가 있다. 국가의 임무는 이것을 바꾸는 것이다. 성직자가 교회의 재산을 잘못 사용하고 있다면, 이 재산은 몰수되어야만 한다. 왕이 이것을 하지 않는다면, 그는 자신의 임무에 태만한 것이다.

당시 로마 교황청이 영국에 대해 과세를 주장하는 상황에서, 위클리프는 이러한 교회의 권세는 전혀 성경적 근거가 없는 것일 뿐만 아니라, 거꾸로 부를 잘못 사용하고 있는 교회의 재산을 국가가 빼앗아 교회를 개혁하고 국민을 위해 올바르게 사용해야 한다고 주장하였다. 위클리프가 이러한 교회 개혁을 위한 주장을 전개하는 데서 가장 핵심적인 개념은 지배권(dominium)이다.

　위클리프의 정치 철학의 핵심적인 이념은 하나님의 창조 세계에 대한 주요한 관계를 정의하는 지배권이 모든 인간의 지배권을 정당화한다는 것이다. 그는 실재론적 존재론을 근거로 하나님의 지배권이 인과관계에 의한 보편으로서 정당한 인간의 지배권의 모든 경우에 대하여 작동한다고 주장한다. 모든 인간의 정당한 지배권이 하나님으로부터 기원한다는 위클리프의 자명한 입장에서 나오는 직접적인 추론은 모든 인간의 지배를 위한 토대인 사적 재산관계가 은혜가 없이는 정당하지 않다는 것이다. 아우구스티누스를 따르면서, 사적 재산은 인간 타락의 직접적인 결과이기 때문에, 이상적인 상태는 공동소유의 상태이다. 교회가 재설립된 이상적인 상태이기 때문에, 은혜는 어떤 재산에 대해서도 정당한 소유권을 제공하지 않는다. 위클리프는 14세기 교회가 영국에서 제일 좋은 몫의 재산 소유권을 향유한다고 보았기 때문에, 왕이 교회로부터 재산을 건져내서 거룩하게 지명된 청지기로서 그것을 다스리라고 하나님으로부터 명령을 받았다고 주장하였다.

　하나님의 지배권은 창조에서 나오는 것이다. 하나님은 모든 것을 창조하시고 보존하시면서 그것들을 지배하신다. 이렇게 하나님의 지배권은 창조에 근거한다. 하나님께서 피조물에게 지배권을 주실 때에, 인간의 경우와 같이 소유권을 양도하시는 것이 아니라, 대여로서 선물로 주시는 것이므로, 인간은 그것을 은혜로 향유하는 것이다.

　이러한 위클리프의 은혜 신학은 그의 인간의 지배권 이론을 하나님의 궁극적인 지배권의 패러다임과 연결시키는 방식을 이해하는 데 열쇠이다. 인간 지배권의 모든 경우의 본질적인 특성은 하나님께서 개별적인 영주들에게 임대하는 은혜이다. 인간의 지배권이 하나님의 은혜이므로, 이것은 인간 영주를 주인이자 종으로 만든다. 하나님의 관점에서 그는 종이고, 백성의 관점에서 그는 주인이다. 은혜는 인간 영주에게, 그가 사실은 강력한 주권자로서 백성들을 통치하는 것이 아니라, 양육하는 종으로서 그들에게 봉사하는, 백성들의 종이라는 것을 인식하도록 허용한다.

하나님은 창조에 근거해서 모든 지배권을 가지고 계시면서 인간에게 지배권을 주셨는데, 그 지배권은 ① 자연적 지배권 ② 복음적 지배권 ③ 세속적 지배권으로 나눌 수 있다.

2) 자연적인 지배권

자연적 지배권은 인간이 타락 이전에 하나님의 은혜에 의해 모든 다른 사람들과 모든 사물들에 대해 가지는 지배권이다. 이 지배권은 당연한 결과로 다른 사람의 비슷한 지배권에 복종해야 하므로 사랑 안에서 서로 봉사하는 상태이다. 따라서 위클리프는 『세속 지배론』을 "세속의 정의는 하나님의 정의를 전제한다. 세속의 지배권은 자연적 지배권을 전제한다"로 시작한다. 인간의 지배권은 하나님의 지배권의 정의의 예시화로 이해할 수 있다. 우리의 정의의 토대가 하나님의 정의인데, 바로 성경의 법들이 인간이 이용할 수 있는 하나님의 정의의 가장 순수한 표현이며, 십계명과 마태복음 22장 37-40절에서 가장 잘 표현된다고 설명한다. 그리스도의 사랑의 법과 십계명에 대한 위클리프의 분석은 『하나님의 계명론』(*De Mandatis Divinis*)에서 영원한 의에 대한 지상의 정의의 관계에 대한 그의 논의로부터 직접적으로 나온다. 『무죄상태론』(*De Statu Innocencie*)에서 그는 우리가 타락 이전에 창조함을 받은 순수한 상태는 어떤 합리적 존재에게 있어서 최선의 상태라고 말한다. 이러한 조건에서는, 우리는 올바른 것을 자연스럽게 이해하기 때문에 시민법이나 형법이 필요 없을 것이다.

인간의 법에 대한 필요성의 이러한 부인은 특별히 중요하다. 왜냐하면 위클리프가 후에 그리스도의 회복을 통해 자연적 지배권의 가능성의 상속자가 된 사제가 복음적인 영주로서 그러한 문제들에 결코 관심을 가져서는 안 된다고 주장하기 때문이다. 그러한 자연 상태에서, 재산 소유권은 알려져 있지 않다. 타락의 피할 수 없는 결과는 사적인 재산 소유권이다. 우리는 제공된 창조된 선을 하나님으로부터 받은 선물로 이해하지 않고, 우리 자신의 이기심의 견지에서 이것을 이해할 수 있으며, 그 불행한 결과가 세속 지배권, 물질적인 선에 대해 노예가 되는 것이다.

3) 인간의 지배권의 형태들

위클리프의 세속 지배권에 대한 정의는 입법적 권위가 아니라, 일생동안 나그네에 의해 향유되는 사적인 재산 소유권에 집중되어 있다. 이것은 모든 세속 지배권(dominium)이 소유된 재화의 사용에 토대를 두기 때문이다. 그리고 이것이 모든 타락 후 정의의 개념의 토대이다. 지금 타락 상태에서 사용의 세 가지 형태는 법적 소유, 소유권이 없는 사용, 그리고 복음적인 사용의 세 가지이다. 처음 두 가지는 타락의 자연스러운 결과이고, 세 번째는 그리스도의 성육신의 결과이다.

(1) 복음적 지배권

그리스도께서 그의 사도적 가난과 구속적 희생을 통해 우리가 상실된 자연적 지배권을 얻을 가능성을 회복하셨다. 초대교회의 사도적 가난은 세속 지배권의 경제적 거부가 아니라, 영적인 상태이다. 위클리프의 영적 가난에 대한 주장은 프란시스코 파의 그것과 유사하나 그의 동기들은 그들의 것과는 현저하게 다르다. 프란시스코 수도사들은 그들의 규율이 초대 사도 교회가 향유한 소유권 없는 순결을 다시 얻는 것을 허용한다고 주장하는 반면에, 위클리프는 그리스도의 구속적 희생은 모든 그리스도인들로 그 순결이 아니라, 자연적 지배권 자체를 다시 얻을 수 있게 한다고 주장하였다.

위클리프에 따르면, 교회는 그리스도의 은혜의 법 위에 세워지기 때문에, 절대적으로 재산소유권에서 자유로워야 하고, 이것은 사도적 가난에 의해 요구되는 영적 가난을 실현하는 데 더 좋은 길이다. 교회는 물질을 가난한 자들을 위한 구제물로 분배해야 하는데, 교회사의 전환점은 교회가 그 토대 위에서 가이사의 세속 지배권을 소유했다고 주장하는 콘스탄틴 황제의 기진장(寄進狀)이다. 위클리프는 기진장을 열성적으로 정죄하였다.

(2) 세속지배권(Civil Dominium)

사도적 가난은 재산 소유권의 부재가 아니라, 사랑을 가진 소유이다. 그러나 교회가 탐욕에 의해 오염된 시대에 살아가는 세속 영주의 가장 직접적인 관심사는 모든 교회 소유권의 급진적인 환수이어야만 한다. 위클리프는 모든 토지와 재산, 참으로, 심지어 건물 자체를 교회로부터 빼앗는 국왕의 권리를 줄기차게 주장한다. 은혜받은 세속 영주는 교회에서 빼앗은 재산을 백성들에게 나누어 주어야 한다.

그는 『세속지배론』에서 교황 또는 성직자 집단의 그 누구든지 자신들의 재산을 남용하면 국가가 그것을 박탈할 수 있다고 주장하여 교회개혁에 평신도 지도자들의 역할을 호소하였다.『세속 지배론』서두에서 '치명적인 죄 가운데 있는 사람은 어떠한 것도 소유할 수 없으며, 하나님의 은총을 덧입은 사람만이 세상의 모든 것을 소유할 수 있게 된다'고 주장하였다. 즉 심각한 죄를 범한 사람은 다스리는 권세를 소유하지 못하며, 은혜 안에 있는 사람은 누구든지 다스리는 권세를 갖는다는 것이다.

위클리프는 왕이나 군주가 사제와 주교들에 대한 재산을 몰수할 수 있는 상황에 대해서도 다루고 있다. 중대한 죄를 범한 성직자는 지배권을 상실하므로 세속 권위자들이 몰수 등을 통한 교회 개혁을 촉발할 수 있다는 논리적인 정당화를 제공하고 있다. 위클리프는 교회 개혁의 최대의 희망은 국왕과 세속 귀족에게 있다고 보았다. 그는 강력한 국가 지지 입장을 발전시켜 세속 사무에 관한 국왕의 권한과 권리를 강조할 뿐만 아니라 국왕을 교회의 질서의 원천으로 보았다. 교황은 이 땅에서 인성적인 면에서 그리스도의 대리자일 뿐이지만, 국왕은 하나님의 대리자(the vicar of God)요 신적인 측면에서 그리스도의 대리자라는 것이다. 교황에 매우 비판적인, 이러한 그의 지배권 사상은 1377년 교황에 의하여 정죄를 받았다.

4) 참된 교회론

위클리프의 지배권에 대한 주장은 제도교회론을 내세우는 로마 교회를 위협하는 참된 교회론과 연결된다. 로마교회는, 세례를 받아 가시적인 교회에 속하는 사람들은 모두가 하나님의 자녀가 된다는 제도교회론을 주장하고 있었다. 그러나 위클리프는 참된 교회가 제도교회에 속하는 사람들로 구성되는 것이 아니라 하나님께서 선택한 사람들로 구성된다고 주장하였다. 그의 주장대로 하나님께서 선택한 사람들이 참된 교회를 구성한다면, 로마교회가 내세우는 제도교회, 즉 제도교회의 구성원들인 교황(들), 추기경들, 주교들, 사제들, 수도사들, 탁발수도사들이 참된 교회라고 주장할 근거가 사라지게 되고, 그들이 그들의 직분을 가지고 현세의 권위를 주장할 수 없게 된다. 위클리프는 이러한 불가지성을 지닌 '참된 교회'의 판별 근거로 성서의 권위를 내세웠다. 그는 복음서와 서신서의 가르침에 부합하느냐의 여부를 가지고 제도 교회의 권위와 정체를 평가해야 한다고 주장한다. 위클리프는 복음과 그 복음을 설교하는 의무를 강조했는데, 4복음서 안에 교회가 준수해야 할 모든 신령한 메시지의 핵심이 들어있다고 주장하였다. 이는 사제의 역할에 대한 새로운 개념을 낳았다. 사제의 역할은 성사를 집전하는 것이 아니라 하나님의 말씀을 설교하고 가르치는 것이다. 성직 서임이 사제를 만드는 것이 아니라 경건한 삶과 하나님의 가르침에 신실한 자만이 사제가 될 수 있다는 것이다. 이렇게 하나님과 참된 그리스도인들이 서로 직접적으로 관계성을 형성할 수 있다는 주장은 사제와 속인 사이의 간극을 좁히고, 중개자로서의 성직자의 역할을 제한하는 것이다. 여기에는 제도 교회의 수장인 교황도 예외가 될 수 없었다. 1377년 이전에 위클리프는 세속적인 문제에 있어서는 교황이 세속 군주에 복종해야 한다고 주장했지만 종교적인 권위에서는 교황의 수위성을 인정했었다.

위클리프는 『성서의 진리론』에서 성서적이며 하나님께서 원하시는 이상적인 미래의 교회 상을 피력하였지만, 그의 작은 소망은 결국 1378년 가을 교황청 대분열의 역사를 통하여 물거품이 되고 말았다. 결과적으로 대분열은 위클리프의 개혁정신에 확고한 의의와 개혁운동의 동기를 부여하는 사건이 되었다. 이후로부터 그의 개혁정신은 점점 더 날카로움을 띠게 되었다. 1378년에 저술된『교회론』은 이미 그 내용에 있어서 체코의 후스에게 영향을 끼친 것으로 유명하다. 이『교회론』을 통해 위클리프는 다시 한 번 교회의 참모습에 대하여 그의 견해를 피력하게 된다. 교회란 하나님에 의하여 구원에의 길로 예비된 자들을 의미한다. 이 교회에서 유일한 머리는 예수 그리스도이며, 교황은 그의 전위대장일 뿐이다. 그러므로 교회는 반드시 그리스도의 법에 따라서만 이끌어져야 한다. 그래서 위클리프가 생각하는 교회의 모습은 그리스도적인 청빈과 겸손, 그리고 자비를 갖춘 교회이다. 교회 안에 있는 교황의 권위에 대하여, 위클리프는 한 해 뒤에 그의 견해를 밝혔다. 교황은 교회교육을 위하여 하나님으로부터 전권을 부여받았음이 분명하지만, 고위성직자의 임명장이나 성례집행권이 그 증표가 되는 것이 아니라 그의 행위가 얼마나 적법한지가 더욱 더 분명한 표지라고 하였다.

『교회론』(De Ecclesia)에서는 교황에 대한 기대를 버리지 않았으나 1377년 자신의 지배론 교리에 대한 교회의 탄핵으로 촉발된 위클리프의 교황권위에 대한 반발은『교황권론』(De Potestate Pape, 1379)에서 교황을 적그리스도라고 주장하기에 이른다. 그는 교황과 그리스도의 어떤 대리자라도 그리스도가 사신 것처럼 살아야만 한다고 주장한다. 특히 그리스도의 가난을 본받아 살아야 한다. 그러나 현재의 교황과 고위 성직자들은 정반대의 삶을 살고 있다. 교황은 세상을 지배할 세속의 주권을 요구하고 있다. 더구나 지금 두 명의 교황으로 나누어져 싸우고 있다. 위클리프에게 1378년에 일어난 교회 대분열은 로마 교회의 타락에 대한 확증적인 마지막 신호였다. 그러므로 부와 권력을 탐하며 부도덕하게 사는 교황들의 모습은 그리스도의 대리자의 모습이 아니라 오히려 적그리스도의 모습이다. 그는 성경은 진리이나 교황은 거짓을 일삼는 것, 그리스도는 가난을 사랑하나 교황은 세상의 권력과 부를 사랑하는 것 등 적그리스도의 11가지의 특성을 열거한다. 그는 이러한 적그리스도의 모습을 가진 교황은 교회의 정당한 지배자가 될 수 없다고 비판한다.

5) 화체설의 부정

위클리프가 1381년 궁극적으로 교회와의 관계에서 단절되고, 옥스퍼드 대학에서 추방당하게 된 원인은 성찬론 때문이었다. 그가 교황을 비난하고 교황제의 유효성에 대해 의문을 제기했을 때는 성직자들 가운데에서도 동조하는 세력들이 있었다. 하지만 성찬 교리인 화체설을 부정했을 때 성직자들뿐 아니라 위클리프의 세속 후원자였던 존 곤트나 대학조차도 등을 돌렸다. 위클리프가 언제부터 성찬식에서 축성된 성체의 외양은 그대로 남지만 본질은 변화된다는 화체설에 대한 교회의 가르침에 의문을 품었는가는 논란이 있지만 그는 1379-1380년에 『배교론』(De Apostasia)과 『성찬론』(De Eucharistia)을 출간하면서 공식적으로 화체론을 부인하였다. 그는 『성찬론』에서 화체설이 초대 교회의 견해와 대립된다는 사실을 발견하면서 그 교리를 비판하기 시작하였다고 말한다. 화체설 교리의 견해로 채택된 둔스 스코투스의 철학에 의하면 빵과 포도주의 실체는 그리스도의 살과 피로 되면서 없어지고 외양만 하나님의 전능함을 통해 유지된다. 그러므로 성체는 빵과 포도주의 외양을 가진 그리스도이다. 이러한 설명은 축성된 이후에 실체로서의 빵과 포도주의 실체를 부정한다. 위클리프가 화체설 교리에서 모순으로 간주했던 것은 축성 후 그리스도의 몸으로 변화된 이후 빵과 포도주의 상태에 대한 것이다. 그는 형이상학적 실재론에 근거하여, 사실상 모든 존재의 영원성을 주장하였다. 위클리프는 자신의 철학적 논리를 그의 성례관에 적용시켜 떡과 잔이 봉헌된 후에도 변하지 않는다 하여 화체설의 부당성을 지적하였다. 위클리프는 자신의 형이상학에 따라 실체가 없이 외형만 있을 수 있다는 로마교회의 설명을 받아들일 수가 없었다.

그는 "눈으로 보는 것은 물질적 형태를 갖고 있으나 우리의 이해를 통해 알 수 있는 것은 영적 열매"라는 어거스틴의 견해가 화체설과 반대되는 영적 임재설 혹은 상징설을 가리킨다고 믿는다. 그래서 화체설을 끌어들인 교황 이노센트 3세에게 교회가 정통교리를 버리고 나쁜 신앙을 갖게 한 책임이 있다고 강력하게 비판하였다. 1215년 제4차 라테란 종교회의에서 이노센트 3세는 자신의 교황권 확립을 위해 어거스틴이 가르쳐 왔고 교회가 믿어온 정통 교리를 버리고 이교적인 화체설 교리를 가톨릭교회의 교리로 확정했다. 만약 사제가 빵을 뗄 때마다 그리스도의 몸을 쪼개는 것이라면 그것은 분명히 신성 모독죄라고 위클리프는 주장한다.

또한 위클리프는 그리스도가 물리적으로 성체 안에 존재한다는 것도 의심했다. 그리스도의 몸과 부패 가능한 성체의 물리적 요소를 연관시키는 것은 그 자체로 신성모독이 되는 것이다. 이와 같은 이유에서 성찬식에서 사제가 축성하는 것은 그리스도의 몸을 만드는 것이 아니라 그리스도의 징표 혹은 상징을 나타내는 것이라고 했다. 이러한 주장은 보다 직접적으로 교회와 사제의 역할에 영향을 미치게 된다. 이전에는 사제의 축성이 빵과 포도주를 그리스도의 몸으로 완전히 변화시켰지만, 이제는 그 효력이 그리스도의 임재를 의미하는 것으로 축소될 수밖에 없게 되었기 때문이다. 성찬의 빵과 포도주는 축성 후에도 그대로 있지만, 그곳에 그리스도께서 성례전적으로 숨어계신다. 그리스도는 제단에 임재하시는데 영적으로 임재하신다. 자신의 입장을 확고히 정한 후 위클리프는 성찬 교리를 다른 모든 신학적 문제를 판단하는 시금석으로 삼았다. 그는 두 명의 교황이 대립하는 상황에서 어느 교황이든지 성찬의 본질에 대해 진리를 말한다면 그를 따를 것이지만 반면에 화체설을 지지하는 교황은 악마의 하수인으로 증명되는 것이라고 주장하였다.

성만찬의 떡과 잔의 본질적인 변화에 반대하여 쓴 『신앙의 회의론』에서 위클리프는 그리스도의 몸이 성만찬의 떡에 진정으로 계시기는 하지만 본질적으로 존재하는 것은 아니라고 하였다. 성만찬의 효력은 사제의 축사 때문이 아니라, 하나님의 영원하신 말씀의 능력 때문이므로, 떡 그 자체를 먹는 것이 그리스도와 연합하는 효과를 가져오는 것이 아니라, 성만찬을 베푸는 사제와 성만찬을 받는 자들의 관계가 하나님 앞에서 얼마나 올바른가에 그 효과가 달려 있다는 것이다.

이러한 위클리프의 성찬론에 대해 12명의 박사들과 10명의 수도사로 구성된 치리회가 조사하여 그의 성찬론을 이단적인 가르침이라고 비판하였다. 위클리프는 랭카스터 공작에게 도움을 청하였으나, 그는 오히려 잠잠히 있으라고 지시하였다. 그러나 위클리프는 1381년 성만찬 신앙고백을 담은 『고백』을 출판하였고, 양자의 입장은 이제 완전히 다른 길을 걷게 되었다. 1382년 5월 흑수사회(Blackfraier Synod)가 도미니크파 수도원에서 열려, 위클리프의 이름을 언급하지 않고 그의 저술 내용 가운데 24개의 문항이 이단적이라고 결정하였다. 결국 대주교는 당시 15세였던 리차드 2세 국왕을 설득하여 위클리프와 그 추종자들을 정죄하였고, 위클리프는 옥스퍼드를 떠나 자신의 교구인 루터워스(Lutterworth)로 돌아갔다.

6) 면벌부의 폐지 주장

위클리프의 면벌부에 대한 논의는 그의 『교회론』의 제4부에서 나온다. 그는 교회는 선택받은 자들로 구성되어 있다고 주장하였다. 그러한 가운데 면벌부 신학과 현실에 대해서 비판한다. 그는 면벌부 신학에 대해 토마스 아퀴나스와 보나벤추라의 견해를 대조하면서 보나벤추라의 입장에 서서 교회가 인간의 죄나 벌을 면제할 수 없다고 주장한다. 인간의 죄나 벌을 면죄할 수 있는 것은 하나님의 권한이지 인간의 권한일 수 없다는 것이다. 둘째로 클레멘트 5세에 의해 1343년에 공인된 공로의 보고 교리에 대해 성경적인 근거가 없다고 주장한다. 셋째로 공로의 보고가 있다고 하더라도 그 공로의 보고를 교황이나 하위 성직자들이 통제할 수 있다는 주장을 비판하였다. 그는 특히 인간의 죄나 벌을 면할 수 있는 것은 하나님의 권한이라는 것을 강조한다. 당시에 사후의 연옥의 벌을 면할 수 있다는 교리가 공식화되지는 않았으나, 그러한 생각들도 퍼져 있었다. 이에 대해 위클리프는 현재나 미래의 죄나 벌이든 그것을 용서할 수 있는 것은 하나님뿐이라는 것을 강조한다. 만약에 그러한 사면권이 교황에게 있다면, 교황은 돈을 받지 말고 모든 사람들의 죄와 벌을 면죄해 주어야 마땅하다는 것이다. 그는 또한 성직자에게 그러한 권한이 주어진다면, 평신도에게는 왜 주어지지 않는가 반문한다. 그는 죄나 벌을 사면하는 것은 하나님께만 속하며 하나님께서 그러한 은혜를 받은 자격있는 자만을 용서하신다고 설명한다. 그러므로 교황에게 그러한 면벌부를 발행할 권한이 없다고 주장하였고, 더 나아가 성경에 근거없는 면죄부를 폐지되어야 한다고 주장하였다.

7) 위클리프의 성경관

위클리프는 학자로서 크리소스톰, 어거스틴, 라틴 교부 그리고 중세 신학자 안셀름부터 둔스 스코투스까지 그들의 작품들을 읽고 인용하였지만, 그의 주장은 최종적으로 성서에 근거를 두었다. 성경 연구를 통해 그는 중세신학의 오류를 발견하였고, 그 잘못을 지적하였다. 위클리프는 그의 저서 『성경의 진리론』에서 "성경은 모든 그리스도인을 위한 최고의 권위이며 신앙의 기준이고 모든 인간적 완전함의 기준이다"라고 말했다. 위클리프는 성경의 최고의 권위는 성경의 내용에 있고 그리스도의 증거를 통해 나타나게 된다고 보았다.

위클리프에게 있어서 성경은 영원한 진리를 볼 수 있는 거울로서, 성경을 통해 영원하고 보편적인 진리를 발견할 수 있다. 그러므로 기록된 말씀은 항상 진리로 모든 사람에게 구속력이 있으므로, 교회의 공적 해석이 없어도 누구라도 그 뜻을 모두가 해석할 수 있다고 보았다. 따라서 모든 사람은 각자가 성경을 읽을 권리가 있다고 주장하였다. 또한 성경은 생명의 책이요, 하나님의 법이므로 성경과 일치하지 않는 교황과 공의회의 결정은 아무런 구속력이 없다고 하였다. 그러므로 그는 『삼자대화록』에서 하나님의 말씀과 교회의 주장이 서로 맞지 않는다면 사람들은 하나님의 말씀에 순종해야 한다고 주장하였다.

위클리프는 『성경의 진리론』(De vertitate sacrae scripturae)에서 성경에 대한 자신의 사상을 조직적으로 제시하고 있다. 이 책은 3부분으로 되어 있다. 그는 제1부에서는 성경의 진리(1-8)를 탐구하고 있고 이 진리탐구로부터 성경의 권위를 끌어내고 있다(9-14). 성경의 진리와 권위는 신적인 근원인 영감으로부터 나오고 있다(15-19). 성경이 모든 인간적인 저술들보다 더 권위가 있다는 제2부의 주장은 이 영감에 의존하고 있다(20-32). ① 성경은 모든 인간적인 책들보다 우월하다. ② 사제와 평신도들인 모든 기독교인들은 성경에 대한 권리를 가지고 있다. ③ 성경은 신앙적이고, 성직자와 사회의 최고의 조직을 위한 토대이다.

(1) 성경과 권위와 전통

위클리프는 당시 교회가 로마 법정으로 변해가고 있다고 비판하였다. 특히 콘스탄틴 황제의 기진장과 교황의 교령들의 발표 이후에 그렇게 변모해가고 있으며, 성경의 의미는 교회의 권위를 합법화시키는 것에 굴복되어 가고 있다고 보았다. 성경의 의미는 크리소스톰의 시기로부터 타락하기 시작하여 모하메드 시대를 거쳐 당시의 시기에 이르면서 점점 아무도 귀를 기울이지 않는 책이 되어가고 있었다. 이러한 상황에서 위클리프는 성경의 권위를 회복시키고자 하였다.

그는 성경을 열심히 연구하는 과정에서 교회 전통이 성경과 대립되는 실상을 발견하게 되었다. 위클리프는 실재론의 철학의 영향으로 성경은 하나님 자신으로부터 직접 나오는 것으로 보았으며, 그 결과 무시간적이고, 불변적인 원형의 진리라고 인식하였다. 그 결과로 『성경진리론』에서 그는 외적 모습에도 불구하고 성경은 오류와 모순들이 없다는 것을 보여주려고 노력한다. 따라서 성경의 권위는 우리의 이해력보다 커서, 어떤 오류 혹은 불일치가 성경 안에서 발견된다면, 우리의 해석에 어떤 잘못이 있는 것이다. 성경은 온전한 진리를 포함하고 있어 진리 아닌 것이 없으며, 따라서 어떤 것도 더하거나 뺄 수가 없다. 성경의 모든 부분은 절대적으로 제한 없이 취해져야만 한다. 성경이 이러한 권위를 가지는 것은 성경이 영감되었기 때문이다.

성경에 기록된 하나님의 법은 신구약의 기록을 통해 완전하게 제공되어 있으므로 사람들이 첨가하거나 삭제할 여지를 남겨 놓지 않았다. 따라서 이 성경의 법의 권위는 최상이므로, 이와 필적하는 권위는 다른 아무 것도 있을 수 없다. 그리고 다른 법이 하나님의 법과 동등하다고 생각하는 것은 하나님의 영광을 탈취하는 신성모독죄이다.

그런데 당시 교회는 최고 권위인 하나님의 법을 무시하고 지키지 않으면서 인간적 전통에만 얽매여 있으므로 비난받아 마땅하다고 그는 지적한다. 그는 역사 과정에 나타난 사건들 가운데 하나님의 법과 로마 교황청의 교훈들이 서로 모순되는 것들을 열거하면서 비판하였다. 그러므로 그에 있어서 성경은 최고의 권위를 가지며, 하나님의 법이 다른 모든 것을 지배하는 성경의 절대 권위를 주장하였다. 성경의 권위에 의존하여 성경에서 벗어난 당시의 교회 현실을 개혁하고자 하였다.

(2) 성경 해석

위클리프는 성경을 해석하면서, 성경의 언어와 논리적 법칙을 따라가면 그 과정에서 오류를 범하지 않는다고 주장한다. 당시 스콜라 신학자들은 이성과 교황의 성경 해석을 훌륭한 안내자로 삼았으나, 위클리프는 그러한 전통에서 벗어나 성경의 올바른 의미를 깨닫기 위해 성령에 호소하게 되었다. 성령께서 우리들에게 성경의 의미를 조명해 줄 때 우리는 성경을 바르게 이해할 수 있게 된다. 성경의 기록자이신 성령께서 우리를 진리 가운데로 인도하시기 때문에 그리스도인들은 교황의 교도권을 벗어나 직접적으로 성경을 읽고 해석할 수 있다. 성경의 모호한 부분은 의미가 더 명확한 부분을 가지고 해석할 수 있다.

(3) 성경번역 위클리프 성경

중세 교회는 성경을 성직자의 전유물로 여긴 데 반해서, 위클리프는 평신도들도 성경을 소유하고 읽을 권리가 있다고 주장하였다. 중세에 교황권이 강화된 이후로 교황들은 성경을 각국의 언어로 번역하는 작업을 금지하였을 뿐만 아니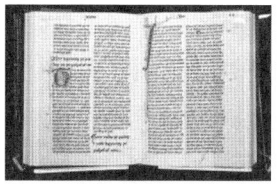
라, 평신도들이 성경을 읽는 것을 금지하였다. 물론 중세에도 성경이 부분적으로 영어로 번역된 적이 있었다. 중세교회는 라틴어 성경을 사용할 뿐만 아니라 미사의 집전도 라틴어로 하도록 하였다. 라틴어로 미사가 진행됨에 따라 대부분의 예배 참석자들은 예배의 의미를 거의 이해할 수 없게 되었다. 이렇게 성경도 읽을 수 없고 예배도 이해할 수 없게 진행되어 가면서 중세교회의 예배는 점점 의식화되어 가고, 타락해가게 되었고, 일반인들은 신앙에 대해 무지해지게 되었다.

교회가 이러한 무지의 상태에서 타락해가는 것은 목도한 위클리프는 초대교회로 돌아가고자 하는 개혁운동을 펼치게 되었다. 초대교회로 돌아가는 운동에서 가장 중요한 것은 일반인들이 성경을 읽을 수 있게 만들어주는 것이었다. 그래서 위클리프는 라틴어 성경을 영어로 번역하는 작업을 착수하게 되었다. 성경은 완전한 진리이므로, 모든 그리스도인들이 읽고 연구해야만 한다. 그러므로 성경은 그 나라의 고유 언어로 번역되어야만 한다. 그래야만 문자를 아는 누구나 성경을 읽고 영적 유익을 얻을 수 있게 된다. 그러므로 평신도들에게 성경을 금하는 것은 근본적인 죄가 될 수밖에 없었다. 위클리프는 누구라도 성경을 자유롭게 읽을 수 있도록 하려는 목적으로 동료들의 도움으로 성경을 영어로 번역하였다.

위클리프의 "통치론"의 이론에 따르면 모든 성도들은 하나님의 청지기로서 주인이신 하나님과의 사이에 중재인의 도움 없이 개인적 유대관계를 형성하여야 하고, 그의 법을 알아야 하는데, 그러한 것들을 가능하게 하는 수단은 성경뿐이요 성경이 모든 사람에게 알려지려면 성경 번역은 필수적이 된다. 또한 성직자들에게 대항하는 데서 평신도들의 손에 들려질 무기가 성경이므로, 번역되어야 한다는 정치적 중요성도 있었다. 그리고 성경을 읽고 깨닫는 평신도들이 성직자들의 무지와 그들의 방탕한 생활에 상당한 도전이 될 것으로 여겼다.

그래서 위클리프는 중세에 라틴어로 번역된 불가타(Vulgata)성경이 사용된 이래 처음으로 신구약 성경 전체를 영어로 번역하는 작업에 착수하였다. 성경 번역을 직접 위클리프가 했느냐? 하는 문제에서 그가 직접 한 것으로 보이지는 않는다. 그러나 대부분의 학자들은 추정하기를 위클리프가 직접 번역 작업을 하지는 않았으나 뒤에서 계획하고 고취하였다고 판단한다. 그래서 번역의 전문적 작업에 위클리프 자신은 중요한 역할을 별로 하지 않았다고 결론을 지을 수 있으나 그의 영향력과 노력이 없었다면 번역이 불가능하였다는 것도 분명한 사실이다. 그래서 그 번역은 위클리프의 번역본으로 알려져 있다. 이러한 성경 번역은 일반인들에게도 영향을 미쳐 교회개혁을 주장하는 롤라드파가 탄생하게 되었고, 성경을 설교하면서 교회개혁을 주장하는 가난한 자들의 설교단이 등장하게 되었다.

(4) 하나님의 법의 선포

위클리프는 사제의 역할이 성례를 행하는 데 있는 것이 아니라 말씀을 선포하는 데 있다고 보았다. 더구나 성경이 그리스도의 복음을 포함하고 있고, 그 복음을 통해 믿음을 가질 수 있으므로, 하나님의 말씀을 선포하는 것은 필수적인 것이다. 그리고 평신도들이 하나님의 말씀을 따라 살도록 하려면 그들이 그 말씀을 알아야 하므로 모든 성직자들이 설교에 치중해야만 한다. 위클리프는 단순하고 설득력있는 설교를 통하여 성도들이 하나님과 사람을 사랑하도록 교육해야만 한다고 보았다. 이러한 그의 설교사상은 롤라드들에게 이어져 영국교회 개혁의 자극제가 되었다.

5. 위클리프에 대한 평가

위클리프는 14세기 후반 영국에서 로마가톨릭교회의 개혁을 위하여 활동하였다. 그는 당시 교황이 타락한 가장 중요한 이유가 세속의 재산 소유에 집착하여 세상 정치를 간섭하는 데 몰두하는 것이라고 보았다. 교황이 이렇게 타락하면서 교회 전체가 영적인 의무는 외면하고 세속적인 재산을 차지하고자 노력하면서 다양한 부정과 부패가 만연되었다고 보았다.

그는 이렇게 타락한 교회의 개혁을 위하여 교황과 고위성직자들을 세속 권력의 자리에서 배제할 것과 국왕이 교회의 재산을 몰수해서 국민을 위해 사용해야 할 것을 역설하였다. 그의 이러한 주장은 당시에도 왕실과 귀족들의 지지를 받았고, 나중에 영국에서는 헨리 8세에 의해 성취되었다. 둘째로 그는 참다운 교회는 하나님의 선택된 자들로 구성되어 있다고 주장하면서 현실 교회는 진정한 교회가 아닐 수도 있다고 주장하였다. 그는 더 나아가 타락한 교황들의 생활 모습을 볼 때 그들이 적그리스도일 수도 있다고 주장하기까지 하였다. 셋째로 그는 성찬론에서 화체설을 강력하게 부인하였다. 그는 자신의 실재론적 형이상학에 근거하고 성경말씀에 토대를 두면서 그리스도께서 성찬에 임하는데 영적으로 임한다고 주장하였다. 넷째로 그는 성경은 영감되어 오류가 없이 최고의 권위를 가지고 있으므로, 교회의 진정한 개혁을 위해서는 성경을 번역하여 평신도들이 읽게 하고 선포해야 한다고 주장하였다. 그래서 그의 영향으로 영국에서 처음으로 신구약 성경이 영어로 완전히 번역되었고, 이 성경을 토대로 복음을 전파하는 롤라드파가 생겨났다. 여섯째로 그는 면죄부 판매를 이론적으로 비판하였다. 그가 면죄부 판매를 비판한 것은 교황이 연옥에 있는 사람들의 죄를 용서할 수 있다는 주장이 성경적 근거가 전혀 없다는 것으로, 면죄부를 완전히 폐지해야 한다고 주장하였다. 위클리프의 이러한 주장은 당시에 영국에서도 큰 영향을 미쳤을 뿐만 아니라 후스를 통하여 종교개혁의 선구가 되었던 점에서도 중요하다.

더 읽어야 할 논문들

현재까지 위클리프에 대해 한글로 저술된 책은 없고 그의 저술이 몇 편 번역되었고 몇 편의 논문이 발표되어 있다.

개혁의 주창자들: 위클리프부터 에라스무스까지. 기독교 고전 총서 13 (두란노서원).
박희석. "위클리프의 성경관." 신학지남 53(2) 1986.
박희석. "위클리프의 성찬론." 신학지남 53(4) 1986.
최종원. "중세 말 잉글랜드에서 면벌부의 사회적 기능." 인문과학논총 34 (2012).
최종원. "영국의 종교와 교회 – 역사적 전망 – 위클리프와 롤라드파의 면벌부 비판 연구." 영국연구 22 (2009).
최종원. "위클리프와 옥스퍼드의 롤라드파: 그 지적 정체성 1377-1415." 한국교회사학회지 22 (2008).
박영배. "성서 번역의 역사와 위클리프 성서." 어문학논총 18 (1999).

제2장

보헤미아의 종교개혁자
얀 후스

얀 후스(Jan Hus, 1369-1415)

위클리프가 영국 종교개혁의 새벽별(Morning Star)이었다면 후스 (Jan Hus, 1369-1415)는 보헤미아 종교개혁의 새벽별이었다. 그는 보헤미아에서 자국어로 대중적인 설교를 하며 교회개혁을 외치다가 1415년 콘스탄츠 종교회의(1414-1417)에서 이단으로 정죄당하여 화형에 처해졌다. 그러나 그의 죽음은 헛되지 않았고 그의 교회개혁의 열망은 1세기 후에 루터의 종교개혁으로 이어져 열매를 맺었다.

1. 베들레헴 교회의 개혁 설교자이자 프라하 대학 총장

후스는 현재 체코공화국에 속한 보헤미아의 남쪽 쁘라하띠체 (Prachatice) 인근 마을인 후시네츠(Husinec)에서 소작농의 자녀로 태어나 가난하게 살았으며, 그의 이름은 그 마을 이름에서 유래했다. 어릴 적부터 머리가 아주 뛰어나 13세에 라틴어 학교에 입학했다. 후스는 프라하 대학에서 공부하고 24세(1393)에 문학사 학위를, 27세 (1396)에 석사학위를 받았다.

학위를 받은 후, 후스는 교수로서 프라하 대학에 남아 1398년부터 가르쳤다. 당시 영국왕 리차드 2세가 1382년에 보헤미아 왕 벤체슬라우스 4세(Wenceslaus IV, 1378-1419)의 여동생과 결혼함으로 인해 영국과 보헤미아 사이에 동맹이 체결되어 옥스퍼드 대학과 프라하 대학 사이에 활발한 학문교류가 이루어졌고, 위클리프가 옥스퍼드 대학에서 했던 강의 내용이 프라하에 전달되어 후스는 위클리프의 개혁과업들을 계승하게 되었다. 1400년에 후스는 사제로 서품을 받았고, 1402년에 프라하 대학 학장이 되었으며, 같은 해에 베들레헴 교회의 설교자가 되어 그의 영향력은 확대되어 갔다. 이와 같이 후스는 1402년이 되면 위클리프의 영향을 받으면서 대학교수로서, 그리고 베델

교회의 개혁설교자로서 활동하게 된다.

　이러한 후스의 개혁활동에 영향을 미친 것은 옥스퍼드 대학의 교수였던 위클리프(1324-1382)였다. 위클리프는 옥스퍼드 대학에서 1372년에 박사학위를 받고 교수로 활동하면서 교황권에 대항하여 왕권 강화에 협력하였다. 그는 교회는 선택받은 자의 총수로 구성되어 있다고 하였고, 경건하게 사는 사람들이 참다운 교회의 구성원이므로 타락한 교황은 마귀의 수석 대리인이고 사제들은 강도들이며 수도원은 도둑들의 소굴이라고 비판하였다. 그는 성경으로 돌아가야 할 것을 주장하며 성경을 영어로 번역하고자 하였고 설교를 통하여 복음을 전파하고자 하였으며 축성 후에도 빵과 포도주는 그대로 남아 있다고 하여 화체설을 부인하였다.

　그러면 후스가 교회의 개혁자가 되는 데 중요한 영향을 미친 위클리프의 저술들은 어떻게 보헤미아에 전달되게 되었는가? 영국 왕과 보헤미아 국왕의 여동생 사이의 결혼이 이루어진 후에 프라하 대학의 학생들이 위클리프가 가르쳤던 옥스퍼드 대학으로 유학을 가게 되었다. 이들이 귀국하는 가운데 위클리프의 저술들이 보헤미아에 들어오게 되었다. 1402년에 옥스퍼드에서 프라하의 제롬(Jerome of Prague, 1371-1415)이 귀국하면서 위클리프의 저술을 가지고 돌아왔다. 그는 위클리프의 『대화록』(*Dialogus*)과 『삼자대화록』(*Trialogus*)과 다른 저술들을 가지고 돌아왔는데, 자신이 직접 필사한 것이었다. 그는 공적인 토론회에서 위클리프의 책들을 연구하지 않은 젊은이들은 진리의 뿌리를 발견하지 못할 것이라고 발언할 정도로 위클리프의 책을 중시하여 보급시켰다. 이러한 책들은 친구인 후스에게도 전달되었다. 위클리프의 책들의 중요성이 인식되면서 보헤미아에서는 위클리프의 저작들을 수집할 책임자들을 옥스퍼드에 파견하여 책들을 들여왔다. 이러한 책들의 수집에서 1413년까지 옥스퍼드에서 일했던 피터 페인(Peter Payne)이 중요한 역할을 하였다. 이렇게 위클리프의 책들이 들어왔을 때 후스는 그의 책들을 탐독하며 그의 사상을 수용하여 개혁에 나서게 되었다. 제롬도 프라하 대학 교수가 되어 후스와 함께 개혁의 선봉에 섰다. 후스는 위클리프가 취했던 입장을 취하며 하나님의 말씀 안에서 진리를 향해 서게 되었다. 후스는 성경을 토대로 설교하게 되었는데, 성경의 재발견을 통해 관습이나 전통의 오류가 드러나게 되었고 가려져 있던 단순하지만 깊은 진리들이 알려지게 되었다.

후스가 위클리프의 사상들을 전부 다 수용한 것은 아닌 것으로 보인다. 교회의 타락상에 대한 위클리프의 비판을 대부분 수용하였으나, 그를 이단으로 정죄받게 만들었던 화체설의 부인에 대해서는 후스가 신중했던 것으로 보인다. 후스는 화체설의 전면적인 부인보다는 오히려 성찬식에서 평신도들에게 빵과 포도주를 주어야 한다는 것을 강조하였다.

위클리프의 저작들이 프라하에 전해지고 그의 영향을 받은 후스를 중심으로 교회 개혁운동이 전개되자 1403년부터 위클리프의 저작들을 둘러싸고 논쟁이 전개되었다. 1403년 1차 논쟁 후에 교회 당국은 이단으로 정죄된 위클리프의 견해를 지지하는 것을 금지했으나, 후스는 위클리프의 저작들을 옹호하였다. 하지만 1406년 프라하 주교는 위클리프의 저작들을 읽는 것을 금지하였다.

후스는 위클리프의 영향을 받아서 교회개혁을 주장하는 설교를 하게 되었다. 후스가 설교를 시작하던 이 무렵 보헤미아인들 사이에 가톨릭교회와 독일인들의 지배에 대한 불만이 확산되어 가고 있었다. 당시 프라하 대학은 독일인들이 유명론을 교육하며 지배하고 있었다.

그러므로 당시 보헤미아인들에게는 가톨릭교회의 전체적인 부패상과 함께 독일인들의 지배에서 벗어나려는 민족주의적인 성향도 싹트오고 있었다. 교회의 개혁이 필요한 상황에서 분명한 확신을 가지고 이러한 개혁의 움직임에 분명한 방향과 초점을 제시하며 강력하게 나아갈 사람이 필요했는데, 얀 후스는 그러한 사람으로 준비되어 있었다. 그리하여 후스가 베들레헴 예배당에서 자국어로 성경에 근거하여 분명한 개혁의 메시지를 선포했을 때, 보헤미아의 회중은 그의 설교에 공감하기 시작하였다. 후스는 사람들이 막연하게만 문제라고 느꼈던 것들을 성경에 근거하여 분명하게 설명해주었다.

이러한 상황에서 후스는 대학교수로서보다 설교자로서의 의무감과 자신의 사회적 위치에 대한 책임감 때문에 이전보다 성서 연구에 더욱 몰두하게 되었다. 그는 점차 교회 안에 있는 엄청난 악들을 보게 되었는데, 그러한 악들은 성서연구를 무시하고 교회의 전통을 따르는 데서 생겨난 것임을 알게 되었다.

그는 삼천명 이상이 출석하는 가장 영향력 있는 프라하의 베들레헴 예배당의 설교자가 되었는데, 이 예배당은 1391년에 라틴어가 아닌 대중의 언어인 자국어로 하나님의 말씀을 전하고 독일 지배와의 결별을 나타내기 위해 새로 건축되었다. 후스의 생동감있고 정열적인 개혁적 설교는 보헤미아인들에게 정치적이고 민족적인 자각을 깨우기 시작하였다. 이러한 대중적인 설교는 미사와 별도로 대중들을 상대로 체코어로 진행된 설교였는데, 후스는 설교를 금지당했던 1413년까지 10년 이상 계속해서 3천 번의 설교를 하였다. 그는 이 기간 동안 체코어로 설교했을 뿐만 아니라 매일 미사를 드리며 평신도들이 성찬에 참여하게 하였고, 체코어 찬송을 편찬하여 부르게 하였다.

후스는 초기에 성직자들의 부패와 타락을 비판하는 설교를 주로 하였다. 하나님의 말씀을 전하면서 후스는 자신이 본 종교적인 악습들에 대해 담대하게 비판하며 반대했다. 1404년 그는 사람들을 현혹하기 위해 거짓으로 꾸며낸 기적들에 반대하는 소책자를 출판했고, 성직자들의 탐욕을 비판하였다. 이러한 후스의 설교는 당시 교회의 개혁을 원했던 국왕 벤체슬라우스와 프라하의 대주교의 지원을 받았다. 그가 1405년부터는 국왕 벤체슬라우스의 지원 하에 성직자들과 교회의 부패와 타락을 비판하기 시작하자 그의 인기는 더욱 높아졌으며, 따라서 그의 설교의 핵심은 교회의 개혁을 주장하고 평신도들의 도덕적이고 영적인 각성을 촉구하는 내용이었다. 그는 예배에서 회중들에게 체코어로 된 옛 찬송가를 부르게 하고 새로운 찬송가를 작곡하기도 하였다.

후스의 교회 비판은 처음에는 교회 내부에서, 특별히 1404, 1405 그리고 1407년에 총회에서의 설교를 통해 언급되었다. 대주교 즈비네크 자이츠(Zbyněk Zajíc)가 후스의 개혁활동에 관대하여 그를 2년마다 열리는 총회의 설교자로 지명하였다. 이 총회 설교에서 후스는 동료 성직자들에게 세속적인 부와 명예를 추구하는 것을 버리고 그리스도를 본받는 삶을 살 것을 역설하였다. 이 시기에 후스는 성직자들의 삶의 도덕적인 개혁을 요구하는 설교를 하고 있었다.

후스가 설교했던 벧엘교회

후스가 국왕과 대주교의 지원을 받으며 성직자들의 부패상을 비판하며 개혁을 요구하고 있을 때 위클리프의 저술과 대학의 개편을 둘러싸고 논쟁이 일어났다. 1406년에 위클리프의 저술을 읽는 것이 금지되었으나, 1406년에 두 명의 보헤미아 학생들이 위클리프를 칭송하는 옥스퍼드 대학의 도장이 찍힌 문서들을 프라하로 가져왔을 때, 후스는 강단에서 이 문서를 공개적으로 읽어 주었다. 1408년 5월에 다시 위클리프의 사상에 대한 토론회가 열려 학사까지는 위클리프의 『대화록』, 『삼자대화록』, 『그리스도의 몸에 대하여』(*De Corpore Christi*)를 읽지 못하도록 금지하였다.

이렇게 위클리프의 저술을 둘러싸고 논쟁이 진행되는 동안에 프라하 대학의 개편이 이루어졌다. 이 대학은 14세기 중엽에 중부 유럽에 처음으로 세워진 대학으로 설립자인 신성로마 황제 찰스 4세의 이름을 따서 찰스 대학이라고 부르기도 했으며, 프라하 대학은 당시에 4개 민족단으로 구성되어 있는 국제적으로 영향력 있는 대학이었다. 따라서 당시 프라하 대학은 유명론을 가르치는 독일인 학자들이 지배하고 있었으므로, 민족주의적인 분위기가 일어나면서 대학운영권을 둘러싸고 분쟁이 발생하였다. 이러한 가운데 프라하 대학은 국왕 벤체슬라우스와 후스의 지도하에 체코인들이 지배하는 대학으로 개편되었다. 1408년에 프라하에 있는 찰스 대학교는 교황권 분열에 의해 분열되었다. 벤체슬라우스는 로마 교황 그레고리 12세가 신성로마 황제가 되려는 자신의 계획을 간섭할 것이라고 느꼈다. 그러자 국왕은 교황 그레고리를 비난하였고 보헤미아에 있는 성직자들에게 교황권 분열에서 엄격한 중립을 지키라고 명령하였으며 찰스 대학도 동일한 입장을 따를 것을 기대한다고 말하였다. 그러나 대주교 자이츠는 그레고리에게 충성하였다.

이러한 상황에서 프라하 대학이 어떤 입장을 취하느냐? 하는 것이 중요한 상황이 되었다. 위클리프의 저술의 이단성을 둘러싼 논쟁이 진행되는 가운데 유명론을 주장하던 독일인 교수들은 교황을 지지하였고 후스를 중심한 체코 출신 교수들은 위클리프의 실재론을 수용하여 교황권에 비판적이었다. 당시 프라하 대학은 보헤미아, 바바리아, 삭소니, 그리고 폴란드 민족단으로 구성되어 있었는데, 후스가 지도자가 되었던 보헤미아 민족단의 학자들만이 국왕의 정책을 따라 중립을 맹세하였다. 그리고 후스와 다른 보헤미아 지도자들은 벤체슬라우스 국왕에게 보헤미아 민족단이 대학 업무에서 3표를 가지는 반면에, 3개 외국인 민족단들은 오직 한 표씩만을 가질 것이라고 규정하는 쿠트나 호라(Kutna Hora) 칙령을 선포하도록 영향력을 행사하였다. 그 결과로 1409년에 상당수의 외국인 학생들이 프라하 대학을 떠나갔다. 이 학생들의 대이동의 결과로 새로 설립된 대학이 라이프치히 대학이다. 따라서 찰스 대학은 국제적인 중요성을 상실하였지만 엄격한 보헤미아인들의 대학이 되었다. 그 결과 대주교는 고립되었고 후스는 명성이 절정에 이르러 1409년 대학의 총장이 되어 대학 개혁에 박차를 가하게 되었다. 이 때부터 후스는 대주교와 대립하게 되었다. 유명론자들이 떠나가면서 위클리프에 대한 비판이 약화되었고 후스는 『삼자 대화록』(Trialogus)을 포함한 위클리프의 저술들을 보헤미아 언어로 번역하기 시작했다.

이렇게 후스가 중심이 되어 개혁이 진행되어 나가자, 1410년 교황은 교구교회와 수도원 교회 외에는 설교를 금지하는 칙령을 내렸는데 채플은 위의 유형에 속하지 않기 때문에, 그 칙령은 후스가 베들레헴 채플에서 설교하는 것을 간접적으로 금지하였다. 교황은 주교에게 설교 금지권을 주었고 주교는 후스의 설교를 금지하였으나, 그는 단호하게 양보하지 않겠다고 선포하였다. "나의 목적은 하나님이 내게 알려 주신 진리, 특별히 거룩한 성경의 진리를 죽기까지 지키는 것이라고 고백한다. 왜냐하면 진리는 영원히 전능하게 서 있으며 영원히 전능하게 남아있기 때문이다." 그리고 사망한 교황인 알렉산더에 관해 후스는 그가 "하늘에 있는지 지옥에 있는지" 단언하기 힘들다고 말했다. 그는 "복음서들과 서신서들과 그리스도 안에 있는 믿음을 핍박"했던 인물이 어떻게 교황인지 공개적으로 물었다. 프라하 주교가 교황의 지시에 따라 1410년에 위클리프의 저서들을 불태우도록 명령하자, 후스는 그러한 결정에 반대하여 라틴어로 『이단 저서의 독서에 대하여』를 집필하고, 위클리프를 지지하는 대학 토론회를 소집하였다. 후스는 교황의 금지에도 불구하고 계속하여 베들레헴 채플에서 설교하였고, 자신의 영국인 "교사"의 사상을 옹호하는 저작들을 집필하였다. 주교는 결국 후스를 파면하였고 새로 선출된 교황 요한 23세가 이를 승인하였으며 1411년 3월 모든 프라하 교회에서 이 결정이 공포되었다. 파문 명령은 아무도 후스에게 먹을 것과 마실 것과 인사나 담화나 물건을 사고파는 것이나 환대를 제공하지 못하게 만들었다. 후스는 이에 대해 다음과 같이 반응했다: "그는 그의 친구들에게 그리스도 자신도 악인과 같이 파문되어 십자가에 못 박히셨음을 상기시켜 주었다. 그분을 위하여 우리가 재산과 친구들과 세상의 존귀와 우리의 하찮은 생명을 잃어버린다면 우리가 무엇을 잃겠는가? 형편없이 사는 것보다는 잘 죽는 것이 낫다." 후스로 인하여 베들레헴 채플에 모여들었던 사람들 사이에 혁명적인 기운이 감돌기 시작하였다. 1412년에 교황 그레고리 12세는 다시 위클리프의 저술들을 유통시키는 것을 금지시켰다.

당시에 교황은 3명이 난립하여 서로 싸우고 있었다. 이러한 대립

가운데 피사 교황 요한 23세는 로마 교황 그레고리 12세에게서 로마를 탈취했던 나폴리 왕과 전쟁을 하기 위한 비용을 조달하기 위하여 면죄부를 판매하였다. 이러한 면죄부 판매에 대하여 후스는 1412년에 위클리프의 저술들을 인용하면서 교황들은 검을 가지고 전쟁을 일으킬 수 없으며 사람은 돈이 아니라 진정한 회개로 죄의 용서를 얻을 수 있다고 주장하였다. 면죄부 판매에 대한 비판은 지금까지 후스의 개혁에 대한 강력한 지원자였던 국왕의 후원을 잃는 계기가 되었다. 국왕은 교회당국과 협력하고자 이러한 후스의 설교에 자극받아 면죄부 판매를 기만이라고 비판하였던 3명을 처형하였다. 후스는 자신이 했던 면죄부 판매를 반대하는 설교에 자극받아 모였던 집회에서 순교한 3명의 "순교자들"을 베들레헴 채플에 안장하고 1412년 7월 24일 그들을 위한 특별 설교를 하였다. 이러한 후스의 행위로 인하여 프라하에 대한 교황의 파문이 공포 되었고, 후스를 따르는 이들에게도 또한 음식과 음료와 옷과 잠잘 곳 등등을 제공하지 말라는 금지령이 내려졌다. 교황이 왕에 대해서도 이단으로 선포하는 것을 염려하여 후스는 18개월 동안 프라하를 떠나야만 했었다.

그러나 그는 이 기간에도 잠잠하지 않았고, 시골에 다니면서 여전히 복음을 전파하였고 비밀리에 프라하를 방문하여 추종자들을 격려하였다. 그는 이 때 『믿음, 십계명, 주기도문에 대한 설명』, 『세 겹의 줄(삼위일체)』, 『성직매매에 대하여』, 『큰 죄인의 거울』, 『구원의 바른 길에 대한 깨달음에 대해』, 『여섯 가지 오류에 대하여』, 『주석들』 등을 저술하였다. 이 책들은 체코어로 저술되었고 그래서 일반사람들이 이해할 수 있었다. 당시에 라틴어 저술 가운데 가장 유명한 것은 베들레헴 채플에서 1413년 8월 8일에 공개적으로 낭독된 『교회론』(*De Ecclesia*)이다. 그는 교황이 말씀을 떠나 인간의 전통에만 집착하고,

교황과 고위성직자들이 거룩한 삶을 떠나 세속적인 삶에 매달린다면 교황에게 순종하는 것을 거절해야 한다고 설교하였다. 그는 1413년에 저술한 『교회론』에서 당시 교황이었던 알렉산더 5세와 요한 23세가 복음서를 따르지 않는 자들이기 때문에 적그리스도이고 복종할 필요가 없다고 주장하였다.

2. 얀 후스의 개혁운동과 교회론

후스는 설교를 통해 보헤미아인들의 영적인 각성과 함께 민족의식을 일깨웠을 뿐만 아니라 교회의 부패상을 적극적으로 비판하였다. 후스는 설교자로서 뿐만 아니라 저술가로서도 개혁자의 면모를 유감없이 보여주었다. 그는 성인들에게 기도하는 것과 면죄의 효능, 예를 들어 성직자들이 죄를 용서하여 주는 그러한 실행들을 반대했고, 성직 매매를 비난했다. 공공연히 자행되던 성직매매는 후스의 설교에서 맹렬히 비판된 것으로서 당시 교황과 성직자들의 타락을 극명하게 보여주는 예이었다. 후스는 설교를 통하여 그것을 비판할 뿐 아니라 『성직매매론』(De simonia)를 저술하여 체계적이고도 단호하게 비판하였다. 그는 이 글에서 성직매매를 배교와 신성모독과 함께 이단이라고 주장하였다.

그는 또한 죄인의 참된 필요는 죄에 대한 참된 통회와 회개라는 것을 주장하면서 면죄부의 판매를 정죄했다. 1411년 요한 23세가 나폴리의 라디슬라우스(Ladislaus of Napoli)에 대항하기 위해 조직한 십자군의 군비를 조달하기 위해 판매되고 있던 면죄부를 후스는 맹렬하게 비판하였다. 1412년에 후스는 대학 토론회에 참가하여 교황이 프라하에서 판매한 면죄부에 반대하는 연설을 하였다. 이 면죄부는 교황이 자신을 반대하는 라디슬라우스 왕과 전쟁을 하기 위하여 필요한 경비 마련을 위해 프라하에서 판매하였던 것이다. 그의 연설 제목은 "죄 용서에 대한 질문 혹은 나폴리 왕 라디슬라프에 반대한 교황 요한 23세의 십자군에 대한 질문"이었다. 당시 그의 친구들은 후스의 편에 섰다. 후스는 인간의 죄를 용서할 수 있는 능력은 죽을 수밖에 없는 죄인인 교황에게 있는 것이 아니라 오직 대제사장이신 버림받은 그리스도에게만 있다고 역설했으며, 교황이 전쟁에 나서거나 세속적 검에 의지하는 것을 반대하였다. 이 때 대학의 8명의 교수들은 마카비서의 성전을 근거로 하여 면죄부 판매를 지지할 때 후스는 살인하지 말라는 계명에 의지하여 그들의 주장을 반박하였다. 면죄부 판매에 대한 후스의 비판의 핵심을 정리하면, 교황은 물리적 힘을 사용할 권리를 갖고 있지 않으며, 돈의 지불은 진정한 용서에 유효하지 않고, 용서는 진정으로 회개하고 자신들의 죄를 고백하는 사람들에게는 값없이 주어지기 때문에 면죄부는 필요 없다는 것이다.

그는 성찬에서 평신도에게 빵과 포도주를 모두 주어야 한다고 주장하였고, 화체설을 완전히 부정하지는 않았으나 축성 후에도 빵과 포도주로 남아 있다는 위클리프의 입장을 지지한다는 이유로 정죄를 당했다. 후스는 평신도들도 성경을 읽어야 한다는 생각을 가져 위클리프와 같이 체코어로 성경번역을 추진하였다. 그는 이러한 성경번역을 통해 체코어 발전에 기여했을 뿐만 아니라 그들의 민족의식을 깨웠고 그들의 신앙을 하나님의 말씀 위에 세우고자 하였다. 수세기 동안 의문없이 받아들인 교회의 교리나 실행들을 감히 비판하지 않았다면 후스는 아마 그의 침상에서 평안하게 죽었을지도 모른다. 후스는 '성경은 무엇이라 하는가?'라고 물으면서 다시 한 번 성경으로 그들의 진리와 정당성을 시험했다. 그 후 그의 적들은 그를 '이단'이라 불렀다.

그는 프라하를 떠나 있던 1413년에 『교회론』을 저술했는데, 처음 앞의 10장은 위클리프의 저술 내용을 상당 부분 인용하여 그의 가르침에 의존했음을 보여준다. 그의 교회론에 대한 사상은 로마가톨릭교회와 성직매매를 비판하는 후스를 공격했던 프라하 대학의 8명의 신학자들과 논쟁하는 과정을 통해 형성되었다. 교회론에서 교회의 본질, 성례 생활의 실천, 그리스도의 수위권, 교회 안에서 권위의 역할과 시행 등의 문제에 대한 그의 논의는 교회의 도덕적 타락을 개혁하여 교회의 본질을 회복하려는 열정에서 나온 것이었는데, 그는 이 논의과정에서 철저하게 성경과 초대 교부들의 권위에 의존하고자 하였다. 그의 논의는 성경 본문을 인용하고 그에 대한 분석에서 진행되는데, 분석과정에서 특히 초대 교부인 아우구스티누스의 견해를 많이 인용하고 있다. 아우구스티누스 다음으로 많이 인용되는 초대 교부들은 그레고리 대제, 제롬, 암브로우즈, 키프리아누스, 베르나르두스 등이고, 아퀴나스는 거의 인용되지 않는다. 그는 교회론 13장에서 그 자신의 신학적 논의의 기준을 다음과 같이 표현한다: "그리스도의 종교 안에 있는 모든 진리들은 따라야 할 것이며, 그것만이 육체적인 감각에 의해 알려지고, 지성적인 이성에 의해 발견되거나, 계시를 통해 알려지거나 거룩한 성경 안에 자리 잡고 있는 진리이다."[1] 그는 성경 안에서 발견되는 진리만을 따라가고자 하였다.

그는 제일 먼저 교회의 본질에 대해 논의한다. 그는 먼저 교회에 대해 정의하는데, 교회는 그리스도의 통치 아래 있는 모든 사람들의 모임이다. 따라서 교회는 그리스도의 통치 아래 있는 양과 그렇지 않은

---

[1] David S. Schaff trans, *The Church by Jan Hus* (New York: Charles Scribner's Sons, 1915), 131.

염소로 구성된다. 이제 그는 교회의 본질에서 예정론적인 교회론을 주장하는 위클리프의 입장을 따르고 있다. 거룩한 보편적인 교회는 미리 예정된 자들의 총수이며, 죽은 자나 산 자나 아직 태어나지 않은 예정된 자들로써 구성되어 있다. 이 보편 교회는 하나이며, 처음으로 의로운 사람으로부터 미래에 구원받을 마지막 사람까지 포함하는 모든 예정된 자들의 총수이다. 이렇게 예정론에 토대를 둔 교회는 우주적인 교회이며 동시에 종말론적인 교회이다. 이 교회가 우주적인 교회이므로, 후스는 교회의 구성원이 된다는 것과 교회 안에 있다는 것을 구별한다. 교회 안에 있는 것은 가시적인 교회의 구성원이 된다는 의미이므로, 이들 가운데 일부는 가라지 신자들이 포함되어 있다. 그러므로 교회의 참된 구성원이 되는 것은 그리스도에게 속하여 끝까지 신앙을 견인하는 사람들이다. 로마가톨릭교회는 지상의 제도적인 교회를 참된 교회라고 주장하였으나, 후스는 선택된 자들로 구성된 우주적인 교회가 참된 교회라고 보았다. 후스는 아우구스티누스의 『성도의 견인에 대하여』를 인용하면서 성도가 거룩한 모교회(Mother Church)에 속하는 두 가지 방식을 설명한다. 한 부류는 영생에 대한 예정에 의해 모교회에 속하고, 다른 한 부류는 현재적인 의에 의해서만 모교회에 속한다. 전자는 끝까지 거룩한 생활을 하는 사람들이고, 후자는 잠시 동안 거룩한 생활을 하지만 끝까지 견인하지 못한다. 그는 교회의 토대는 믿음인데, 이 믿음에도 두 종류가 있다고 말한다. 마귀가 하나님을 알고 떨면서 가지는 믿음으로 이 믿음은 생활에 아무런 열매를 맺지 못한다. 그러나 참된 믿음은 사랑으로 역사하는 믿음으로 끝까지 견인하여 구원받는다. 그러므로 교회의 구성원이 되는 예정은 수동적인 경험이 아니라 성도들의 삶에서 구체적으로 드러나는 소망과 사랑을 실천하는 경험이다.

예정론에 근거한 교회는 종말론적인 교회이다. 누가 진정으로 교회에 속했는지는 하나님만이 아시고, 죽음 후에 분명하게 드러날 것이다. 후스는 이 종말론적인 성격에 의지하여 당시의 교황과 고위성직자들의 삶의 모습을 비판한다. 그는 교황을 비롯한 교회 지도자들의 삶의 모습이 세속적인 부귀영화를 추구할 때, 과연 그들의 직책이 합법성을 가지고 있는지 질문한다. 교회의 머리는 그리스도이기 때문에 교황과 고위성직자들도 성도들의 순종과 신뢰를 받기 위하여 그리스도의 법에 순종해야만 한다. 후스는 교황이 교회의 머리이고 추기경들이 교회의 몸이라는 당시 로마가톨릭의 주장을 반복해서 부정하고 있다. 교회의 머리는 그리스도이시고 그의 몸은 예정된 모든 사람들이며, 한 사람 한 사람이 동등한 그리스도의 신부이다. 물론 현실의 전투하는 교회에서 선택된 자와 유기된 자들은 혼합되어 있지만, 그러나 궁극적으로 분리된 존재이며 그 분명한 모습은 심판날에 드러날 것이다.

둘째로 교회의 머리는 그리스도이시다. 후스가 그의 교회론에서 가장 강조하는 것이 바로 교회의 머리는 그리스도라는 사실이다. 그의 교회론의 4장의 제목은 교회의 유일한 머리이신 그리스도이다. 그는 성경을 인용하면서 그 어떤 사람도 교회의 머리가 될 수 없으며 사도들 가운데 그 누구도 자신이 교회의 머리라고 주장한 적이 없다고 지적하였다. 후스는 교회론 7-10장에서 교황의 머리됨의 본문인 마태복음 16장 16-19절에 대하여 분석하는데, 그리스도의 교회, 그 교회의 신앙, 토대, 그리고 권세를 한 주제씩 다룬다. 9장은 교회의 반석이신 그리스도라는 제목으로 마태복음 16장 16-18절을 다루고 있다. 교황은 이 구절을 근거로 자신이 그리스도의 대리자라고 주장한다. 그러나 이 구절에 대해 후스는 그리스도께서 자신을 반석이라고 말씀하고 교회가 반석인 자신 위에 토대를 두고 세워질 것을 말씀하신 것이라고 대답하였다. 그리스도께서 반석이 되실 때 음부의 권세가 이길 수 없기 때문이다. 페트라(반석)가 페트루스(베드로)에서 파생된 말이 아니라 베드로가 반석에서 나왔다. 베드로 자신이 그리스도를 산 돌이라고 말하였다. 사도들은 그리스도와는 다른 의미에서 교회의 토대이다. 따라서 사도들은 성도들을 자신들에게로 모은 것이 아니라 그리스도에게로 모았다. 바울은 고린도교인들에게 그들이 게바에게도, 아볼로에게도, 바울에게도 속하지 않고 그리스도에게 속한다는 것을 상기시켰다.

후스는 교회가 세워지는 반석은 베드로가 아니라 주는 그리스도시요 살아계신 하나님의 아들이라는 베드로의 신앙고백이라고 설명한다. 그는 교회론 8장에서 베드로가 아니라 이 신앙고백이 반석이며, 이 반석인 믿음 위에 교회가 세워진다는 것을 강조한다.

후스는 베드로가 교회의 토대인 반석이라고 말한 것의 의미에 대하여 베드로는 특권에 의해서 다른 사람들보다 뛰어났거나, 위엄에서 다른 사람들보다 뛰어났거나 그리스도의 대리자가 된 것이 아니다. 그리스도께서 베드로를 지도자나 목자라고 부른 것은 그가 덕에서 뛰어났기 때문이다. 베드로가 교황으로 선출된 것은 그의 믿음의 견고함과 주는 그리스도시요 살아계신 하나님의 아들이라는 신앙고백 때문이다. 비슷하게 베드로의 대리자들의 가장 중요한 임무는 이 신앙을 설교하는 것이다. 천국 열쇠는 재판권이나 통치권이 아니라 죄를 분별하여 그들을 방면하거나 붙잡아두는 것이다. 후스는 여기서 교황들의 사도계승권의 권리를 정면으로 부정한다. 그들의 임무는 복음을 전하는 것이고 천국열쇠는 죄에 대한 분별을 통한 돌봄이라는 것이다. 베드로가 교회를 통치하기에 적합하게 되었다면, 그것은 그의 뛰어난 덕과 그리스도의 소원을 따르기 때문이다. 그러므로 교회의 통치자가 되고자 하는 사람들은 베드로와 같이 뛰어난 덕을 소유하여 그리스도의 소원을 이루어가야 한다. 따라서 후스가 당시의 교황들에게 도전하는 것은 그들이 베드로 사역의 후계자이냐의 여부가 아니라, 베드로의 삶을 실천하느냐의 여부였다. 그는 당시의 교황과 고위 성직자들은 베드로가 아닌 콘스탄티누스의 후계자라고 비판하였다. 그래서 후스는 당시 교회의 부패의 가장 중요한 근원이 콘스탄티누스 황제의 기진장이라고 확신하였다. 로마 황제가 교황에게 세속적인 재판권을 줌으로써, 교황이 섬기는 자가 아니라 황제같이 주교들과 함께 통치하는 자가 되었다. 이렇게 교황과 고위성직자들이 지배하는 자리에 올라가면서 300년 이상 동안 교황청은 참된 교회의 모습에서 이탈하여 부패하였다. 교황이 지배자가 되었을 때부터 권위를 남용하기 시작했고, 무지와 돈을 사랑함을 통해 교황은 타락했을 뿐만 아니라 이단적인 교황까지 생겨났다.

따라서 교회의 머리는 교황이 아니라 그리스도이시며, 교회는 그리스도의 몸이고 후스가 교회론 7장에서 논한 바와 같이 교회의 제도나 기구가 아니라 성도들의 회중(모임)이다. 후스는 그리스도의 교회의 의미에 대해 세 가지를 구분한다. 첫째는 교회는 현재 의와 관련한 성도들의 모임이다. 이 가운데는 현재 믿음을 가지고 있으나 유기된 사람도 포함되어 있으므로, 그리스도의 신비한 몸이 아니다. 둘째는 선택된 자와 유기된 자의 혼합으로서의 그리스도의 교회이다. 셋째는 선택된 자들의 모임으로서의 교회이다. 교회가 성도들의 모임이라고 할 때, 현재에 교회에 있는 사람들이 아니라 선택된 사람들의 모임을 의미한다. 따라서 후스의 교회는 성도들이 모여 덕이 실행되는 장이다. 교회는 그리스도를 모범 삼아 그리스도의 가신 길을 따라가는 공동체이다. 그러므로 덕이 없는 교회는 그리스도를 머리로 삼지 않은 세속적인 집단이다. 그들은 그리스도를 의지하지 않고 있음으로 해서 덕의 근본이신 '한 분이신 하나님'을 떠난 자들이다. 오히려 타락한 생활을 하는 로마 교황이나 주교들은 교회가 아니다. 그러므로 후스는 교황 알렉산더 5세와 요한 23세를 반기독교인이라고 선언했고 그러므로 그들의 칙령에 복종하지 말라고 했다. 그는 프라하에서 교황을 적그리스도라고 부르며 비판하는 28개의 설교를 했고, 그 내용은 『적그리스도의 지체들의 분석』(The Anatomy of the Members of Antichrists)이란 책에 기록된 것과 유사하다. 더구나 후스는 1413년에 교황에 의해 교회에서 설교를 금지당한 상태였는데, 이에 대해 후스는 보헤미아에서 대성당과 교구와 수도사 교회 이외의 장소에서 말씀을 전파하는 것을 금지하는 알렉산더의 칙령은 그리스도께서 집안에서, 바닷가에서, 회당에서 전파하시고 그의 제자들에게 온 땅으로 가서 전파하라고 명령하셨으므로 복음에 반대되는 것이라고 선언하였다. 성직자의 양심이 자신의 동기의 순수성과 올바름을 증거한다면, 그는 교황의 금지명령이나 파문선언에도 불구하고 설교를 중단해서는 안 된다고 강조한다.

후스는 교회론에서 그리스도의 머리되심과 관련하여 교회의 권위의 시행과 그에 대한 순종의 문제를 다루었다. 후스는 교황이나 고위 성직자들의 명령이 분명하게 거짓이나 오류를 포함하고 있다면, 그러한 것들에 순종해서는 안 된다고 주장하였다. 오히려 그러한 것들에 악하게 순종하는 것은 궁극적으로 하나님께 불순종하는 것이 되기 때문이다. 그는 로마 교구라는 제목의 18장에서 자신이 1409년에 베들레헴 성당과 다른 채플에서 설교하지 말라는 교황 알렉산더 5세의 교서에 불순종한 이유를 설명한다. 복음을 선포하지 말라는 명령은 그리스도와 사도들의 말과 행동에 반하는 것이므로 사도적인 권위를 가질 수가 없기 때문이었다. 후스는 하위성직자들과 심지어 평신도들에게 교황과 고위성직자들의 명령에 무조건 순종할 것이 아니라, 그들의 명령과 지시가 하나님의 말씀과 부합하는지를 신중하게 검토해 볼 것을 촉구하였고 하나님의 말씀을 그들의 행동의 기준으로 삼으라고 강조하였다. 그는 당시에 정치적인 수단으로 남용되고 있던 파문에 대하여 비판하였다. 당시 교황들은 자신들의 경쟁자였던 황제나 국왕들을 굴복시키기 위하여 파문권을 사용하였는데, 이러한 파문권은 주님께서 교회의 거룩성을 위해 사용하라고 주신 권징과는 전혀 관계없는 것이라고 지적한다.

후스는 전쟁을 하거나 세속적인 무력에 호소하는 교황의 권위를 부인했다. 교황제도는 황제의 호의와 권리로부터 유래한 것이다. 교인들이 교회에 복종해야 한다는 말은 순전히 성직자들이 만들어 낸 것으로 성서와는 위배된다. 교황 요한 23세가 그리스도를 따르려 했다면 그의 적들을 위해 기도하고 "내 왕국은 이 세상에 속하지 않았으니"라고 말했어야 한다. 죄를 용서할 수 있는 권세는 그리스도가 문둥병자들을 보낸 성직자들에게 있지 않는 만큼 이 세상의 사람에게도 없다. 문둥병자들은 그들이 성직자들에게 가기 전에 깨끗해졌다.

교황과 보이는 교회의 무오성을 부인하고 천국을 열고 닫을 수 있는 제사장직분의 성직자의 권위를 제쳐놓고 후스는 서양 기독교계에서 용인된 이론과 관계를 끊었다. 그 어떤 세속적 혹은 영적 권위를 부여받은 사람일지라도 양심이 그가 중죄를 범했음을 증거한다면, 바로 그 순간 그는 그리스도인들에 대한 모든 권한을 상실하며, 따라서 그는 자신의 직무를 중지해야 한다. 성서는 그리스도교 신앙의 유일한 원천이며 법규이다. 그는 이러한 주장을 하면서 중세에 용서받을 수 없는 죄를 진 것이다. 그러나 이러한 근본적인 생각들은 보헤미안 개혁자들이 발상해낸 것은 아니다. 후스는 종종 그가 요한 위클리프를 의지하고 있음을 자인했다. 그는 "예수 그리스도의 권세 아래서 보헤미아는 영국이라는 축복받은 땅에서 너무나 좋은 것을 많이 받았다"라고 감사했다.

후스가 자신의 개혁의 의제를 간결하게 잘 드러낸 또 하나의 작품이 1414년에 쓴 『여섯 가지 오류에 대하여』라는 소책자이다. 그는 이 소책자에서 로마가톨릭교회 사제들이 가르치고 있는 6가지의 오류들을 적시하고 그러한 잘못에서 백성들이 벗어날 수 있는 방안을 제시하였다. 그는 이 6가지 오류를 베들레헴 교회 벽에 체코어로 새겨 놓았다. 이 행위는 나중에 루터가 95개 조항을 비텐베르크 교회 정문에 붙여놓는 것과 비견될 수 있다. 사제들이 가르치고 있는 첫 번째 오류는 자신들이 성만찬에서 하나님의 몸을 창조하고 있다는 주장이었다. 이러한 제정신이 아닌 사제들은 마리아는 한 번 하나님의 아들을 낳았지만 자신들은 성찬 때마다 하나님의 몸을 창조하므로 마리아보다 더 위대하고 주장하였다. 둘째 오류로 이들은 성도들이 마리아, 성인들, 그리고 교황을 믿어야만 한다고 가르쳤다. 이에 대해 후스는 하나님과 성경에 계시된 것만을 믿어야 한다고 주장하면서, 베드로가 예수님을 부인하였고 바울이 우리는 베드로가 아닌 예수께 속한다고 말했으므로 베드로의 후계자라고 주장하는 교황을 믿어서는 안 된다고 주장하였다. 그들의 셋째 오류는, 사제들은 하나님의 죄의 용서를 선포하는 사역자로서가 아니라 자신의 뜻으로 죄를 용서한다고 가르친다. 죄는 하나님께서만 용서할 수 있는데, 이들은 자신들을 하나님과 동등한 권력을 가진 자로 만들고 있다. 넷째 오류는 그러므로 죄를 자신의 뜻대로 용서하는 사제들의 명령에 순종해야 한다고 가르친다.

그러나 후스는 그들의 가르침이 성경 말씀과 일치할 때에만 순종해야 한다고 가르쳤다. 오히려 성경 말씀에 어긋나는 명령에는 불순종해야 한다. 다섯째 오류는, 교회는 어떤 죄에 대해서라도 파문할 수 있다고 가르치는데, 교회는 하나님께 대하여 죽을 죄를 범한 자만을 파문할 수 있다. 여섯째 오류는, 사제와 주교들은 교회 안에서 성직을 합법적으로 사고 팔 수 있다고 설교하고 있다. 그러나 성직은 교회의 공공의 유익을 위해 하나님이 주시는 것으로 사고 팔 수 없는 것이다. 그는 성경에 근거하여 이러한 6가지 오류들의 잘못을 명확하게 지적할 뿐만 아니라 일반 백성들을 교육하여 교회의 부패와 타락을 개혁하고자 하였다. 그러므로 후스의 교회관은 다시의 교황청과 고위성직자들의 집중적인 비판의 대상이 되었고 결국 콘스탄츠 종교회의에 소환당하게 되었다.

3. 콘스탄츠 공의회와 얀 후스의 화형

보헤미아의 대주교인 즈비네크는 처음에는 보헤미아의 왕과 함께 후스의 개혁활동을 지지하였다. 그러나 1409년 프라하 대학을 개편하는 과정에서 후스와 국왕이 이 대학을 보헤미아인들을 중심으로 개편할 때 대주교가 이 정책에 반대하면서 후스와 대립하게 되었다. 대주교는 1410년에 후스를 파문하였다. 또한 후스는 1412년에 면죄부 판매를 비난한 후에는 교황청과 대립할 것을 우려한 국왕의 지지마저 잃어버리게 되었다. 이러한 가운데 1414년에 열린 콘스탄츠 종교회의에서 후스는 『교회론』과 『여섯 가지 오류에 대하여』 등의 내용에 대하여 고소를 당하게 되었다. 제르송(Jean de Charlier de Gerson)과 다아이(Pierre d'Ailly) 등은 그의 저서 내용 가운데 30가지의 이단적인 내용을 발췌하여 고발하였다. 콘스탄츠 종교회의가 열린 지역은 지기스문트 신성로마황제가 다스리던 지역이었고, 지기스문트는 교황권의 분열을 해결할 뿐만 아니라 후스를 둘러싼 논쟁을 해결하여 제국의 평화를 회복하기를 원하였다. 이 때 후스도 자신에 대한 여러 가지 비난들이 부당하다는 것을 공적인 장소에서 변호하기를 원하였다. 그래서 지기스문트 황제는 후스가 콘스탄츠 종교회의에 참석하여 자신의 입장을 변호하도록 신변안전을 보장하는 통행증을 발급하였다. 후스는 1414년 10월 11일에 콘스탄츠를 향해 출발하면서 프라하를 떠나기 전에 자신은 진리를 세우기 위해 증인대에 설 준비가 되어 있다고 보헤미아인들에게 공개적인 편지로 알렸다. 이 때 그의 친구들은 그에게 가지 말라고 충고하였다. 그러나 후스는 한 친구에게 체코어로 후스가 거위를 의미하는 것을 가지고 "거위는 아직 요리되지 않는다. 거위는 요리되는 것을 두려워하지도 않는다"라고 조크하는 편지를 보낼 정도로 자신을 변호할 수 있을 것으로 기대했던 것 같다. 그는 콘스탄츠 사람들에게 보내는 공개서한에서도 한 편에서 그리스도께서 고난을 받으셨으니 우리 또한 고난을 받지 않겠느냐?라고 말하면서도, 확실한 하나님의 도우심으로 하나님의 신실한 종은 견고하게 남아 있으면 멸망하지 않을 것이라고 고백하며 자신을 위해 기도해 달라고 부탁하였다. 그는 황제가 자신의 신변의 안전을 보장했던 것을 신뢰했으나, 그것은 커다란 판단의 착오였다.

후스는 신변안전을 보장받고 1414년 11월 3일에 공의회장에 도착했다. 이 공의회는 신성로마황제인 지기스문트가 피사 교황 요한 23세의 지원을 받아 개최한 종교회의였다. 이 종교회의를 소집한 가장 중요한 목적은 1378년 이후로 분열되어 당시에는 세 명의 교황이 난립해 있던 상황을 종결하려는 것이었다. 로마 교황청은 프랑스 국왕

필립 4세와의 싸움에서 패배하여 1309년에 프랑스의 아비뇽으로 옮겨가 프랑스 국왕의 지배 아래 있었다. 이러한 수치스러운 상황을 끝내고자 1378년에 로마에서 교황을 선출했으나 아비뇽에서도 교황을 선출하여 1378년 이후에는 두 명의 교황이 존재하는 교황권의 대분열이 일어났다. 이러한 교황권의 분열을 해결하려고 1409년에 피사 종교회의를 열어 새로운 교황을 선출했으나, 기존의 두 명의 교황이 퇴위하기를 거부하여 교황은 급기에 세 명이 존재하게 되었다. 세 명의 교황이 난립하면서 유럽의 국가들은 자신들의 이익에 따라 서로 다른 교황들을 지지하면서 유럽이 분열되어갈 뿐만 아니라 수많은 갈등들이 발생하고 있었다. 이러한 문제를 해결하고자 신성로마황제인 지기스문트는 피사 교황이었던 요한 23세의 허가를 받아 콘스탄츠 종교회의를 소집하였다. 이 회의가 소집되자 요한 23세는 자신을 교황으로 인정해 줄 것을 기대했으나, 다른 교황을 선출하려고 하자 도망을 치는 사건이 발생하였다. 그러므로 여기 모인 대표들은 기존의 세 명의 교황을 모두 폐위하고 마틴 5세를 교황으로 선출하여 교황권 분열을 종결지었다. 둘째로 이렇게 교황권이 분열하면서 성직 매매를 비롯하여 성직자의 윤리적인 타락과 함께 교회의 여러 가지 부패들을 개혁하고자 하였다. 셋째로 교회 안에서 발생한 여러 이단들을 척결하여 교회를 안정시키고자 하였다. 그런데 후스가 관련된 것은 이단의 문제였다. 후스는 자신의 주장과 관련하여 여러 사람들에 의해 이단으로 고발되어 있었다. 이러한 고발에 대하여 후스는 자신을 변호하고자 이곳에 도착하였다.

 후스는 콘스탄츠에 도착해 자신은 교황의 안전 통행권이 없이 콘스탄츠에 왔는데, 모든 면에서 잘 지내고 있으니 안심하라고 친구들에게 편지를 보냈다. 그는 물론 면죄부 판매자들이 그를 반대하는 행동들을 계속하여 그들에 의해 자극 많아 자신을 대적하는 자들이 매우 많고 강하니 자신이 변하지 않도록 기도해 달라고 부탁하였다. 후스가 이곳에 도착했을 때, 교황은 교회에 의해 파문당한 자는 신변안전을 보장받을 수 없다고 하면서 11월 28일에 그를 체포하여 도미니크 수도원에 감금하였다. 보헤미아의 국왕도 이 공의회에 참석하였으나, 이단에게 한 약속은 지킬 필요가 없다는 주장을 받아들여 그를 보호하지 않았다.

그는 지하감옥에서 쇠사슬에 묶여 있으면서 사제들에 의해 말할 수 없는 조롱과 고통을 당하였다. 그렇지만 그는 감옥에 있으면서 결코 진리를 위한 싸움을 포기하지 않았고 『사도신경, 십계명, 주기도문 강해』(Exposition of the Apostles' Creed, the Decalogue, and the Lord's Prayer), 『회개에 대하여』(Of Penitence), 『죽을 죄에 대하여』(Of Mortal Sins), 『하나님의 지식과 사랑에 관하여』(Of the Knowledge and Love of God) 그리고 『그리스도의 몸과 피의 성례에 대하여』(On the Sacrament of the Body and Blood of Christ) 등 8권을 저술하였고 많은 편지들을 썼다. 그는 이 때 쓴 편지에서 "사랑하는 자들이여! 감옥에 누워있지만 그것이 부끄럽지 않네. 이는 내가 주 하나님을 위해 소망 안에서 견디고 있네"라고 하면서 주 하나님께서 자신과 함께 하시기를 위해 기도해 달라고 부탁했다. 자신이 감옥에 있는 동안 하나님께서 긍휼로써 중병을 갖고 자기를 찾아 오셨다가 고쳐주셨다고 하면서, 지금 자신을 그분께로 데려가시는 것이 그분의 기쁨이라면 그분의 거룩한 뜻이 이뤄지길 원하지만 그분이 자신을 돌려보내시길 기뻐하신다면 마찬가지로 그분의 거룩한 뜻이 이루어지길 원한다고 고백하고 있다.

공의회는 죽은 지 30년이나 되는 위클리프를 정죄했고, 그의 저술들은 불태워졌다. 후스는 공의회 앞에서 1415년 6월 5일부터 7월 5일까지 한 달이나 심문을 받았다. 후스는 공의회가 왜곡하고 잘못 해석한 위클리프의 가르침들에 대해 위클리프를 변호했다. 그는 이미 교회론 마지막 장인 23장에서 체코 교회가 위클리프를 이단으로 주장한 45개 항목을 변증했는데, 이곳에서도 다시 변증하였다. 그는 자신이 위클리프의 가르침 가운데 가치있는 것을 옹호한다고 주장하였다. 오히려 그 가치있는 것의 근원에 대해 자신이 위클리프가 제안한 참된 의견들을 붙잡는데 그것은 그가 가르쳤기 때문이 아니라 성경이 그에게 그것을 가르쳤기 때문이라고 주장하였다. 후스는 자신이 틀렸다는 성경적 증거를 보여준다면 공의회의 지시와 교정을 따를 준비가 되어 있다고 계속하여 선포했다. 그의 이단에 대한 심리는 교회법과 파리의 유명론 신학자인 게르송과 다아이에 의해 진행되었는데, 그들은 후스가 교황의 권위에 불복종하며 로마교회의 보편성을 부인한 것을 고소한 반면에 후스는 그 자신의 견해는 성경에만 기초하여 오류가 없다고 주장하였다.

후스에 대한 이단 혐의는 30가지 항목으로 정리되었다. 공의회의 결정은 후스의 저술들이 이단적인 혐의가 있어서 불태워야 한다는 것이었다. 후스는 그의 책이 이단으로 정죄된 후에도 체코 국민들에게 편지를 보내 이단으로 정죄된 자신의 책을 읽는 것을 포기하지 않도록 격려하였다. 그는 자신을 심문하는 교황파들을 향하여 질문하였다. 한 달 전에 교황 23세가 폐위되었는데, 여러분들이 교황은 지상의 신이며, 범죄할 수 없다고 설교했는데, 이제 그 교황이 범죄했다고 폐위했으니 교회의 머리가 잘려진 것이 아니며, 이 세상의 신이 포박당한 것이 아니며, 그의 범죄가 만천하에 드러난 것이 아닌지 대답하라고 공격하였다. 후스를 회유하여 그의 입장을 포기하게 만들려는 모든 노력은 실패하였다. 공의회는 그를 처형하기 전날까지 결정을 미루고 있었다. 7월 5일에 대표자들을 후스에게 보내 마지막 설득을 했으나, 후스는 성경으로 자신의 잘못을 가르쳐 주면 즉시 취소하겠다고 대답하였다.

7월 6일 지기스문트 황제와 공의회는 후스에 대해 이단으로 정죄하고 사형을 언도하였다. 공의회의 판정이 선포된 후, 파면 의식을 진행하여 후스의 모든 성직의 권리를 박탈하고, 세 귀신의 모양을 한 종이 왕관을 만들어 "이단의 왕(heresiarch)"이라고 쓴 후에 후스의 머리에 씌우고 그의 영혼을 악마에게 위탁한다고 말했다. 후스는 자신의 영혼을 그리스도에게 위탁한다고 대답하였다. 당국자들이 후스를 끌고 나갈 때 후스는 교회 묘지에서 그의 책들이 불타고 있는 것을 보았다.

집행인의 명령이 있을 때 그가 기도하고 있던 곳에서 일어서서 크고 분명한 목소리로 말하여 그의 친구들도 그의 목소리를 정확히 들을 수 있었다: "주 예수 그리스도여, 나는 당신의 복음과 말씀의 전파를 위해 이 무섭고 수치스럽고 잔인한 죽음을 가장 끈기 있고 겸손하게 견디겠습니다." 루드비히 공작이 그가 묶여 있는 기둥으로 다가와 마지막으로 취소하라고 요구하였다. 그 때 후스는 하늘을 바라보며 큰 목소리로 대답했다. "하나님이 나의 증인이시다. 거짓으로 내 탓이라고 하는 것들이나 거짓 증인들이 나를 고발하는 것들은 내가 가르치거나 전파한 적이 없다. 하지만 내가 전파한 것과 모든 다른 나의 행동이나 글들의 주된 의도는 전적으로 사람들을 죄에서 돌이키려고 하는 것이었다. 그리고 복음의 진리 안에서 나는 저술하고 가르치고 전파했다. …나는 오늘 기꺼이 기쁘게 죽을 것이다."2) 그 후 장작에 불이 붙었다. 마지막으로 그는 희미한 목소리로 그를 구원하기 위해 죽으신 예수를 찬송하는 노래를 불렀다. 이와 같이 후스는 순교했다. 그는 죽기까지 진리를 위해 굳게 서 있었다. 일생토록 후스는 하나님의 말씀의 진리를 전파했으며, 참으로 죽기까지 하나님의 말씀에 신실했던 사람이었다.

교회를 개혁하겠다고 열린 콘스탄츠 공의회가 교회 개혁을 주장하는 후스를 처형한 것은 역사의 아이러니이다. 후스는 고위성직자들과 교황이 권력자의 모습으로 교회를 지배하면서 그로 인해 심화되어 가는 교회의 타락을 바로잡고자 하였다. 그는 성경의 권위를 강조하여 교황과 공의회, 성도들이 모두 성경 말씀에 순종하여 섬기며 사랑하고 그리스도의 말씀을 실천하기 원하였다. 그러나 권력화되어 가고 있던 교황과 고위성직자들은 후스를 교권에 대한 도전자로 보고 처형하였다.

4. 후스파와 보헤미아 전쟁

후스가 처형된 뒤에도 보헤미아에서는 그의 개혁정신을 따르는 사람들에 의해 후스 개혁운동이 계속되었다. 후스 처형 소식이 전해진 후에 보헤미아에서는 혁명이 일어났다. 보헤미아의 귀족들과 백성들은 후스와 다음 해에 화형당한 제롬을 순교자로 인정하며 콘스탄츠 공의회 결정을 거부하였다. 그리하여 프라하 대학에서 빵과 포도주를 주는 성찬식이 시행되었다. 이러한 항명에 대해 교황청은 사제들에게 성찬식 시행을 금지하였으나 이들은 그 명령에 불순종하였다. 급기야 교황청에서 보헤미아인들의 사제 서품을 금지하자 자체적으로 서품

---

2) Sprinka, *John Hus' Concept of The Church*, 382.

식을 행하였는데 이렇게 후스의 가르침을 따르는 사람들을 후스파라고 불렀고 이들로 인해 전쟁이 일어났으니, 이것이 보헤미아 전쟁이다. 이 전쟁에서 보헤미아인들은 유능한 얀 치츠카(Jan Zizka) 장군의 지도 하에서 보헤미아의 영토의 대부분을 장악하였다. 이들은 전쟁이 진행되는 동안인 1420년에 프라하의 4개 조항을 작성하였는데, 첫째는 하나님의 말씀의 자유로운 설교, 둘째로는 평신도들에게도 빵과 포도주를 제공하는 성찬식의 시행, 셋째는 성직자들에게서 모든 세속 권력과 재산의 몰수, 넷째는 성직자들의 죄를 포함한 모든 공적인 죄들에 대한 처벌이었다. 이들의 세력이 보헤미아의 대부분을 장악하자 교황청은 이들의 주장을 인정하지 않을 수 없게 되었다. 그래서 1433년 5월의 바젤 공의회에서, 성찬식에서 빵과 포도주를 준다는 프라하의 4개 조항의 내용이 인정되었다. 이 전쟁이 1420년부터 시작되어 1434년경에 끝나면서 후스파들은 소멸되었다.

얀 후스의 동상

5. 후스 종교개혁의 의의

후스는 위클리프의 영향을 받으면서 성서에 근거하여 교회의 개혁을 주장하였다. 물론 후스는 아직 루터와 같은 이신칭의의 교리를 정립하지는 못하였다. 그러나 그는 중세 교회의 타락상이 성서의 진리에 어긋난다는 것을 분명하게 깨닫고 그것을 개혁하기 위하여 설교하는 활동을 계속하였다. 그러므로 후스의 종교개혁에서 가장 중요한 것은 교회에서 유일한 권위인 성서에 근거하여 교회를 개혁하겠다는 것이었고, 그러한 개혁의 가장 중요한 수단은 베들레헴 교회에서 성도들이 알아들을 수 있는 자국어로 하는 설교였다. 그는 이러한 설교와 함께 프라하에서 추방되어 있는 동안에 『교회론』을 저술하여 예정론에 근거한 그리스도의 몸으로서의 유기적인 교회관을 정립하였고, 그러한 교회론에 근거하여 로마가톨릭교회의 계급적인 교회관, 성직매매, 면죄부 판매, 포도주를 주지 않는 성만찬 등을 비판하고 성경번역을 추진하였다. 더 나아가 교황의 부도덕한 생활을 근거로 그가 교회의 구성원이 아니라고 주장하였다. 이러한 후스의 개혁활동은 교회의 머리가 그리스도라는 확고한 믿음에 근거한 것이었다. 그는 그러므로 교회는 그리스도의 교훈을 실천하는 덕의 공동체가 되어야 하며 거룩한 공동체가 되어야 한다고 보았다. 후스는 교리개혁보다는 교회의 타락과 부패를 개혁하려는 윤리적이고 실천적인 개혁을 주장하였으나, 오히려 교권주의자들에 의해 탄압을 받아 순교하였다. 그러나 그의 개혁의 주장은 1세기 후에 루터에게 계승되어 피어나게 되었다. 루터는 1519년 에크와의 라이프치히 논쟁 중에 "나는 후스주의자이다"라고 외칠 정도로 그의 개혁사상에 동조하였고, 그것을 이어받고 있었다.

더 읽어야 할 논문들

현재까지 얀 후스에 대해 한글로 저술된 책은 없고 그의 저술이 몇 편 번역되었고 몇 편의 논문이 발표되어 있다.

개혁의 주창자들: 위클리프부터 에라스무스까지. 기독교 고전 총서 13(두란노서원).

이종실. "얀 후스의 진리의 개념에 대한 선교신학적 이해." 선교와 신학 21(2008).

얀 밀리치로흐만. 정미현 역. "특별기고-진리 안에서의 삶-얀 후스의 경우에서." 기독교사상 46 (2002. 7).

박찬희. "보헤미아의 개혁자 얀 후스에 대한 연구 - 교회론을 중심으로." 서울신학대학 석사학위논문.

제3장

인문주의 종교개혁자 에라스무스

에라스무스(Desiderius Erasmus, 1467-1536)

인문주의자의 왕이라고 불리는 에라스무스(Desiderius Erasmus, 1469-1536)는 『엔키리디온』과 『우신예찬』 등을 저술하여 로마가톨릭의 도덕적인 타락을 비판하며 교회의 개혁을 주장하였고 1516년에 헬라어 성경을 출판함으로 종교개혁에 중요한 영향을 미쳤다. 그는 알프스 이북의 기독교 인문주의자의 대표자로서 근원으로 돌아가는 (ad fontes) 인문주의 정신을 실천하기 위하여 헬라어 성경을 출판했을 뿐만 아니라 초대교부들의 전집들을 출판하였다. 이러한 헬라어 성경과 교부들의 전집들의 출판은 중세신학을 비판할 수 있는 근거를 제공하여 종교개혁에 중요한 영향을 미쳤다. 에라스무스는 종교개혁에 영향을 주었지만 본인이 종교개혁에 가담하지는 않았다. 그는 루터와의 유명한 자유의지논쟁을 통하여 루터의 신학을 비판하면서 종교개혁자들과 결별하였다. 에라스무스는 로마가톨릭의 도덕적인 타락을 비판하며 개혁을 요구하였으나, 교리개혁까지 요구하는 루터의 종교개혁과는 거리를 두었다.

1. 에라스무스의 탄생과 교육과정

에라스무스는 네덜란드 로테르담에서 한 사제의 아들로 태어났다. 그의 출생 연대는 정확하지는 않으나 1460년대 후반에서 70년대 초반으로 보이는데 1469년이 가장 유력하다. 그의 아버지는 사제였지만 아내와 함께 살았던 것으로 보인다. 이들은 두 아들을 두었고 에라스무스는 둘째이다. 그는 1475년부터 1484년까지 데벤터(Deventer)에 있는 라틴어문법학교에서 교육을 받았다. 그는 이 학교에서 인문주의 교육을 받은 라틴어 교사에게서 훌륭한 라틴어를 배웠다. 그는 이곳에서 라틴어를 배웠을 뿐만 아니라 그의 일생에 중요한 영향을 미친 경험인, 신앙은 의식이 아니라 내면을 통해 체험되어 일상적인 삶으로 표현되어야 한다는 것을 배웠다. 에라스무스가 이러한 신앙에 대한 생각을 가지게 된 것은 공동생활형제단의 직접적인 영향이라기보다는 네덜란드의 일반적인 영적인 분위기였던 것으로 보인다. 그의 이곳에서의 교육은 1483년에 이곳에 전염병이 번지면서 갑작스럽게 끝이 났다. 부모님이 모두 이 전염병으로 세상을 떠나면서 갑자기 후견인들의 손에 맡겨진 고아가 되었다. 그는 대학에 가기를 원했으나 경제력이 없어 1484년부터 1486년까지 공동생활형제단이 운영하는 헤르토겐보쉬(Hertogenbosch)에 있는 문법학교에서 교육을 받았는데, 데벤터에서 받았던 교육보다 수준이 높지 않아 에라스무스 자신은 이 시기를 완전히 낭비한 시간이었다고 평가한다. 그 후에 후견인들은 이들 형제가 비정상적인 출생의 경력을 가지고 있어 수도사가 되는 것이 좋다고 판단하여 이들을 수도원에 보내고자 하였다. 에라스무스의 형은 이것을 포기하였으나, 에라스무스는 나이가 어려 저항할 수 없어서 1487년에 자기 고향 근처에 있는 아우구스티누스 수도원에 들어갔다. 그는 이 수도원 생활을 견딜 수 없는 것으로 묘사하였지만, 그래도 그는 이곳에서 고아가 아니라 사람들과 함께 지낼 수 있는 환경을 제공받았고 그리스와 로마의 고전문학에 관심을 공유한 사람들도 만났으며 이곳에 있으면서 "세상의 경멸에 관하여"라는 수도원 생활을 긍정하는 시도 썼다. 그는 학창시절과 공동생활형제단에서 내면적인 경건과 고전문학에 대한 사랑을 배운 후 1492년 수도사가 되었다.

2. 인문주의자로서의 성장과 영국 방문

그는 수도사로 서임을 받은 후 1493년경에 캄브라이(Cambrai)의 주교인 베르겐의 헨리(Henry of Bergen)의 비서가 되어 수도원을 떠났다. 헨리 주교는 로마에서 추기경이 되려는 야심을 가지고 우수한 라틴어 실력을 가진 에라스무스를 비서로 채용하였다. 그러나 로마에서의 정치적 상황의 변화로 그의 꿈이 좌절되자 에라스무스에 대한 관심을 잃어버렸다. 에라스무스는 주교에게 자신이 신학을 공부할 수 있도록 파리 대학에 보내 달라고 요청하여 허락을 받아 1495년 파리의 몬테규(Montaigu) 대학에 입학한 후 처음으로 유명론을 접하게 되었다. 몬테규 대학은 시설이 열악하고 음식이 아주 나빠 에라스무스는 이곳에서 있는 동안에 위장병을 얻었고, 결국 이 학교를 떠났다. 그는 이 학교에 오기 이전에도 고전문학을 사랑하여 아리스토텔레스의 논리학에 근거하여 질문과 토론으로 진행되는 스콜라주의 신학을 배척하였다. 당시 이 학교의 법학 교수인 로베르 가갱(Robert Gaguin, 1433-1501)은 키케로주의자로서 스콜라 신학을 혐오하였다. 가갱으로부터 영향을 받은 에라스무스는 후에 세계어는 라틴어가 되어야 한다고 생각했고 스콜라주의 신학을 아주 싫어하였다. 대다수의 북구 인문주의자들이 민족주의와 민족어에 관심을 가진 것에 반하여, 에라스무스는 라틴어를 세계화 시킴으로 국경 없는 통합 유럽을 꿈꾸었다. 그는 이곳에서 신학을 공부하였으나, 박사학위를 포기하고 대학을 떠나 인문주의자가 되려고 하였다. 그는 헨리 주교가 재정적인 지원을 제대로 해 주지 않아서 네덜란드로 돌아가 새로운 후원자를 구하였으나 부분적으로밖에 목적을 이루지 못하였다. 그는 파리로 돌아와서 자신의 우수한 라틴어 실력을 바탕으로 학생들의 교사가 되어 생활비를 벌었다. 그는 이 과정에서 좋은 후견인들을 만나게 되었고, 이들의 지원을 받게 되었다.

그는 1499년에 자신의 후원자인 마운트조이(Mountjoy) 경이 영국으로 돌아갈 때 그의 초청을 받아 영국을 방문하게 되었다. 그는 1499-1500년 사이에 영국을 방문하여 콜레트(John Colet, 1466?-1519)와 헬라어를 알고 있는 여러 명의 기독교 인문주의자들과 친교를 나누게 되었다. 당시 콜레트는 옥스퍼드 대학에서 라틴어 성경에 의존하여 바울 서신을 강의하였는데, 성경을 문학작품으로 보는 인문주의 방식을 사용하고 있었다. 콜레트는 에라스무스에게 구약을 강의하도록 요청했으나 그는 거절하였다. 그는 성경원어를 모르는 상태에서 제대로 성경을 주석할 수 없다고 보았다. 그는 콜레트보다는 그로신(William Grocyn)과 라티머(William Latimer) 등 다른 헬라어를 알고 있던 인문주의 친구들과 교제하는 가운데, 성경을 제대로 이해하려면 헬라어를 연구해야 할 필요가 있다고 느끼게 되었던 것으로 보인다. 이와 함께 이들을 통해 신플라톤주의 사상의 영향을 받았으며 이를 통해 종교의 내면성에 대한 확신을 더욱 강화시켰다.

그는 1500년 초에 귀국길에 올랐다. 그는 귀국 후에 재정 문제를 해결하기 위하여 고대 격언들을 수집한 『격언집』(*Adagiorum collectanea*)을 출판하였다. 그와 함께 그에게 가장 절실한 문제는 헬라어를 배우는 것이었다. 그는 재정이 없어 교사들에게 배울 여력이 없었으므로 헬라어 문법책과 헬라어 책들을 사서 혼자서 공부를 하였다. 그는 매일 헬라어 문장을 라틴어로 번역하는 작업을 하여 1502년 후반에 이르면 헬라어를 읽고 쓸 수 있게 되었다. 그는 헬라어를 배운 후에 초대 교부 가운데 가장 뛰어난 문장가인 제롬의 책을 편집하였다. 에라스무스는 인문주의자이면서 참된 영적인 진리에 관심이 있었는데, 영국에서 귀국한 후에 헬라어를 공부하면서 종교에 대한 관심이 훨씬 깊어졌다. 이 시기에 그가 종교에 관심을 갖도록 영향을 주었던 인물은 네덜란드에서 만났으며 개혁적인 성향을 가졌던 프란시스 교단의 수도사인 장 비트리어(Jean Vitrier)인 것 같다. 비트리어는 에라스무스가 사도 바울 서신과 초기 동방교부인 오리겐의 책을 읽도록 유도하였다. 오리겐은 초기 교부일 뿐만 아니라 성경적인 방향의 영적 경향을 가지고 있었다. 이렇게 성경과 오리겐의 책들을 읽는 가운데 실제 생활 속에서 신앙을 어떻게 실천할 것인지에 대해서 1501년에 써서 1503년에 출판한 책이 『그리스도 병사를 위한 소책자』 (*Enchiridion Militis Christiani*)이다. 이 책은 십자가의 병사인 기독교인들에게 현실 생활 속에서 신앙생활을 하는 방법을 안내하려는 것이었다. 이 책은 1503년(초판), 1509년(재판), 1515년(3판)에 이어 1518년에 제4판이 나왔는데 이 때가 이 책의 최절정기로 최고의 베스트셀러가 되었고 기독교인들의 영적 생활에 영향을 미치는 책이 되었으며, 그 이후 23판에 도달할 정도로 북유럽에서 인기를 누렸다. 에라스무스는 이 책에서 성경과 교부들의 저술로 돌아갈 것과 함께 평신도의 활성화를 강조했다. 기독교인은 영적 전쟁 중에 살아가므로, 잘 무장을 해야 한다. 이 전쟁의 무기는 규칙적으로 성경을 읽고 기도하는 것으로 이것이 평신도 경건의 지름길이다. 이 경건의 기초 위에 교회의 개혁이 실시될 수 있다. 그는 이 책이 평신도들을 위한 성서 안내서라고 여겼으며, 기독교 철학을 간명하게 제시하는데 이 철학은 실제로 윤리의 한 형태이다. 신약성서는 선과 악에 대한 지식을 제공하며, 그리스도인들이 순종하도록 부름 받은 그리스도의 법(lex christi)이다. 그에게서 그리스도는 그리스도인들이 모방해야 할 모범이지만, 기독교 신앙은 내면적 종교로 성서는 기독교인에게 하나님과 이웃을 사랑할 수 있는 동기를 부여해줌으로써 독자들을 변화시킨다고 주장하도록 만들었다. 그의 인문주의의 활동 가운데 다음 몇 가지는 종교개혁에 대하여 중요한 의미를 가진다. 첫째로 장차 기독교의 생명력은 성직자가 아니라 평신도들에게 있다. 그래서 그는 성직자는 평신도 위에 군림하는 것이 아니라, 평신도들을 자신들의 위치까지 끌어올리는 교육자들이라고 말한다. 평신도와 성직자의 구별은 그에게는 용납되지 않았다. 둘째로 내면적 종교를 강조하여 기독교를 의식과 사제, 또는 제도들과 본질적으로 관계없는 것으로 만들었다. 그는 또한 교회의 외면적 측면, 즉 제도화된 교회 기구, 의식, 성직주의에서 출애굽하여 각 성도들이 직접적으로 하나님께 나아갈 수 있다고 주장했다. 즉, 인간 내면의 문제요, 양심의 문제인 죄의 고백을 사제가 아니라 하나님께 직접적으로 할 수 있다는 것이다. 더 나아가 그는 성과 속의 이중구조 속에서 수도사는 더 경건하고 평신도는 덜 경건하다는 논리를 거부하였다. 종교는 개인의 양심의 문제로 보았으며, 성례전에 대한 언급이 없다. 누구나 성경을 읽고 자신의 직업에 충실한 자는 그리스도인의 최고의 삶을 영위한다고 본 것이다. 이 책의 혁명적 성격은 평신도들이 그리스도인으로서의 소명을 인식하는 것이 교회 부흥의 열쇠라고 주장한 데 있다. 에라스무스는 인문주의를 통해 신학 연구의 새로운 방향—논리학을 토대로 논쟁을 통해 문제를 해결하는 사변적이고 무미건조한 스콜라주의 신학이 아니라 언어와 문학적 분석을 토대로 성경을 해석하는—을 발견하게 되었을 뿐만 아니라, 오리겐의 저술을 읽으면서 성경의 영적 의미에 관심을 가지게 되었다.

그는 1504년의 대부분을 루뱅에서 보냈는데, 대학에서 가르칠 것을 제안 받았지만 헬라어 연구를 방해받고 싶지 않아 거절하였다. 그는 루뱅의 한 수도원에서 발라의 성경 주석을 발견하였다. 발라가 라틴어 성경의 모호한 부분들을 해결하기 위하여 헬라어 성경을 가지고 주석한 것이었다. 그는 이 주석을 읽으면서 성경의 참다운 주석은 스콜라주의 신학이 아니라 헬라어 성경본문을 바탕으로 언어학적 기술과 비판적인 마음을 가질 때 이루어질 수 있다는 것을 깨달았다. 그는 이 책을 편집하여 1505년 3월 파리에서 출판하였다. 이 시기 에라스무스의 신학은 헬라어와 히브리의 원어 성경 본문을 본문비평 방식으로 연구하는 것이었다. 이 때 필요한 것은 스콜라주의의 변증학이 아니라 인문주의의 언어학이었다. 이 시기에 그는 키케로의 의무론을 비롯한 몇 권의 로마 저술가들의 책을 편집하여 출판하였다.

3. 이탈리아의 방문과 영국 3차 방문과 『우신예찬』 출판

그는 이 때 1505년 가을부터 1506년 봄까지 두 번째 영국방문 길에 올랐다. 그는 이곳에서 헬라어를 연구하던 토마스 모어와 교제하면서 고대 시인 루시엔(Lucian)의 작품을 번역하여 1506년 파리에서 출판하였다. 그는 케임브리지에 등록하여 신학박사 학위를 받고자 하였다. 그런데 영국 왕의 이탈리아 주치의가 자기 아들 둘을 데리고 이탈리아로 갈 학자를 찾고 있어서, 에라스무스는 이들을 데리고 이탈리아로 떠났다. 에라스무스는 1506년 9월 4일에 이탈리아의 튜린(Turin) 대학교에서 그 때까지의 학업과 연구를 인정받아 면접을 통해 신학박사 학위를 받았다. 그는 대학 도시인 볼로냐에 있으면서, 때마침 군인 교황인 율리우스 2세가 정복군의 선두에 서서 볼로냐에 의기양양하게 입성하는 광경을 지켜보았다. 이 장면은 1513-1514년에 써서 에라스무스가 1518년에 익명으로 발표한 대화체 풍자문학인

『하늘에서 쫓겨난 율리우스』(Julius exclusus e coelis)에 등장한다. 이 작품에서 교황 율리우스는 천국 입국을 거부당하자 자기 부하들이 더 많이 오면 천국문을 깨부술 것이라고 말한다. 그는 베니스로 가서 여러 헬라학자들과 교류하면서 1500년에 출판한 『격언집』을 확대하여 1508년에 출판하였다. 처음의 152페이지가 818페이지로 늘어나 3260개 속담을 포함하였으며, 풍부한 많은 해설을 하여 에라스무스에게 최고의 학자라는 영예를 안겨 주었다. 그는 그 후 로마로 가서 교황청 관리들과 교류도 하고 나폴리를 방문하였다. 그는 이러한 이탈리아 여행, 특히 로마 여행을 통해 부패한 교황청의 실상을 볼 수 있었다.

그는 1509년 5월에 영국의 후원자였던 마운트조이 경으로부터 헨리 8세가 즉위했는데 문학을 좋아하는 군주이므로 좋은 후원자가 될 것이고, 캔터베리 대주교가 성직록을 줄 것을 약속했으니 영국으로 오라는 초청을 받았다. 그래서 1509년 7월에 영국을 향하여 출발하였다. 그는 이 여행 중에 로마 교회의 모습을 포함하여 인간의 어리석음에 대한 작품을 쓰기 시작하여 1511년 런던의 토마스 모어의 집에서 완성하였다. 이 책의 라틴어 명칭인 『에노미움 모리애』(Encomium Moriae) 가운데 어리석음을 의미하는 모리애(Moriae)는 모어(More)의 이름에 대한 워드플레이이다. 토마스 모어에 대한 칭찬, 즉 어리석음의 칭찬으로 우리말로는 우신예찬으로 번역되고 있다. 『우신예찬』은 로마교회의 부패를 풍자하여 유럽을 웃음바다로 몰아넣었다. 그는 이 책에서 교황과 성직자들의 깨끗지 못한 마음과 생활, 수도원 제도, 중세 스콜라 철학의 모호성 등 당대의 악폐를 풍자적으로 비웃었다. 그는 중세신학자들이 현실과 관련 없는 사변적인 논쟁만 일삼는 것에 대해 다음과 같이 풍자한다. "당시 유럽세계를 정복하려고 침략하고 있던 터키에 대항하여 논리로 모든 이론을 만들어내는 신학자들을 내어 보내지 않는가? 그리고 돈을 만지려 하지 않지만 술과 여자에 대해서는 입맛이 까다롭기 짝이 없는 수도사들을 내보내지 않는가? 마지막 심판 날에 그들 중의 어떤 사람은 60년 동안 자신은 장갑을 끼지 않고는 돈을 결코 만져본 적이 없다고 자랑할 것이다. 또 어떤 사람은 어떤 뱃사람도 입으려 하지 않는 더럽고 기름투성이인 수도사복을 입고 나타날 것이다. 또 어떤 사람은 성가를 부르느라 쉬어버린 목소리를 자랑할 것이다. 그리스도께서는 이들을 제지하시고 물으실 것이다. 이 새로운 유대종족(즉 율법주의자들)은 도대체 어디에서 비롯된 자들인가?" 이러한 풍자를 통해 에라스무스는 중세의 교회가 본질을 벗어나 얼마나 허영에 물들어 있으며 잘못되어가고 있는지를 지적한다.

에라스무스는 백성들을 돌보는 일은 하나님에게 맡겨버리고 오히려 백성들을 착취하고 그 백성에게 거둬들인 재물을 좋은 말들을 먹이고 돌보는 데 탕진해 버리고 있는 왕들을, 자신의 양떼를 돌보는 일은 그리스도에게 위임해 버리고 기도는 시간 낭비이고 가난은 더러운 것이며 전쟁에서의 패배는 불명예이고 십자가에서 죽는 것은 견딜 수 없는 치욕이라고 생각하는 교황들과 추기경들을 풍자하며 비난하고 있다. 에라스무스는 이 우신예찬을 통해 세상의 지혜롭다고 생각하는 당시 사람들의 삶의 어리석음을 풍자하며 오히려 세상의 어리석음으로 오신 그리스도의 지혜를 배울 것을 권면하고 있다.

에라스무스는 영국에 도착했으나 학문에는 큰 관심이 없었던 헨리 8세로부터는 재정후원을 얻지 못하였다. 그러나 캔터베리 대주교는 그에게 성직록을 수여하였고 케임브리지 총장이었던 피셔(Fisher)는 이 대학의 신학부에서 헬라어와 신학을 가르칠 수 있는 자리를 제공하였다. 그는 가르치면서 제롬의 편지를 연구하며 여러 작품들을 번역하였는데, 주목되는 것은 이 시기에 헬라어 성경을 연구하며 출판을 준비했다는 사실이다. 에라스무스는 존 콜레가 준비하고 있던 성바울 학교(St. Paul School)의 설립을 지원하면서 라틴 문체를 발전시키고 향상시킬 수 있는 책인 『두 배의 풍부함에 대하여』(*De duplici copia*)를 저술하였다. 이 책은 1512년에 출판되어 상당한 인기를 누리며 교육에 영향을 미쳤다. 케임브리지를 떠나 1514년 1월에 런던으로 온 에라스무스는 재정적인 문제를 해결할 전망이 없다고 판단되자 7월에 네덜란드로 돌아왔다.

4. 에라스무스의 신약성경 출판

이곳에 도착한 후에 에라스무스에게 가장 중요한 일은 신약성경을 출판하는 일이었다. 그는 이 일을 위해 1514년 8월 루뱅에서 프로벤 출판사가 있는 바젤을 향하여 출발하였다. 그는 라인강을 따라 올라가면서 자신을 환영해주는 많은 인문주의자들을 만날 수 있었다. 이 여행을 통해 에라스무스는 자신의 영향력을 확인할 수 있었으며, 바젤에서의 신약성경의 출판은 그의 인생에 새로운 이정표가 되어 그로 유럽의 가장 뛰어난 학자이자 문필가로서의 명성을 얻게 하였을 뿐만 아니라 출판업의 위력을 보여준 사건이었다. 신약성경을 출판한 후 10년 동안 그의 책들은 유럽의 다양한 출판사들에 의해 지속적으로 출판되어 그의 사상을 전파했을 뿐만 아니라 그에게 부와 명성을 안겨 주었다.

바젤에 가서 출판업자 프로벤(Proben)을 만났을 때, 에라스무스는 격언집의 확대 출판, 제롬의 작품들, 기독교 병사를 위한 소책자, 세네카 저술 등 다양한 책들의 출판 계획을 가지고 있었다. 그러나 이러한 책들의 출판보다 역사에서 더욱 중요한 의미를 가지는 책은 에라스무스가 1516년에 출판한 헬라어 신약성경이다. 에라스무스가 헬라어 신약성경을 출판한 정확한 목적은 라틴어 성경 본문에 대한 비평적인 연구를 위한 것이었다. 이 책이 최종적인 형태로 출판되는 데는 출판업자인 프로벤의 생각도 가미되었을 것이다. 이 헬라어 성경책은 다섯 개의 헬라어 사본들을 이용한 헬라어 신약성경에다 라틴어 번역판을 함께 묶은 것이었다. 이 성경은 완벽한 것은 아니었으나 많은 신학자들이 처음으로 신약의 헬라어 원문을 접하고 라틴어 불가타 번역본과 비교할 수 있게 되었다. 그의 신약성경은 한 시대의 영적·문학적 금자탑이라고 해도 과언이 아닐 것이다. 그가 성경을 출판한 목적은 모든 사람들이 성경을 읽어 진리를 깨닫는 것이었다.

마치 예수님께서 소수의 신학자들에 의해서만 파악될 수 있는 너무나 난해한 교리들을 가르치신 것처럼, 또는 기독교 종교의 안전이 성경에 대한 무지 위에 세워져 있는 것처럼, 개별적인 사람들로 하여금 성경을 읽지 못하게 하며, 성경을 서민어로 번역하지 못하게 하는 자들에게 나는 격렬하게 이의를 제기하는 바이다. …나는 가장 비천한 여성들이 복음서와 바울 서신들을 읽게 되기를 바란다. …나는 그것들이 모든 언어로 번역되기를 원한다 …그렇게 되면, 농부들이 쟁기를 갈며 그것들의 일부를 노래할 것이고 직조공이 북의 움직임에 맞추어 그것의 일부를 콧노래로 부를 것이고, 여행자는 이러한 종류의 이야기를 가지고 여행의 지루함을 가볍게 할 것이다.

이 때 헬라어 성경을 포함한 전체의 제목은 『모든 새로운 약속』(*Novum Instrumentum Omne*)이었다. 에라스무스가 초판의 제목에 약속들(instrumentum)이란 용어를 집어넣은 이유는 워드플레이였다. 그는 4판인 1527년 판에서 그 이유를 설명하고 있다. 기록이 없는 약속을 테스타멘툼(testamentum)이라고 부르는 반면에 기록된 약속은 인스트룸멘툼(Instrumentum)이라고 부르기 때문에, 성경은 기록된 약속이라는 의미에서 이 용어를 사용하였다는 것이다. 그런데 이 성경은 어떤 면에서 새로운 성경 연구를 위한 도구가 된 측면이 있었다. 그는 성경 연구를 위한 도구로 헬라어 성경 원문과 그 헬라어 성경에 근거하여 주의깊게 새로 번역된 라틴어 성경, 그리고 그러한 새로운 번역이 헬라어 본문에 근거하여 왜 타당한지를 설명하는 자신의 주석(Annotation)들을 제공하였다. 그는 결국 라틴어 성경 본문의 의미가 명확하지 않은 것을 헬라어 성경과 대조하여 연구하면 그 의미가 분명하게 드러난다는 것을 보여주어 자신이 출판하는 이 책이 성경 연구를 위한 새로운 도구라는 것을 입증하고 있다. 그는 라틴어 번역을 새롭게 내면서 불가타 성경과 같이 학교나 교회에서 사용되기를 바란 것이 아니라 "가정에서 내 번역을 읽는 어떤 사람이라도 이를 통해 유익을 얻었으면 하고 감히 바란다고" 말하였다.

이 책에는 헬라어 성경이 에라스무스의 라틴어 번역 성경과 함께 인쇄되어 있었다. 중세 시대에 서방에서는 헬라어 성경은 사용된 적이 없었다. 초대교회 말기에 제롬이 헬라어 성경에서 번역한 라틴어 성경인 불가타 성경이 사용되었다. 그러므로 중세 시대에는 성경의 원문인 헬라어 성경을 볼 수가 없었다. 그런데 에라스무스가 처음으로 헬라어 성경을 출판한 것이다. 물론 이 때 에라스무스는 많은 헬라어 사본을 수집하지 못하여 5개의 사본만을 사용하였다. 이 사본들도 초기의 것이 아니라 후기의 것들이었다. 그러므로 헬라어 성경의 사본이 우수한 편은 못되었으나, 그럼에도 불구하고 헬라어 성경이 출판되었다는 것은 그 당시로서는 대단히 획기적인 사건이었다. 헬라어 성경이 출판됨으로 헬라어 성경과 불가타 성경을 비교하면서 성경의 의미를 훨씬 더 올바르고 깊게 알 수 있게 되었다.

그는 다음으로 헬라어 성경과 대조하여 자신이 새롭게 번역한 라틴어 성경을 함께 출판하였다. 에라스무스는 당시에 헬라어 성경 출판 자체보다는 헬라어 성경과 대조하여 자신이 잘못 번역되었다고 판단하는 부분을 새롭게 수정한 라틴어 성경에 더 깊은 관심을 기울였다. 그는 새로운 라틴어 번역에서 불가타 성경의 잘못된 번역을 바로 잡았는데, 대표적인 몇 가지를 예로 들어보자. 그가 새롭게 번역한 대표적인 경우가 마태복음 4장 17절이다. 그는 마태복음 4장 17절의 불가타 성경의 "고해성사 하라"를 헬라어 성경에 근거하여 "회개하라"로 바꾸어 번역하였다. 불가타 성경은 마태복음 4장 17절을 로마가톨릭교회의 고해성사를 합법화시키기 위하여, 아예 본문 자체를 고해성사라고 번역하였다. 그러므로 불가타 성경을 읽는 사람들은 예수님께서 고해성사를 하라고 명령하신 것으로 이해할 수밖에 없었다. 그러나 에라스무스는 헬라어 원문의 뜻은 고해성사 하라는 것이 아니라 회개하라는 것이라는 것을 밝혔다. 회개한다는 것은 마음의 중심이 변하여 삶의 방향을 완전히 바꾸는 것을 의미한다. 그러므로 의식으로서의 고해성사를 하는 것이 중요한 것이 아니라, 하나님 앞에서 우리의 잘못을 고백할 뿐만 아니라 근본적으로 마음이 변하여 생활의 변화가 따라와야 참된 회개가 이루어지는 것이다. 둘째로 로마가톨릭교회는 자신이 구원받는 데 필요한 이상으로 공로를 쌓는 것을 잉여공로라고 하고, 그러한 잉여공로를 쌓은 대표적인 인물이 성모 마리아라는 것이다. 그래서 로마가톨릭교회는 마리아의 잉여공로를 의지하기 위하여 그녀를 숭배하며 그녀에게 기도를 올리는 것이다. 그러한 주장의 근거가 누가복음 1장 30절에 있는 "네가 하나님께 은혜를 입었느니라"는 구절이다. 이 구절을 불가타 성경은 마리아를 은총의 저장소라고 번역하고 있다. 마리아에게 은총이 저장되어 있어 그것이 그녀의 잉여공로가 된다는 것이다. 이러한 잘못된 번역을 에라스무스는 헬라어 성경 본문 "은총이 충만한 자여(gratia plena)"로 표현한 것을 은총을 입은 자, 혹은 은총을 발견한 자라는 의미로 교정하였다. 마리아는 하나님께 은총을 입은 것일 뿐 그녀에게 은총이 저장되어 있는 것이 아니라는 것이다. 그리하여 로마가톨릭의 잉여공로설은 전혀 성경적 근거가 없는 것임이 밝혀진 것이다. 셋째로 로마가톨릭교회는 지금까지 결혼을 혼배성사라고 하여 7가지 성례 가운데 하나로 포함시키고 있다. 로마가톨릭교회가 결혼을 혼배성사로 결정한 근거는 에베소서 5장 32절에 있는 "이 비밀이 크도다"라는 구절이다. 결혼을 설명하면서 사도 바울은 결혼의 비밀이 크다고 설명하고 있다. 그런데 이 비밀이란 말의 헬라어 원문이 무스테리온이란 용어이다. 이 무스테리온은 라틴어로 번역하면 사크라멘툼이 된다. 그런데 이 사크라멘툼이라는 라틴어는 비밀이란 의미와 성례란 의미가 있다. 그래서 처음에 헬라어에서 라틴어로 번역할 때는 비밀이란 의미로 사크라멘툼이란 용어를 사용했으나, 라틴어 성경만을 사용하던 중세에 이르러 사크라멘툼을 성례로 해석하여 결혼이 성례가 되었다. 그래서 에라스무스는 이 32절의 라틴어 사크라멘툼은 성례란 의미가 아니라 헬라어 원문에 따르면 비밀이라는 의미를 밝힌 것이다. 이러한 예들에서 보는 바와 같이 에라스무스는 자신의 번역을 통하여 라틴어 성경의 잘못 번역된 부분들을 헬라어 성경을 참고하면 어떻게 바로 잡을 수 있는지를 설명하고 있다.

 그는 이러한 번역 뒤에 바로 그러한 번역이 왜 타당한지를 설명하는 성서의 주석을 첨가하고 있다. 그러므로 에라스무스는 1516년 판

성경에서 이 부분에 가장 역점을 두고 있었는데 1,000문단 이상을 주해하였다. 에라스무스는 이 주해에서 자신의 언어학적인 실력을 살려서 자신의 새로운 성경 번역의 타당성을 쉽게 이해하도록 부연설명을 하는 주석을 하였다. 그는 언어학적인 방법과 함께 영적인 의미를 살리는 데 관심을 두었다. 언어학적인 능력을 가지고 본문의, 문학적이며, 역사적인 비평을 해서 순수한 원문을 회복시키려고 하였다. 물론 필요한 경우에는 신학적인 해석도 하였다.

　그는 이 성경의 앞부분에 성경 연구의 방법(Methodus)에 대하여 설명하였다. 성경연구를 위해서는 언어훈련과 문법, 수사학, 역사 등의 인문학의 훈련이 필요하다. 이러한 훈련을 통해 언어학적이고 문법적이며 문맥적인 성경 해석을 할 수 있게 된다. 이와 함께 에라스무스는 성서를 주석할 때에 전통적인 방식을 따랐다. 중세의 성경 해석 방식은 4중 해석방식, 즉 문자적 해석, 알레고리, 도덕적 해석, 미래적(종말론적) 해석을 찾는 것이었는데, 에라스무스는 앞의 세 가지에 관심을 기울였다. 알레고리 해석은 성경의 문자적 의미를 넘어선 영적인 의미를 찾는 것이다. 우리가 흔히 영해라고도 부르는 성경해석이다. 도덕적 의미 혹은 비유적 의미는 성경구절이 가지고 있는 도덕적인 의미를 찾아내서 그 도덕적 의미를 실천하도록 하겠다는 것이었다.

　이 성경을 출판하는 과정에서 인쇄업자 프로벤과 에라스무스는 이미 스페인에서 헬라어 성경책 출판이 준비되고 있다는 사실을 알고 상당히 서둘렀다. 스페인의 톨레도 대주교인 크시메네스 추기경은 학자들을 모아 헬라어 성경을 포함한 여섯 가지 성경을 대조한 폴리그리트(Polygrot) 성경의 출판을 준비하고 있었다. 그들은 에라스무스가 헬라어 신약성경을 출판하기 전인 1514년에 이미 신약성경을 완성하여 인쇄하였다. 그러나 구약까지 출판하여 교황청의 허가를 받았던 1522년까지 신약 헬라어 성경은 창고에 묶여 있었다. 1522년에 이르면 에라스무스의 신약성경은 이미 3판이 출판되어 있었다. 에라스무스는 스페인의 이 성경 출판 이전에 자신의 신약성경을 출판하기 위하여 서둘렀고 그래서 1516년 2월에 헬라어 성경이 세상에 나왔다. 이 헬라어 성경의 출판은 바로 다음 해에 일어나는 루터의 종교개혁과 맞물리면서 성경 역사에서 새로운 분수령이 되었다. 루터의 종교개혁 사상은 헬라어 성경에 의존하여 더욱 확실하게 뒷받침되었고, 이 헬라어 성경은 상당히 많이 팔렸을 뿐만 아니라 에라스무스를 가장 유명한 성경학자로 만들어 놓았다. 그는 2판에서 이 책 이름을 신약성경(Novum Testamentum)으로 바꾸었다. 그는 이와 함께 평신도들에게 성경을 쉽게 설명하는 석의(paraphrases)를 썼다.

스페인의 신약성경이 출판되었어도 그 충격은 에라스무스 성경 출판과 비교되지 못했을 것이다. 그들은 에라스무스보다 좋은 헬라어 성경 사본들을 가지고 있었지만, 그들은 로마가톨릭의 신학을 강조하는 전통적인 입장을 가지고 있었기 때문에 당시의 새로운 변화에 별다른 영향을 주지 못했을 것이다. 그러나 에라스무스는 인문주의의 비판정신을 가지고 헬라어 성경에 의존하여 로마가톨릭교회의 부패와 타락을 바로 잡고자 나섰기 때문에 커다란 영향을 미칠 수 있었다. 에라스무스의 헬라어 성경의 출판은 당시의 시대적인 상황에 학문적이고 영적인 필요를 잘 충족시켜 주었고, 그래서 커다란 영향을 미치며 종교개혁의 진행과 발전에 중요한 영향을

미쳤다.

5. 에라스무스의 초대 교부들의 전집 출간

에라스무스는 헬라어 성경을 출간한 후에 지금까지 편집하며 작업을 해 온 초대 교부인 제롬의 전집을 출판하였다. 그는 이 전집의 출판을 통하여 가장 위대한 학자의 지위를 굳히며 그의 학문의 경력에서 정점을 이루게 되었다. 그가 1516년 헬라어 성경을 출간한 때로부터 1524년 루터와의 자유의지 논쟁을 통해 종교개혁자들과 완전히 결별할 때까지의 기간은 유럽 전체에 걸쳐 가장 학문적인 명성을 누리던 시기였다. 에라스무스는 제롬 이외에도 초대교부들의 저술들을 많이 출판하여 종교개혁자들이 초대교회로 돌아가는 교량 역할을 하였다.

에라스무스는 제롬뿐만 아니라 어거스틴, 암브로즈의 저술들을 출판하였다. 1516년에 제롬 전집이 9권으로 출판되었다. 에라스무스는 제롬의 편지들을 계속 편집해 왔는데, 이 편지들을 포함하여 앞의 4권을 편집하였다. 이 전집 서문에 에라스무스가 쓴 제롬의 전기가 들어가 있다. 그는 이 전기에서 야만에 반대하는 입장을 개진하고 있다. 초대교회에서 제롬이 키케로의 문장을 대단히 좋아하였고 제롬 자신도 대단한 문필가였다. 에라스무스도 뛰어난 라틴어 문장가였고 그러한 면에서 에라스무스는 제롬을 매우 좋아하였다. 그런데 제롬은 자신이 한 번은 꿈 속에서 천사에 의해 네가 그리스도인이 아니고 키케로주의자라고 고소당했다고 언급한 적이 있었다. 에라스무스는 이것이 제롬이 그 다음부터 세속적인 글을 읽지 않았다는 것을 의미하는가? 라고 질문하고 그런 것이 아니라 비유적인 것이라 해석하면서 거룩한 관심과 세속적 관심의 혼합이라고 해석한다. 만약에 제롬이 삼단논법을 사용하지 않아 신학자가 아니라면 베드로와 바울도 신학자의 반열에 들지 못할 것이고 기독교는 천 년 동안 한 명의 신학자도 갖지 못한 꼴이 된다고 언급한다. 에라스무스는 제롬의 글들을 편집하면서 중세에 그의 이름으로 나온 위작들이 있었으므로 그의 저술들의 진위를 구별하려고 노력하였고, 초대교회로 돌아가면서 교회가 개혁되어야 한다고 주장하였다.

이와 같이 에라스무스가 초대교부들의 저술들을 많이 출판함으로 두 가지 면에서 종교개혁에 커다란 영향을 미쳤다. 첫째는 중세 신학자들도 어거스틴을 비롯한 초대 교부들의 저술을 인용하였으나, 그들은 문단 형태의 초록에서 인용함으로 문맥을 언급하지 않고 인용하여 잘못 해석하는 경우가 많았고, 원문이 희귀하여 재검토가 불가능했었는데, 이 때 교부의 전집이 발간됨으로써 이러한 오류를 바로잡게 되었다. 교부들의 원전과 중세 때 사용했던 자료들을 비교하여 중세 때 왜곡시킨 것을 바로잡게 되었다. 둘째로 본문비평의 산물로 교부들의 위작 저술이 발견되었다. 중세신학자들은 교황의 권위를 강화시키거나 중세교리를 정당화시키는 과정에서 위작들을 많이 저술하였다. 교황권을 강화시키거나 중세교리를 정당화하는 내용을 담은 책들을 자신들이 저술한 후에 초대교회의 어거스틴이나 제롬이 저술했다고 저자의 이름을 속였다. 그러나 에라스무스를 중심으로 한 인문주의자들이 교부들의 저술의 목록을 만들고 그 내용들을 출판함으로써 중세에 만들어진 위작들이 드러나게 되었다. 그러므로 그러한 위작들에 근거하여 주장한 내용들은 다 근거 없는 잘못된 교리로 비판받게 되었다.

6. 루뱅 대학교의 교수 생활

루터는 1517년 이후에 루뱅에 정착하여 살면서 루뱅 대학의 교수가 되었다. 그는 또한 격언집을 새롭게 증보해서 출판하면서 과거에는 격언들을 해설하는 데 그쳤던 것에서 벗어나, 이제는 그 격언과 관련된 당시의 문제들에 대한 자신의 견해를 밝히는 데까지 발전하였다. 하나의 예를 들자면 '평화의 불평이라 불리는 전쟁의 달콤함(Dulce bellum)에 대하여'라는 잠언에서는 전쟁에 반대하는 자신의 평화주의적인 입장을 밝히고 있다. 이러한 여러 책들을 출판하면서 그는 인문주의자들의 우상이 되어갔고, 네덜란드에 거주하면서 활동하고자 하였다. 그의 책들은 상당한 인기를 얻었지만 그의 수입에는 그렇게 크게 도움을 주지는 못하였다. 그는 사제의 불법적인 자녀여서 교회의 성직록을 얻을 수 없는 상태였으므로, 교황에게 이러한 신분에서 벗어날 수 있도록 요청하였는데 1517년에 레오 10세는 그의 요청을 들어주었다.

에라스무스는 1517년에 루뱅 대학에서 신학부의 연구 교수로 활동하였다. 그는 직접 가르치지는 않았지만 동료 신학자로 수용되었다. 이 무렵에 그의 책들은 계속해서 재판되고 있었는데 『기독교 병사를 위한 소책자』가 베스트셀러가 되었다. 그는 동료 인문주의자였던 볼프강 카피토에게 보낸 편지에서, 얼마 있으면 황금기가 올 것이라는 낙관주의적인 생각을 표명하고 있었다. 그러나 다른 한 편에서 그는 교수로 대학에 있는 동안에 계속해서 갈등 내지는 긴장 관계 속에 있었는데, 전통적인 입장에 있는 도미니크 수도사 출신 교수들이나 인문주의를 수용하면서도 보수적인 교수들과의 관계가 그러했다. 인문주의와의 이러한 갈등은 에라스무스 이전에 히브리어를 연구한 로이힐린을 둘러싸고도 일어났다. 1510년경부터 로이힐린을 비난하는 일군의 보수적인 신학자들이 있었다. 에라스무스는 로이힐린과 의견이 동일한 것은 아니었지만 그의 학문에 대하여 존경하였고 그를 무례하게 비판하는 것에 대해서는 분노하였다. 그러한 신학자들 가운데 일부는 에라스무스의 헬라어 신약성경의 출판과 그에 따른 라틴어 성경의 수정이 교회가 잘못을 했다는 인상을 줄 수 있다는 비판을 제기하였다. 이와 함께 에라스무스는 루뱅 대학에 헬라어와 히브리어와 라틴어의 3개 언어를 가르치는 대학을 설립하고자 하였고 이 세 개의 언어를 할 능력이 있어야 유능한 신학자가 될 수 있다고 주장하였다. 이러한 주장은 세 개의 언어를 하지 못하던 기존의 교수들의 강력한 반발과 비판을 불러일으켰다. 그러나 에라스무스는 신학교육에서 고전 언어의 필요성에 대해서는 확고한 입장을 가지고 있었다. 그는 헬라어 성경 초판에서 서문으로 "권면"(Paraclesis)을 써서 성경 연구에 헬라어의 적용과 함께 본문 비평의 필요성을 주장하였다. 또 2판에서는 "참된 신학의 근거"(ratio theologiae verae)에서 이러한 언어 학습의 필요성에 대한 확신을 더욱 분명하게 표현하였다. 이러한 그의 의견 표명에 대해 그를 지칭하지 않고 비판하는 저술이 나올 정도로 반발이 일어났다.

7. 에라스무스와 루터와의 관계

에라스무스가 헬라어 성경책을 출판한 다음 해에 루터는 면죄부 판매를 비판하는 95개 조항을 발표하였다. 이후에 루터의 사상을 둘러싸고 논쟁이 벌어졌다. 이 때 루뱅 대학에서 에라스무스는 자신의 입장을 정해야 할 상황에 놓이게 되었다. 헬라어 성경을 출판한 것에 대해서 비판적이었던 보수적인 교수들은 에라스무스가 바로 루터 사상의 진원지라고 공격하면서 자신들과 함께 루터를 이단자라고 공격하는 일에 동참하라고 요구하였다. 그러나 에라스무스는 자신이 아직 루터의 저술들을 읽어보지 못했기 때문에 입장을 표명할 수 없다고 거절하였다. 루터의 저술을 읽어 본 후에 에라스무스는 루터의 저술이 호전적이고 교만한 면이 있지만 결코 이단은 아니라고 보았다. 그러므로 에라스무스는 1519년에 루터의 보호자인 삭소니의 선제후인 프리데릭 현공을 만나서 루터는 이단이 아니므로 반대파에게 넘겨주지 말도록 요구하였다. 에라스무스는 이 시기에 루터에 대한 공격을, 루터를 포함한 인문주의의 교회개혁 요구를 탄압하려는 것으로 이해하였다. 에라스무스는 쾰른에서 로마가톨릭교회와 루터의 양자의 입장을 중재하여 위원회를 설치함으로 문제를 해결하고자 하였으나, 로마교황청이 반대하여 무산되었다.

1520년에 접어들어 루터는 『독일 귀족에게 고함』과 『교회의 바벨론 포수』를 포함하여 여러 급진적인 개혁을 요구하는 글들을 발표하였다. 에라스무스는 『교회의 바벨론 포수』를 읽으면서 중세교회 구조 전체를 부인하는 루터의 급진적인 입장과 로마가톨릭교회 사이에 평화적인 해결은 불가능하다는 것을 깨달았다. 루터를 반대하는 보수주의자들은 루터뿐만 아니라 에라스무스를 포함한 인문주의의 개혁운동까지 무너뜨리려고 공격할 것이 분명해졌다. 이러한 상황에서 에라스무스는 루뱅에 머물기가 어려운 상황이었다. 그가 루터를 이단자라고 공격하지 않는 한 보수주의자들은 그를 계속해서 공격할 것이고 심지어는 박해할 수도 있는 상황이었다.

에라스무스는 1521년 가을에 이르러 자신의 책들을 출판해 주었던 바젤로 거처를 옮기는 길을 선택하였다. 출판업자 프로벤이 자신을 지원해 주었을 뿐만 아니라 바젤에는 에라스무스의 개혁사상을 지지하는 상당한 인문주의자들이 있었기 때문이었다. 바젤은 신성로마제국의 자유도시였고, 스위스 연방에도 가담하여 있었으므로 에라스무스에게 이 도시는 루뱅보다는 훨씬 더 안전하고 루터가 일으킨 정치적, 종교적, 문화적 대변동을 지켜보기에 좋은 장소였다. 그는 현실 문제에서 도피하기 위하여 이곳으로 피신했던 것은 아니었으므로 자신의 저술활동, 특히 성경 주석들을 통한 교회의 통일, 평화, 온건한 개혁을 위하여 계속해서 활동하였다.

에라스무스가 바젤에 정착한 이후에도 신성로마제국 황제와 관리들, 세 명의 교황들, 그리고 여러 후원자들이 루터에 대한 분명한 반대의 목소리를 내 줄 것을 요구하였다. 그러나 에라스무스는 루터의 입장에 대해 이단적이라고까지는 생각하지 않았기 때문에 이러한 요구들에 대하여 거절하였다. 그러면서도 에라스무스는 자신의 추종자들에게 루터의 급진적인 개혁에 가담하지 말도록 요구하였다. 에라스무스는 루터가 이단이라고 보지는 않았으나 그의 급진적인 주장이 교회를 분열시킬 것을 우려하고 있었다. 에라스무스는 이러한 입장을 유지하면서 바젤이 종교개혁을 수용할 때인 1529년까지 이곳에 거주하였다. 그는 바젤이 종교개혁을 수용하자, 가톨릭신앙을 유지하고 있던 프라이부르크로 이주하였다.

8. 에라스무스의 자유의지 논쟁과 루터와의 결별

에라스무스는 로마교황청의 도덕적인 타락과 부패에 대해서는 개혁을 요구하는 온건한 입장을 가지고 있었다. 이와 함께 루터의 개혁활동에 대해서는 너무나 급진적이고 무모하다고 생각하여 동조하지는 않았으나 그렇다고 그에 대하여 이단이라고 생각하지는 않았기 때문에 분명하게 정죄하는 목소리를 내지도 않았다. 에라스무스가 로마가톨릭 내에서 추구하는 온건한 인문주의와 루터의 로마가톨릭의 체제를 부인하는 급진적인 개혁운동은 1524년까지는 불안한 동거를 하고 있었다. 이것을 가리켜 영국 옥스퍼드 대학의 맥그래드 교수는 인문주의자들의 종교개혁자 루터에 대한 생산적인 오해라고 표현하였다. 인문주의자들도 교회 개혁을 요구하고 있었고, 루터도 교회의 개혁을 요구하고 있었기 때문에 인문주의자들은 루터의 개혁활동이 자신들과 동일한 개혁활동이라고 판단했다는 것이다. 그래서 인문주의자들은 루터의 개혁사상을 다양한 길과 방법을 통하여 확산시켜 나갔다. 루터가 종교개혁을 하던 초기에 그의 사상의 확산에 결정적으로 기여한 것은 바로 인문주의자들이었다.

그런데 에라스무스가 추구하던 체제 내의 개혁활동과 체제를 넘어서는 급진적인 개혁을 추구하던 루터 사이에 공존할 수 없는 한계가 온 것이 1524년에 발생한 자유의지논쟁이었다. 루터는 인간이 타락한 후의 인간의 자유의지는 인간의 구원과 관련해서는 하나님을 기쁘시게 할 수 있는 선을 행할 수 있는 능력이 전혀 없는 노예의지라고 주장하였다. 루터는 이미 1516년 헬라어 신약성경의 출판과 함께 그 책 속에 들어있는 성경 주석에서 에라스무스가 은혜에 대하여 설명하는 것이 인간의 자유의지를 인정하여 자신의 입장과는 다르다는 것을 알고 있었고, 이것을 간접적으로 알렸다. 그렇지만 루터는 에라스무스의 성경 연구가 자신의 신학적인 연구를 크게 강화시킨다는 것을 알고 있었기 때문에 그와의 견해 차이를 공론화하지는 않았다. 그러나 1521년경에 이르면 양자의 신학적 입장이 다르다는 사실들이 조금씩 알려지기 시작하였고, 에라스무스도 1522년에 자신의 추종자들에게 루터의 사상을 수용하지 말도록 공개적으로 경고하였다. 이 시기에 이르러 루터의 추종자들은 에라스무스를 로마서 9장에 대한 그의 주석과 엔키리디온에 있는 설명들을 근거로 인간의 능력으로 구원받는다고 주장하는 펠라기우스파 이단이라고 비난하고 있었고, 에라스무스도 이를 알고 있었다. 그러나 에라스무스는 1523년까지는 자유의지의 문제를 논쟁점으로 삼지 않았다.

그러나 1524년에 이르면 에라스무스는 자신이 지금까지 해 오지 않았던 방식인 논문의 방식으로 루터의 자유의지에 대한 견해를 공격하고자 결정한다. 이 때까지 에라스무스는 루터가 자유의지의 문제에서 오류를 범하고 있지만 사도신경을 정통적인 의미에서 수용하기 때문에 이단은 아니라고 보았다. 그렇지만 그는 지나치게 공격적이어서 교회를 분열시키는 잘못을 범하고 있다고 보았다. 그러므로 에라스무스는 그의 자유의지에 대한 견해를 신학논문의 방식으로 분명하고 단순하게 반박하는 것이 필요하다고 보았다. 에라스무스는 루터의 자유의지에 대한 주장이 오류를 범하고 있을 뿐만 아니라, 두 사람이 다같이 인정하고 있는 권위인 성경을 왜곡하고 있다고 보았다.

에라스무스는 이 글을 쓰기 전에 초대교회로부터 중세에 이르기까지 여러 신학자들의 견해를 조사하였다. 그리고 이 문제와 관련하여 루터와 크게 두 가지 면에서 입장을 달리하였다. 첫째는 에라스무스는 구약뿐만 아니라 신약까지 성경을 전체적으로 연구해 보면, 성경의 자유의지의 문제에 대한 입장이 명확하지 않다는 것이다. 그는 성경에서 우리가 아주 깊게 파고들어가는 것을 허용하지 않는 비밀스러운 부분들이 있는데, 자유의지와 은혜가 이러한 유형에 속한다고 보았다. 그는 성경에서 불명확하고 모순되는 것같이 보이는 문단들을 우리가 확신을 가지고 말하게 된다면, 우리들은 오류를 범할 가능성이 높다는 것이다. 에라스무스는 많은 초대 교부들과 중세 신학자들의 의견들을 검토한 후에, 하나님께서 주시는 은혜를 받을 것인지 거부할 것인지에 대한 인간의 선택의 가능성이 남아 있다고 결론을 내린다. 그는 자유의지론 앞부분에서 명백하게 인간 지식의 확실성에 대한 회의적인 입장을 채택한다. 그는 성경의 명백한 문단이나 교회공의회가 다르게 서술하지 않았다면 토론을 할 수 있다고 보았으며, 이러한 문제들에서 교회공의회의 결정의 권위를 따르는 것이 타당하다고 보았다. 그러므로 에라스무스는 자유의지에 대해 성경의 서술들이 명확하지 않고 중세교회가 은혜를 수용하는 데서 인간의 의지의 자유를 인정하기 때문에, 의지의 자유는 인정되어야 한다고 보았다.

둘째로 그가 루터와 달리한 것은 교회 안에서 서로 의견이 달라서 논쟁을 하거나 교회를 분열시킬 수 있는 문제들을 취급하는 저술의 목적에 관한 것이었다. 루터는 이러한 저술에서 가장 중요한 것은 성경에 근거한 올바른 진리를 밝히는 것이요, 그러한 진리 위에서 교회가 올바르게 세워질 수 있다고 주장하였다. 반면에 에라스무스는 정치 문제에서뿐만 아니라 종교적인 문제에서도 평화주의자였다. 그는 교회는 평화를 위한 곳이므로 이러한 문제들을 취급하는 과정에서도 교회를 분열시킬 정도의 논쟁은 피해야 한다는 입장이었다. 서로의 입장이 다르다면, 교회의 평화와 질서 유지를 위하여 서로를 인정하고 양보해야 한다는 것이다. 그는 이러한 논쟁 과정에서도 교회의 평화, 조화, 그리고 통일을 유지하는 것을 가장 중요시하였다. 그는 자유의지론을 저술할 때 루터와 자신의 견해를 비교하고 토론하며 자유의지의 문제에 대한 탐구를 통해 의견의 일치를 이루어가면서, 남아 있는 문제들은 지속적인 연구 과제로 남겨두고자 하였다. 그는 인문주의자로서 논리학적이거나 철학적인 접근 방식이 아니라 수사학적인 접근 방식을 사용하여 개연성있는 의견에 도달하고자 하였다.

에라스무스는 이러한 입장에서 하나님께서 인간에게 주시는 은혜를 받을 수도 있고 거부할 수도 있다는 인간의 자유의지를 인정하였다. 이러한 입장은 인간의 구원이 하나님의 은혜와 인간의 의지의 협력으로 이루어진다고 보는 신인협동설이다.

이러한 에라스무스의 자유의지론에 대하여 루터는 일년이 지난 1525년 12월에 '노예의지론'이란 글을 써서 에라스무스를 신랄하게 비판하였다. 루터는 종교개혁의 가장 큰 핵심이, 인간의 원죄 이후 인간이 완전히 타락하여 인간의 자유의지는 구원과 관련되는 한에서는 하나님을 기쁘시게 하는 선을 전혀 행할 수 없는 노예의지라고 주장하였다. 물론 루터도 인간이 구원과 관련되지 않는 일들에서 인간의 자유의지의 능력을 인정한다. 우리는 내가 원하는 옷을 선택해서 입고 내가 원하는 음식을 먹는다. 이렇게 인간이 자신의 능력 안에서 선택할 수 있는 데서는 자유의지의 능력을 가지고 있지만, 하나님을 기쁘시게 하는 선을 행할 수 있는 능력이 전혀 없다는 것이다. 로마서가 말하는 바와 같이 모든 사람이 죄를 범하였으매 하나님의 영광에 이를 수 없고 오히려 하나님과 원수가 되었다. 하나님과 원수가 되어 그분의 뜻을 어기는 의지를 루터는 노예의지라고 보았다. 그러므로 루터는 인간의 의지가 구원과 관련하여 노예의지라는 것은 성경의 분명한 의미라고 이해하였고, 그러므로 우리 인간의 구원은 오직 하나님의 은혜로만 이루어지고, 우리는 그 하나님의 은혜를 믿음으로만 구원받는다고 주장하였다. 루터는 교회가 평화로운 것이어야 하나, 그보다 선행되어야 할 것은 올바른 진리 위에 세워지는 것이라고 보았다. 올바른 진리 위에 교회가 세워져야 그 후에 참다운 교회의 평화가 온다고 보았다. 루터는 자신은 교회를 분열시키려는 것이 아니라 진리에서 벗어나 타락한 중세의 교회를 개혁하여 교회를 진리 위에 세우고자 한다고 주장하였다. 루터는 이러한 확신을 가지고 개혁을 추진하여 나갔고, 그러므로 에라스무스와는 입장이 완전히 달랐다. 두 사람은 자유의지 논쟁 이후에 완전히 다른 길을 가게 되었다. 루터는 로마가톨릭교회를 타락하고 부패한 교회로 보고 그 교회를 개혁하기 위하여 고난을 길을 가게 되었고 개신교회를 탄생시켰다. 반면에 에라스무스는 루터와 결별하고 로마가톨릭교회 안에 머물렀다. 에라스무스는 로마가톨릭교회의 윤리적인 타락을 개혁하는 온건한 개혁을 주장하였으나, 로마가톨릭교회의 교리를 개혁하는 참다운 개혁으로는 나아가지 못하였다.

9. 에라스무스에 대한 평가

에라스무스는 사제의 불법적인 결혼생활에서 탄생하였고, 그 양부모가 전염병으로 모두 사망하는 바람에 원하지 않게 수도원에 들어갔다. 그러나 그는 어린 시절의 교육과 수도원 교육을 통하여 뛰어난 라틴어 문장 능력을 갖추게 되었다. 그는 그러한 뛰어난 문장 실력을 바탕으로 헨리 주교의 비서가 되었고, 그의 도움으로 몽테규대학에서 공부를 하게 되었다. 그는 몽테규대학에서 중세의 변증학에 토대를 둔 사변적이고 논리적인 스콜라주의신학에 거부감을 느껴 학업을 포기하였다. 그 이후에 영국 방문을 통하여 헬라어 연구의 필요성을 느껴 혼자 독학으로 헬라어를 깊이 학습하였다. 그는 이 무렵부터 인문주의 시각을 가진 책들인 『기독교 병사를 위한 소책자』, 『격언집』 등을 출판하면서 두각을 나타내기 시작하였다. 1511년에는 특히 『우신예찬』을 써서 고위성직자들과 왕들과 지배계층들의 어리석음을 풍자

하며 예수님의 지혜를 따를 것을 가르쳤다. 1511년 이후 영국을 방문할 때부터 준비했던 헬라어 성경을 1516년에 출판하면서 그는 종교개혁의 전개와 확산에 커다란 영향을 미쳤다. 헬라어 성경을 통하여 인문주의자들뿐만 아니라 루터를 비롯한 종교개혁자들도 중세의 신학과 다른 종교개혁의 신학을 수립할 수 있는 좋은 토대를 마련하였다. 그는 또한 교부들의 전집들의 출판과 신약성경의 언어학적 주석을 통해 종교개혁의 정신적 분위기를 조성하는 데 많은 영향을 주었다. 특히 츠빙글리와 부처는 에라스무스로부터 사상적으로 많은 영향을 받았다.

그러나 에라스무스와 루터를 비롯한 종교개혁자들 사이에는 로마가톨릭의 개혁이라는 공통점을 가지고 있었지만, 그 개혁을 어디까지 할 것인지에 대해서는 근본적인 시각차이가 존재하고 있었다. 그러한 근본적인 차이가 공개적으로 드러나 두 사람이 결별하게 된 것이 1524-1525년 사이에 일어난 자유의지논쟁이었다. 자유의지 논쟁을 통하여 로마가톨릭의 인간의 의지를 통하여 하나님의 은혜를 받을 수도 있고 받지 않을 수도 있다는 입장, 더 나아가 인간은 자유의지를 가지고 선행을 쌓아 그 공로로 구원에 기여할 수 있다는 입장과 인간은 오직 하나님의 은혜를 통해서만 구원받을 수 있다는 루터의 노예의지론이 정면으로 충돌하게 되었다. 그리하여 로마가톨릭의 윤리개혁을 주장하는 에라스무스와 그를 따르는 인문주의자들과 로마가톨릭의 교리를 개혁하여 성경적인 교회를 세우겠다는 루터와 그를 따르는 종교개혁자들은 서로 다른 길을 가게 되었다. 에라스무스는 뛰어난 언어학의 실력을 가진 인문주의자로서 모세와 같이 요압평지까지는 왔으나, 루터처럼 요단강을 건너 종교개혁으로 들어가지는 못하였다. 에라스무스는 인문주의자로서 문화의 재정립을 통해 인간 가치를 높이는 데는 성공했으나 죄의 고통과 구원에 대한 방면에서는 실패하였다. 왜냐하면 그는 종교개혁자들이 체험한 회개의 절박성을 느끼지 못했기 때문이다.

에라스무스의 중도적인 입장에도 불구하고 교황 피우스 4세(1559-1565)는 에라스무스가 쓴, 로마가톨릭의 윤리적 부패를 비판한 모든 책들을 금서 목록에 올려놓았다. 여기에는 그의 헬라어 신약 성경과 그의 라틴어 신약 성경 번역본도 포함되었다. 에라스무스는 중간적인 입장을 취하여 로마가톨릭에서도 배척을 당하였고, 종교개혁에도 이르지 못하는 결과를 가져왔다.

더 읽을 책

롤란드 베인튼. 박종숙 역. 에라스무스. 현대지성사.
이성덕, 김주환 역. 루터와 에라스무스: 자유의지와 구원. 두란노아카데미.
에라스무스. 김남우 역. 에라스무스 격언집. 아모르몬디.
에라스무스. 김남우 역. 우신예찬. 열린책들.

제4장

독일의 종교개혁자
마틴 루터

루터(Martin Luther, 1483-1546)

루터(Martin Luther, 1483-1546)는 1517년 비텐베르크 교회 정문에 면죄부 판매를 비판하는 95개 조항을 못박으면서 종교개혁의 횃불을 올렸다. 중세 말기에 로마교황청을 중심으로 한 서방교회는 윤리적으로뿐만 아니라 교리적으로 타락하여 중대한 위기를 만나고 있었다. 이러한 시기에 루터는 '오직 믿음으로, 오직 은혜로, 오직 성경으로, 오직 그리스도로'라는 신학적인 원리를 통해 개신교의 신학적 원리를 정립하였다. 이와 함께 그는 믿는 사람들은 모두가 신분적으로 동일하다는 모든 신자의 제사장직의 원리를 주장하여 성속의 구분을 무너뜨리고 근대적인 직업관을 확립하게 되었다.

1. 루터의 교육과정(1483-1512)

루터는 1483년 독일의 삭소니 지방의 아이스레벤에서 한스 루터의 아들로 태어났다. 그의 아버지는 1484년 만스펠트(Mansfeld)로 이사한 후 구리 광산업으로 성공하여 경제적으로 부유하게 되어 루터에게 대학교육을 시킬 수 있었다. 루터는 14세(1497년) 때까지 만스펠트(Masfeld)에서 시가 운영하는 라틴학교를 다니다가, 다음 해에 마그데부르크(Magdeburg)에 있는 성당학교에 일 년간 다녔는데, 공동생활 형제단의 회원들과 함께 학생 기숙사에 살았고, 공동생활 형제단을 통해 인문주의의 영향을 받았을 가능성이 있다. 루터는 1498년 어머니 친척들이 살고 있는 아이제나흐(Eisenach)로 옮겨가서 3년간 성 게오르그 교구학교를 다니며 라틴어를 많이 배웠다. 그는 이곳에서 삼학인 문법, 변증학, 수사학을 주로 배웠다. 1501년 5월에 루터는 에르푸르트(Erfurt)대학에 입학하여 공부했는데, 인문학(liberal art)을 공부하여 1502년에 학사학위를 받았다. 학사를 마친 후에는 철학을 공부하여야 상급과정을 공부할 수 있었다. 당시 이 대학은 오컴의 유명론이 지배하고 있었다. 투르트페더와 우징겐 교수는 유명론에 따른 논리학을 가르쳤으며 도덕철학은 아리스토텔레스의 니코마코스의 윤리학을 교육하였다. 동시에 루터는 인문주의를 통해 고대 라틴시인들과 산문들을 공부했다. 당시 에르푸르트에서 루터는 아리스토텔레스의 철학을 중심으로 배우면서 약간의 인문주의도 맛본 것으로 보인다. 1505년에 인문학석사 학위를 받은 뒤 아버지의 소원에 따라 에르푸르트 대학에서 5월에 법학공부를 시작하였으나 법학에 별로 만족하지 못하여 정체성의 혼란을 겪고 있었다. 이러한 불안정한 상황에서 얼마 지나지 않은 7월 2일에 예기치 않은 사건이 발생하여 루터의 인생의 행로가 완전히 바뀌게 되었다.

이 날 만스펠드의 그의 집에서 학교로 돌아오는 길에 스토테른하임(Stotternheim)에서 폭우가 내리는 가운데 벼락이 떨어져 루터는 땅에 나가떨어지면서 죽음의 공포에 사로잡혀 "성 안나여 나를 구원해 주시면 수도사가 되겠습니다"라고 서원을 하였다. 안나는 아버지가 하는 광산업의 수호성인이었다. 그는 자신의 서원을 지키기 위하여 아버지의 동의를 얻지 못한 채로 1505년 7월에 에르푸르트에 있는 아우구스티누스 엄수파 수도원에 들어갔고 1506년에 수도사 서원을 했으며, 신학을 공부하여 1507년 4월에 사제가 되었다. 정식 사제가 된 후에 루터는 공식적으로 신학을 공부하여 1512년 10월에 신학박사 학위를 받았다. 이 신학수업은 수도원 내의 수업과정도 있었고 같은 교단에서 운영하는 대학에도 등록해야만 했다. 루터는 공부하는 동안 에르푸르트 대학과 비텐베르크 대학에서 공부를 하였다. 그는 에르푸르트 대학에서 공부하다 1508년 가을부터 1509년 가을까지 비텐베르크 대학에서 신학공부를 하면서 동시에 인문학 석사로 아리스토텔레스의 『니코마스의 윤리학』을 강의하였다. 그는 1509년부터 1511년 여름까지 롬바르드의 『명제집』을 가르치면서 동시에 연구하였다. 이 기간 동안 루터는 계속해서 조직신학과 성서연구에 몰두하였다. 루터는 이 시기에 조직신학으로 피터 롬바르드의 『명제집』, 가브리엘 비엘의 『명제집주석』과 아우구스티누스의 『삼위일체론』과 『하나님의 도성』과 『고백록』과 설교들을 연구하였고 신비주의 저서들도 읽었다. 이 시기에 루터는 중세적인 공로 신학 체계 아래서 아직도 구원의 문제를 해결하지 못하면서 영적인 불안에 시달리고 있었는데 수도원의 훈련이나 성서 및 신학연구도 그에게 구원의 확신을 주지 못하였다. 1510년 11월부터 1511년 4월 사이에 엄수파 수도회를 대표하여 일반수도원과 엄수파 수도원을 통합하려는 계획을 반대하는 엄수파의 입장을 전달하려고 로마를 방문하였다. 그는 로마 방문을 통하여 교황청과 고위성직자들의 타락상을 직접 눈으로 목격하게 되었다. 루터가 로마 방문 후인 1511년 가을에 비텐베르크로 옮겨오자 슈타우피츠는 루터에게 신학박사 학위를 위해 공부하도록 하여, 성서를 연구하여 1512년 10월에 신학박사 학위를 받았다. 스타우피츠는 루터가 학위를 받자 교수직을 그에게 물려주고 비텐베르크를 떠났으며 루터는 성서강사로서 신학부에 소속되었다.

2. 복음을 재발견한 루터(1513-1518)

그는 1512년 박사학위를 받고 정식으로 비텐베르크 대학에서 성서와 신학을 강의하기 시작했다. 루터는 주로 구약성서를 강의하기 시작했는데, 1513년 가을 학기부터 시편을 강의하였고, 1515-1516년에는 로마서를 강의하였다. 그는 이 때 조그만 방 하나를 배정받아 여기서 연구에 몰두하였는데 여기서 탑의 경험(Turmerlebnis)을 하면서 구원의 확신을 얻게 되었을 것이다. 그러면 루터가 언제 이 경험을 했을까? 루터 자신이 쓴 1545년의 『탁상담화』에 의하면 1519년에 복음적인 하나님의 의에 대한 개념과 칭의의 교리를 확고하게 붙잡았다고 말했다. 루터는 수도사로 생활하면서부터 계속해서 영적인 불안에 시달려 왔다. 중세신학은 인간이 구원에 필요한 공로를 쌓아야 구원을 받을 수 있다고 가르쳤다. 믿는 자가 구원에 필요한 공적을 쌓지 못하면 연옥에 가서 정화의 과정을 거쳐야 천국에 들어갈 수 있다. 중세 말기 신학은 인간이 범죄했을 때 그 범죄에 대하여 하나님께 고해를 했을 때에만 그 죄를 용서받을 수 있다고 가르쳤다. 루터는 열심히 고해를 했지만 자신이 지은 죄를 다 고백하지 못해서 하나님의 심판을 받지 않을까 늘 불안에 시달렸고 두려워하였다. 이 때 루터가 이해한 하나님의 의는 내가 하나님 앞에서 올바른 공로를 쌓아서 얻는 능동적인 의였고, 하나님 앞에서 올바르기 때문에 얻는 윤리적인 의이며, 내가 의롭게 되는 의로움이었다. 이러한 하나님의 의의 개념에서 고통당하고 있던 루터가 비텐베르크 대학에서 강의하면서 이 하나님의 의를 새롭게 이해하면서 종교개혁이 시작되었던 것이다.

루터는 언제 하나님의 의에 대한 새로운 이해를 얻게 되었을까? 루터가 하나님의 의에 대한 새로운 이해를 얻는 데 가장 핵심적인 성경구절은 로마서 1장 17절이다. "복음에는 하나님의 의가 나타나서 믿음으로 믿음에 이르게 하나니 기록된 바 오직 의인은 믿음으로 말미암아 살리라 함과 같으니라." 루터가 가장 관심을 가지고 연구하게 된 구절이 복음에 나타나 있는 하나님의 의가 무엇이냐는 것이었다. 루터는 하나님의 의에 대한 새로운 이해를 1519년에 완전하게 가지게 되었다고 말한다. 그러나 이에 대해 연구한 학자들은 그 보다 훨씬 이른 1515-1516년경이라고 본다. 즉 1515-1516년에 로마서강의를 하는 과정에서 하나님의 의가 하나님의 은혜에 의해 주어지는 수동적인 것이라는 사실을 깨달으면서 중세의 하나님의 의와 결정적인 결별을 하게 되었다. 루터의 새로운 칭의 개념은 1515년 이후 그의 성서 연구들을 통하여 점진적으로 발전하여 1519년에 이르면 완전한 형태로 발전했다고 말할 수 있을 것이다.

루터는 로마서 1장 17절을 통하여 복음에 대한 통찰력을 얻었고 이것을 가지고 로마서를 들여다보았다. 하나님의 의가 복음에 계시되었다는 구절에서 하나님의 의는 단순히 죄인이나 최선을 다하지 못한 자를 벌하는 하나님의 의가 아니라 예수 그리스도의 구속 사업을 통하여 얻어진 의로서 오직 믿음으로 깨닫고 받아들여야 할 성질의 것이다. 루터는 앞 절의 "하나님의 의"를 뒤의 "오직 의인은 믿음으로"와 연결시켜 이해하여 "믿음으로 얻는 의"라는 이해를 했을 때 자신의 영적인 고통과 불안이 해결되었다고 말한다. 이렇게 새롭게 이해되어진 하나님의 의는 우리에게 은혜로 나타난다. 하나님의 의는 하나님께서 우리에게 요구하시는 의가 아니라 하나님께서 성취하신 의요, 우리에게 선물로 주시는 의이다. 이 의는 하나님이 죄인을 향하여 베푸시는 선의요 호의를 의미한다. 성령이 로마서 1장 17절의 의미를 루터에게 조명함으로써 루터는 성경 전체의 메시지를 붙잡을 수 있었다. 루터는 우리가 의롭다고 인정받을 소지가 우리 밖에 있다고 믿었고 그리스도가 성취한 의가 우리에게 전가되는 것이다. 아우구스티누스의 경우에 의는 그리스도를 의의 출처로 하여 이미 질적으로 새롭게 된 인간 본성을 의미하며 계속 의로운 열매를 맺는 것 역시 구원에 필수적인 것으로 이해된다.

1) 죄와 인간의 본성의 타락: 루터는 로마서를 통해 하나님의

은혜를 깊이 인식하면서 동시에 죄의 과격성을 인식하게 되었다. 중세 스콜라주의 신학에서는 인간의 원죄를 이성의 능력이 약화되고 의지의 질이 결핍되어 있는 것으로 보았다. 그러나 루터는 인간의 죄에 대해 이해할 때에 아우구스티누스의 이해를 통해 바울의 죄 개념을 다시 이해하게 되었다. 그는 "원죄란 단순히 의지의 선한 성질이 결핍되었다든지, 인간의 의와 (선을 행할) 능력이 상실되었다는 것이 아니다. 이것은 오히려 몸과 영혼의 모든 능력이 상실되었다는 것을 의미한다"고 했다. 이것은 더 나아가 선을 미워하고 악에 대한 성향을 가지고 있다. 루터는 로마서 5장 12절 이하에 대한 강의에서 원죄가 인간 본성 전체를 사로잡았다고 보았다. 따라서 루터는 로마서 5장 14절 주석에서 인간은 아담의 죄가 우리에게 전가되어 있으므로, 태어날 때부터 죄인이며, 인간의 능력으로는 구원받을 가능성이 없다. 따라서 인간에게 구원의 소망은 그리스도의 의의 전가에만 있다고 썼다.

    2) 칭의 : 루터는 로마서 1장 17절에 대한 주석에서 "인간의 교사들은 사람들의 의를 나타낸다 …복음만이 하나님의 의를 드러낸다 …이 의는 하나님의 말씀을 믿는 믿음만으로 하나님 앞에서 의롭다함을 받는 것을 말한다"고 밝혔다. 루터에 의하면 복음을 통하여 성령으로 말미암아 이신칭의를 받는 것이 곧 구원이다. 이 칭의는 법정적이고, 수동적이며, 관계론에 입각한 것이다. 칭의가 법정적이라는 말은 우리는 죄인임에도 불구하고 하나님께서 그리스도의 의를 통하여 우리를 보시면서 우리를 의롭다고 선포하셨다는 것이다. 수동적이라는 말은 우리가 선행을 통해서 의를 얻는 것이 아니라, 그리스도께서 이미 십자가에서 성취하신 의를 우리에게 주시는 것을 수동적으로 받는

다는 것을 말한다. 우리는 주어지는 의를 받기만 하면 되는데, 하나님께서 그리스도의 의를 우리에게 옮겨 주시는 것을 전가라고 말한다. 칭의가 관계적이라는 말은 우리가 예수 그리스도를 믿으면, 하나님께서 우리를 그리스도와 같이 하나님의 자녀의 관계로 보아 우리를 의롭다고 인정하시므로 관계적인 의라는 것이다.

이 칭의 교리에서 우리는 두 가지를 인식해야 한다. 첫째로 그리스도는 자신의 사역, 특히 인간의 죄를 대속하신 십자가의 죽음을 통하여 하나님의 의를 만족시켰다. 예수님은 십자가상에서 다 이루었다고 말씀하시면서 우리의 구원에 필요한 의를 완전하게 성취하셨다. 그러므로 그 하나님의 의를 위하여 인간이 무엇인가 더 해야 할 것이 필요하지 않게 되었다. 하나님께서 그의 아들을 통하여 의를 온전히 성취하셨다는 소식이 복음이다. 그러므로 그 복음에는 바로 하나님의 의가 나타나 있다. 둘째로 복음에 대한 응답이 신앙이다. 우리가 신앙으로 복음에 나타나 있는 의를 깨닫고 받아들이면 그 하나님의 의가 우리의 의가 되는 것이다. 신앙은 말씀에 대한 수동적 반응이다. 우리는 믿음을 수단으로 하여 예수 그리스도의 의를 소유하는데, 그런데 중요한 사실은 이 믿음마저 하나님의 선물이라는 것이다(엡2:8). 하나님께서 우리의 구원도, 그 구원을 얻는 수단인 믿음도 은혜로 값없이 주신다. 그러므로 우리는 온전히 믿음으로(sola fide) 그리고 온전히 은혜로(sola gratia) 구원받고 행위는 구원에서 완전히 배제된다. 우리의 구원은 100% 완전히 하나님의 은혜이다. 하나님께서 우리의 구원을 위해 필요한 의를 그리스도의 구원사역을 통해 성취하셨을 뿐만 아니라, 그 의를 소유하는 수단인 믿음마저도 선물로 주시기 때문에 우리의 구원은 오직 은혜로 이루어진다. 그 하나님의 의를 소유하는 것은 믿음으로만 되기 때문에 오직 믿음으로만 구원을 받는다. 우리는 이 진리를 이신칭의(以信稱義, justification by faith)라고 표현한다. 이신칭의가 우리의 신앙생활에서 중요한 것은 우리에게 구원의 확신을 주기 때문이다. 중세같이 행위를 통해 구원을 받는다면 우리는 죽을 때까지 구원의 확신을 가질 수 없다. 그러나 우리가 믿음으로만 구원을 얻으므로, 우리는 하나님께서 은혜로 주시는 믿음을 통해서 구원의 확신을 가질 수 있다. 믿음으로만 구원얻는다는 이 말은 행위는 믿음으로 구원받은 열매이지 구원에 필요한 조건이 아니라는 말이다.

이러한 루터의 주장에 대해 로마가톨릭은 야고보서를 가지고 루터를 반박하였다. 야고보서에 행함이 없는 믿음은 죽은 믿음이라고 했는데, 루터가 믿음으로만 구원받는다고 하는 것은 야고보서를 부인하는 결과를 가져온다는 것이다. 이에 대해 루터는 이신칭의를 강조하는 로마서와 갈라디아서가 중요한 서신이고 야고보서를 지푸라기 서신이라고 하였다. 루터는 성경 안에 성경의 등급을 인정하였다. 그러나 칼빈은 성경 사이의 이러한 등급을 인정하지 않는다. 로마서와 갈라디아서는 구원을 받는 데서 행위가 아무런 역할을 할 수 없다는 것을 강조하는 것이고, 야고보서는 구원받은 사람에게는 그 열매로서 행위가 수반되어야 하는 것을 강조하는 것이다. 그러므로 두 성경 사이에 아무런 충돌이 있을 수가 없다. 물론 루터도 신학박사로서 이러한 사실을 잘 알고 있었지만 행위를 구원의 조건으로 삼는 로마가톨릭교회를 비판하기 위해 그러한 과격한 주장을 했던 것이다. 그러므로 믿음과 행위(선행)의 관계에 대해 우리는 다음과 같이 정리할 수 있다. 구원은 오직 믿음으로만 받는다. 그런데 그 믿음은 열매로서 선행을 가져온다. 그러므로 로마가톨릭의 오류는 선행을 열매가 아닌 구원의 조건으로 삼는 것이다.

루터의 신학에서 또 하나의 중요한 문제는 복음과 율법의 관계이다. 우리가 복음으로 구원받는다면 율법은 우리의 신앙생활에서 어떠한 역할을 하는가? 루터는 율법의 두 가지 기능을 인정한다. 첫째는 율법의 정치적 기능이다. 율법은 인간의 삶 속에서 질서를 유지하는 정치적인 기능을 가지고 있다. 인간의 생명과 재산을 보호하고 사회 질서를 유지하는 율법의 이 정치적 기능을 루터는 율법의 제1기능이라고 하였다. 둘째로 율법이 우리의 신앙과 관련하여 가지는 중요한 기능은 우리로 하여금 죄를 깨닫게 하는 기능이요, 죄를 깨달아 우리가 구원받을 길이 없음을 깨달아 그리스도에게 나아가게 하는 몽학선생의 기능이요 신학적인 기능이다. 루터는 이것을 율법의 제2기능으로서 정죄하는 기능이라고 하였다. 이 율법의 정죄하는 기능과 복음은 변증법적인 관계를 가진다. 다시 말해서 죄를 깊이 깨달으면 깨달을수록 복음의 은혜에 감격하게 되고, 하나님의 은혜에 감격하면 할수록 우리의 죄를 깊이 깨닫게 된다. 그러므로 율법은 우리로 하여금 죄를 깨닫게 만들어 하나님께 나아가게 만드는 기능이 있다.

3) 기독교인의 삶 : 교회는 기독교인의 병원이다. 신자는 치유받기 시작하였다. 율법의 저주에서 벗어나 하나님께 순종하는 성화를 요구받는다. 이런 의미에서 기독교인은 의인이며 동시에 죄인(simul justus et peccator)이다. 여기서 루터는 중세와 달리 우리는 부분적으로 의인이고 부분적으로 죄인인 것이 아니라, 우리가 믿을 때에 항상 의인이면서 항상 죄인이라고 말했다. 우리가 예수님의 의를 의지할 때 우리는 완전한 의인이므로 구원의 확신을 가질 수 있다. 루터는 이러한 이신칭의를 통해 은혜로만 우리를 구원하시는 은혜로우신 하나님을 발견하였고, 나의 죄를 위해 십자가에 달리셔서 완전한 의를

성취하여 그 의를 믿음으로 구원받는다는 기쁜 소식이 바로 복음이라는 것을 깨달으면서, 그는 중세에 잃어버렸던 복음을 재발견하였던 것이다. 루터는 1545년의 『탁상담화』에서 로마서 1장 17절의 의미를 올바르게 깨달았을 때에 하늘의 문이 열리는 구원의 감격을 맛보았다고 말하고 있다. 지금까지 불안과 두려움에 싸여 있던 루터의 심령 속에 구원의 감격이 밀려왔고, 그는 이 새롭게 발견한 복음을 전파하지 않을 수 없게 되었다. 루터의 종교개혁의 가장 핵심적인 진리는 이 이신칭의의 복음의 재발견이요, 이 복음의 능력은 중세 말의 타락한 교회를 새롭게 개혁하여 갱신하는 원동력이 되었다. 루터 이전의 개혁운동과 루터 이후의 개혁운동의 가장 중요한 차이는 이 복음의 진리의 재발견이었다. 루터는 이 복음의 진리를 깨달은 후에 아우구스티누스의 『영과 문자』를 읽으면서 이 진리를 더욱 확신하게 되었다.

루터는 로마서강의 이후에 1516-1517년에 갈라디아서 강의, 1517-1518년에 히브리서 강의를 하였다. 루터는 이러한 강의들을 하면서 1517년부터 비텐베르크 대학의 커리큘럼을 개편하였다. 지금까지 아리스토텔레스의 철학에 토대를 두었던 스콜라주의 신학과 피터 롬바르드의 조직신학 책인 『명제집』의 수업을 상당부분 줄이고, 대신에 성경과 아우구스티누스를 중심으로 한 교부들의 신학에 치중하게 되었다. 루터 자신이 1517년 봄에 아우구스티누스의 반펠라기우스의 저작들을 강의하면서 그의 사상을 깊게 이해하게 되었고, 자신의 이신칭의의 이해를 깊게 할 수 있었다. 이러한 수업은 근원으로 돌아가라는 인문주의의 수업방식을 채택한 것이었다. 이에 따라 비텐베르크 대학의 수업은 유럽의 우수한 학생들의 관심을 끌게 되어 학교의 질적, 양적인 발전을 가져왔다. 루터는 1513-1514년경부터 비텐베르크 시교회의 설교자가 되어 주로 바울과 아우구스티누스의 신학에 근거하여 자신이 재발견한 복음을 설교하였고, 루터 자신의 견해에 따르면 이 설교가 오히려 책들보다 영향력이 더 컸다고 한다.

3. 루터의 신학적 논쟁기(1517-1520)

1) 95개 조항

루터의 면죄부 비판의 직접적 원인은 브란덴부르크의 대주교인 알브레히트의 면죄부 지침서와 판매설교자였던 텟첼의 "면죄부 설교"였다. 면죄부는 고해성사와 관련되어 있는데, 고해성사에서

비텐베르크 교회

죄인이 범한 죄에 대해 통회하고(contrio) 자복하면(confessio), 죄에 따른 죄책(culpa)은 하나님께서 용서해 주시는데, 그 죄에 대해서 사제가 주는 형벌(poena)에 대해서는 배상(satisfactio)을 해야 한다. 이 형벌은 세상의 처벌로서 죄의 경중에 따라 기도, 시편읽기, 선행, 구제행위, 성지순례를 명령하였는데, 이 형벌을 면제받게 하여주는 것이 면죄부이다. 율리우스 2세와 레오 10세는 베드로 성당 같은 르네상스 예술을 위하여 면죄부 판매에 박차를 가하였다. 면죄부 판매가 가장 극성을 부린 것은 1514-1517년 사이로 레오 10세가 베드로 성당을 완성하려던 시기였다. 특히 브란덴부르크 대주교가 판매한 면죄부는 연옥에 있는 영혼의 죄까지 모두 용서해 주는 대사면의 면죄부였다. 이러한 면죄부 판매에 대하여 루터는 신학적으로 너무나 잘

못되었다고 판단하여 10월 30일에 대주교에게 편지를 써서 95개 조항과 함께 보냈다. 최근에 10월 31일에 비텐베르그 성(Castle) 교회 정문에 못 박았는지에 대해 논쟁이 있지만, 11월 11일에 에르푸르트 대학교수들에게 95개 조항을 알려달라고 공개했으므로 그 전에 공개했을 것으로 보인다.

  루터는 이 95개 조항을 작성할 무렵 이미 이신칭의의 교리를 어느 정도 분명하게 깨닫고 있었으나, 가톨릭의 잔재를 완전히 벗어버리지는 못하였다. 95개 조항들은 ① 올바른 회개의 의미 ② 교황의 죄 용서의 범위 ③ 면죄부의 효력 ④ 면죄부와 연옥의 관계의 4가지를 다루고 있다. 그는 올바른 회개라는 것은 평생 동안 하나님 앞에서 우리의 잘못된 행위를 고치는 것으로, 의식으로서의 고해성사가 아니라고 지적한다. 둘째로 그는 교황은 하나님이 죄를 용서하셨다고 선언하는 것 이상 죄를 용서할 권한이 없으며, 죄를 속죄받는 길은 면죄부가 아니라 죄와 싸워 극복하는 것이다. 셋째로 비성경적이고, 구원에 아무 효과가 없는 면죄부 거래를 비판하고, 면죄부를 사는 돈으로 가난한 사람들을 구제하는 것이 하나님의 뜻에 합당하다고 주장하였다. 교회의 보물창고가 성인들의 공적이 아니라 그리스도의 공적으로 그리스도께서 우리의 죄를 이미 완전히 사했다는 복음이라고 주장하였다. 넷째로 그는 면죄부는 연옥의 죄 용서와는 아무런 관련이 없다고 주장하였으나, 연옥 자체를 부정하지는 않았다. 95개 조항이 1517년 말에는 라이프치히, 뉘른베르크, 바젤에서 출판되었다. 그는 1518년에 95개 논제 해설을 썼고 면죄부와 은총이란 설교를 하였다. 이 해설 책이 이 해에 16번이나 출판되었다. 이 면죄부 비판이 이렇게 커다란 반향을 일으킨 것은 당시 일반인들의 면죄부 판매에 대한 반감이 그만큼 강했다는 반증일 것이다. 그리고 이 면죄부 비판은 많은 사람들의 커다란 호응을 받으면서 종교개혁이 일어나는 도화선이 되었다. 그 이후에 로마교황청에서 루터의 면죄부 비판을 비판하면서 논쟁이 계속되었고 그러는 가운데 루터의 사상은 더욱 확산되어 나갔다.

2) 하이델베르크 논쟁(1518년 4월)

루터의 면죄부 비판과 관련하여 벌어진 첫 번째 논쟁이 하이델베르크 논쟁이다. 이 논쟁은 교황이 어거스틴 수도원의 총책임자인 슈타우피츠에게 루터 문제를 해결하도록 지시하여 열렸다. 루터는 하이델베르크에서 열렸던 이 총회에서 자신의 입장을 40개 항목으로 만들어 변호하였는데, 이 논쟁에서 바울과 어거스틴 신학에 의존하여 영광의 신학을 비판하고 십자가의 신학을 지지하였으며, 스콜라주의자들의 주지주의적 자만과 윤리적인 자기 의를 비판하였고, 노예의지를 주장하였다. 십자가 신학은 인간의 노력을 통해 공적으로 하나님께 나아가려는 영광의 신학을 비판하고 우리가 하나님을 만날 수 있는 곳이 그리스도의 고난의 십자가라고 주장한다. 인간은 십자가에 달리신 그리스도의 무력함, 어리석음, 그리고 치욕 가운데 숨어계신 하나님을 통해서 진정한 하나님을 만날 수 있다. 루터는 중세 신학자들이 주장하던 자유의지론에 반대하여 노예의지론을 주장하는데, 노예의지란 인간이 완전히 타락하여 구원에 관하여는 인간의 의지가 아무런 선행의 활동도 할 수 없는 상태로서 오직 하나님의 은혜로만 구원받을 수 있는 상태를 말한다. 이 논쟁에서 루터가 승리했으며 부처를 비롯한 몇 명의 동조자를 얻게 되었다. 그리고 비텐베르크 대학은 21세의 젊은 인문주의자인 멜랑히톤을 헬라어 교수로 영입하고 히브리어 교수도 보강하며 교과과정을 인문주의를 중심으로 개편하면서 더욱 많은 학생들을 확보하게 되었다.

3) 라이프치히 논쟁(Leipzig Debate, 1519년 6월)

그 이후에 도미니크회에서 루터를 고소하여 소송이 진행되었고, 그의 이단성과 교회 명령에 대한 반항을 이유로 루터를 로마로 소환하고자 하였다. 그러나 비텐베르크 대학이 있는 삭소니의 선제후는 루터를 보호하고자 했다. 아우크스부르크에서 교황청 대사 카제탄이 루터를 만나 심문하였으나 루터는 자신의 의견을 취소하는 것을 거부하였다.

이러한 상황에서 로마가톨릭의 유명한 신학자 에크(John Eck)가 루터의 주장을 공격하여 이들 사이에 라이프치히 논쟁이 1519년 6월 27일부터 7월 15일까지 3주간 진행되었다. 이 논쟁의 초점은 권위의 문제였다. ① 로마 교황의 신적 권위에 대해 에크는 로마가톨릭교회가 한 몸이요, 이 몸의 머리가 교황이라고 주장했다. 그리스도께서 베드로 개인에게 천국 열쇠를 주시고 이 베드로 위에 교회를 세웠고 이 베드로의 후계자인 로마 감독들이 곧 교회의 머리라는 것이었다. 에크는 이것을 증명하려고 교부 키프리아누스에게 의존하였다. 이에 대해 루터는 에베소서 4장 15-16절을 인용하면서 교회의 머리는 그리스도라 주장하면서 에크가 키프리아누스의 주장을 잘못 풀이하고 있다고 반박하였다. ② 그러자 에크는 마태복음 16장 18절에 근거하여 교회의 신적 권위를 세우려고 하였다. 에크는 여기의 반석은 베드로 개인이라 보았고 베드로의 후계자인 교황은 천국 열쇠를 가지고 있다는 것이었다. 이에 반해 루터는 이 구절에서 반석이란 그리스도 자신과 그를 믿는 믿음이지 결코 개인으로서의 베드로가 아니라고 주장하였다. 즉 교회의 초석은 그리스도라고 주장하였다. ③ 에크는 루터가 후스같은 인물이라고 비난하였다. 위클리프와 후스는 가톨릭교회는 예정된 자들의 총수요 그 머리는 오직 예수 그리스도라 주장했는데, 루터는 후스의 이러한 입장이 참기독교적이요 복음적이라 변호하였다. ④ 에크는 루터에게 후스가 콘스탄츠 종교회의에서 정죄되었다는 사실을 주지시키고 나서 후스를 버리든지 콘스탄츠 종교회의를 버리든지 양자택일하라고 주장하였다. 루터는 세계종교회의도 오류를 범할 수 있으며, 후스를 처형함으로써 콘스탄츠 종교회의는 큰 잘못을 범했다고 주장했다. 이 논쟁에서 루터는 종교회의와 교회의 권위보다는 성서의 권위가 훨씬 우위에 있음을 분명히 하였다. 루터는 오직 성경(sola scriptura)이란 종교개혁의 원리를 내세웠다.

오직 성경이란 루터가 로마가톨릭교회가 성경 이외에 종교회의 결정사항, 교황의 교령 등의 권위를 내세우고, 특히 교회가 성경을 결정했기 때문에 교회의 머리인 교황에게 성경해석권이 있어서 교황이 최고의 권위라는 주장을 반박하기 위해서 내세운 주장이다. 교회가 신구약성경 66권의 목록을 결정한 것은 맞는 말이지만, 이것은 성경이 본래부터 가지고 있던 권위를 교회가 인정한 것이지, 교회가 결정해서 없던 성경의 권위가 생겨난 것이 아니다. 오히려 성경에 기록된 하나님의 말씀이 먼저 있어서 그 말씀에 의해 교회가 생겨난 것이다. 그러므로 성경 말씀이 먼저 있었고 그 말씀에 의해 교회가 생겨났고, 단지 교회는 이미 존재하던 성경의 권위를 인정하여 정경 66권의 목록을 결정한 것이다.

그러므로 루터는 교회에서 최고의 권위는 신구약성경 66권이라고 주장한다. 성경 이외의 외경과 가경의 권위는 인정하지 않는다. 로마가톨릭교회는 외경에 있는 연옥을 주장하므로, 그들은 외경까지를 성경에 포함시킨다. 그러나 루터는 외경을 성경에서 제외시켰다. 이와 함께 로마가톨릭교회는 성경에 기록되지 않고 전해오는 구전(oral tradition)을 인정하나, 이러한 구전의 권위도 인정하지 않는다. 그리고 로마교황이 성경을 해석할 권위가 있으므로, 교황에게 최고의 권위가 있다는 것을 부인한다.

성경은 성경으로 해석해야 한다. 성경이 해석하기 어려운 부분이 있으므로, 그러한 부분들은 성경의 더 명백한 부분에 의존해서 해석해야 한다. 이와 동시에 성경의 올바른 해석전통을 인정한다. 기독교의 가장 핵심교리인 삼위일체론과 기독론같은 교리와 관련된 부분들은 초대교회에서 형성되어온 올바른 성경 해석전통을 받아들인다. 그러므로 중세에 생겨난 성경에 명백한 근거가 없이 교황청이나 종교회의에서 결정된 교리나 성경해석을 받아들이지 않겠다는 것이다. 이와 함께 성경을 해석할 때 신앙의 유비에 따라 해석한다. 신앙의 유비란 기독교 신앙의 내용에 따라 성경을 해석하는 것이다. 다시 말해서 예수 그리스도가 하나님의 아들이라는 해석을 받아들이고 나서, 그와 관련된 구약의 예언들을 해석하는 것이다. 이러한 해석은 예수님을 인정하지 않는 유대인들의 해석과 달라지고, 여러 이단들이나 이슬람의 성경해석과도 달라지는 것이다. 루터의 오직 성경이란 이와 같이 신구약 66권을 정경으로 인정하고 그 정경이 기독교 신앙에 부합되도록 해석하는 것을 말한다.

4. 루터의 모든 성도들의 제사장직

루터가 자신의 견해를 취소하라는 교황청의 지시를 계속해서 거부하자 교황은 1520년 6월에 루터를 파문하는 교서인 엑수르게 도미네

(Exsurge Domine)를 발표하였다. 이 교서는 루터의 저술에서 41개의 이단적인 사상을 열거하였으며, 60일간의 유예기간을 주면서 그의 주장을 취소할 것을 요구하였다. 취소하지 않으면 루터를 이단으로 선포하겠다는 내용이었다. 이 교서는 10월 10일 루터에게 전달되었는데, 루터는 유예기간이 끝나는 12월 10일에 학생들을 모아놓고 학교 운동장에서 스콜라서적과 교황 칙서를 불태웠다. 루터는 교황청의 권력에 의한 억압에 결코 굴복하지 않겠다는 입장을 천명한 것이었다. 이러한 행동의 결과로 루터는 1521년 1월 3일에 파문을 당했다. 이에 대해 루터의 보호자였던 프리데릭 현제는 루터의 공개적인 심문이 독일 내에서 이루어져야 한다고 요구하였다. 그래서 신성로마황제 찰스 5세는 루터에게 보름스 의회에 출석하라고 통보하였다. 이것은 황제와 독일 영주들 간의 조약에 따른 것으로 파문당한 사람에게 자신을 변호할 기회를 주도록 되어 있었기 때문에 보름스 의회에서 루터에게 변호할 기회를 주었던 것이다. 이 요구서는 3월 6일에 루터에게 전달되었다.

라이프치히 논쟁에서 교황청과 정면으로 충돌하여 파문을 각오하고 있던 루터는 1520년에 『독일 크리스천 귀족들에게 고함』, 『교회의 바벨론 포수』, 『기독교인의 자유』라는 유명한 세 개의 논문들을 썼는데, 이것들은 교황청의 제재에 대처하면서 동시에 칭의받은 기독교인들의 생활 윤리를 다루고 있다. 『기독교인의 자유』(1520년 11월)에서 그는 칭의는 하나님의 선물이고 윤리는 선물에 대한 응답이라고 하였다. 신구약에 나타난 모든 명령들은 하나님의 구원이 전제된 명령들이자 요구로서 기독교인들이 실현해야 할 하나님의 계시된 뜻이다. 선행은 구원받은 기독교인의 마음에서 우러나는 감사와 기쁨 없이는 일어날 수 없다. 이 기쁨과 감사의 감정에서 사랑의 샘이 흘러나와 이웃을 향한 윤리를 실천하게 된다. 이것은 수도원 질서를 세상에서 실천하려는 것이다.

 루터는 위의 저술들에 나타난 기독교윤리를 모든 신자의 제사장직(the priesthood of all believers)의 원리에 근거를 두고 설명하고 있다. 이 모든 신자의 제사장직의 원리도 역시 구원을 전제하는 기독교 윤리이다. 루터는 『독일 크리스천 귀족에게 고함』에서 구원받은 기독교인은 모두 하나님 앞에서 제사장이라 하여 성속(聖俗)의 개념을 붕괴시켰다. 왕과 영주, 수도사와 농민은 직책이 다를 뿐 하나님 앞에서 동일한 신분을 가지고 있다. 교역자는 평신도와 지위와 신분이 다른 것이 아니라 직책과 사역이 다르다. 그러므로 부패한 교회를 교황과 고위성직자들이 개혁하지 않을 때 같은 영적 제사장인 귀족들이 교회개혁에 나서야 한다. 루터는 이 책에서 독일의 영주들과 신성로마황제가 자신을 도와 부패한 로마교황청과 교회들을 개혁할 것을 주장하였다. 『교회의 바벨론 포수』에서 루터는 교회의 7성례가 성도들을 성직자들에게 복종하도록 묶어놓아 바벨론포로와 같은 상태라고 지적하였다. 그러나 세례받은 모든 기독교인들은 이미 제사장직을 받은 것이라 하였다. 그런데 중세에 교황청은 평신도에게는 잔만을 수여하면서 성직자들에게 절대적인 복종을 요구하여 교회는 바벨론의 포로 같은 상태에 있다고 주장하였다. 그러나 성도에게 잔만 주는 것은 성경적 근거가 없는 잘못된 것이었다. 『기독교인의 자유』에서는 모든 성도들의 제사장직을 광범위한 기독교인의 생활의 맥락에서 다루었다. 기독교인들은 예수 그리스도를 믿음으로 구원받기 때문에 율법의 저주와 율법을 지켜 구원받아야 한다는 모든 요구로부터 자유롭다. 그러나 기독교인들은 이러한 자유를 가지고 있지만 그 자유를 자신을 위해 사용하지 않고 다른 사람들을 섬기기 위해 사용해야 한다.

루터는 1523년에는 모든 성도들의 제사장직에 근거하여 『기독교 회중이 성경에 의해 세워지고 증명된 모든 가르침을 판단하고 모든 교사들을 초빙하고 해임하는 권한을 가지고 있다』(That a Christian Assembly or Congregation Has the Power to Judge All Teaching, and to Call and Dismiss All Teachers, Established and Proven by Scripture)는 저술을 통해 로마가톨릭 성직자들이 교회개혁을 시행하지 않을 때, 성도들은 자체적으로 기존의 사제들을 해임하고 말씀을 선포할 새로운 목사를 초청할 권리를 가지고 있다고 설명하였다. 그는 같은 해에 『사역에 관하여』(concerning the ministry)를 저술하여 모든 성도들의 제사장직을 더 심도있게 설명한다. 지금까지는 모든 성도들의 제사장직의 근거가 세례였는데, 이 글에서는 우리의 제사장직의 근거를 그리스도의 제사장직에 연결시키고 있다. 그리스도가 제사장이시니 우리들도 제사장들이다. 그리스도인들은 신앙을 통해 그리스도 안에서 제사장이 되는 것이다. 그리고 제사장으로서 그리스도인들은 말씀을 가르치고, 서로의 죄를 매고 풀어주며, 서로를 위해 위로하고 중보기도해야 한다. 루터에게 있어서 목사 안수의 의미는 특별한 훈련을 받고 다른 기독교인들의 인정을 받아 교역을 하는 것이다. 이렇게 모든 성도들의 제사장직에서 목사 직분을 이해할 경우 목사 직분의 기능주의적인 이해에 떨어지게 된다. 그렇게 되면 하나님이 주신 직분으로서의 거룩성이 사라지게 된다. 그래서 칼빈은 목사직을 모든 성도들의 제사장직의 한 기능으로 보지 않고 하나님께서 선택하여 세우신 직분으로 이해하여 목사와 평신도의 지위를 구분하였다.

루터는 모든 성도들의 제사장직을 통해 로마가톨릭의 성직자들이 전혀 교회를 개혁하지 않을 때에 세례를 받은 모든 사람들이 그리스도의 제사장직에 참여하는 동일한 신분의 제사장이라고 주장하여 성직자와 평신도의 신분적인 구별을 무너뜨렸다. 이러한 모든 성도들의 제사장직은 교회 안에서 성직자와 평신도의 차이가 신분의 차이가 아닌 사역의 기능적인 차이라는 것을 설명하였다. 그러므로 평신도들도 동등하게 교회개혁의 책임을 가지게 되었다.

모든 성도들의 제사장직은 직업에 대한 새로운 이해를 가져왔다. 로마가톨릭은 성직자들의 직업은 거룩하고 평신도들의 직업은 속되다고 이해하였다. 그런데 루터가 모든 신자들이 동일한 제사장이라고 하여 신분의 차별을 없애버리자, 직업 사이의 성속의 구별도 무너지게 되었다. 성도들이 하는 모든 일들은 동일하게 거룩하게 되었다. 이제 기독교인들은 거룩한 제사장으로 교회에서 뿐만 아니라 세상 한복판에서 거룩하게 살아야 한다. 이것은 기독교인의 소명과 연관되어 있다. 본래 성경에서 소명이란 1) 선행 은총에 의한 구원에로의 부름 2) 세속적인 직업과 직책들 3) 사제와 수도사 등과 같이 성직으로의 부름을 의미하였는데 중세에는 세 번째 의미를 강조하였다. 그런데 루터는 두 번째 의미의 소명을 중요시 하였다. 우리가 세상에서 가지고 있는 직업이 바로 하나님께서 우리에게 주신 소명이다. 루터는 순결, 청빈, 순종의 수도원적 삶의 이상을 세상에서 실천하기 위해 세속직업을 소명으로 해석하였다. 루터는 이 소명으로서의 직업의 수행을 통하여 하나님의 세계가 재창조되고 하나님의 창조적이고 섭리적인 목적들이 실현되는 것으로 본다. 모든 성도들의 제사장직은 성직자와 평신도의 신분적 차이에 기초하여 계급적인 구조를 가지고 있던 중세 교회를 모든 성도들이 동등한 제사장 신분을 가지고 있다는 평등한 교회구조로 바꾸었으며, 세상의 직업을 하나님이 우리에게 주신 소명이라고 이해시킴으로써 직업을 통해 세상에서 하나님의 뜻을 실천해야 할 것을 가르쳤다.

5. 루터의 보름스 의회의 출두와 바르트부르크 성에서의 성경 번역

루터는 1521년 1월에 파문을 당했는데, 삭소니의 선제후가 루터에게 자신을 변호할 공적인 기회를 주어야 한다고 주장하여 제국의회는 1521년 4월 17일에 그를 보름스 의회에 출두하도록 명령하였다. 그는 이곳에 출두하여 신성로마황제 찰스 5세, 칠선제후들, 교황 사절 알레안더, 외국에서 온 대사들이 있는 앞에서 심문대에 쌓여 있는 책에 대하여 취소하라고 요구받았으나, 하루의 기한을 요청한 후 18일에 그 저술들이 자신의 것이라 시인하고 취소를 거부하였다. 루터는 "성경과 이성에 의해 자신의 저술이 반박되지 않는 한 취소하지도 않을 것이며 취소할 수도 없다"고 하였다. "나는 여기 서 있습니다. 나는 달리 어떻게 할 수 없습니다. 하나님이여 나를 도우소서. 나의 양심은 오직 하나님의 말씀의 노예입니다"라고 외쳤다. 루터는 1천년 동안 유럽을 지배해 오던 교리와 교권에 그리고 황제의 권위에 굴하지 않으면서 항의(protest)했는데, 여기서 프로테스탄트(protestant)가 시작되었다. 이러한 루터에 대해 제국의회는 1521년 5월 26일 보름스 칙령을 발표하여 루터를 이단으로 파문하여 그에 대한 모든 법적인 보호를 박탈하였을 뿐만 아니라 그의 추종자와 보호자 역시 법의 보호를 받을 수 없다고 결정하였다.

루터는 파문을 받은 후 1521년 5월 4일 바르트부르크 성으로 피신했고 여기 있는 동안에 그는 『수도사 서원에 대하여』를 저술하여 수도사의 서약이 복음의 자유와 어긋나기 때문에 그것에 매일 필요가 없다고 설명하였다. 이 때부터 수도원의 수도사들과 수녀원의 수녀들의 이탈이 일어나기 시작하였다. 그는 이 성에 피신해 있는 동안에 에라스무스의 신약성서 1519년판을 본문으로 사용하면서 독일어성경 번역을 시작하여 1522년 2월에 신약을 완성하였다. 모든 성도들의 제사장직의 원리에 따라 모든 기독교인들은 성경 말씀을 통한 은혜를 갈구하게 되었으므로, 루터는 이 욕구를 만족시켜 주기 위하여 성경을 번역했는데, 자신의 저술에서 사용했던 작센지역의 표준인 관청언어로 번역하였다. 루터는 이 성경을 번역하면서 이신칭의를 강조하기 위해 로마서 3장 28절을 해석하면서 헬라어 성경은 "사람이 의롭다 하심을 얻는 것은 율법의 행위에 있지 않고 믿음으로 되는 줄을 우리가 인정하노라"라고 되어 있는데, "오직(allein, alone) 믿음으로"라고 번역하였다. 이 성서는 독일 기독교인에게 생명의 양식이 되었을 뿐만 아니라 독일 문학사와 언어학사에 큰 영향을 미쳤다. 독일은 19세기까지 나라의 통일을 이루지 못하고 여러 제후국과 자유도시들로 나누어져 있었으나, 루터의 독일어 성경을 공통으로 사용함으로 언어의 통일과 함께 신앙의 통일을 유지하여 19세기의 정치적이고 국토적인 통일의 밑바탕이 되었다.

6. 루터의 예배의식의 개혁

루터가 바르트부르크 성에 은거하고 있는 동안에 칼 슈타트를 중심으로 급진적인 예배 개혁을 요구하는 사람들이 등장하여 비텐베르크는 혼란에 빠지게 되었다. 그래서 루터는 1522년 3월에 체포될 위험을 무릅쓰고 비텐베르크로 귀환하여 설교사역을 시작하였다. 루터는 연약한 자들을 고려하지 않는 급진적인 개혁 요구를 거부하며 종교개혁이 소요나 폭동이 되지 않도록 경고하고 복음의 진리와 자유에 대한 설교가 진정한 교회의 개혁을 이룰 것을 주장하였다. 복음의 자유의 설교를 통해 사람들의 양심이 자유를 얻으면 더 폭넓은 개혁이 이루어질 수 있을 것이라고 보았다. 예배의식의 개혁은 오랜 전통에 매여 있던 모든 성도들의 삶의 변화를 수반하는 것이기에 신중을 요하였다. 루터는 설교를 통해 성도들을 교육하면서 성경의 진리와 어긋나는 비복음적인 교회 의식과 예배 순서들을 점진적으로 개혁하고자 하였다. 1523년에 죽은 자와 성인(saint)을 위한 미사를 없애고 세례 예식문을 독일어로 번역하여 사용하였고 가을에는 성찬식에서 빵과 포도주를 성도들에게 나누어 주었다. 1523-1524년 사이에 독일어 찬송가를 사용하기 시작하였고 루터가 직접 작사와 작곡을 하기도 하였다. 루터는 '내 주는 강한 성이요' 라는 찬송을 직접 작곡하였고 예배에서 악기 사용을 인정하였다.

그와 함께 루터는 1523년부터 1526년까지 점진적으로 교회의 예배와 예배의식의 개혁을 문서화하였다. 루터가 이 기간 동안 예배 개혁과 관련하여 저술했던 대표적인 문서들인 1)『개교회에서 행해지는 예배의식에 대하여』(*Von Ordenung Gottis Diensts Ynn Der Gemeyne*, 1523. 3), 2)『비텐베르크 교회를 위한 미사와 성찬 예식서』(*Formula Missae Et Communionis Pro Ecclesia Wittembergensis*, 1523. 11), 3)『독일어로 된 미사와 예배규범』(*Deudsche Messe Und Ordnung Gottis Diensts*, 1526)의 세 저서를 통하여 예배와 그 개혁 내용을 제시하였다. 그는 기본적으로 예배는 중립적인 것(adiaphora)에 속한다고 보아 예배 의식의 개혁에 소극적이었다. 그는 이 예배모범의 끝에서 요리문답 작성의 필요성을 말하였는데, 1529년에 교역자용으로 대요리문답을, 평신도용으로 소요리문답을 저술하였다. 루터의 서방 교회 예배에 대한 공헌은 1) 서방교회의 전통적인 요소를 보존하면서 이 틀 안에서 복음주의적인 예배를 추천하였고 2) 복음적 설교의 회복 3) 복음적인 찬송의 창안 4) 미사의 의의는 그리스도 및 믿는 사람들 상호간의 교제(communion)요, 결코 반복적인 제사행위가 아니라 은혜의 통로라는 사실을 확립한 것이다. 그는 수도원과 수녀원을 금지하고 결혼을 유도하였으며, 자신도 1525년 폰 보라(von Bora)와 결혼하였다. 국가교회를 설립하여 정부가 신앙 유지에 책임을 지게 했으며 선제후는 방문자들을 임명하여 각 지방의 교회를 순회하며 감독하게 하였고, 교회 수입은 영주가 가톨릭교회 재산에서 몰수하여 지급하였다.

7. 농민전쟁과 뮌쳐(Thomas Muntzer)[1524-1525]

종교개혁을 반대하던 영주들이 루터에 의해 번역되어 출판된 성경을 몰수하라고 명령했을 때인 1522-1523년 겨울에 그는 『세속정부에 대하여 어느 정도 순종해야 하는가?』라는 책을 저술하였다. 루터는 그 이전부터 다루어 왔던 교회와 국가와의 관계를 다시 한 번 취급한다. 그가 다루는 주제는 교회와 국가와의 관계라기보다는 복음과 세속 권력의 관계에 대한 것이다. 국가가 소유한 공권력은 하나님께서 세우신 기관이다. 그러므로 그리스도인들은 당연히 국가의 합법적인 명령에 순종해야 한다. 그러나 국가는 영적인 일에 부당하게 간섭해서는 안 된다. 루터는 복음을 통해, 사랑과 봉사에 의해 통치되는 교회(하나님의 나라)와 검의 권세에 의해 다스려지는 국가를 구별한다. 그리스도인은 질서 유지를 위해 설립된 국가에서도 이웃을 섬기기 위해 봉사할 수 있다. 그러나 그리스도인은 국가가 하나님의 뜻을 어기는 것을 명령할 때는 저항할 수도 있다고 주장하였다.

이 당시 기사 계급, 노동자, 그리고 농민들이 불만 계층이었다. 특히 농민들은 루터의 복음 설교와 교황청에 대한 비판이 자기들의 혁명을 돕는 것이라 환영하였다. 기사들의 항거가 먼저 발생하였다. 인문주의자이자 애국적 민족주의자인 울리히 폰 후텐(Ulich von Hutten)과 식킹겐(Sickingen)은 로마 교황청의 세력을 제거하고 독일에서 정의로운 사회를 건설하려고 하였으나, 1523-1524년에 모두 사망하여 실패하였다.

15세기에 농민반란이 빈번하게 발생하였는데, 영주들의 횡포와 과도한 세금, 십일세, 임대료, 노동봉사 등에 불만이 쌓여가고 있었다. 농민들은 루터의 기독교인의 자유와 신앙에 대한 신학적인 명제들을 사회적인 문제에 적용하여 1525년 3월에 그들의 주장을 재세례파 후브마이어의 지도 아래 『슈바벤 농민의 12개 조항』으로 출판하였다. 농민들은 기독교인이 되는 것이 자유롭기 때문에 농노신분에서 해방되어야 하고, 모든 성도들의 제사장직은 평등 사회를 위한 토대를, 수도원제도의 부패에 대한 비난에서 수도원과 수녀원의 재산을 몰수할 구실을 발견하였다. 이들은 12개 조항에서 목사 선출권과 해임권, 사냥권과 어업권, 산림과 목초지에 대한 공동소유권, 가축세와 사망세의 철회, 추가 봉사에 대한 임금지불을 요구하고 그들은 성경에 순종하며 그들의 요구는 하나님의 말씀과 일치한다고 믿었다. 그러나 루터는 이들의 서명 요구를 거부하고 4월에 『평화에의 권면: 슈바벤 농민들의 12개 조항에 대한 답변』을 출판하여 제후와 농민 양측을 모두 비판하여 중재자로 활동하였다. 군주들의 전제정치, 불관용, 잔인함과 부당한 요구의 시정을 권면했고, 농민들의 목사선택권과 사회적 요구도 정당하다고 동의하였다. 그러므로 농민전쟁의 우선적인 책임은 국가에 있다. 자기의 신학이 농민전쟁의 원인이 될 수 없다고 잘라 말하고 제후들에게 농민들을 잘 다스리도록 부탁하였다. 동시에 농민들에게 복음의 영적 자유를 사회적인 조건에 적용하려는 것을 비판하였다. 국가는 하나님의 섭리로 제정된 기관이니 국가에 항거하는 것은 하나님께 항거하는 것이라고 강조하였다. 통치자가 악해도 이것이 혁명을 일으키는 원인이 될 수 없다고 하였다.

그러나 농민들은 루터의 요구를 수용하지 않고 오히려 과격파였던 뮌처를 추종하면서 반란을 일으켰다. 뮌처는 처음에는 루터의 추종자였으나, 츠빅카우의 예언자들과 교제하면서 신령주의(spiritualism) 경향으로 빠져 천년왕국을 추구하는 과격한 방향으로 흘러갔다. 그는 국가의 도움을 받는 루터의 종교개혁을 반대하면서, 루터 추종자들은 그리스도의 원수이니 제거하고 혁명으로 하나님 나라를 건설해야 한다고 주장하였다. 그리하여 농민들은 1525년 4월 중순부터 전쟁을 일으켰는데, 5월에 프랑켄하우스에서 1만의 농민군이 영주군에게 패배하였고 5천명이 희생되었으며 뮌처도 체포되어 희생되었다. 6월에 팔라티네이트 선제후 루드비히가 라인 지방 농민반란을 진압하면서 대부분 진압되었다. 이 농민전쟁에서 농민은 10만 정도가 희생되었다. 루터는 농민전쟁이 한창 진행되던 5월에 『강도와 살인을 일삼는 농민에 대항하여』를 출판하여 과격해져가는 농민들에 대하여 영주들이 무력을 사용하는 것을 허용하였다. 루터는 농민들의 반란을 폭동으로 간주하였고 하나님이 정하신 제후들의 정당한 권력에 대한 항거라고 보았다. 이후 농민들보다는 제후들과 협력하면서 종교개혁을 추진하였다.

8. 에라스무스의 자유의지론과 루터의 노예의지론

  루터의 사상이 전파되어 가는 데 결정적인 역할을 하였던 것이 인문주의자들이었으나, 루터는 인문주의자 에라스무스와 완전히 결별하였다. 1523년에 에라스무스는 교황, 영국왕 헨리 8세에게서 루터를 반박하라는 요구를 받았다. 루터는 외콜람파디우스에게 보낸 편지에서 "에라스무스는 언어학자로서는 훌륭하나 신학자는 될 수 없으며 모세처럼 모압에 머물러 있어야 하고 약속의 땅에는 들어갈 수 없다"고 하였고 에라스무스에게 보낸 편지에서 "당신은 언어 연구를 통해 성서연구에 크게 공헌하였습니다. 그렇지만 당신은 당신의 할 일이나 해야지 우리의 일에 간섭해서는 안 됩니다. 비록 당신은 당신의 일을 위해 당신의 능력, 천재, 웅변술을 충분히 지녔다 하더라도 종교개혁자가 될 자질과 용기를 갖추지 못했기 때문입니다"라고 하였다. 그래서 에라스무스는 『자유의지론』을 썼다. 그는 네 가지로 루터의 잘못된 점을 주장하였다. 1) 신구약 성경에 근거하여 인간의 의지가 무능하다고 전혀 증명될 수 없다. 2) 노예의지론을 주장하면 인간은 더욱 윤리적으로 약해지고 게을러지고 악을 더욱 자행하게 된다. 3) 루터는 오직 은혜로(sola gratia)와 오직 믿음으로(sola fide)에 입각하여 노예의지를 주장하는데, 이런 교의적 주장은 마땅치 않으며 자유의지도 교리화해서는 안 된다. 4) 교회의 평화를 위해 이같은 논란을 피하고 다만 도덕적으로 선한 삶을 살면 된다고 하였다. 에라스무스는 인간의 양심과 자유의지의 성취가 세례를 통하여 매개되는 은혜(gratia infusa)와 협조적인 관계에 있어야 하며 인간의 최선의 성취가 은혜를 초청하여 계속 선행을 이루어 나가야 구원에 이른다고 하였다. 에라스무스는 인간의 자유의지가 타락으로 말미암아 약해진 것이지 전혀 능력이 소멸된 것이 아니므로 구원에 있어서 인간과 하나님의 협동설을 주장했다.

이러한 에라스무스의 주장에 대하여 루터는 일 년 후인 1525년 12월에 『노예의지론』을 써서 응답하였다. 루터는 에라스무스에 대해 "나는 당신을 대단히 칭찬하고 싶습니다. 왜냐하면 그 누구보다도 당신은 문제의 핵심을 정확하게 공격했기 때문입니다. 당신 오직 당신만이 내 신학의 초점을 제대로 포착 했습니다"라고 평가하였다. 그는 자신의 주장이 지나치게 교의적이라는 주장에 대해 루터는 "교의적 주장을 제거하는 것은 기독교를 없애는 것이나 다름없다"고 하였다. 종교개혁의 핵심은 복음과 복음이 성령을 통하여 일으키는 구원인데, 이것들은 모두 교리적 주장이요 확신이다. 둘째로 에라스무스는 은혜와 자유의지의 한계가 별로 중요하지 않다고 본 데 반해, 루터는 이것이 구원의 핵심이라고 하였다. "오직 은혜로"와 "오직 믿음으로"는 하나님의 은혜를 전적으로 강조하고 인간의 의지와 양심은 수동성을 가질 수밖에 없다는 교리적 주장이다. 자연인의 자연적 능력은 구원과 관련하여 복음 말씀을 통한 성령의 사역이 없이는 노예의지에 불과하다. 자연인의 선과 기타 성취가 아무리 탁월하다 해도 그것은 노예의지의 성취에 불과하고 불신앙자의 성취에 불과하다. 인간의 의지가 죄악의 노예라고 할 때에 인간이 죄를 범하는 것은 결코 강요에 끌려가서 범하는 것이 아니라 의지 작용에 의하여 인간 스스로가 원하기 때문에 범하는 것이다.

자연인의 생각과 행위는 하나님의 필연에 의해 움직이는데, 이것은 감추어진 하나님의 역사이다. 감추어진 하나님은 모든 불신자의 마음을 사로잡고 있으며, 사탄을 일꾼으로 사용하여 인간을 노예상태에 있게 만들고, 신자들을 시험하기도 한다. 이 감추어진 하나님은 성서와 교회를 통하여 설교된 주 예수 그리스도의 모습에서 나타난 자비와 용서의 뒷모습을 의미하며, 이 분의 뜻을 정확하게 알 수 없다. 그러므로 하나님의 감추어진 모습에만 부심하는 사람을 시험에 떨어진다. 그러나 계시된 하나님과 감추어진 하나님은 두 분이 아니라 한 분이시다. 그러므로 우리는 성서와 예수 그리스도를 통하여 계시된 하나님만을 예배하고 이 하나님의 음성에만 귀를 기울여야 한다.

성육신하신 예수 그리스도와 성서에 나타난 하나님이 곧 계시된 하나님이시다. 이 하나님은 십자가에 달리시고 부활하신 예수 그리스도, 곧 하나님의 말씀을 성령을 통하여 우리에게 주신다. 우리 인간은 이 은혜를 신앙으로 수용하여 죄의 용서, 영생에 이를 수 있다. 이 때에 성령이 말씀으로 인간의 의지와 양심에 작용하여 인간은 강제적으로가 아니라 필연적으로 변화하여 선행을 행할 수 있다. 루터는 하나님과 사탄이 서로 다투어 인간을 통치하려는 모습을 두 마부가 서로 인간이라는 한 말을 몰고 가려고 싸우는 것에 비유하였다. 그러면 누가 믿음으로 성령에 변화된 의지를 지닐 수 있는가? 선택된 사람이 그렇게 된다. 루터도 은혜와 자유의지를 논하다가 선택의 교리에 이르렀다. 루터도 칼빈과 같이 하나님의 절대 은총과 더불어 하나님의 절대 주권을 말하여 구원에 관해서는 어디까지나 인간은 수동적 위치에 설 수밖에 없다고 말한다.

9. 루터파 국가 교회의 발전(1526-1546)

농민전쟁 이후 루터의 교회론은 국가 교회의 성격을 띤 감독교회로 발전하였다. 교회와 국가는 독립 내지 병립하는 것이 아니라 법적으로 상호 유기적 관계성과 통일성을 갖는다. 국가의 관리와 제후는 기독교인이라는 것을 전제한다. 신학적으로 루터의 두 왕국 사상은 이처럼 세상 나라를 낙관적으로 보는 방향으로 발전했고, 특히 〈율법의 정치적 사용〉에 입각하여 기독교인들이 사회와 국가의 영역에서 양심법과 실정법에 따라 살아야 한다는 데 근거를 두었다. 1526년 슈파이에르(speier) 국회에서 루터교 제후와 가톨릭 계통의 제후들이 대립하여 "각 지역의 제후의 종교가 그 지역의 종교가 된다"(Cuius regio, eius religio)는 원칙이 확립되었다.

목사들은 세례와 성찬만을 거행하고, 교회정치에 대해서는 국가가 임명한 감독들이 각 교구 목사들의 교리와 생활을 감독하였다. 루터는 신앙교육을 위해 1529년에 소요리문답과 대요리문답을 작성하여 교회에서 가르치도록 하였고, 국가의 적극적인 지원을 요청하였다.

신성로마제국 황제가 1529년에 제2차 슈파이에르 종교회의를 열어 루터파 영주들에게 그들의 영지에서도 로마가톨릭 신자들의 예배의 권한을 인정하라고 요구하였다. 이러한 요구에 반대하여 이들은 황제에게 항의하였다. 그리고 이러한 황제의 위협에 대비하기 위하여 1529년 마그데부르크에서 루터와 츠빙글리가 만나서 양자의 신앙의 일치 여부를 확인하고자 하였다. 이들은 각자의 신앙에 대하여 작성한 15개 항목에서 14개 항목에 동의하였으나, 성찬에 대한 이해에서는 서로 견해가 달라 양측이 결별하게 되었다. 그래서 루터파와 개혁파가 하나가 될 수 있는 기회는 놓치게 되었다. 성찬에 대해 루터는 그리스도의 살과 피가 육체적으로 실질적으로 임해야 한다고 주장하면서 공재설을 주장한 반면, 츠빙글리는 부활한 그리스도의 몸은 하나님의 우편에 계시기 때문에 임재하실 수 없으며 성령의 역사만이 일어난다고 주장하였다. 그러므로 성찬은 단지 그리스도의 십자가의 고난과 죽으심에 대한 회상이고 기념이며 상징이라고 하였다.

1530년에 신성로마황제 찰스 5세가 자신을 위협하던 투르크족을 격퇴하려는 목적으로 독일 종교 문제를 해결하기 위해 아우크스부르크 종교회의를 소집하여 가톨릭과 루터파에게 각자의 신앙의 입장을 설명한 문서를 제출하도록 요청함에 따라 멜랑히톤은 루터 신학을 집약한 아우크스부르크 신앙고백(Confessio Augustana)을 작성하였다. 이 신조는 기본적으로 이신칭의의 원칙의 입장에 서 있으며, 양심에 의해 해석된 성경이 권위가 있다고 하였다. 모든 성도들의 제사장직을 주장하고 가톨릭과 조화를 이루려고 하였으나 화체설, 대속적인 미사 등의 수용은 거부하였다. 이에 대해 가톨릭측이 반박하자 멜랑히톤은『아우크스부르크 신조에 대한 변증』(Apology fo the Augsburg Confession)을 저술하여 자신의 입장을 변호하였다. 이 때 로마가톨릭과 루터파 사이의 의견의 일치가 이루어지지 못하자 루터파 영주들은 자신들을 보호하기 위하여 1532년에 슈말칼트 동맹을 맺었다. 이렇게 양측이 대치하는 가운데 루터는 1546년에 세상을 떠났다.

10. 루터의 종교개혁의 의의

   종교개혁은 루터가 1517년에 95개 조항을 못 박으면서 시작되었다. 루터의 면죄부 판매 비판은 논쟁을 위해 시작한 것이었는데, 당시 독일인들의 면죄부 판매와 교회의 부패에 대한 불만이 폭발하여 종교개혁이 전개되었다. 루터는 비텐베르크 교회의 탑 속에서 성경을 연구하는 가운데 로마서 1장 17절을 새롭게 이해함으로 복음을 재발견하여 이신칭의의 교리를 정립하게 되었다. 이 이신칭의에 근거하여 루터는 중세교회의 모든 부패상들을 새롭게 개혁할 원동력을 발견하였고 성경의 권위를 확립하였다. 그리고 모든 신자들의 제사장직을 통해 성속의 구분을 무너뜨리고 근대적인 직업개념을 발견하였다. 루터는 독일어 성경번역과 예배의 개혁을 통해 누구나 성경을 읽고 예배에 참여할 수 있는 변화를 가져왔다. 루터의 개혁활동은 농민전쟁 이후에 국가교회의 형태로 발전하여 영주들의 지배 하의 지역들은 그 영주들의 종교를 따르게 되었다.

더 읽을 책들

롤란드 베인드. 이종태 역. 마틴 루터의 생애. 생명의 말씀사.
라인하르트 슈바르드. 정병식 역. 마틴 루터. 한국신학연구소.
존 델린버거. 이형기 역. 루터저작선. 크리스챤다이제스트.
파울 알트하우스. 구영철 역. 루터의 신학. 성광문화사.

제5장

2세대 독일의 종교개혁자 필립 멜랑히톤

멜랑히톤(Philipp Melanchthon, 1497-1560)

멜랑히톤(Philipp Melanchthon, 1497-1560)은 독일의 종교개혁자였던 루터의 동역자로서 루터의 신학사상을 체계화하는 데 크게 공헌하였다. 인문주의자로 출발하여 21세에 헬라어 교수로 비텐베르크 대학의 개혁활동에 가담했던 멜랑히톤은 루터의 신학사상을 1521년에 『신학총론』(Loci Communes)으로 체계화하여 발표하였다. 멜랑히톤은 이신칭의를 중심으로 루터 신학을 정리하면서 율법과 복음 사이의 구별을 루터의 복음적인 통찰에 대한 중심으로 삼았다. 그는 이 작품을 1535년, 1543년, 1555년에 걸쳐 3번 개정하여 완성하였다. 주제별 정리방식(Loci Communes)은 종교개혁 시기에 종교개혁신학의 내용을 체계화하는 가장 중요한 방법이 되었다. 이러한 측면에서 멜랑히톤은 루터 신학의 조직화에 크게 기여하였다. 그 뿐만 아니라 그는 비텐베르크에서 신학을 공부한 후에 성경주석에서도 크게 공헌하였는데, 성경주석에서도 주제 중심의 성경주석 방식을 사용하였다. 그는 교육활동에서 수사학과 변증학을 인문주의 방식으로 교육하여 독일의 교육의 진흥을 가져와 독일의 교사라고도 불린다. 이렇게 독일의 종교개혁과 교육발전에 기여했던 멜랑히톤의 성장과정과 학문적인 여정을 살펴보자.

1. 멜랑히톤의 교육과정

멜랑히톤은 1497년 2월 독일 남부 팔츠 지방의 칼스루헤(Karlsruhe) 근처의 브레텐(Bretten)에서 태어났다. 여기서 그의 아버지 게오르그 슈바르츠에르트(Georg Schwarzerd)는 라인의 팔라틴 백작인 필립에 속한 병기제조공이었다. 그의 아버지가 1508년에 세상을 떠나자, 유명한 히브리어학자이면서 외할아버지인 로이힐린

(Johann Reuchlin)의 집으로 가서 히브리어를 일 년간 배운 후 10세 (1509)에 포르츠하임(Pforzheim) 라틴 문법학교에 등록했는데, 이 학교의 교장인 게오르그 심러(Georg Simler)는 그에게 라틴어와 헬라어 시들과 함께 플라톤의 저술들을 읽게 하여 멜랑히톤은 플라톤주의자가 되었으며, 본문비평 방식들을 사용하며 아리스토텔레스의 저술들을 읽으며 그의 사상도 소개받았다. 그는 외할아버지이면서 대표적인 인문주의자인 로이힐린의 영향을 받았다. 그의 원래 이름은 필립 슈바르츠에르트(Philipp Schwarzerd)였는데, 아마도 로이힐린의 제안으로 그의 가문의 이름 슈바르츠에르트(Schwarzerd)의 헬라어 형태인 멜랑히톤($M\varepsilon\lambda\acute{\alpha}\gamma\chi\theta\omega\nu$)을 자신이 인문주의 학자가 되기를 원한다는 표시로 자신의 이름으로 한 것 같다.

그는 12세(1509)에 하이델베르크 대학에 입학하여, 철학, 수사학, 그리고 천문학 등을 배웠는데 헬라어 학자로 유명해졌다. 그는 이 대학의 가장 뛰어난 학자인 스팡엘(Pallas Spangel)과 그의 제자인 빔펠링(Jacob Wimpfeling)을 통해 수사학과 변증학을 종합했던 아그리콜라(Adolpf Agricola)의 사상을 배웠으며 1511년 6월에 인문학사 학위를 받았다. 15세(1512)에 나이가 너무 어려 석사학위 수여를 거부당하자, 튀빙겐 대학으로 옮겨가서 인문주의를 계속 연구하면서 법률학, 수학, 그리고 의학을 공부하였다. 여기에 있는 동안에 그는 요한네스 스퇴플러(Johannes Stöffler)한테 점성술의 기술적인 측면들을 배웠다.

그는 17세(1514)에 석사학위를 받고 신학을 공부하기 시작했다. 로이힐린과 에라스무스 같은 인문주의자들의 영향을 받으면서 멜랑히톤은 당시 대학에서 교육되던 스콜라주의 신학이 개혁되어야만 참된 기독교가 회복될 수 있다고 확신하였다. 19세가 되었을 때 인문주의자의 왕이라고 불리는 에라스무스가 멜랑히톤의 많은 재능을 알아보고 "이 젊은이, 아니 이 소년이 얼마나 높은 소망에 올라갈 것인가! 혁신의 예리함이여, 언어의 순결함이여, 학식의 성숙함이여!"라고 칭찬하였다. 그는 20세(1517)에 튀빙겐에서 『인문학론』(*De artibus liberalibus*)이라는 제목으로 출판된 연설을 했는데, 그 시대를 향한 그의 교육 이론의 매우 포괄적인 이해를 표명하고 있다. 이 선언은 변증학과 수사학에 대해 변증학은 모든 기술들(arts)의 어머니이고, 수사학은 변증학의 일부분이라고 하였다. 그는 젊은 학자들의 모임의 대표자가 되어 그들에게 수사학과 베르길리우스와 리비우스에 대해 강의하였다. 19세 때 그는 첫 번째 작품을 출판하였는데, 로마시대 연극 작가인 테렌스(Terence)의 작품을 편집한 것이었다. 21세(1518) 때는 헬라어 문법책을 출간하였는데, 여러 판을 출판할 정도로 상당한 인기가 있어 18세기까지 교과서로 사용되었다.

2. 비텐베르크 대학 교수

멜랑히톤은 튀빙겐에서 개혁활동을 하다 반대에 부딪히자, 로이힐린의 추천과 함께 루터의 초청에 응하여 21세(1518년)에 비텐베르크 대학 헬라어 교수로 가게 되었다. 그의 취임연설인 『청년교육 개혁론』(*De corrigendis adolescentiae studiis*)은 인문주의 교육의 필요성에 대한 유창한 변론이었으며, 아리스토텔레스의 모든 학문적 관심은 사변적인 논리학이 아니라 설득을 위한 그의 수사학의 목표에 봉사한다고 선언하였다. 멜랑히톤은 이곳 인문학부에서 수사학과 변증학을 통합하여 인문주의 교육을 실시하고자 하였다. 그는 이 연설에서 신학과 사회를 개혁하기 위하여 인문주의의 계획을 과감하게 실천하고 그리스 로마의 고전과 그리스도교 고전인 성경으로 돌아갈 것을 역설하였다. 그의 연설에 대해 루터는 해박하고 흠잡을 데 없는 연설이며, 모든 사람들이 그를 존경하고 대단히 칭송했다고 말하였다.

그는 이러한 목적을 달성하기 위해 튜빙겐에서 머물던 마지막 해에 손질했던 『3부작 수사학론』(*De rhetorica libri tres*)을 1519년 1월에 출판했는데, 이 책들을 통해 변증학적 수사학을 가르치고자 하였다. 변증학적 수사학이란 스콜라주의의 사변적인 변증학을 극복하여 설득을 목적으로 논리를 사용하는 학문을 말한다. 그는 이 책들 속에서 자신의 이론 전개에 필요한 경우에 성경 본문을 사용하고 있다. 그는 1521년에 출판된 강의록인 『수사학 강요』에서도 성경 본문을 수사학 기술들로 분석한다. 이와 같이 멜랑히톤은 이곳에서 수사학을 통해 성경을 분석하는 인문주의 교육을 하고 있었다. 이러한 뛰어난 강의를 통해 그는 젊지만 이 학교의 주목받는 스타 교수가 되었다.

그는 이곳에서 인문주의 교육과 함께 헬라어를 강의하면서 동시에 1519년 여름학기부터 로마서 주석을 강의하기 시작하였다. 그는 라이프치히 논쟁(1519. 11)에 참관하러 갔다가, 발언을 하면서 논쟁의 참여자가 되었다. 요한 에크가 그의 견해를 공격하자, 멜랑히톤은 성경의 권위에 근거하여 『요한 에크에 반대하는 변증』(*Defensio contra Johannem Eckium*)을 저술하여 답변하였다. 그는 이 글에서 성경의 권위와 해석의 원리를 발전시켰다.

그의 외할아버지인 인문주의자 로이힐린은 종교개혁에 적대적이었지만, 멜랑히톤은 루터의 열렬한 지지자가 되었으며, 신학부에서 연구를 시작하여 1519년 9월에 신학사 학위를 받았다. 멜랑히톤이 심사자들의 질문들에 대해 잘 답변을 하고 난 후에 루터는 "그의 답변은 기적이다. 만약에 하나님께서 하시고자 한다면 그가 여러 명의 루터의 역할을 할 것이다"라고 말했다고 한다. 그의 주된 관심사는 인문주의였으나, 그는 신학강의를 하게 되었다. 로이힐린은 멜랑히톤이 신학을 공부하여 루터의 지지자가 되는 것을 반대하였으나, 멜랑히톤은 오히려 로이힐린과의 관계를 단절하고 루터를 따르게 되었다.

멜랑히톤은 신학사 학위를 받은 후 1520년 4월에 마태복음, 여름에 로마서를 계속해서 강의하였다. 그는 1520년 11월에 비텐베르크 시장의 딸인 카타리나 크랍(Katharina Krapp)과 결혼하였다. 1520년에 로마에서 루터를 비난하는 책이 출판되자 멜랑히톤은 1521년에 초에 소책자를 써서 루터를 변호하였다. 그는 루터가 성경과 어긋나는 교황과 교회의 형태만을 거부했다고 주장하였다. 멜랑히톤은 지금까지 했던 로마서 강의를 토대로 1521년에 『신학총론』(Loci communes rerum theologicarum seu hypotyposes theologicae)을 저술하여 종교개혁의 신학을 정립하는 데 크게 기여하였다. 멜랑히톤은 이 책에서 로마서의 주요 주제들의 형식을 가지고 루터의 이신칭의의 신학을 제시하였다. 이 책은 멜랑히톤이 중세의 스콜라주의가 발전시켰던 신학방법론을 벗어났다는 점에서 중요하다. 중세의 신학방법론으로는 피터 롬바르드가 『명제집』에서 사용한 고전교부들의 의견들을 종합하는 방식과 토마스 아퀴나스가 『신학대전』에서 사용한 논쟁방식이 있었다. 특히 중세 후기로 올수록 스콜라주의 신학은 사변적인 논리 중심으로 전개되어 성경과 유리되어 있었다. 그래서 멜랑히톤은 이러한 스콜라주의의 방식을 벗어나 로마서를 주석하고 그 주석의 결과로 나온 주요한 주제들을 중심으로 『신학총론』을 구성하였다. 그러므로 이 책의 중요성은 성경 주석을 토대로 한 신학주제들을 중심으로 신학을 체계화하는 방법을 제시한 점이다. 멜랑히톤은 스콜라주의 신학을 비판하면서 이 책에서는 삼위일체론과 기독론을

전혀 다루지 않고 율법과 복음의 구별의
구조를 통해 이신칭의를 중심으로 구원론
과 기독인의 생활을 주로 다루고 있다.

『신학총론』은 로마서 주석에서 신학의
기본적인 주제로 자유의지, 죄, 율법, 복
음, 은혜, 칭의와 신앙, 신구약의 차이, 성
례, 사랑, 관리와 실족의 11개를 추출하였
다. 11개의 논제들을 좀 더 분석해보면 죄
와 율법은 율법이 죄의 지식으로 양자를
율법이라고 부를 수 있고, 복음, 은혜, 칭
의와 신앙, 신구약의 차이와 율법의 폐기

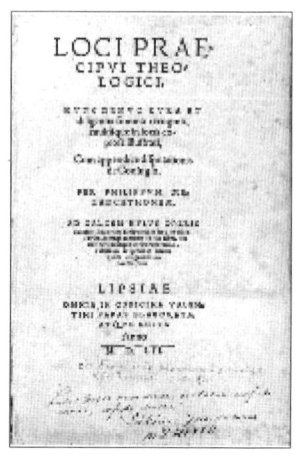

멜랑히톤의 신학총론

는 복음의 범주를 세분하여 논의하는 것이다. 또한 성례는 은혜의 약
속인 복음을 인치는 것으로 복음과 밀접하게 관련되어 있고 사랑은
복음을 통하여 구원받은 열매이다. 그러므로 『신학총론』은 율법과 복
음이 중심을 이루고 있다.

멜랑히톤은 이후에 성경주석을 계속하고 있다. 그의 해석학의 원리
는 다음과 같은 말로 표현되고 있다: "모든 신학자들과 신실한 하늘
의 교리의 해석자는 먼저 문법학자, 다음으로 변증학자, 그리고 마지
막으로 증인이 되어야만 한다." 그는 문법학자라는 말로 역사, 고고
학, 그리고 고대 지리의 숙련가라는 현대적 의미에서 언어학자를 의
미했다. 해석의 방법에 관해서는, 의미의 통일과 함께 스콜라주의자
들의 4중적인 의미와 대조적으로 문자적인 의미가 크게 강조되었다.
더 나아가 그는 성경의 단어들에서 문자적인 의미 이외에 무엇을 찾
든지 간에 그것은 오직 교리적이거나 실천적인 적용이라고 서술하였
다.

그러나 그의 주석들은 문법적인 것이 아니라 종교개혁의 교리를 확정하고, 신자들을 교화시키는 신학적이고 실천적인 문제들로 가득 차 있다. 주석 가운데 가장 중요한 것들은 창세기, 잠언, 다니엘, 시편 주석, 특별히 신약성경 주석인 로마서 주석, 요한복음 주석, 그리고 골로새 주석 등이다. 멜랑히톤은 성경 번역에서 루터의 지속적인 조력자였으며, 비텐베르크에서 1529년에 출판된 라틴어 성경은 멜랑히톤과 루터의 공동 작품으로 추진되었다.

그는 성경 주석방법으로 『신학총론』과 같이 주제중심의 수사학적 해석방법을 사용하고 있다. 그는 1519년에 로마서 주석을 출판한 후에 1521년에 개정하였고, 1523년에 요한복음 주석, 1527년에 골로새 주석을 하였는데, 이러한 주석들에서 기본적으로 수사학적 성경 해석을 시도하고 있다. 이러한 수사학적 성경 해석은 성경 전체를 수사학적 구조를 가지고 있는 것으로 분석한 후에, 이신칭의, 율법, 복음 등의 주요한 주제들을 설정하여 그러한 주제들을 중심으로 해석하는 것이다. 이러한 주석의 장점은 성경 전체 구조를 분명하게 파악할 수 있고, 그와 함께 주요한 주제들을 중심으로 일관성을 가지고 주석한다는 점이다. 그러나 이러한 주석의 단점은 주석자의 관심이 미치지 않는 부분들에 대해서는 주석을 하지 않고 그대로 넘어간다는 것이다. 칼빈은 1540년에 로마서 주석 서문에서 멜랑히톤의 주석에 대하여 논하면서, 이렇게 주석을 하지 않고 넘어가는 부분이 있다는 것을 단점으로 지적하고 있다. 멜랑히톤은 성경을 전체적으로 주석하지 못한다는 단점을 가지고 있지만, 중세 스콜라주의를 넘어서 인문주의의 수사학적 방법론을 이용한 성경주석방법을 제시했다는 점에서 중요한 의미가 있다고 하겠다. 그는 1532년에 나온 『로마서 주석』(*Commentarii in Epistolam Pauli ad Romanos*)에서 "의롭다함을 받는다"는 표현이 "의롭다함으로 간주된다"를 것을 의미한다는 법정적 칭의론을 도입한 것으로 유명하다. 그는 4복음서와 관련하여 『복음서 주석』(Annotationes in Evangelia, 1544)과 『마태복음 관주』(Conciones in Evangelium Matthaei, 1558)를 썼다.

멜랑히톤은 목사가 아니었으므로 자신이 직접 설교를 하지 않았으나, 설교학 분야에서도 넓은 영향력을 미쳐, 개신교에서 설교의 방법론적인 양식의 저자로 간주되고 있다. 그는 수사학과 변증학의 저술들 속에서 설교를 쓰는 방법을 논의하고 있다. 그는 고전 연설의 구조를 설교에 적용하여 설교를 서론, 이야기, 명제들의 분류, 확정, 반박, 결론의 6부분으로 구성해야 한다는 구성 방법론을 제공하였다. 그는 설교에 변증학을 도입하는 변증적 설교 방법론을 제시하였다. 이것은 종교개혁 과정에서 자신의 교리를 변증하면서 다른 사람들의 교리의 잘못을 지적할 수 있는 논리적인 틀을 제공하였다. 이와같이 멜랑히톤은 설교에서도 변증학과 수사학을 통해 좋은 이론적인 틀을 제공하여 종교개혁의 설교 발전에 많은 기여를 하였다.

십자가에 달린 그리스도와 루터(우)와 멜랑히톤(좌)

3. 아우크스부르크 신앙고백서의 작성

독일에서 종교개혁이 진행되어 가는 동안에 신성로마황제는 교황을 도와 개혁활동을 중단시키고자 하였으나, 오스만투르크의 공격과 프랑스와의 전투 등으로 그러한 여유를 가질 수가 없었다. 그런데 1529년이 되어 신성로마황제 찰스 5세가 프랑스 왕에 대해 승리하자 종교개혁을 저지하고 오스만투르크에 대항하는 세력을 모으고자 제2차 슈파이어 제국의회를 소집하였다. 황제는 이 회의에서 독일에 루터교회를 새롭게 도입하는 것을 금지시키고, 그 때까지 루터교로 넘어간 지방들에 대해서는 그곳에서 교회회의가 열릴 때까지 가톨릭의 미사를 허락하도록 지시하였다. 황제가 이처럼 1526년의 제1차 슈파이어 종교회의에서 결정한 각 영주가 자신의 지역의 신앙을 정한다는 '개혁교회헌법'을 폐기하려 하자 작센의 선제후, 헤센, 브란덴부르크, 뤼네부르크, 안할트의 제후들과 14개의 제국소속도시 대표들은 1529년 4월 19일 이 결정에 반대해서 저항했으며 여기서 '프로테스탄트'(Protestant)란 용어가 나왔다.

황제는 1530년 1월에, 아우크스부르크에서 4월에 열리는 새로운 제국의회에 로마가톨릭과 개신교도들이 각자의 신조를 작성하여 제출하도록 명령하였다. 이러한 명령에 따라 루터 진영에서 작성한 문서가 『아우크스부르크 신앙고백서』(Augsburg Confession)이며, 루터파의 가장 중요한 신앙고백서이다. 이 신앙고백서는 루터의 슈바바크(Schwabach) 조항, 마르부르크 조항들, 그리고 토르가우의 조항에 토대를 두고 있지만, 이 문서 작성은 주로 멜랑히톤이 담당하였다. 이 신앙고백서는 루터의 신학에 토대를 두고 있는데, 멜랑히톤의 주요한 공헌은 이러한 루터의 신학을 전체적으로 잘 연결시켜 체계적이고 논리적으로 배치한 것이다. 그래서 이 신앙고백서가 작성되었을 때, 루터는 이것은 나의 것이라고 선언할 정도로 만족하였다. 이 신앙고백서는 1530년 6월 25일 루터파 제후 7명과 제국의 자유도시 두 곳에 의해 아우크스부르크 제국의회에서 독일어와 라틴어로 황제 찰스 5세에게 제출되었다. 이 신앙고백서를 작성한 목적은 루터파의 신앙을 변호하면서, 신성 로마 제국 내의 로마 가톨릭교도들이 수용할 수 있는 방식으로 그들의 신학을 진술하는 것이었다. 아우크스부르크 신앙고백서는 처음 21개 조항에서 루터교의 전반적인 교리를 공표했는데, 그 목적은 루터교도들은 신앙의 어떤 조항에서도 가톨릭교회와 의견이 다르지 않다는 것을 입증하기 위한 것이었다. 4항의 "칭의에 관하여"는 "인간은 그 자신의 힘이나 공적이나 업적으로 하나님 앞에 의롭게 될 수 없으며, 다만 하나님의 은혜 가운데 이루어질 수 있고, 죽음으로 친히 우리 죄를 대속하신 그리스도를 인하여 그들의 죄가 사함 받는다는 것을 믿는 그 믿음으로 값없이 의롭게 되는 것입니다. 하나님께서는 이 믿음을 그의 앞에서 의로 인정하십니다(로마서 3, 4장)"라고 고백하였다. 나머지 7개 조항은 종교개혁 직전의 몇 세기 동안 서유럽 교회에 스며들어온 악습들을 다루고 있다. 예를 들면 성찬식에 교인들에게 빵만을 주는 것, 사제의 강제적인 독신생활, 속죄제사로 드리는 미사, 의무적인 고해, 은혜를 받기 위해 만든 인간 제도들, 수도원생활과 관련된 악습들, 주교들이 주장하는 확대된 권한들과 관련된 비난에 대하여 자신들의 입장을 밝히며 변호하고 있다.

인문주의자인 에라스무스의 지지를 받는 멜랑히톤은 양측의 화해를 모색하면서 서로의 양보를 주장했다. 따라서 신앙고백의 내용에는 루터의 급진적인 교리들을 축소하고 츠빙글리와 재세례파의 입장들은 거의 배제되어 가톨릭 교리와 거의 차이가 없는 것처럼 보였다. 이 신앙고백서는 루터의 주장대로 인간의 공로와는 무관하게 오직 은총에 의한 칭의와 그리스도에 대한 믿음을 통해서만 구원받는다고 강조하면서 교회를 성도들의 모임이라고 설명하는 반면에, 루터가 주장한 성경의 유일한 권위와 모든 성도들의 만인제사장론에 대해서는 특별하게 설명하지 않고 있다.

이 해 8월 3일에 가톨릭 신학자들은 28개의 신앙고백서 항목 가운데 13개 조항에 대해 "반박문"(Confutation)을 보냈다. 멜랑히톤은 9월 22일에 루터교 반박 회신을 황제에게 제출했으나 받아들여지지 않았다. 그러자 멜랑히톤은 자신의 반박 회신을 토대로 고백서보다 분량이 7배나 많은 『아우크스부르크 신앙고백서 변증서』(1531)를 작성하였다. 루터교도들은 수정되지 않은 1530년판 신앙고백을 언제나 권위 있는 것으로 여겼다. 멜랑히톤은 1540년에 라틴어로 된 『아우크스부르크 신앙고백 수정판』(*Augustana Variata*)을 냈는데, 성찬론에서 영적 임재를 받아들여 츠빙글리와 칼뱅의 성찬론을 지지하는 사람들이 이 신조를 수용하였다.

4. 멜랑히톤을 둘러싼 신학논쟁과 결과

종교개혁과정에서 루터와 츠빙글리 사이에 의견의 일치를 보지 못한 것이 성찬론에 대한 이해였다. 이러한 의견의 차이는 1529년의 마르부르크 회담의 실패를 초래하였다. 이러한 양측의 분열 이후에 의견의 일치를 끌어내기 위하여 노력한 인물이 스트라스부르의 부처였다. 부처가 개혁파와 루터파 사이에 의견의 일치를 끌어내기 위하여 노력할 때, 루터파에서 온 그 대화의 상대자가 바로 멜랑히톤이었다. 멜랑히톤은 교부들의 연구와 1530년의 외콜람파디우스와의 대화를 통해 루터의 성찬 교리의 정당성에 대해 의구심을 가지고 있었으므로 의견의 일치를 위하여 열심히 노력했다. 더구나 츠빙글리의 죽음과 정치적 상황의 변화 후에 루터파와 개혁파 사이의 연합에 관련된 멜랑히톤의 활동은 초기의 주저함을 극복하고 적극성을 띠게 되었다. 멜랑히톤은 1534년 말에 헤세의 랜드그레이브(Landgrave)의 주도로 카젤에서 부처와 성찬에 대하여 논의하였다. 부처는 루터와 함께 그리스도의 참된 몸이 성찬에 이로 씹힐 정도로 임재 한다고 믿는 데까지는 나아가지 않았으나, 빵과 포도주의 상징 속에서 몸과 피의 봉헌을 받아들였다. 멜랑히톤은 루터의 유명한 추종자들과 함께 부처의 견해를 토론하였다. 그러나 루터 자신은 논쟁의 적당한 타협에 동의하지 않으려고 하였다. 루터는 잠시 동안 멜랑히톤이 거의 츠빙글리의 견해를 가지고 있다고 의심했다. 그렇지만 루터는 멜랑히톤의 중재를 받아들였고, 멜랑히톤도 루터와 마음을 공유하기를 소망했다. 마침내 루터와 멜랑히톤의 의견의 일치가 이루어지고, 부처와의 대화가 결실을 맺어, 멜랑히톤은 부처가 비텐베르크로 보낸 비텐베르크 일치신조(Wittenberg Concord)를 1536년 5월에 완전하게 승인하였다. 멜랑히톤은 부처와의 대화를 통하여 루터파와 개혁파 사이의 교회 연합을 성취하였다. 이 신조는 성찬에서 그리스도의 몸과 피의 실질적인 임재를 성례전적 연합(Sacramental Union)으로 정의하였다.

멜랑히톤을 둘러싸고 일어난 신학논쟁 가운데 대표적인 두 가지가 신인협동설과 아디아포라 논쟁이다. 신인협동설 논쟁은 멜랑히톤이 『신학총론』 2판(1535)에서 그의 초기의 엄격한 예정론을 포기하고, 그 대신에 하나님의 말씀에 순종하는 데서 말씀, 성령, 그리고 의지가 연합한다고 서술하여 더욱 분명하게 소위 신인협동설을 가르치면서 발생하였다. 멜랑히톤이 1536년 튀빙겐에 체류하는 동안 행위가 구원의 증거로서 필수적이라고 가르치자, 니이메크(Niemeck)의 설교자인 코르다투스(Cordatus)는 그를 심하게 공격하였다. 멜랑히톤은 루터와 다른 동료들에게 보낸 편지에서 자신이 이 주제와 관련하여 그들의 공통적인 교훈으로부터 결코 떠나지 않았다고 주장하며 코르다투스의 공격을 반박하였다. 그렇지만 멜랑히톤은 루터가 사망한 2년 뒤인 1548년에 자신이 원하는 것을 자유롭게 선택할 수 있다는 에라스무스의 자유의지에 대한 정의를 자신의 견해로 채택하였고, 그래서 플라키우스를 중심한 반대론자들과 계속해서 논쟁하였다. 이러한 논쟁의 결과로 1577년에 작성된 일치신조에서는 멜랑히톤의 입장보다는 루터의 노예의지론의 입장이 채택되었다.

두 번째 논쟁은 로마가톨릭과 루터파 사이에 1548년에 맺어진 임시협정(인테림)에 들어있던 아디아포라(구원에 필수적이지 않은 중립적인 사항들)와 관련된 논쟁이었다. 멜랑히톤은 사실상 신성로마황제가 루터 사후에 일어난 슈말칼트 전쟁에서 승리한 후에, 패배한 개신교들에게 강요하려고 했던 로마가톨릭의 색채가 짙은 아우크스부르크 인테림을 거부하였다. 인테림이란 전체교회가 모인 종교회의에서 공식적인 결정이 이루어지기 전에 황제가 지키도록 강요한 종교에 관한 임시적인 결정사항을 가리킨다. 그러나 멜랑히톤이 주도하여 작성한 라이프치히 인테림에 관한 협상에서 삭소니 공작 모리스와 신성로마황제가 서로 대립하는 상황에서 협상해야 한다는 그의 어려운 입장을 고려한다고 하더라도, 그는 많은 사람들이 정당화될 수 없다고 느끼는 양보를 하였다.

멜랑히톤은 라이프치히 인테림 협상을 하면서 이신칭의와 세례와 성찬의 성례의 근본교리를 지킬 수 있다면, 구원과 관련되어 필수적이지 않은(아디아포라) 교회의 예식에 관한 사항에서는 양보할 수 있다는 입장을 취하였다. 멜랑히톤은 아디아포라의 문제에서는 로마가 톨릭에게 양보할 수 있다고 보았으나, 루터를 엄격하게 따르고자 하는 사람들은 그러한 것들을 양보하면 루터파의 정체성이 무너진다고 보아 강력하게 반대하였다.

멜랑히톤 자신은 시간의 흐름 속에서 그의 결점들을 인식하였고 그것들에 대하여 회개하였으나, 친구들의 불쾌감과 적들의 미움 속에서 그는 정당한 것 이상으로 고통을 받아야만 했다. 그는 이때부터 죽을 때까지 고통과 고난으로 가득 찬 시간으로 보냈다. 그러나 그는 루터 사후에, 논란의 여지가 있지만, 독일 종교개혁의 신학적인 지도자가 되었다. 루터를 엄격히 따르는 사람들은 마티아스 플라키우스(Matthias Flacius)를 지도자로 삼아 멜랑히톤과 그의 추종자들을 이단과 배교로 비난하였다. 멜랑히톤은 모든 비난과 비방을 인내와 자제력을 가지고 견뎌내야 했다. 일치신조에서는 플라키우스의 입장에 따라 로마가톨릭에 대해 아디아포라에 대해서도 양보할 수 없다고 결정하였다.

라이프치히 인테림에서 "선행은 구원에 필수적이다"라는 서술이 나타나자, 루터파의 반대자들은 1551년에 멜랑히톤의 친구이자 제자인 게오르그 마요르(Georg Major)를 공격하였고, 그래서 멜랑히톤은 이러한 논의가 얼마나 쉽게 오해될 수 있는지를 이해하고서 신조를 완전히 철회하였다. 이후에 플라키우스는 선행은 구원에 해롭다는 극단적인 주장까지 하며 논쟁을 하였다. 이러한 논쟁은 나중에 선행은 구원의 증거로서 인정된다고 결론을 내렸다.

멜랑히톤은 오시안더(Andreas Osiander)와 칭의에 대한 논쟁에서 루터의 입장을 확고하게 견지하였다. 오시안더는 칭의에서 예수 그리스도의 의의 본질이 우리에게 나누어져 우리가 본질적으로 의로워진다고 주장했다. 이에 대해 멜랑히톤은 그리스도의 의의 공로가 우리에게 전가되어 우리가 의롭다고 인정받는다고 주장하였다. 멜랑히톤은 그리스도께서 신성이 아니라 인성을 따라서만 우리의 칭의라고 주장하는 스탕카로(Stancaro)와의 논쟁에도 참여하였다. 그리스도는 인성뿐만 아니라 신성으로도 우리의 중보자가 되시어 우리의 구원을 위한 의를 성취하신다고 멜랑히톤은 주장하였다.

멜랑히톤은 로마가톨릭의 신학에 강력하게 반대하면서도 끝까지 교회의 일치를 추구하고자 노력하였다. 멜랑히톤의 충고를 받아들여 삭소니 선제후는 1548년에 트렌트에서 열린 종교회의에 사절단을 보낼 준비가 되어 있다고 선언했는데, 다만 개신교도들도 토론에 참여할 수 있어야만 하고, 교황은 사회자와 재판관으로 인정되지 않아야만 한다는 조건을 달았다. 트렌트에 신앙고백서를 보내기로 합의가 이루어지자, 멜랑히톤은 1530년의 아우크스부르크 신앙고백서의 반복이지만, 그러나 로마가톨릭과의 논쟁점을 훨씬 더 자세하면서도 절도를 지켜 논의한 삭소니 신앙고백서(Confessio Saxonica)를 작성하였다. 멜랑히톤은 트렌트로 가는 도중에 삭소니의 모리스(Maurice) 공작이 전쟁 준비를 하는 것을 알게 되어 1552년 3월에 중도에 비텐베르크로 돌아왔다. 왜냐하면 모리스 공작이 황제에 대항하는 입장을 취하면서 전쟁이 일어났기 때문이다. 모리스 공작이 전쟁에서 승리한 덕분에, 1548년 슈말칼트 전쟁에서 패배하여 위기에 몰렸던 개신교도들의 상황이 훨씬 더 호전되어 1552년에는 파사우 조약이 체결되어 루터파와 로마가톨릭의 현상유지가 결정되었고, 1555년에 체결된 아우크스부르크 화의(1555)에서는 루터파의 지위가 법적으로 보장되었다.

아우크스부르크 화의에서 로마가톨릭과 개혁자들 사이에 대화를 계속하기로 결정하여 1557년 9-10월에 보름스에서 회의가 열렸다. 이 회의가 열리자 로마가톨릭은 개혁자들 사이에 원죄와 칭의를 둘러싸고 의견의 차이가 있다고 지적하였다. 여기로 엄수파 루터란과 멜랑히톤 사이에 의견의 일치를 보지 못하여 결국은 회의가 해산하고 말았다. 루터파 영주들은 루터파 내의 두 진영의 의견을 일치를 끌어내기 위해 1558년 3월에 프랑크푸르트 일치(Frankfurt Recess)를 작성하여 교회의 평화를 유지하려는 노력을 계속하였으나, 양편은 의견의 일치를 보지 못하였다.

멜랑히톤을 둘러싸고 일어난 논쟁 가운데 그를 가장 괴롭혔던 것은 바로 성찬론 논쟁이었다. 성찬론 논쟁이 다시 시작된 것은 독일 안에서 개혁파 교회의 영향력이 확산되는 것과 관련되어 있었다. 멜랑히톤이 칼빈주의 성찬 교리에 공식적으로 동의한 적이 없고 그러한 특징적인 신조 형식을 사용하지 않았으나, 반대파들은 그를 츠빙글리 추종자라고 계속해서 공격하였다. 멜랑히톤은 성찬에서 그리스도의 인격적인 임재와 자신을 나누어주심이 중요하다고 보았다. 그러나 그는 몸과 피가 성찬과 어떻게 관련되는지를 분명하게 서술하지 않았다. 그는 씹음의 물질적인 행동을 거부했지만, 그럼에도 불구하고 그리스도의 몸의 실질적인 임재를 주장하였고 그러므로 또한 그리스도 자신의 실질적인 나누어 주심을 주장하였다.

멜랑히톤은 루터 사후에 인문주의의 성향을 가지고 있어서 루터와의 신학적인 입장 차이를 드러내었고, 루터의 신학적인 추종자들과 계속해서 논쟁하였다. 그러므로 그의 인생의 후반부는 이러한 논쟁의 연속 가운데 살아가야만 했다. 이러한 의견 차이는 멜랑히톤 사후에 양파 사이의 의견의 조율을 통해 일치신조의 작성으로 끝이 났다. 일치신조에서는 신학적인 내용에서 루터의 입장이 대부분 채택되었다.

5. 멜랑히톤의 교육개혁

멜랑히톤은 독일의 교사(Praeceptor Germaniae)라고 불릴 정도로 독일의 교육개혁에 중요한 영향을 미쳤다. 그는 독일의 교육을 개혁하는데서 세 가지 중요한 영향을 미쳤다. 첫째는 비텐베르크 대학을 중심으로 독일 대학교육을 개혁하는 작업이었다. 그는 비텐베르크 대학 교수의 취임연설이었던 "청년교육 개선론"에서 스콜라주의와 모호한 논증방식을 거부하고 직접적으로 일차적인 근원으로 돌아갈 것을 촉구한다. 그는 언어, 문학, 역사, 그리고 수사학의 학문을 공부할 것을 권장한다. 역사의 올바른 이해는 아름답고, 나쁘고, 유용한 것 등을 판단하는 것을 가르치고, 문학의 연구는 인간성의 이해를 도와주며, 도덕에 대하여 적합하고 유창하게 말하는 것을 향상시킨다. 멜랑히톤은 또한 추론, 유창함과 훌륭한 저술의 기술들을 지지한다. 인문주의 교육이 제공하는 유익을 수용하면서, 멜랑히톤은 비텐베르크가 학문의 새 시대로 나아갈 것을 의도한다. 그는 성경에 나타나 있는 거룩한 것과 세속적인 것의 대립을 의식하면서 세례받은 헬레니즘을 목적하고 있었다. 그와 동시에 그는 하나님에 대한 연구와 세상의 것에 대한 연구를 구별하고 있다. 이러한 원칙을 유지하면서 멜랑히톤은 학생들에게 호머의 서사시와 바울의 디도서에 대해 강의하기 시작하였다.

그는 특히 인문주의 노선에 따라 비텐베르크 대학 커리큘럼을 야심차게 개혁하고자 하였다. 대학개혁의 첫 단계는 자신이 헬라어 교육을 담당하면서 히브리어 교수직을 신설하여 원어를 교육하는 것이었다. 그는 1530년대에 이 학교를 루터파 학교이자 인문주의 대학으로 더욱 분명하게 만들려는 데 목표를 두었던 제2차 학문적 개혁의 물결을 이끌었다. 1535-1536년에 프톨레미의 『사법적 점성술의 책』 (Librorum de judiciis astrologicis)3)에 대해 강의하면서, 멜랑히톤은 헬라의 수학, 천문학과 점성술에 대한 그의 관심을 학생들에게 표현하였다. 그는 목적의식을 가지고 계신 하나님께서 혜성과 일식과 월식을 보여주시는 데는 이유가 있다고 생각했다. 그는 1554년 바젤에서 프톨레미의 『4권의 책』(Tetrabiblos)의 관주가 붙은 판을 출판한 첫 번째 인물이었다. 그는 자연철학이 직접적으로 섭리와 연결된다고 이해했는데, 이것은 독일에서 종교개혁 이후에 학교의 커리큘럼의 변화에 영향을 미쳤던 관점이다. 1536-1539년의 기간 동안 그는 개신교 노선에 따른 비텐베르크 대학의 재건, 튀빙겐 대학과 라이프치히 대학의 재조직 등의 세 가지 학문적인 혁신에 가담하였다. 1546-1547년의 슈말칼트 전쟁에서 삭소니 선제후의 패배에 의한 대학의 붕괴 후에도, 그는 개신교의 주도적 대학으로서 비텐베르크의 역할을 보존하는 것을 도왔던 학문적 프로그램의 심도있는 수정을 이끌었다.

둘째로 멜랑히톤은 평생 동안 비텐베르크 대학에서 자신의 학문 활동을 전개하면서 많은 교과서들을 저술하였다. 많은 인문주의자들이 대중적인 종교개혁의 반지성주의 경향에 대하여 관심을 가질 때, 멜랑히톤은 신앙의 건전한 개혁을 위한 토대로서 인문주의 교육을 변호하는 논문들을 써서 종교개혁운동이 인문주의 교육의 최근의 유익한 열매들을 파괴할 것이라고 보는 보수적인 인문주의자들의 염려를 크게 완화시켰다. 그는 인문학과 자연과학 과목들의 많은 교과서를 저

---

3) 사법적 점성술은 중세에 자연 점성술과 대조하여 이단적이라고 정죄받았던 점성술로 천체의 움직임을 통해 미래의 운명을 점치는 기술을 말한다.

술하였고 대학들과 문법학교들에서 사용할 수 있도록 고전 저자들의 편집본들을 준비하였다.

그는 맨 먼저 수사학과 변증학 관련의 많은 책들을 저술하였다. 그에게 있어서 윤리적이고 종교적인 목적에 대한 유일한 교육 수단이 인문학과 고전 교육이었다. 고대의 고전들은 그에게 있어서 맨 먼저 순수한 지식의 근원이었으나, 또한 형태의 아름다움과 윤리적 내용을 통해 젊은이들을 교육하는 최고의 수단이었다. 그는 근원으로 돌아가라는 인문주의의 열정을 가지고 아리스토텔레스의 전체 작품들을 편집하려고 비텐베르크 대학에 왔다. 그는 인문주의 대학교육을 위해 1519년에 『수사학』(*Rhetoric*)을 그리고 1520년에 『변증학』(*Dialectic*)을 편집하였다. 그는 교육하는 동안 『4권으로 된 변증학』(*De dialecta*, 1528), 『변증학 초보』(*Erotemata dialectices*, 1547), 『영혼론』(*Liber de anima*, 1540), 『물리학의 기초』(*Initia doctrinae physicae*, 1549)를 출판하여 변증학과 함께 자연과학의 교재를 저술하였다. 그는 『4권으로 된 변증학』에서 변증학의 방법론을 다루는데 1-3권에서는 변증학적 판단을 설명하고 4권에서는 변증학적 발견을 다루었다. 그는 이러한 논의를 통해 발견과 판단이란 키케로/아그리콜라의 변증학의 이분법을 아리스토텔레스의 체계 안에서 담아낼 수 있었다.

윤리학에서 멜랑히톤은 고대 도덕의 전통을 보존하여 갱신시켰고 복음적인 삶의 개념을 제시하였다. 도덕들과 직접적으로 관련을 가지는 그의 책들은 그 내용을 주로 고전에서 끌어왔는데, 아리스토텔레스보다는 키케로에 의해 영향을 받았다. 이러한 노선에 서 있는 그의 주요한 작품들은 『키케로의 의무론에 대한 서론』(*Prolegomena to Cicero's De officiis*, 1525), 『아리스토텔레스의 윤리학 책에 대한 주석』(Enarrationes librorum Ethicorum Aristotelis, 1529), 『학자의 삶의 자랑에 관한 연설』(De Laude Vitae Scholasticae Oratio, 1536), 『도덕철학개요』(Epitome philosophiae moralis, 1538), 그리고 『윤리 교육 원론』(Ethicae doctrinae elementa, 1550) 등이다.

『도덕철학개요』에서 멜랑히톤은 맨 먼저 하나님의 율법과 복음에 대한 철학의 관계를 취급한다. 사실상 도덕철학은 복음에 계시된 은혜의 약속에 대해서는 전혀 알지 못하나, 하나님께서 사람의 마음속에 심어놓은 자연법의 발전이므로 하나님의 법의 일부분을 나타낸다. 인간의 죄 때문에 절대적으로 필요해진 계시된 율법은 자연법과 완전함과 명료성에서만 구별된다. 도덕적인 삶의 근본 질서는 또한 이성에 의해 파악될 수 있다. 그러므로 자연원리로부터 도덕철학의 발전은 무시되어는 안 된다. 따라서 멜랑히톤은 자연적 도덕과 계시된 도덕 사이를 날카롭게 구별하지 않는다.

멜랑히톤에 따르면, 신학에 대한 철학의 관계는 율법과 복음 사이의 구별에 의해 특징지어진다. 자연의 빛으로서 철학은 타고나는 것이다. 철학은 또한 하나님에 대한 자연적인 지식의 요소들을 포함하고 있으나, 죄에 의해 어두워지고 약화되었다. 그러므로 계시에 의한 율법의 갱신된 선포가 필수적이 되었고 십계명 안에서 제공된다. 철학의 학문적 형태 속에서 오직 요구들만을 포함하는 모든 율법들은 그림자들이다. 율법의 성취는 신학에서 확실성의 대상인 복음 안에서만 제공되며, 또한 지식의 철학적 요소들-경험, 이성의 원칙들, 그리고 삼단논법-은 복음에 의해서 오직 최종적인 확정을 제공받는다. 율법이 그리스도에게 인도하는 거룩하게 세워진 교사이므로, 율법의 해석자인 철학은 의견과 생활의 주요한 표준으로서 계시된 진리에 종속된다.

멜랑히톤이 교과서는 아니지만 역사와 관련하여 지은 책으로는 1530년에 개신교의 첫 번째 교리사로 『주의 만찬에 대한 몇몇 옛 조상들의 견해들』(Sententiae veterum aliquot patrum de caena domini)과 특별히 『교회와 하나님의 말씀의 권위에 대하여』(De ecclesia et auctoritate verbi Dei, 1539)를 시도하였다. 그는 루터의 사후에 루터와 관련하여 『마틴 루터의 죽음에 대하여』(De Obitu Martini Lutheri, 1546)와 『루터의 삶과 행동의 역사』(Historia de Vita et Actis Lutheri, 1548)를 저술하였다.

셋째로 그는 초등학교 교육의 개선을 위하여 집중적인 노력을 기울였다. 1520년대부터 그는 기존의 학교들의 개혁과 인문주의 교육을 실시할 새로운 학교의 설립에 대하여 제후들에게 조언하기 위하여 독일의 여러 지방들을 빈번하게 여행하였다. 그는 1526년에 누렘베르크에 세워진 학교 개교식에서 했던 치사에서 좋은 시민을 육성하는 데서 교육의 역할에 대해 언급했다. 훌륭하게 설립된 국가에서 학교의 첫 번째 임무는 젊은이들이 도시의 묘판이기 때문에 그들을 잘 교육하는 것이다. 인문교육은 이러한 임무를 위해 중요하다. 인문교육이 없으면 훌륭한 사람도, 덕에 대한 존경도 정직한 것에 대한 지식도 없기 때문이다. 그는 여기서도 역사, 문학, 그리고 철학의 연구가 훌륭한 시민의 육성을 위해 중요하다고 주장한다. 학교교육이 당장의 실용적인 기술이 아닌 이러한 교양교육이 되어야 하는 이유는 덕스럽고 훌륭한 시민들이 공공의 발전을 도모하기 때문이다.

도덕적 지적 발전은 상호연결되고 종교적 경건은 시민적 책임감과 연결된다. 간단히 말해, 멜랑히톤은 교육을 전인에게 연결시키고 있다. 그는 영적인 분야와 세속적 분야를 구별하지 않으면서, 교육을 종교생활과 사회생활에 통합된 것으로 이해한다. 개인의 훈련에 초점을 맞추면서 멜랑히톤은 각 신자의 종교적이고 시민적인 의무들을 통합시키려고 시도한다. 그에 따르면 교육은 교회와 사회의 두 개의 활동 영역에서 다른 기능을 수행하는 것이라기보다는 인간의 형성에 함께 기여하는 것으로 이해되어야만 한다. 이러한 이유로 멜랑히톤은 동시에 국가와 교회에 대하여 이야기한다. 교육이 없으면 건전한 시민 육성도, 건전한 신앙의 발전도 불가능하다. 그러므로 세상의 관리들도 종교개혁의 교육을 지원하도록 격려받아야만 한다. 그에 따르면, 교육의 목표는 교육받은 경건이다.

멜랑히톤은 1528년에 지방 교구들의 영적이고 재정적인 상황을 점검하기 위해 삭소니 제후에 의해 임명된 위원들과 삭소니 교회들의 공식적인 방문단에서 지도자였다. 그는 교회들이 훌륭하게 교육해야만 하고 무지한 백성들에게 기독교 신앙의 중심 교리들을 가르칠 설교자들을 잘 대우해야 한다고 강조하였다. 그는 『작센 선제후국 목사들에 대한 방문자들의 가르침』(*Unterricht der Visitatorn an die Pfarherrn im Kurfurstentum zu Sachssen*, 1528)에서 구원의 교리들뿐만아니라 교회와 학교에 대한 규정들을 제시하였다. 그는 각 도시 정부가 모든 어린이들에게 건전한 초등 교육을 제공할 의무를 져야만 한다는 루터의 추천을 적극적으로 지지하였다.

멜랑히톤은 둘째 부분에서 초등학교에서 교육의 커리큘럼과 수준에 대한 상세한 충고를 포함하고 있다. 개혁된 학교를 위한 전제는 다음과 같이 서술된다. "이것이 하나님의 뜻이기 때문에 …부모들은 자녀들을 학교에 보내 주 하나님께서 다른 사람들을 섬기는 데 그들을 사용하시도록 주를 위하여 그들을 준비시켜야 한다. 교훈의 이 부분의 목적이 또한 분명하게 서술된다: 간략한 서론 후에, 학교를 다루는 이 문서는 초등교육이 주요한 세 부분으로 나누어져야 한다고 제안한다.

초등학교에서 첫 번째 부분은 읽기 시작하는 어린이들로 구성되어 있다. 제안된 교과서는 주기도문, 사도신경, 그리고 다른 기도들뿐만 아니라 문법의 기본들을 포함하는 초보이다. 루터와 멜랑히톤은 어린이들이 많은 언어들을 배우는 것은 그들에게 너무 복잡하기 때문에 현명하지 않다고 생각했기 때문에, 라틴어가 학생들에게 그들 자신의 언어와 성경에 쉽게 적용시킬 수 있는 문법 기술들을 제공할 것이므로, 그들은 강력하게 라틴어로 하는 교육을 격려한다. 결국 성경의 표준적인 출판은 여전히 라틴어로 이루어지고 있었다. 이러한 이유로 1학년의 목표는 어휘력을 쌓고, 문법의 규칙을 기억하고, 그리고 쓰기를 배우는 것이었다. 학생들은 또한 그들의 기억 기술을 발전시키고 음악을 배워야만 한다.

  2학년에서 음악을 좀 더 배우는 것 외에, 학생들은 그들의 읽고 쓰는 기술을 발전시켜야만 한다. 교사는 담당학생들에게 좋은 도덕을 심어주어야만 한다. "어린이들을 위해 유용하고 덕이 되는" 에라스무스의 『대화록』(*Colloquies*) 속에 있는 도덕들이 학습되어야만 한다. 이 수준에 있는 학생들은 고전 속담들을 암기하고 이솝 우화를 읽어야만 한다. 그 다음으로 그들은 고급 문법, 어원론, 그리고 구문론을 공부해 나가야 한다. 어린이들은 이러한 문법 규칙들을 암송하고 기억하여 문법을 잘 배우도록 인도되어야만 한다. 주중에 하루는 어린이들이 기독교의 복된 삶의 초보를 배우는 것이 본질적이기 때문에 해당 학급은 성경을 공부해야만 한다. 성경을 가르치면서 교사는 어렵고 논쟁적인 문단들을 피하고, 대신에 훌륭한 삶을 사는 데 필요한 것, 다시 말해, 하나님에 대한 경외, 믿음, 선행을 가르치는 그러한 부분들에 초점을 맞추어야 한다. 그 자체가 기독교인의 삶의 요약을 포함하고 하나님에 대한 경외, 믿음과 선행들을 말하는 시편의 그러한 부분들과 함께 마태복음의 부분들이 특별히 추천된다. 시편 112편 1절, 125편 1절, 133편 1절 등이 거명된다.

3학년에 올라간 학생들은 문법을 잘 공부하고 심화 학습의 전망을 보여준다. 이러한 심화된 학생들은 음악을 계속 공부하고 시인인 베르길리우스와 오비드, 로마의 연설가, 정치가이자 철학자인 키케로를 포함하여 문학을 번역하고 해석하는 기술을 발전시켜야만 한다. 이러한 기술들이 발전될 때, 학생들은 대중 연설, 응집력있는 논쟁, 그리고 유창한 문장의 능력을 획득해 갈 수 있다.

멜랑히톤은 이러한 교육에서 영적인 영역에 우선권을 두었다. 반복된 말들인 "하나님에 대한 경외"가 도덕 교육의 측면에 대한 강조를 보여준다. 가르침의 첫 부분이 교회에서 필요한 기독교 신앙의 기본들의 가르침을 강조하는 반면에, 둘째 부분은 계명들, 신조들, 기도들의 지식을 진전시키는 데서 학교의 역할을 강조하고 있다. 읽는 방법을 배운 학생들은 성경을 읽을 수 있고, 그래서 예언자, 제사장 그리고 왕으로서 그들의 의무를 수행할 수 있다. 문법, 변증학과 수사학의 지식이 모든 신자들이 성경을 읽고, 해석하는 것을 도와줄 것이다. 기억 활동, 음악 기술, 그리고 논리적 사고가 학생들이 통제, 자기훈련, 그리고 질서정연함의 가치를 배우도록 도와줄 것이다. 더 나아가, 학생들은 집단으로 기독교 신앙의 신조들을 배우고 그래서 비슷한 마음을 가진 신자들의 세대를 형성할 것이다.

루터와 멜랑히톤에 의해 발전된 중요한 교육 도구가 요리문답이라는 것이 여기서 주목되어야만 한다. 멜랑히톤에 의해 발전되고 개조된 루터의 소요리문답이 16세기에 개혁된 학교에서 널리 사용된 교과서가 되었다. 이것에 대한 여러 가지 이유가 있다. 이것은 직접적이고 짧은 서술로 개혁된 신앙의 핵심 요소들을 제시했다. 이것은 교사의 가르침을 위한 교본으로 기능할 수 있었다. 그리고 이것은 십계명, 주기도문, 사도 신경 등에 대한 단순한 해석을 제공하였다. 문답형태로의 구성이 학급에서 잘 사용될 수 있었다. 그 때 교리화의 수단으로서 요리문답은 젊은 학생들을 신앙의 이해에서 통합시켜 교회 안에 조화를 가져오는 것을 도와주었을 것이다.

 이와 같이 그는 40년 이상 동안 학교들의 설립과 개혁을 위해 활동하였다. 멜랑히톤은 독일에서 교육체계의 발전을 지도하였다. 그는 많은 개혁된 학교들의 학칙들을 썼고, 여러 개의 새롭게 설립되거나 개조한 대학들의 규정들을 작성했으며, 유럽을 통하여 대학 행정가들에게 조언하였다. 멜랑히톤은 인문주의와 종교개혁의 이상을 조화시켜 교육하고자 하였다. 확실하게 그의 경력 속에서, 멜랑히톤은 지식의 재탄생을 교회의 개혁과 통합시켰다. 현대의 비평가들은 멜랑히톤이 인간중심주의의 인문주의와 은혜중심주의의 종교개혁의 이상을 조화하는 데서 얼마나 성공했는지 궁금하게 여기나, 그가 지속적으로 학문을 신앙에 종속시켰다는 것은 분명하다.

 인문주의 교육을 받은 개혁자에게 요구되는 바와 같이, 멜랑히톤은 교육을 높게 평가했다. 그는 그 자체로서 학교가 성경에 규정되어 있다고 믿었다. 그는 성경 안에 있는 교사들, 모세, 예언자들의 학교들, 사도 바울과 그의 영적인 학생들, 위대한 교사이신 우리 주 예수 그리스도와 그의 제자들을 지적하여 이러한 견해를 지원하려고 시도하였다. 멜랑히톤에 따르면 성경의 모든 교리들은 신실한 교사들에 의해 전승된 가르침으로 이해될 수 있다. 이제 학교의 기능은 성경의 참된 가르침들을 심어주고, 보존하고, 전해주는 것이다. 교회와 사회가 올바르게 개혁되기 위하여, 멜랑히톤은 교육이 지속적으로 개선되어야만 한다고 믿었다.

멜랑히톤은, 교육을 복음의 이해를 위한 준비라고 보았던 루터에 비해 학문은 그 자체로 그리고 본질적으로 목적을 가지고 있다고 믿었다. 멜랑히톤에게 있어서, 학문과 교육은 교회와 사회의 개혁에서 더욱 적극적인 역할을 수행한다. 성경에 있는 계시는 오직 학문을 통해 획득된 지식을 경유하여 전용될 수 있다. 다른 방식으로 이 견해를 표현하자면, 멜랑히톤은 하나님의 구원 계시와 이해하고 추론할 인간의 능력 사이의 관계를 더욱 깊이 이해하려고 시도했다. 그는 신앙과 지식, 믿음과 학문 사이의 관계를 정의하기를 원했다. 그는 고대 그리스와 로마에 있던 서방 세계 유산이 참된 성경 유산과 관련되는 방식을 이해하고자 소망했다. 그렇게 하는 과정에서, 그는 인문주의와 기독교를 동등한 위치에 놓은 것이 아니라, 모든 학문을 하나님의 계시에 종속시키고, 그의 영광의 찬송을 위하여 그렇게 하려고 시도하였다. 이러한 교육관은 고린도후서 10장 5-6절에 그를 위해 잘 요약되어 있다. 우리는 하나님을 아는 지식에 대적하여 높아진 주장들과 모든 교만한 장애물을 파괴하고, 모든 생각을 하나님께 순종하도록 사로잡고자 한다.

6. 멜랑히톤의 죽음

루터의 엄격한 추종자들과 멜랑히톤 사이의 여러 신학적인 견해의 차이들이 해결되기 전에, 그는 세상을 떠났다. 임종을 앞둔 며칠 전에 그는 죽음을 두려워하지 않는 이유를 기록하는 데 전념하였다. 그의 왼편에는 "당신은 죄들로부터 구출될 것이며, 신학자들의 악감정과 격노로부터 해방될 것이다"라는 말이 기록되어 있었고, 오른편에는 "당신은 빛으로 갈 것이고, 하나님을 볼 것이며, 그의 아들을 바라볼 것이고, 당신이 이생에서 이해할 수 없었던 그러한 놀라운 신비들을 배울 것이다"라고 기록되어 있었다. 그는 1560년 3월에 라이프치히로 여행하던 중에 심한 감기에 걸려 세상을 떠났다.

삶의 마지막 순간까지 그의 최고의 관심사는 교회의 황폐한 상태였다. 그는 거의 쉬지 않는 기도와 성경 말씀을 계속해서 듣는 것을 통해 자신을 강화시켰다. "자기 백성이 그를 영접지 않았으나, 영접하는 자, 곧 그 이름을 믿는 자에게는 하나님의 자녀가 되는 권세를 주셨느니라"라는 말씀이 특별히 그에게 중요했다. 그의 양자인 카스퍼 포서(Caspar Peucer)가 무엇을 원하는지를 물었을 때, 그는 "천국 외에는 아무 것도 필요하지 않다"고 대답하였다. 그의 시신은 비텐베르크의 성읍교회(Schloß kirche)에서 루터 곁에 안치되었다.

7. 멜랑히톤에 대한 평가

종교개혁에 대한 멜랑히톤의 중요성은 본질적으로 그가 루터의 이념들을 조직화했고, 공적으로 변호했으며, 종교교육의 토대로 삼았다는 것이다. 이 두 사람은 상호간에 보완을 하면서, 종교개혁의 결과들을 조화롭게 성취했다고 말할 수 있다. 멜랑히톤은 루터에 의해 종교개혁을 위해 일하도록 자극을 받았다. 멜랑히톤의 성향으로 보면 교회 개혁에 관심을 가졌음에도 불구하고 그는 학자로 남아 제2의 에라스무스가 되었을 가능성이 높다. 루터가 사람들 가운데서 개혁의 불꽃을 확산시키는 동안에, 멜랑히톤은 인문주의의 연구를 통해 종교개혁에 대한 지식인들과 학자들의 공감대를 얻어냈다. 루터의 강한 믿음과 함께 멜랑히톤의 관용과 평화에 대한 사랑, 다재다능함과 침착함이 종교개혁의 성공에 한 몫을 했다.

양자는 그들의 상호의 위치에 대해 잘 알고 있었고 그들은 이것을 그들의 공통된 소명에 대한 하나님의 필연성으로 생각하였다. 멜랑히톤은 1520년에 "나는 루터와 분리되기보다는 차라리 죽을 것이다"라고 썼으며 후에 루터를 엘리야에 비교하며 성령으로 충만한 사람이라고 불렀다. 루터 생애의 후반기에 그들 사이의 긴장된 관계들에도 불구하고, 멜랑히톤은 루터가 죽었을 때 "세상의 이 마지막 시대에 교회를 다스렸던 이스라엘의 마병과 기병이 죽었도다"라고 부르짖었다.

다른 한 편에서 루터는 멜랑히톤의 갈라디아서 주석 서문에서 그에 대하여 다음과 같이 기록하였다. "나는 폭도들과 마귀들과 싸워야만 했기 때문에 내 책들은 매우 전투적이다. 나는 길을 닦아야만 하는 거친 선구자이다. 그러나 필립 선생은 부드럽고 우아하게 뒤따라오면서, 하나님께서 그에게 재능을 풍성하게 부어주셨기 때문에 씨를 뿌리고 정성스럽게 물을 준다." 루터는 세상을 떠나기 일 년 전에 그 자신의 저술들에 대한 서문에서 멜랑히톤의 수정된 『신학총론』(1543)을 자신의 저술들보다 뛰어나다고 칭찬하면서 그의 가르침을 공평하게 평가하였다. 그는 멜랑히톤을 마귀와 그의 추종자들도 크게 노할 정도로 신학부에서 최고의 업적을 성취한 하나님의 도구라고 불렀다. 에라스무스와 부처같은 사람들을 격렬하게 공격했던 루터가, 진리가 위기에 처했다고 생각했을 때에도 멜랑히톤을 직접적으로 공격하지 않았고, 그의 생애의 마지막 기간의 우울증의 기간에도 그의 기질을 정복하였다는 것은 주목할 만한 일이다.

두 사람 사이의 긴장된 관계는 지위나 명예와 관련된 외적인 일들이 아니라, 주로 그들의 개성의 근본적인 차이로부터 발생하였다. 그들은 개혁자와 인문주의 학자라는 본성적인 차이 때문에 서로서로 배척하면서도 깊은 매력을 느꼈다. 개혁자로서 멜랑히톤은 절제, 성실함, 신중, 그리고 평화에 대한 사랑의 사람으로서의 특성을 가지고 있으나, 이러한 특성들은 때때로 단지 결단력, 끈기, 그리고 용기의 부족으로 언급되었다. 그러나 그의 행동들이 자주 그의 개인적인 안위 때문이 아니라, 공동체의 복지와 교회의 안정된 발전에 대한 염려로부터 발생했다는 것이 드러난다. 멜랑히톤은 루터와 함께 독일의 종교개혁을 완성시키고, 아우크스부르크 신조를 비롯한 여러 신조들의 작성과 『신학총론』의 개정을 통해 루터의 신학을 체계화시키고 독일의 교육을 발전시키는 데 크게 공헌하였다.

더 읽어야 할 책

이은선. 최윤배 역. 멜란히톤과 부처. 두란노서원.
이승구 역. 신학총론(1555년판). 크리스챤다이제스트.
한상진. 종교개혁자의 신앙교육: 루터 멜랑히톤 칼빈. 대한예수교장로회출판부.

제6장

취리히의 종교개혁자 츠빙글리

츠빙글리(Huldlich Zwingli, 1484-1531)

츠빙글리(Huldlich Zwingli, 1484-1531)는 루터와 거의 같은 시기에 태어나 취리히에서 종교개혁을 추진하였다. 루터와 비교해 볼 때 츠빙글리는 인문주의 교육을 받았으며, 개인의 구원보다는 공동체로서의 도시 전체의 개혁에 더 깊은 관심을 기울였다. 그리고 루터와 성찬론 이해에서 정면충돌하여 독자적인 개혁의 길을 걸었고, 루터의 개혁보다는 성경에 입각한 더 철저한 개혁을 주장하여 개혁파의 시조로 평가된다. 그럼에도 불구하고 그는 1531년 카펠 전투에서 사망하여 영향력이 크지 않아 종교개혁의 제3의 인물로 불린다.

1. 츠빙글리의 교육과정과 초기 사역(1484-1518)

츠빙글리는 1484년 1월 1일에 알프스 산맥의 고지대에 위치한 빌트하우스(Wildhaus)의 토겐부르크(Toggenburg) 계곡에서 출생하였다. 이 지역은 스위스 연맹에 속한 세인트 갈(St. Gall) 캔톤에 속하였다. 당시 스위스 연맹은 13개 칸톤으로 이루어져 있었는데, 각 칸톤은 거의 독립된 국가와 같았다. 그의 집안은 농업에 종사했던 것으로 보이는데, 아버지는 이 촌락의 행정 중심자인 서기였던 것으로 보이며 아들의 교육에 큰 관심을 보였던 것으로 보인다. 츠빙글리는 5세 때 삼촌 바돌로뮤(Bartholomew)가 교장으로 있는 베젠(Wesen)에 있는 학교에 입학하여 공부를 시작하였고 10세 때 바젤에서 고레고리 뷘즐리(Gregory Bünzli)에게서 3년간 라틴어, 변증법, 음악을 배웠고 13세 때 베른으로 전학하여 인문주의자인 하인리히 뵈플린(Heinrich Wöflin)의 지도하에 고전과 음악에 대한 사랑을 배웠다. 여기서 도미니크 수도원에 들어갔으나 부모가 반대하여 1498년에 비엔나로 옮겨갔다. 그는 이 학교를 떠났다가 다시 1500년에 복학하여 1500-1502

년 사이에 비엔나의 콘라드 켈티스(Conrad Celtis) 밑에서 고전 문학과 음악 지식을 쌓았다. 그는 1504년에 바젤로 돌아와 학사학위를 받고 1506년 초에 인문학 석사 학위를 마쳤다. 바젤에 있는 동안에 토마스 비텐바흐(Thomas Wyttenbach)의 영향을 받았다. 비텐바흐는 튜빙겐에서 인문학 석사학위를 받았는데 주로 토마스 아퀴나스와 피터 롬바르드의 신학의 전통을 계승하는 실재론의 철학사상을 배운 것으로 보인다. 츠빙글리는 후에 자신의 저술들에서 확실하게 실재론의 입장에 서는데, 비텐바흐의 영향 때문이었다. 그는 1506년 초부터 6개월 동안 신학을 공부하였다. 그는 바젤에서 공부하는 동안에 고대 교부들의 저술들이 많이 출판되는 것을 보면서 인문주의의 열망도 배우게 되었다. 츠빙글리는 공부하는 동안 주로 라틴어와 함께 실재론의 철학적 지식과 인문주의의 열망을 배웠다.

그는 22세 되던 1506년 9월에 콘스탄츠에서 사제로 서품을 받고 글라루스(Glarus)에서 사역을 시작하였다. 그는 사역을 시작할 때까지 별로 신학을 공부하지는 않았다. 그는 이곳에서 사역을 하면서 용병제도와 관련하여 정치에 가담하게 되었다. 당시에 스위스의 중요한 수입원 가운데 하나가 용병제도였다. 스위스 용병은 프랑스, 합스부르그 왕가, 교황을 위하여 싸웠다. 사제였던 츠빙글리는 확실하게 교황의 편에 서게 되었다. 이에 대한 보상으로 교황 율리우스 2세는 그에게 연금을 주었다. 그는 1513년의 노바라 전투를 포함하여 이탈리아에 있는 여러 전투에 종군신부로 참여하였다. 그러나 마리그나노(Marignano) 전투에서 스위스의 결정적인 패배와 함께 글라루스에서 교황보다는 프랑스를 지지하는 분위기가 형성되었다. 교황 지지파인 츠빙글리는 자신이 프랑스를 지지하는 세력의 반대에 봉착하여 어려운 처지에 빠지게 된 것을 알고 1516년에 슈비츠(Schyz) 칸톤의 아이지델른(Einsiedeln)으로 옮겨갔다. 그는 종군신부로 일하면서 용병제도가 부도덕하다는 것을 확신하게 되었다. 그는 이미 1510년에 쓴 『소』(Ox)와 1516년의 『심연』(Labyrinth)과 같은 작품들에서 알레고리와 풍자를 사용하여 용병제도를 공격하였다. 그는 이 시기에 용병에 반대하는 민족주의자가 되었다.

그는 1516년부터 1518년 사이의 2년 동안 아이제델른의 수도원 교회를 담임하여 설교활동에 집중하였다. 츠빙글리는 이 시기에 두 가지 측면에서 내적인 성장을 하였다. 첫째는 1506년부터 1518년에 걸쳐 상당히 많은 기독교 고전과 그리스-로마 고전들을 읽으면서 인문주의 지식에서 성장했을 뿐만 아니라 교부들에 대한 지식에서 성장하였다. 그는 이 시기에 둔스 스코투스가 쓴 롬바르드의 명제집 주석을 포함한 약간의 스콜라주의자들의 책들도 읽었지만 주로 아타나시우스, 아우구스티누스, 대바질, 크리소스토무스, 키프리아누스 등의 교부들의 책을 많이 읽었다. 그는 글라루스에서 1514년경부터 에라스무스의 영향을 받기 시작하여 1516년에 헬라어 성경이 출판되면서 커다란 영향을 받았다. 그는 에라스무스의 격언집을 읽으며 용병제도에 대한 문제점을 인식하는 가운데 에라스무스의 평화주의에 공감하게 되었다. 인문학을 깊이 공부한 츠빙글리는 에라스무스의 학문성과 경건성에 크게 감명을 받았다. 그는 1516년에 헬라어 성경을 구입한 후에 2년 동안 헬라어 성경 연구에 몰두하였다. 이 시기에 츠빙글리는 헬라어 성경을 베끼면서 암송하기까지 하였다. 츠빙글리는 1515-1516년에 바젤을 방문하여 에라스무스를 만났을 가능성이 있으며, 이 시기에 서신왕래를 하였다. 츠빙글리는 후에 에라스무스와 결별하지만, 그래도 츠빙글리에게는 에라스무스 사상의 영향이 깊게 남아 있다. 신앙에서의 외적인 것에 대한 혐오와 성례의 영적 성격의 강조 등은 분명한 영향의 증거들이다. 츠빙글리가 1516년에 헬라어 성경 연구를 시작하면서 교회 개혁의 필요성을 느끼기 시작한 것으로 보아 그의 인생의 첫 번째 전환점은 1516년이었다.

2. 츠빙글리의 취리히에서의 종교개혁활동(1519-1522)

취리히는 1518년 후반에 그로스뮌스터 교회의 시민 사제(people's clergy)를 모집하였는데 츠빙글리가 응모하여 선발되었다. 그가 부임하기 전에 여인과의 성적 관계를 가졌다는 소문이 돌았을 때, 츠빙글리는 자신의 죄를 솔직하게 시인하고 젊음 때문에 범한 실수를 회개한 후에 다시는 그러한 일을 하지 않겠다고 다짐했다고 편지하였다. 취리히 시의 참사회원들은 츠빙글리의 신학적인 능력과 에라스무스의 영향을 받은 인문주의적인 개혁운동에 대한 관심 때문에 그를 초청하였다.

츠빙글리는 시민 사제가 된 후에 1519년 1월 첫 주부터 강단에서 헬라어 성경을 놓고 마태복음 본문에서부터 직접 설교하기 시작하였다. 중세 교회들은 절기에 맞추어 짜놓은 성경 구절들을 편집해 놓은 성구집(lectionary)을 읽는 선택적 읽기(lectio selecta)를 시행하였다. 그러나 츠빙글리는 이러한 성구집을 버리고 마태복음을 연속적인 읽기(lectio continua)를 통해 설교하였다. 이 때 츠빙글리의 관심은 성경의 연속적인 설교를 통한 예수님의 삶과 사역의 해설이었다. 그는 마태복음을 설교한 후에 사도행전, 디모데 서신들을 계속 강해하였다. 이러한 과정을 통해 츠빙글리는 예수님, 바울, 그의 후계자의 사역을 제시할 수 있었다. 그는 1526년까지 신약성경을 설교한 후에 구약을 설교하기 시작하였다. 츠빙글리는 교육학적인 목적을 따라 이러한 방법을 사용하였다. 그는 예수님의 교훈과 사도들의 복음 선포와 도덕적 순결을 가진 초대 교회 회중들의 모델을 취리히 교인들이 따르게 하고자 하였다. 츠빙글리는 에라스무스의 개혁의 모델을 따라 성경말씀을 통한 교회의 개혁을 달성하고자 하였다.

그로스뮌스터 교회

이렇게 에라스무스의 모델을 따라 개혁활동을 하던 츠빙글리는 1522년에 이르면 새로운 사상의 전환기를 맞이한다. 이 시기에 이르면 교황의 권위를 인정하지 않고 성경의 권위만을 인정하는 변화가 나타난다. 츠빙글리 자신은 이러한 변화가 루터의 영향으로 일어난 것이 아니라 자신의 스스로의 연구 결과라고 주장한다. 이러한 츠빙글리의 사상의 전환은 어떻게 일어났을까? 츠빙글리는 1519년 후반기에 흑사병에 걸려 죽음의 고비를 넘겼다. 이러한 실존적인 체험이 그에게 하나님에 대한 새로운 실존적인 이해를 가져다 준 측면이 있었다. 이와 함께 츠빙글리는 이신칭의의 교리를 깨닫는 데서 루터의 영향을 받았을 것이고 로마교회의 부패상들을 깨닫는 데도 자극이 되었다. 그렇지만 1521년 보름스 칙령에서 루터를 이단자로 선포한 후에 츠빙글리는 루터와 일정한 거리를 두어야 했을 것이다. 츠빙글리의 변화에는 이러한 외부적인 영향과 함께 자신의 성경과 초대 교부들의 연구가 중요한 영향을 미쳤을 것이다. 츠빙글리가 계속해서 마태복음을 강해설교하고 있었고, 이와 함께 아우구스티누스의 책들을 읽으면서 에라스무스와 루터와는 다른 견해에 도달했을 가능성이 높다. 그러므로 츠빙글리는 이러한 다양한 요소들의 영향을 받으면서 점진적인 변화과정을 거쳐 1522년에 이르면 이제 에라스무스와 결별하면서도 루터와 구별되는 자신의 일정부분 고유한 개혁의 길을 걷게 되었다.

츠빙글리는 에라스무스적인 경향을 지닌 개혁주의 학자였을 뿐만 아니라 신약과 교부사상을 연구하면서 이미 1519년에 성인숭배를 거부하였고 1520년 후반에는 여러 해 받아왔던 교황이 주는 연금을 포기하였으며, 이자와 십일조의 지급을 비판하였고 수도사들의 생활의 문제점들을 공격하였다. 이렇게 성경적인 근거가 없는 다양한 중세교회의 관습들을 비판하였는데 취리히 종교개혁의 직접적인 도화선은 1522년의 사순절 금식의 문제였다. 츠빙글리의 로마가톨릭과의 분열은 사순절에 고기먹는 것을 허용하는 데서 발단이 되었다. 츠빙글리는 고기먹는 것을 금지하는 교황의 법령은 복음에 의해 선포된 자유를 억압하는 행위라고 보았다. 당시 사순절 기간이 되면 육식을 먹는 것을 금지하는 교황의 법령이 있었는데, 성경적인 근거가 없는 이 법령을 지켜야 하느냐하는 문제가 제기되었다. 1522년 봉재 수요일(Ash Wednesday)에 레오 유드(Leo Jud)를 포함한 유력한 시민들이 츠빙글리의 주장에 따라 소시지를 먹었으나, 츠빙글리는 먹지 않았다. 이 사건이 알려지자 콘스탄스 부주교가 관련자들을 시의회에 고발하여 재판절차가 시작되었다. 츠빙글리는 이 문제와 관련하여 설교를 한 후에 책으로 출판하였다. 책 제목은 『음식의 선택과 자유에 관하여』(Regarding the Choice and the Freedom of Foods)였다. 그는 금식의 문제에 대하여 다양한 의견이 충돌하고 있을 때 성경에 근거하여 올바른 견해를 제시하는 것은 목사의 책임이라고 주장하였다. 성경은 사순절의 금식에 대하여 아무런 언급이 없으므로, 이 규정의 준수 여부는 각자의 자유에 속하는 문제이며, 그러므로 이것을 어기는 사람들을 처벌하는 것은 잘못된 것이다. 기독교인의 자유를 말하는 데서 루터와 츠빙글리의 차이점이 있다. 루터는 믿음으로 구원받기 때문에 우리는 구원받기 위해 율법을 준수해야 한다는 데서 자유롭다고 주장한다. 이에 반해 츠빙글리는 금식규정이 성경에 근거가 없는 인간의 규정이기 때문에 기독교인들은 이 규정에서 자유하다고 말한다. 오히려 츠빙글리는 성경에 정당한 근거가 있는 율법은 지켜야 한다고 보았다. 다시 말해 복음은 율법을 포함한다고 보았다. 구원받은 사람은 율법을 준수하여 하나님의 뜻에 따라 살아야 한다는 것이다.

이 문제 처리에 콘스탄츠 주교가 개입하였고 논의과정에 츠빙글리도 참여할 기회를 가졌다. 시의회는 규정을 어긴 것을 정죄했으나, 잠정적인 결정이라고 규정하였다. 그 후에 츠빙글리는 성인숭배를 비판하여 탁발수도사들과 논쟁이 일어났다. 이 논쟁에 대해 1522년 7월에 시의회는 탁발수도사들에게 성경 말씀에 따라서 설교하도록 지시하였다. 더 나아가 츠빙글리는 주교에게 사제의 독신제 폐지를 요구하였다. 이러한 츠빙글리에 대해 주교는 도시를 불안하게 만들고 교회를 분열시키는 이단이라고 비난하였다. 츠빙글리는 이러한 공격에 대해 『처음과 마지막 변증』(Apologeticus Archeteles)을 출판했는데 성경에 근거하여 자신의 입장을 주장하고 영적 위계질서를 부정하며 주교로부터의 영적인 해방을 부르짖었다. 이에 대해 시의회는 11월에 츠빙글리에게 시민의 사제직의 책임에서 벗어나 설교에만 전념하도록 보장하였다. 뿐만 아니라 시의회는 츠빙글리에게 외텐바흐(Oetenbach)에 있는 도미니크 수도원에서도 설교하도록 요구하였다.

이 때 했던 "하나님의 말씀의 명료성과 확실성에 대하여"(Von Klarheit und Gewissheit doer Wortes Gottes)라는 설교에서 그는 성경의 원리에 대한 그의 원리를 요약적으로 제시하였다. 인간의 본질은 영적이고, 인간은 하나님의 형상이라는 사실과 일치하여 언제나 실질적으로 하나님을 바라보기 때문에, 이 인간론적인 전제로부터 하나님의 말씀의 인식을 위한 출발점이 생겨난다. 이것이 인간이 자신의 이 영적 본질에 전달되는 하나님의 말씀을 이해할 수 있는 이유이다. 하나님의 말씀은 영적이기 때문에 성경 본문이나 설교나 교부들이나 종교회의를 통해서 전달되지 않는다. 하나님 아버지께서 인간에게 성령을 통해서 말씀하신다. 성령을 받기 위하여 사람들은 이러한 영적 연결이 일어난다는 것을 신뢰해야만 한다. 인간의 이성을 내려놓고 성령을 받기 위하여 기도해야 한다. 하나님의 말씀은 영으로서 다른 접촉점이 필요 없다. 그러므로 하나님의 말씀을 올바르게 해석하여 전달하기 위해서는 성령만이 필요하지 교회나 종교회의, 교황이 성경을 해석하는 것이 필요하지 않다는 것이다.

3. 종교개혁 논쟁(1523-1525)

1522년의 이러한 논쟁들의 여파로 십일세 납부의 거부와 금식 규정의 위반이 계속되었고 시의회는 이들을 처벌하였다. 츠빙글리의 개혁적인 설교에 대한 찬반논쟁이 취리히 안에서 뿐만 아니라 스위스 연방에서도 논쟁거리가 되었다. 그래서 시의회는 주도권을 사용하여 이 문제를 해결하기 위하여 1523년 1월 29일에 모임을 열기로 결정하였다. 이 모임에서 츠빙글리는 자신이 지금까지 설교해 온 내용을 67개 조항으로 정리하여 제출하였는데 복음에 대한 설명이었다. 이것은 개혁파의 첫 번째 신앙고백서라는 점에서 의미가 크다고 하겠다. 그는 이 신조에서 제일 먼저 교회의 가르침인 교리가 성경에 따라 개정되어야 한다는 것을 전제한다. 자신은 성경에 토대를 두고 가르쳤으며 잘못된 것이 있다면 성경에 근거하여 고치겠다고 공언한다. 츠빙글리는 첫째 조항에서 "복음이 교회의 확증이 없으면 효력이 없다고 주장하는 모든 사람들은 실수를 저지르는 것이고 하나님을 모독하는 것"이라고 주장하여 교회의 권위를 부정하고 성경에 근거한 복음의 권위를 내세운다. 그는 성경에 근거하여 복음의 의미에 대하여 설명한다. 그는 2항에서 복음의 요약과 실체는 하나님의 참된 아들이신 우리 주 예수 그리스도께서 하늘에 계신 자신의 아버지의 뜻을 우리에게 알게 하시고, 자신의 무죄하심으로 우리를 죽음으로부터 구속하시고, 하나님과 화목케 하셨다는 것이라고 규정한다. 그러므로 그리스도만이 유일한 구원의 길이시며, 하나님과 성도 사이의 유일한 중보자이시다. 그리스도는 교회의 머리이시고 신자들은 그의 몸이다. 따라서 복음을 떠난 인간의 가르침이나 제정은 아무런 효력이 없다. 그러므로 하나님의 말씀인 성경이 우리의 모든 신앙의 최고의 규범인데, 이 성경은 성령의 인도로 이해하게 된다. 다음으로 츠빙글리는 교회의 의식들을 개혁하고자 한다. 교황의 대제사장 직분, 희생으로서의 미사, 성자들의 중보를 요청하는 기도들, 의무적인 금식, 순례, 면죄부 판매 등 중세교회의 가르침을 비판하면서 "모두 함께 성경으로 돌아와서 성경이 심판하도록 하라"고 주장하였다. 18항에서 미사(Mass)는 희생제사가 아니라 그리스도께서 우리에게 행하신 구원의 희생제사에 대한 기억이고 그리스도를 통해 드러내신 구원에 대한 인침과 같다고 설명한다. 츠빙글리는 원래 교회를 변질시킨 것은 중세교회이고 개혁가들은 순수한 초대교회의 모습을 회복하고자 한다는 것이었다. 셋째로 츠빙글리는 교회의 개혁과 함께 정치 체제를 개혁하고자 한다. 츠빙글리는 사제들의 영적인 권한을 부정한다. 중세 때에 사제들이 가졌던 영적인 권한인 재판권을 부인하고, 그러한 권한은 기독교 신앙을 가진 관리들과 세속인들이 가진다고 말한다. 정부는 하나님의 뜻에 맞는 법률을 제정하여 다스려야만 한다. 츠빙글리는 정부와 교회가 협력하여 하나님의 뜻을 실천하는 사회를 건설하고자 하였다. 그러나 이 토론에서 로마가톨릭의 대표인 파브리(Fabri)는 내용을 토론하지 않고 이러한 교회와 관련된 현안 문제에 대한 결정권은 에큐메니칼 종교회의에 있다고 주장하였다. 이에 대해 츠빙글리는 에큐메니칼 종교회의가 아니라 개교회 교인들의 총회가 초대교회의 의미에서 기독교인의 총회요 이러한 회중이 판단할 권리를 가지고 있지 특별한 가르치는 권위를 필요로 하지 않는다고 반박하였다.

이 토론회에서 구체적인 예배 개혁이 결정된 것은 없으나 츠빙글리가 승리하여 시의회는 칸톤 내의 모든 신부들에게 츠빙글리의 가르침을 따르도록 지시하였다. 츠빙글리의 개혁에 대한 설교에 반응하여 이 도시의 농민들이 소작료를 내는 것을 거부하는 상황이 발생하였다. 그래서 츠빙글리는 6월에 "하나님의 정의와 인간의 정의"라는 설교를 통해 하나님의 정의와 인간의 정의의 변증법적 관계를 논하면서 점진적인 개혁을 주장하였다. 하나님의 정의는 하나님의 완전한 사랑의 법이지만 인간의 죄악 때문에 시행되기 어렵다. 그러므로 현실 사회에서는 인간의 정의를 이루는 법률이 질서를 유지한다. 그렇지만 하나님의 정의와 인간의 정의는 일치될 수도 없지만 분리될 수도 없다. 현실 사회에서 인간의 정의를 기준으로 질서를 유지하지만 그러나 하나님의 정의를 이상으로 삼아 개혁을 계속해 나가야 한다. 이러한 측면에서 츠빙글리는 교회와 사회가 손잡고 복음의 말씀을 들으면서 그 이상을 향해 개혁을 계속해야 할 것을 주문하였다. 그는 미사가 희생제사라는 것을 부인하는 이해에 따라 새로운 예배 시행을 위해 8월에 『예배규범』(De canon missae epichiresis)을 제정하였다. 여기서 예배의 커다란 변화를 가져오지는 못했지만 미사가 희생제사라는 언급들을 삭제하였고 미사 전문을 4개의 기도문으로 교체하였다. 그러므로 츠빙글리의 지도 하에 취리히 종교개혁은 예배개혁과 사회개혁, 그리고 신학교육의 개혁과 성경 번역으로 진행되었다.

8월 이후에도 실질적인 예배 개혁이 이루어지지 않는 가운데 일부 과격한 사람들은 미사의 폐지와 성상의 파괴를 주장하고 나섰으므로 츠빙글리는 공개토론회 개최를 요구하였다. 이렇게 양측의 긴장이 고조되어 가는 가운데 800-900명의 성직자와 평신도가 참여한 가운데 1523년 10월 26-28일에 2차 토론회를 개최하여 미사와 성상 문제를 취급하였다. 이 토론회는 양측이 자신들의 입장을 출판하였으며, 350여명의 사제들도 참여할 정도로 큰 관심을 모았다. 개혁을 주장하는 대표자는 츠빙글리였고, 로마가톨릭의 대표자는 루돌프 호프만(Rudolf Hoffman)이었다. 호프만은 1차 토론 때의 파브리의 주장과 비슷하게 시정부가 교회와 관련된 이러한 문제의 결정권을 가지고 있는지 의심스럽다고 하면서 토론에 참여하였다. 첫날에 성상에 대하여 로마가톨릭은 교육적 목적으로 성상을 사용할 수 있고 인간으로서 그리스도는 가시적 형태로 표현될 수 있다고 주장하였다. 이에 대해 츠빙글리는 그리스도의 신성과 인성을 구분하여 그리스도의 신성은 표현될 수 없다고 하면서 반대하였다. 츠빙글리는 미사가 희생제사라는 로마가톨릭의 입장을 반대하였다. 그래서 여기서 후에 재세례파가 되는 일부 사람들은 교회에 관련된 일에 대한 정부의 결정권을 반대하였다. 로마가톨릭은 교회재판권을 주장하며 츠빙글리의 국가결정권을 반대한 반면, 재세례파의 선구자들은 성령께서 결정하신다고 주장하며 국가결정권을 반대하였다. 이 때 슈미트라는 한 목사가 아직 많은 성도들이 성상의 제거나 미사의 폐지를 제대로 이해하지 못하기 때문에 현상을 유지하면서 이 문제를 더욱 자주 설교하여 성도들을 교육하자고 제안하였다. 그와 함께 시골 목회자들이 가르칠 교재를 요구하였다. 그래서 이 토론회 후에 시의회는 이 목사의 제안에 따라 미사를 계속 유지하고 성상은 가져오지도 못하고 가지고 나가지도 못하게 하였다.

그리고 시의회는 츠빙글리를 중심으로 위원회를 조직하여 시민들에게 복음적인 교육을 실시하도록 하면서 신중한 개혁을 추진하려 하였다. 츠빙글리는 복음적인 교육을 위해 『간략한 기독교 입문』(*Eine kurze christliche Einleitung*)을 저술하였다. 이 책은 두 부분으로 되어 있는데 앞부분에서는 죄, 율법, 율법의 폐지, 그리고 복음을 취급하였다. 그는 율법의 폐지에서 교회의 사치가 제거되고, 금식과 면죄부같이 구원을 보장하는 교황의 규정들이 폐지되고 있고, 셋째로 하나님을 신뢰하는 사람은 역시 율법의 처벌로부터 자유롭다고 설명한다. 그러므로 종교개혁은 무익한 실천사항들과 습관들로부터의 해방으로 도입되고, 여기서부터 사회 도덕적 개혁이 시행되어야 한다.

따라서 그는 미사와 성상 사용을 날카롭게 비판하였다.

이러한 교육활동이 진행되어 별소득이 없는 가운데 제3차 토론회가 1524년 1월 29일과 30일에 열렸다. 이 논쟁에 가톨릭 측에서 호프만은 혼자서 성상애호론을 주장하였는데, 교회전통, 교부들, 중세 스콜라 철학자들, 교회법, 교회회의 훈령 등 비성서적인 자료를 제시했으나 츠빙글리는 성경적인 입장에서 승리하였다. 이에 대해 시의회는 미사 폐지는 연기하였고 성상 폐지는 도시와 시골로 시간의 간격을 두어 시행하였다. 6월 15일 시의회는 취리히 교회에서 성상을 완전히 제거하도록 지시하였다. 그리고 성가대의 찬양, 시편을 제외한 회중의 찬송, 오르간 음악, 기타 성경에 의해 명백하게 지지되지 않는 예배 수단을 제거하여 "우리 취리히에서는 교회들이 진정으로 광휘를 발휘하고 있다. 벽들은 순수한 백색으로 빛나고 있다"는 평가를 듣게 되었다.

츠빙글리는 자신의 개혁활동을 사회의 개혁으로 연결시켜 나갔다. 그는 수도원제도를 비판하며 성직자들과 수도사의 결혼을 주장하였다. 츠빙글리는 주교의 반대에도 불구하고 1522년 안나 라인할트 메이어와 비밀리에 결혼하였고, 2년 후에 축하연을 개최하였다. 츠빙글리는 1523년에 이자를 받는 것에 대하여 5% 이내에서 받도록 하였고, 십일세 폐지를 요구하는 농민들의 요구에 대하여 폐지하는 대신에 매년의 작황에 따라 새롭게 조정하도록 하였다. 이러한 조정이 이루어지지 않아 1525년에 농민들의 폭동이 일어났으나 무력을 사용하지 않고 대화를 통하여 해결하였다. 그는 수도원을 폐지하여 수도원의 재산을 병원과 학교를 위하여 사용하였고 가난한 자를 보호하는 사회구제가 시행되도록 하였다.

그는 1525년에 『청소년 교육론』(On the Education of Youth)을

저술하여 청소년들에게 기독교 인문주의 교육을 하려는 이상을 실현하고자 하였다. 그는 이 책에서 교육의 토대는 성경이 되어야 하고, 성경을 토대로 신앙을 심어주고, 그 신앙 위에서 의, 거룩, 그리고 절제의 성화의 삶을 살도록 가르칠 것을 주장하였다. 에라스무스의 인문주의 사상이 그의 개혁활동의 초기에 분명하게 나타났으나 그 이후에도 일정 부분 유지되고 있다. 그는 인문주의의 원리에 따라 '근원으로 돌아가라'(ad fontes)의 원리를 주장하였다. 성경으로부터 그리스도에 관한 지식을 찾아야 한다. 에라스무스가 부르짖은 "복음적 단순"과 계시의존은 츠빙글리의 저술에 반복적으로 나타나는 주제이다. 그는 인문주의자들과 같이 '선한 학문'을 기독교와 동일시하였다.

그는 1525년 3월에 프랑스의 국왕 프란시스 1세에게 헌정된『참된 종교와 거짓 종교에 대한 주석』(*Commentary on the True and False Religion*)을 저술하여 종교개혁의 신학을 설명하였다. 멜랑히톤이 1521년에『신학총론』을 저술하여 루터파의 신학을 최초로 설명했는데, 츠빙글리의 이 책은 개혁파의 첫 번째 조직신학 책이라고 할 수 있다. 이 책은 1524년 봄에 취리히에 왔던 파렐을 비롯한 여러 프랑스의 개혁자들이 츠빙글리에게 종교개혁의 신학을 설명해 줄 것을 요구하여 저술하게 되었다. 이 책의 서문에서 프랑스 국왕 프랑소와 1세에게 보내는 편지를 써서 종교개혁을 변호하고 있다. 그가 프랑소와 1세에게 서문을 쓴 것은 그가 가장 기독교적인 왕이라고 불리고 있었으므로 이것을 읽고 성경에 근거한 참된 종교를 선택해 달라고 호소하려는 목적 때문이었다.

제목에 주석(commentary)이란 용어를 쓴 것은 편지와 같이 친구들에게 의사소통을 하는 수단이란 의미에서 사용하였다. 종교라는 용어는 "기독교인들의 전체 경건을 포용한다는 그러한 의미"로 해석하여 사용했으며, 여기에 "신앙, 생명, 율법, 예배, 성례"를 포함시킨다. 참된 종교는 개신교도들이 성경 말씀에서 이끌어낸 것을 의미하고 거짓 종교는 미신과 이성과 전통에서 끌어낸 로마 가톨릭의 신앙형태를 의미한다. 그는 이 책을 구성하는 주제들을 29개로 구분한다. 그는 비교에 의해 실상이 더 분명하게 드러나기 때문에 참된 종교와 거짓된 종교를 대조하여 설명한다고 말하면서 앞부분인 1부의 11개 주제에서 종교의 본질인 개신교의 교리를 설명하고 2부인 후반의 18개 주제에서 로마가톨릭의 잘못된 것들을 집중적으로 비판한다.

   그는 앞의 11개의 주제에서 먼저 종교라는 단어의 의미를 설명하는데, 종교는 신을 예배하는 것과 관련된 모든 것들을 심사숙고하는 것이다. 그런데 종교는 하나님과 인간의 두 요소로 구성되어 있으므로, 먼저 하나님과 인간을 설명한다. 종교는 하나님과 인간을 올바로 아는 것이므로 올바른 종교는 성경에 기초해야 한다. 하나님은 출애굽기 3장 14절에서 말씀하시는 바와 같이 자존자이시며 참된 한 분 하나님이신데 하나님께서 우리에게 가르쳐 주실 때에만 우리는 그 분을 알 수 있다. 인간은 타락하여 범죄한 상태에 있다. 인간이 범죄하여 하나님을 떠나 있을 때 하나님께서 먼저 아담을 부르시고 인간이 응답하면서 서로 관계를 맺는 종교가 시작된다. 그러므로 종교는 하나님의 주도권과 인간의 하나님의 은혜에 대한 반응의 두 요소로 구성되어 있다. 이러한 종교를 그리스도와 관련시키면서 츠빙글리는 기독교의 종교를 논의한다. 그리스도는 하나님의 은혜의 확실성이자 담보이다. 하나님의 은혜의 확신의 근거는 그리스도의 우리의 죄에 대한 대속이다. 그리스도의 구속의 결과는 복음인데, 이 복음은 그리스도의 이름 안에서 죄들이 용서되었다는 기쁜 소식이다. 이 복음의 기쁜 소식은 우리의 삶을 회개로 이끌어간다. 이 회개는 하나님의 은혜 가운데 선행의 열매를 맺는 것이다. 그리고 하나님의 영원한 뜻이 율법과 그것을 어기는 것인 죄에 대해 설명하며 전반부를 마무리한다.

그는 후반부에서 열쇠, 교회의 행정과 치리, 성례의 의미와 집례, 결혼, 수도원 서약, 성인들에 대한 간구, 기도, 연옥, 관리들, 성상들과 성화에 대하여 논의하면서 로마가톨릭이 성경에 근거하지 않고 이성과 전통에 근거하여 어떻게 타락했는지를 설명한다. 열쇠의 권한에 대해 사제들이 성도들의 죄를 용서하는 지배권이 아니라, 하나님의 말씀이 선포될 때 성령께서 그 마음을 조명하여 마음이 구속의 진리를 깨달아 죄에서 벗어나 자유함을 얻는 것을 말한다. 그러므로 열쇠권은 사제들의 성도들에 대한 지배권이 아니라 성령께서 복음을 도구로 사용하여 사람들의 양심에 죄로부터 자유를 주는 권세이다. 츠빙글리의 이 책은 프랑스와 남부 독일의 여러 지역에 공급되어 그의 개혁사상이 확산되는 주요한 통로가 되었다.

4. 츠빙글리의 신학교육의 개혁

츠빙글리는 취리히에서 종교개혁을 전개하면서 동시에 그에 부합하는 인재들을 육성하는 신학교육의 개혁을 시행하였다. 루터도 비텐베르크에서 종교개혁을 추진하면서 1518년부터 비텐베르크의 커리큘럼을 개혁하여 종교개혁의 신학사상을 교육하였다. 개혁을 추진하는 사역에서 가장 중요한 활동 가운데 하나가 바로 그 개혁을 지속적으로 계승해 나갈 인재들을 육성하는 것이다. 루터는 자신이 신학대학 교수로서 종교개혁을 추진하였으므로 비텐베르크 대학을 개편하여 그러한 인재들을 육성할 수 있었다. 그러나 취리히에는 당시에 대학교가 존재하지 않았고, 츠빙글리는 그로스뮌스터 교회의 주임사제였으므로 개혁작업에 필요한 인재들을 육성할 새로운 교육제도가 필요하였다.

츠빙글리는 그러한 인재들을 육성하기 위하여 1523년 9월에 그로스뮌스터 교회의 제단을 교실형태로 바꾸었고, 이것을 점차로 발전시켜 1525년 6월에 예언학교(Prophezei)를 정식으로 개교하였다. 이 학교의 이름은 고린도전서 14장을 바탕으로 지은 것이다. 츠빙글리는 예언을 하나님의 말씀을 선포하는 것으로 이해하였고, 그래서 예언학교를 하나님의 말씀을 선포하는 사역자들을 육성하는 학교로 설립하였다. 이 학교에는 월요일부터 목요일까지 수업을 진행하였는데, 취리히의 성직자들과 관심 있는 평신도들이 참여하였다. 이 학교는 성경을 읽고 해석하기 위해 고전어인 헬라어와 히브리어를 가르쳤고 성경주석을 가르쳤다. 이 학교에서 인문주의 교육방식으로 고전연구와 인격훈련, 그리고 성경 주석과 그에 바탕을 둔 설교를 진행하여 훌륭한 인격과 함께 지적인 능력과 설교 능력을 갖춘 목회자와 시를 위한 관리들을 육성하고자 하였다. 말씀을 주석하여 설교하는 과정에서 성령의 역사는 중요한 요소였다. 츠빙글리는 성경의 기록이 성령의 역사를 통하여 살아있는 하나님의 말씀이 된다고 믿었다. 그러므로 이 교육은 성령의 역사를 간구하는 기도와 함께 시작되었다. 이러한 교육의 과정에서 그로스뮌스터 교회에는 1526년 9월에 제단이 사라지고 설교단이 설치되어 말씀중심의 개혁주의 예배가 확실하게 자리잡게 되었다. 이러한 신학교육과 설교의 변화는 궁극적으로 하나님의 말씀을 독일어로 번역하여 당시의 삶에 적용하려는 노력이었다. 츠빙글리의 예언학교의 설립의 목적은 성경말씀의 깊은 주석에 토대를 둔 사람들의 마음을 변화시키는 설교를 통하여 취리히 시민들의 삶을 변화시키려는 것이었다. 이러한 과정에서 1531년부터 독일어로 완역된 신구약성경이 "취리히 성경"의 이름으로 출판되었고, 성경주석이 출판되었다.

5. 교회와 국가의 동시적인 개혁 추진

츠빙글리는 취리히에서 개혁을 추진하면서 교회 개혁과 함께 도시 공동체의 개혁에 관심을 기울였다. 루터가 은혜로운 하나님을 발견하고, 개인의 구원의 확신의 문제와 씨름한 반면에, 츠빙글리는 처음부터 교회와 국가의 개혁을 함께 생각하였다. 루터는 국가 권력의 후원 속에서 교회의 개혁을 추진한 반면에, 츠빙글리는 시의회와 손잡고 교회와 도시공동체의 개혁을 함께 추진하였다. 츠빙글리에게 있어서 교회와 국가는 분리된 두 개의 공동체가 아니라, 하나님의 주권 아래 있는 하나의 동일한 공동체이다. 목회자와 국가의 관리는 이 하나의 공동체에서 동등하게 하나님의 종이다. 목회자와 관리는 다른 역할을 하지만, 그들은 분리되어 사역을 하지 않는다. 목회자가 말씀을 선포하는 역할을 하지만, 이것은 교회만을 위한 사역이 아니라 동시에 국가를 위한 사역이며, 관리의 칼은 공권력을 위한 칼일 뿐만 아니라 복음을 보호하는 칼이기도 하다. 츠빙글리는 복음을 통하여 기독교신앙에 토대를 둔 기독교국가를 건설하기를 소망하였다. 츠빙글리에게는 국가의 법과 기독교의 법이 상호연결되어 있었다. 국가의 법이 가능한 한 성경의 법을 구현하도록 제정되어야 한다.

츠빙글리는 하나님의 의와 인간의 의가 상호 연관되어야 한다고 보았으므로 하나님의 사역자들은 하나님의 말씀을 통하여 지속적으로 하나님의 의를 제시하여야 하고, 관리들은 목회자들과 협력하여 그의가 이루어지도록 노력해야 한다. 다른 곳보다 취리히 교회와 시공동체는 연합된 통치의 기초로 성경원리를 수용한 관리들에 의해 통치되는 나누어질 수 없는 하나의 몸이었다. 취리히는 1525년에 결혼법정을 설치하여 엄격한 도덕적 법전을 시행하여 도시를 거룩한 공동체로 만들고자 하였다. 이 결혼법정은 몇 가지 점에서 칼빈의 장로법원(consistoire)를 예기하였다.

관리들이 하나님의 말씀에 순종하여 개혁을 해야 하는데 오히려 전제정치를 해서 백성들을 고통스럽게 할 경우에 대해 츠빙글리는 두 가지의 제동장치를 제시하고 있다. 첫째는 전제적인 관리를 자리에서 내쫓는 것이다. 대중적인 반란이나 저항에 강력하게 반대하는 조언을 하면서도 사악한 통치자는 지속적으로 전체 국민에 의해 추방될 수 있다고 인정하였다. 둘째로 목사들의 신실한 권면에 의해 제지된다. 목사는 예언자이자 파수꾼이다. 그는 1526년 이후 구약을 설교하면서 예언자의 역할을 떠맡았다. 목사가 예언서를 읽는다면, 그는 이 세상의 악한 것들과 강력(힘)들과의 영원한 싸움을 발견할 것이다. 예언자적 소명으로 그는 취리히와 제국의 복잡한 정치에 연관되었고 카펠전투에서 비극적인 운명을 맞이하였다.

그는 국민의 정치적인 방향을 지도하는 데 관심을 가졌던 종교적인 정치가로 볼 수 있으나, 더 중요한 것은 공동체에 대한 이상, 가난하고 주변적인 사람들에 대한 관심을 가지고 있었던 인물이란 점이다. 성상숭배논쟁에서 츠빙글리의 주요 관심사 가운데 하나는 인간에게 아무 유익을 주지 못하는 성상을 만드는 데 돈을 쓰지 말고 하나님의 형상인 인간에게 물질을 쓰는 것이 중요하다는 것이었다. 그는 부자들이 교회에 많은 기부금을 내서 연옥에서의 기간을 단축하려고 개인미사를 드리는데 오히려 그 돈을 자선기금으로 전환하라고 촉구하였다. 그는 자본주의의 폐해, 특별히 독과점을 비판했다. 교회와 국가(사회)는 영혼과 육체와 같이 구별되지만 필연적으로 연결되어 있고 상호의존적이다. 그는 중세 성직자의 우위권을 비판하고 성직자는 오히려 관리들에게 복종해야 한다고 하였다. 츠빙글리는 하나님의 말씀에 의지하여 관리와 목사를 포용하는 개혁의 비전과, 성스러운 것과 세속적인 것의 평등화(수평화)를 요구하였다. 츠빙글리는 하나님의 말씀을 기준으로 교회와 국가를 목사와 관리들의 협력하에 동시적으로 개혁하고자 하였고, 그러한 의미에서 그는 그리스도의 나라는 내면적인 마음에만 있는 것이 아니라 외적으로 드러나서 사회제도에서도 구현되어야 한다고 보았다.

6. 츠빙글리의 예배개혁

츠빙글리는 예배 개혁에서 루터보다 훨씬 더 급진적인 개혁을 시행하였다. 첫째로 그의 급진적인 개혁은 성상이나 성인숭배 사상에서 훨씬 더 과격하였다. 이러한 성상파괴의 급진성은 두 가지 배경에서 살펴볼 수 있다. 첫째는 그의 철학사상이 실재론이었다는 것이다. 그의 실재론은 온건실재론보다 오히려 과격실재론이었다. 중세의 토마스 아퀴나스는 과격실재론과 유명론 사이의 중도적 입장인 온건실재론을 주장하였다. 온건실재론이란 보편실재가 개체에 반영되어 있다는 사상이다. 그러나 중세 말기의 사상은 유명론으로 기울어졌다. 유명론은 보편개념은 실재가 없고 개체들의 특성을 추상화시킨 것이므로 개념만이 존재한다는 것이다. 이러한 사상들과 반대로 과격실재론은 보편실재가 먼저 존재하고 그 실재에 의해 개체가 존재한다는 것이다. 이러한 과격실재론에 따르면 개체들이 보편실재의 모상들이므로, 이 개체들을 섬기는 것은 우상숭배가 된다. 유명론자인 루터에게 성상은 크게 중요하지 않았으나 실재론자인 츠빙글리에게 성상은 실재의 모상으로서 우상숭배라고 보았다. 그러므로 그는 성상을 철저하게 배격하였다.

이러한 성상 파괴의 배경에는 십계명에 대한 새로운 이해가 자리잡고 있다. 중세 로마가톨릭과 루터까지는 십계명은 하나님에 관한 계명이 3개이고, 사람에 관한 계명이 7개였다. 츠빙글리 이전까지는 제2계명을 독립된 계명으로 보지 않고 1계명에 부속된 계명으로 보았다. 그러나 츠빙글리는 제2계명을 독립시켜 하나님에 관한 계명을 4개로, 사람에 관한 계명을 6개로 만들었다. 제2계명은 나 이외에 다른 신을 만들지 말라는 것이고 이것이 우상을 제작하는 것을 금지하게 만들었다. 그러므로 츠빙글리는 성상숭배를 2계명에 위반되는 것으로 보고 철저하게 금지시켰다. 그와 함께 예수 그리스도만이 하나님과 우리 사이의 유일한 참된 중보자이시므로, 성인숭배도 철저하게 배격하였다.

츠빙글리는 성상폐지에 대해 지속적인 논의를 전개하였다. 취리히에서 종교개혁이 진행되는 동안 가장 핵심적인 논쟁점은 성상과 미사였고, 그는 성상과 미사에 대해 지속적인 논의를 전개한다. 그는 1523년 7월에 67개 조항의 해설인 『최종연설의 해석과 이유』(*Auslegen und Gründe der Schluß reden*)에서 성상을 우상으로 정죄하였고, 11월에 『간략한 기독교 입문』에서 성상은 숭배로 이어질 수 있기 때문에 하나님에 의해 금지되었다고 주장한다. 12월에 츠빙글리는 다시 『미사와 성화상에 관한 충고』(*Ratschläge betreffend Messe und Bilder*)에서 판화 성상들은 즉시 제거되고, 성상 행진은 중단되어야 하며, 성상을 철폐하는 것은 기증자나 교회공동체의 다수의 결정에 의해서 일어나야지 난폭한 방식으로 일어나서는 안 된다고 지적하였다. 이러한 논의를 거쳐 마침내 시의회가 1524년 6월 15일에 성화철폐에 전적으로 동의하여 이후 취리히에는 대대적인 성상에 대한 철거와 파괴와 소각이 있었다. 이후에도 성상파괴에 대한 논란이 계속되어 1524년 말-25년 초에 츠빙글리는 『이팅어 사건에 대한 평가』(Gutachten im Ittinger Handel)에서 성상은 교리적으로 이렇게 해도 좋고 저렇게 해도 좋은 아디아포라(Adiaphora)가 아니라고 주장하였고, 1525년 3월 『참된 종교와 거짓된 종교』에서 그리스도는 그의 신적인 본성에 따라 모사되어질 수 없으며, 그의 인성 자체는 경배되어질 수 없다고 하였다. 그럼으로 십자가에 달린 예수의 상(Kruzifix)도 허용해서는 안 된다고 주장한다. 그는 1525년 4월 『발렌틴 콤파에 대한 답변』(Eine Antwort, Valentin Compar gegeben)에서도 루터와 달리 무엇보다 사람들의 마음속에 있는 우상을 떼어 내어야 하기 때문에 외적인 우상을 제거하지 않으면 안 된다고 주장하였다. 그는 성상 앞에서 몸을 구부리는 것은 우상숭배와 다를 바 없다고 보기 때문에 제거해야 한다고 하였다. 츠빙글리는 성상이 교육적 목적으로 사용되는 것도 허용하지 않았고, 특히 성상이 궁극적으로 우상숭배로 연결된다고 보아 강력하게 반대하였다.

츠빙글리는 예배에서 음악의 사용을 폐지하였다. 츠빙글리는 1525년부터 예배에서 음악의 사용을 폐지하였다. 그가 음악의 사용을 폐지한 이유는 에베소서 5장 19절에서 "시와 찬미와 신령한 노래들로 서로 화답하며 너희 마음으로 주께 노래하며 찬송하며"라는 구절에서 찬양은 마음으로 하는 것이라 해석하여 목소리로 하는 찬양을 금지하였다. 츠빙글리는 중세 찬양이 악기를 사용하여 지나치게 화려하고 인간의 기교를 자랑하면서 하나님을 예배하는 것에서 타락하였다고 이해하여 악기의 사용을 금지하였다. 그리고 츠빙글리는 성경에 명백한 근거가 있는 것만을 예배에서 시행하고자 하였다.

츠빙글리의 예배의 실질적인 개혁은 1525년에 미사의 폐지와 함께 시작되었다. 츠빙글리가 예배개혁에서 가장 심혈을 기울인 것은 미사의 폐지였다. 루터도 미사를 개혁하였지만, 그는 성경의 내용에 완전히 배치되는 것만을 소극적으로 개혁하였고 가능한 한 중세의 것을 보존하였다. 그러나 츠빙글리에게 있어서 미사는 빵과 포도주가 그리스도의 몸과 피로 변한다는 화체설을 주장하여 물질을 신으로 섬기는 우상숭배였다. 그러므로 그는 이 미사를 완전히 폐지하고자 하였다. 그러나 중세 예배의 핵심이 미사였으므로, 일반 성도들이 미사가 우상숭배라는 것을 이해하여 그것을 폐지하는 것에 동조할 때까지 교육을 하면서 기다리는 것이 필요하였다. 그래서 1524년 1월의 3차 토론회에서 성상의 폐지를 결정했으나 미사의 폐지는 또 유보하여 1년을 넘게 교육하며 기다렸다. 이러한 오랜 교육과 노력 후인 1525년 4월 11일 부활절에 미사를 폐지하고 성찬식을 거행하게 되었다. 이 때 그가 제정한 예전이 『최후의 만찬 풍습과 행위』(*Action oder bruch des nachtmals, gedechtnus oder dancksagung Christsi, wie sy uff osteren zu Zürich angehebt wirt im jar, als man zalt*)이다. 부활절을 기념하여 성찬식을 거행했는데 성도들이 예수님의 제자들과 같이 자리에 앉아 있으면 성찬위원들이 빵과 포도주를 나누어 주었다. 이 때부터 성찬식을 일 년에 네 번(부활절, 성령강림절, 추수기, 성탄절) 시행하게 되었다. 성찬식에서 츠빙글리는 성찬이 그리스도의 십자가의 고난과 부활에 대한 회상이라는 것을 강조한다.

이러한 성찬식의 거행은 궁극적으로 예배의 중심이 초대부터 중세까지의 성찬중심에서 설교중심으로 이동한다는 것을 나타낸다. 이러한 설교중심의 예전은 말씀의 의미를 새롭게 재발견했기 때문에 가능하게 된 것이었다. 이러한 설교중심 예배 순서는 미사의 폐지와 함께 시행된 것으로 보인다. 설교중심 예배 순서는 1525년과 1535년 취리히 교회에서 나타난다. 그 예배순서를 잘 보여주는 것은 불링거가 1535년에 편집한 『취리히 교회의 풍습과 기독교 규범』(Christennlich ordnung vnd bruch kilchen Zürich)이다. 이것은 중세부터 있어 왔던 설교중심 예배를 확대시킨 것이다. 이와 같이 츠빙글리는 1525년에 예배개혁을 단행하면서 예배역사에서 미사폐지, 예배음악의 폐지, 설교중심 예배 설립의 변화를 가져왔다.

이러한 츠빙글리의 예배 개혁에는 그의 세례와 성찬에 대한 새로운 신학적인 이해가 자리잡고 있으며, 그 새로운 신학적인 이해는 취리히 내부에서는 재세례파와의 격렬한 논쟁을 야기시켰고, 외부에서는 루터와의 격렬한 논쟁을 일으켜 궁극적으로 개혁파와 루터파의 분열을 가져왔다. 그러면 츠빙글리의 신학에서 그의 세례와 성찬 이해는 어떤 특성을 가지고 있는지 살펴보자. 츠빙글리는 자신의 신학을 수립하면서 하나님 중심의 신학을 수립하고자 하였고, 하나님 중심의 신학을 수립하는 데서 가장 중요한 점은 하나님과 피조물 사이의 차이를 성경적으로 확립하는 것이었다. 하나님을 하나님 되게 하려는 츠빙글리의 신학은 로마가톨릭과 루터의 신학과 예배에서 인간적인 잔재라고 여겨지는 것을 완전히 제거하도록 이끌었다. 츠빙글리의 하나님 중심주의 신학은 바로 그의 기독론 이해와 밀접하게 연결되어 있다. 그리스도는 신성과 인성이 한 인격을 이루고 있으나, 신성과 인성은 분리할 수 없고 엄격하게 구분되어 상호교류하지 않는다.

우리의 구원은 그리스도의 구원사역이 성령을 통해 우리에게 역사할 때 일어난다. 츠빙글리에게서 구원사역은 성령을 통해 일어나고 우리가 믿음으로 이것을 수용할 때 구원을 받는다. 이렇게 구원의 적용에서 성령의 역사와 우리의 믿음만이 강조되면서 그는 성례를 상징으로 이해하게 된다. 세례의 물은 우리의 죄를 씻는 능력이 없고, 다만 그리스도의 보혈이 우리의 피를 씻는 것을 상징으로 보여준다.

　세례를 상징적으로 이해하면서 재세례파에 속한 사람들은 믿음으로만 구원을 받는다면 어린이들에게 믿음이 없는데 유아세례를 시행해서는 안 된다고 주장하였다. 이들은 1525년 1월에 콘라드 그레벨을 중심으로 유아세례를 거부하고 츠빙글리를 반대하는 세력을 형성하였다. 시의회는 이들의 행동을 사회질서에 대한 직접적인 위협으로 보고 범법자는 추방하고 재세례파는 익살형에 처할 것이라고 경고하였다.

　이러한 상황에서 츠빙글리는 재세례파, 그리고 로마가톨릭과 루터파의 세례관과 싸워야 했다. 츠빙글리는 로마가톨릭이 주장하는 세례가 원죄의 죄책을 제거한다는 주장을 부인하였다. 또한 중생은 십자가 위에서 그리스도의 대속하는 죽음에 의해서 단번에 성취되었기 때문에 세례는 중생의 도구적 원인이 될 수 없다고 보았다. 츠빙글리는 성령에 의해 은혜가 직접적으로 분배되어, 성령세례가 개인들이 신적인 구원의 궤도로 들어가는 수단이라고 주장했다. 세례는 은혜의 수단이 아니지만, 하나님의 선행하는 행동과 말씀에 대한 반응으로 이루어지는 인간의 행동이다. 그러므로 세례는 교회에 들어가면서 우리의 신앙을 공적으로 표현하는 입회식이다.

　신앙이 있어야 세례를 받을 수 있다면, 유아세례는 실시하지 말아야 한다는 재세례파의 주장에 대해서는 구약과 신약의 연속성의 근거에서 실시해야 한다고 반박하였다. 하나님께서 아브라함과 계약을 맺으시고, 그 자녀들까지 언약의 징표로 할례를 받으라고 명령하셨다.

따라서 신약의 새언약에서 세례는 할례의 연속이므로, 동일하게 어린 아이들에게도 시행해야만 한다는 것이다.

츠빙글리는 세례를 둘러싸고 재세례파와 치열하게 논쟁했을 뿐만 아니라 성찬을 둘러싸고 로마가톨릭과 함께 특히 루터와 치열하게 논쟁하였다. 츠빙글리는 이미 67개 조항에서 미사가 희생제사가 아니라는 것을 강조하여 로마가톨릭의 화체설을 부인하였고, 미사는 그리스도의 희생제사에 대한 기억이라고 하여 성찬에 그리스도의 몸과 피가 실질적으로 임재한다는 실질적인 임재설도 부인하였다. 성찬은 주님께서 제자들에게 같은 신앙을 가지고 서로 교제하여 한 몸이 되라고 주신 예전이다. 그런데 종교개혁 과정에서 이 성찬에 대한 이해 때문에 개혁자들끼리 분열해야만 했다는 것은 역사적으로 가장 큰 아이러니이다.

루터와 츠빙글리는 중세의 희생제사로서의 미사를 개혁하고자 하는 점에서는 의견이 일치하였다. 그리고 성찬을 거행할 때 자국어를 사용하여 참여자들에게 성찬의 의미를 이해시키고자 하였다. 성찬의 거행에서 말씀의 중요성을 강조하였다. 성찬은 의식 자체가 중요한 것이 아니라, 말씀의 의미를 의식이 나타내기 때문에 중요하므로, 반드시 성찬과 관련된 말씀이 선포되어야 한다. 그와 동시에 성찬에서 빵과 포도주가 그리스도의 몸과 피로 변한다는 화체설의 설명을 거부하였다.

그러나 루터와 츠빙글리는 성찬에 그리스도의 살과 피가 임재하는 방식을 둘러싸고 이해를 완전히 달리 하였다. 가장 중요한 차이는 예수님께서 빵을 들고 하신 "이것이 내 몸이다"라는 말에서 "이다"라는 말의 의미를 어떻게 해석할 것인가? 하는 것이다. 루터는 "이다"라는 말을 문자적으로 해석하였다. 빵과 포도주가 그리스도의 몸과 피이므로, 빵과 포도주에 그리스도의 몸과 피가 임해야 한다는 것이다. 그러나 츠빙글리는 예수님이 살아 계신 동안에 빵과 포도주를 들고 "이것이 내 몸이다"라고 말씀하셨으므로 "이다"라는 말을 상징한다고 해석하였다. 그러므로 츠빙글리는 빵과 포도주는 예수님의 몸과 피를 상징할 뿐 그곳에 그리스도의 몸과 피가 임재하는 것을 반대하였다. 더구나 그리스도의 몸은 부활하신 후에 승천하셔서 하나님의 우편에 계시므로, 그의 몸이 성찬의 장소에 올 수 없다고 주장하였다. 따라서 츠빙글리는 "이것을 행하여 나를 기념하라"는 말씀을 강조하여 성찬은 그리스도의 십자가의 고난과 죽으심을 기념하는 것이고, 빵과 포도주는 그리스도의 몸과 피를 상징하는 것이라고 주장하였다. 그리고 성찬에 참여하는 것은 우리를 위해 고난 받으시면서 구원해 주신 주님에 대한 충성을 맹세하는 것으로 해석하였다. 루터와 츠빙글리 사이에는 성찬에 대한 견해의 차이로 그 이전에도 충돌이 있었으나, 이것이 가장 분명하게 드러난 사건이 1529년의 마르부르그 회의였다.

1529년에 이르러 프랑스와 합스부르그 왕가 사이에 전쟁이 끝나고 평화의 타협이 이루어지자 신성로마제국의 찰스 5세는 루터파에게 로마가톨릭에게 굴복하도록 압력을 가하였다. 이러한 상황에서 종교개혁을 추구하던 루터와 츠빙글리의 동맹의 필요성이 제기되어, 1529년 10월 마르부르그 회담을 개최하였다. 루터와 멜랑히톤, 그리고 츠빙글리, 외콜람파디우스, 부처 등이 회동하였다. 이들은 15개의 신앙고백의 항목가운데 14개에서 의견의 일치를 보았으나, 성찬에 대한 견해 차이를 좁히지 못하여 회담은 결렬되었고, 루터파와 츠빙글리파의 연합은 불가능해졌다. 이 회담에서도 위의 주장들이 되풀이 되었다.

루터는 "이것이 내 몸이다"라는 구절을 강조하며 그리스도의 살과 피의 임재를 주장하였다. 반면에 츠빙글리는 "살리는 것은 영이니 육은 무익하니라"(요6:63)는 말씀을 강조하며, 성령에 의한 구원의 직접적인 분배를 강조하고 외적인 예식을 경시하였다. "육은 무익하다"는 표현에서 츠빙글리는 그리스도의 몸을 먹는다는 해석은 불가능하다고 보았고 루터의 문자주의적인 해석을 비난하였다. 몸을 조잡스럽고 물질적인 방법이 아니라 신비적 방법으로 먹는 것이다. 루터는 물질적으로 먹어야 한다고 강조하였다. 마지막으로 츠빙글리는 당신은 육체를 먹는다고 주장하나 우리는 부정하므로 둘 중의 하나는 잘못된 것임에 틀림없다고 주장하였다. 루터도 한 쪽은 악마이자 하나님의 원수임에 틀림없고 중간지대는 없다고 하였다. 결국 이 회담에서 루터와 츠빙글리가 분열하였고 루터파와 개혁파는 독자적인 세력을 형성하게 되었다.

7. 츠빙글리 종교개혁의 스위스 연방의 확산과 카펠 전투

츠빙글리는 취리히에서 재세례파들과 논쟁을 한 후에 1525년 말부터는 이들을 탄압하기 시작하였다. 그는 재세례파의 잘못된 세례관을 비판하기 위하여 1525년에 세례론(On Baptism)을 저술하였고 전체적으로 재세례파의 잘못을 지적하기 위하여 1527년에 『제세례파의 속임수』(Tricks of Catabaptists)를 저술하였다. 재세례파는 유아세례의 부정, 십일세의 폐지, 교회와 국가의 분리, 자유로운 교회제도, 맹세 금지, 군대제도 반대 등을 주장하였다. 츠빙글리는 이러한 재세례파의 주장들은 당시 취리히 시의 근본질서를 무너뜨릴 위험성이 있다고 보고 이들을 추방하거나 익살형에 처하였다.

츠빙글리는 종교개혁을 주변의 스위스 연방으로 확산하려고 노력하였다. 베른은 루터의 영향을 받은 베르크홀트 할러(Berchthhold Haller)가 1519년 이후 설교와 교육을 담당하였으며 1528년에 츠빙글리, 외콜람파디우스, 카피토, 부처 등이 19일간의 공개 토론 후에 종교개혁에 가담하였다. 바젤은 인문주의가 강한 곳이었고 1521년 이후 에라스무스가 거주하였으며 개혁자 외콜람파디우스가 개혁활동을 전개하였다. 그는 고전학 지망생이었다가 성경을 공부하고 에라스무스적인 개혁자가 되었으나 멜랑히톤과 츠빙글리의 영향을 받아 종교개혁가로 변신하였다. 그는 비텐베르그와 취리히 양쪽의 영향을 다 받았으며 1529년에 바젤이 츠빙글리식 개혁을 하도록 하는 데 성공하였다.

세인트 갈(Saint Gall)에서는 인문주의자였던 바디아누스가 개혁을 지도하였는데 츠빙글리의 영향을 받았다. 츠빙글리주의는 스위스의 샤프하우젠, 콘스탄스, 멤밍겐과 남부 독일로 퍼져갔다. 츠빙글리는 가톨릭에 남아있던 삼림지역 칸톤들이 1529년 4월에 오스트리아의 페르디난드와 동맹을 맺자 6월에 이 지역을 공격하였다. 양측은 같은 민족이란 인식 때문에 전쟁이 되지 않아 제1차 카펠(Cappel) 평화조약을 체결하였다. 츠빙글리는 이들이 오스트리아와의 관계를 청산하지 않자 개신교 칸톤들에게 이 지역과의 교역을 금지시켰다. 이 조치에 반발하여 삼림지역 칸톤들이 8000명으로 선제공격을 하자 츠빙글리는 1500명을 이끌고 대적하다 1531년 카펠 전투에서 전사하였다. 츠빙글리는 전형적인 스위스인으로 자기의 조국을 사랑하는 애국적인 민족주의자이자 종교개혁을 사회적 개혁으로까지 연결시키려고 했던 적극적 행동주의자였다.

츠빙글리는 죽으면서 "너희는 나의 몸을 죽일 수 있을 것이나 나의 영혼은 죽일 수 없을 것이다"라고 말했다고 전해지며, 카펠의 돌 기념비에 새겨져 있다. 그의 개혁 유산은 하인리히 불링거와 그의 사위인 루돌프 왈터(Rudolf Gwalter)에 의해 계속 추진되었다.

츠빙글리의 일생은 "하나님을 위하여 담대히 행하라"는 권면에 잘 요약되어 있다. 취리히에서의 그의 첫 번째 설교로부터 카펠에서의 마지막 순간까지 츠빙글리의 생애는 상당한 반대에 직면하면서도 확고부동함과 용기로 점철되었다. 츠빙글리의 용감한 개혁 프로그램은 단순히 교회만이 아니라 전체 공동체의 질서를 다시 잡는 것을 포함하였다. 그는 기독교인의 생활에서 신앙의 역할을 강조했고 성령의 역사가 외적인 은혜의 수단에 의해 타협되도록 허용하지 않았다. 한 학자(Pipkin)는 그의 신학에 대한 접근을 "영적인 하나님 중심주의"(spiritual theocentrism)라고 불렀다. 그는 인문주의 성향을 가지고 있었다 하더라도 근본적으로 성경적인 신학자였다.

8. 츠빙글리의 개혁활동의 평가

츠빙글리는 루터와 거의 같은 시기에 개혁활동에 종사했으나, 루터의 개혁활동과는 어느 정도 구별되는 개혁활동을 전개하였고, 그래서 개혁신학의 시조라고 불린다. 그가 개혁신학의 시조라고 불리는 것은 하나님 중심주의, 즉 하나님의 주권을 강조하는 신학체계를 수립했기 때문이다. 그는 하나님 중심주의 신학을 세우려는 과정에서 목사와 관리들의 협력 하에 교회와 국가를 함께 개혁하고자 하였다. 하나님 중심주의는 '그리스도만으로 구원받는다'는 원리에서 성례의 은혜의 수단으로서의 성격을 부정하고 상징으로 해석한다. 그리고 이러한 성례관 때문에 세례에서는 유아세례를 둘러싸고 재세례파와 논쟁하였고, 성찬에서는 루터와 결별하였다. 그는 하나님 주권을 중심으로 하는 개혁파의 시조가 되었으나, 교회음악의 폐지, 은혜의 수단으로서의 세례와 성찬의 부정 등은 칼빈에 의해 좀 더 중도적으로 개혁되어 계승된다.

더 읽을 책들

W. P. 스티븐스. 박경수 역. 츠빙글리의 생애와 사상. 대한기독교서회.

자끄 꾸르브와지에. 이수영 역. 개혁신학자 츠빙글리. 한국장로교출판사.

마르틴 하아스. 정미현 역. 훌드리히 츠빙글리. 한국기독교장로회신학연구소.

서원모. 김유준 역. 츠빙글리와 불링거. 두란노서원.

제7장

2세대 취리히의 종교개혁자 하인리히 불링거

불링거(Heinrich Bullinger, 1504-1575)

불링거(Heinrich Bullinger, 1504-1575)는 스위스의 개혁자로서 1531년에 츠빙글리가 사망한 후에 그의 계승자가 되어 츠빙글리가 취리히에서 시작한 개혁파 종교개혁을 계승하여 정착시키고, 동시에 칼빈과의 협력 속에서 스위스와 유럽에 확산시킨 인물이다. 그는 1549년에는 칼빈과 티구리누스 콘센수스(Tigurinus Consensus)라는 성찬론의 일치를 끌어냈고, 1566년에 제2의 헬베틱 신앙고백을 작성하여 스위스의 신앙고백을 통일시키는 데 앞장섰다. 그리고 『십편설교집』(Decade)이란 설교집을 출판하여 개혁신학의 정착에 크게 기여하였다. 이러한 불링거의 업적에 대하여 최근에 나온 그에 대한 연구서는 그를 종교개혁의 건축가(Architect of Reformation)라고 명명하였다.4) 불링거는 기본적으로 츠빙글리의 신학사상을 이어받으면서도 일정 부분 자신의 고유한 신학을 추구하였다. 불링거가 취리히 종교개혁자가 되었던 과정과 함께 그의 신학의 고유한 측면을 함께 생각해 보자.

1. 불링거의 출생과 교육과정

불링거는 1504년 7월 18일 스위스 취리히 서쪽에서 10마일 정도 떨어진 오늘날 아르가우(Aargau) 칸톤에 속하는 브렘가르텐(Bremgarten)에서 태어났다. 그의 아버지 하인리히 불링거(Heinrich Bullinger)는 사제였지만, 동거하여 불링거를 낳았다. 그의 어머니는 유명한 시의회 의원의 딸인 안나 비더커(Anna Wiederkehr)였으며 아버지가 1529년 개신교로 개종한 후에 합법적인 부부가 되었다. 그

---

4) Bruce Gordon, Emidio Campi eds., *Architect of Reformation: An Introduction to Heinrich Bullinger*, 1504-1575 (Baker Academic, 2004).

는 5세(1509)에 자신의 고향에 있는 초등 라틴어 학교에 처음 입학하였고, 12세(1516) 때에 에머리히(Emmerich)에 있는 라틴어 학교에서 상급과정을 마쳤다. 이 학교는 인문주의를 가르쳐 전파하고자 하는 공동생활 형제단의 영향력 아래 있어서 그는 이 학교에서 라틴어 외에 인문주의의 영향 아래 헬라 고전들과 교부들을 배웠다. 불링거는 형과 함께 이 학교에 다녔는데, 그의 아버지는 그들이 숙식을 해결하기 위하여 구걸을 하도록 하였다. 이 체험은 그에게 평생 동안 가난한 자에게 관심을 가지도록 만들었다. 그는 이러한 수도원의 영향 아래 에머리히 학교를 운영하던 카르투지오 수도원의 수도사가 되려는 생각을 하게 되었다.

불링거는 15세(1519) 때 쾰른 대학교의 인문학부(Artes liberales)에 입학하여 철학과 인문주의를 공부하였다. 그가 이곳에서 배운 철학은 중세 스콜라신학의 토대를 이루는 것이었다. 그가 쾰른 대학에서 공부하고 있을 때 루터 사상과 교회의 전통 사상에 대한 상관성에 대한 토론이 일어났고 그래서 교회전통과 루터에 대해 공부하게 되었다. 그는 로마교회 교훈을 위해 교회법학자인 그라티안(Gratian)과 피터 롬바르드(Peter Lombard)의 책을 읽었다. 그리고 이들을 통해 교부들에 관심을 가지게 되었다. 뿐만 아니라 불링거는 이곳에서 프리세미우스(Mattias Frissemius)와 할더렌(Arnold von Halderen)을 통해 유명한 인문주의자였던 아그리콜라(Rudolf Agricola)와 에라스무스와 스타풀렌시스(Faber Stapulensis)의 사상을 접하면서 인문주의 사상을 직접적으로 소개받았다. 인문주의자들의 사상을 접한 후에 그는 루터의 초기 작품들을 읽게 되었고 그 과정에서 로마가톨릭교회의 정당성에 대한 의문과 함께 교회의 개혁에 관심을 가지게 되었다. 그는 이러한 관심과 의문을 해결하고자 크리소스토무스, 암브로시우스, 오리게네스, 아우구스티누스 등의 교부들의 글을 읽게 되었다. 그는 18세(1522)에 쾰른대학에서 인문학석사 학위를 받았는데, 학교를 졸업하기 전에 멜랑히톤이 1521년에 출판한 『신학총론』을 읽게 되었고, 이 책을 통해 구원이 하나님의 은혜의 결과라는 것을 확신하게 되었다. 불링거는 쾰른대학에서 공부하는 동안 인문주의자들과 교부들, 더 나아가 종교개혁자들의 저술을 읽으면서 자연스럽게 종교개혁 신학에 동조하는 인문주의자가 되었고, 수도사가 되려는 계획을 포기하였다.

2. 활동 전반기(1523-1531)

대학을 졸업하고 고향으로 돌아온 불링거는 19세(1523)에 취리히의 남서쪽에 위치한 카펠(Kappel)에 새로 건립된 시토 수도원에 부속된 학교의 교사로 초빙을 받았다. 그는 수도원에 들어가기 전에 요너(Wolfgang Joner) 수도원장에게 미사에 참석하지 않고 학생들을 가르친다는 것을 인정받았다. 그는 이곳에서 자신이 배운 최신의 인문주의 교육과정에 따라 문법, 변증학, 수사학의 3학을 가르쳤다. 그는 인문주의 교육을 실천하는 것과 함께 수도사들이 기본적인 신학교육을 받을 필요가 있다고 강조하여 매일 성경 주석 강의를 실시하였고 이러한 강의의 결과로 마침내 수도원에서 전통적으로 시행되던 예배와 기도를 대체하게 되었다. 그는 자국어로 강의하였고 주변사람들도 강의를 들을 수 있게 허용하였다. 불링거가 1523년부터 아침에 1시간씩 성경강의를 시작했으므로, 츠빙글리의 예언회보다 오히려 2년 앞선 셈이다. 그는 이 때 "성경에 관하여"라는 편지를 썼는데, 이 편지에서부터 성경의 권위는 하나님으로부터 와서 교회의 권위보다 앞선다고 주장하고 성경에 의존하여 교회를 개혁할 것을 주장한다.

불링거는 이곳에서 강의를 하면서 계속해서 에라스무스, 루터, 그리고 멜랑히톤의 책을 읽으면서 자신의 신학을 정립하여 나갔다. 불링거는 1523년 후반에 처음으로 츠빙글리를 만났다. 이 때는 이미 츠빙글리가 1523년 1월에 열렸던 취리히 제1차 토론회에서 승리하여 취리히에서 종교개혁이 공인되고 새로운 변화가 일어나고 있던 시기였다. 따라서 불링거가 가르치던 카펠 수도원에서도 새로운 개혁이 진행되었고, 그의 강의의 결과로 1527년에 시토 수도원이 해산되면서 그는 이 수도원이 개신교로 전향하도록 영향을 미쳤다.

불링거는 츠빙글리와 만난 후에 서로에게 공감하게 되어 그들의 우정은 죽을 때까지 지속되었다. 21세(1525)에 불링거는 츠빙글리가 재세례파와 논쟁할 때 여러 차례 그와 동행하였다. 불링거는 그 해 12월에 이 논쟁들에 참석한 경험에 근거하여 『세례에 관하여』(*Von dem Touff*)라는 문서를 작성하였다. 불링거는 이 글에서 유아세례의 중요성을 언약신학에 근거하여 설명하였다. 하나님은 아브라함과 언약을 맺으시면서 언약에 대한 가시적인 표징으로서 유아들에게도 할례를 베풀 것을 명령하셨다. 그러므로 하나님의 언약은 당연히 유아들도 포함하는 것이다. 그런데 하나님께서 세례 요한 이후로 하나님과 인간의 언약에 대한 새로운 표징으로 세례를 주셨다. 세례는 하나님의 백성에 대한 언약의 표징이며, 이 언약 가운데 살아야 한다는 것을 나타내는 것이다. 따라서 구약의 언약의 표징으로 어린아이들에게 유아할례를 시행한 것과 마찬가지로 신약의 표징으로 어린이들에게 유아세례를 시행해야 한다는 것이다.

불링거는 23세(1527)에 취리히에서 5개월 동안 연구기간을 가지면서 츠빙글리의 설교와 강의를 들었고 서로의 공감대를 넓혀갈 수 있었다. 그는 1527년에 썼던 『성경 연구 방법』(Ratio studiorum)에서 기도와 함께 하루를 시작하고 인문주의로부터 성경연구로 나아갈 것을 권면하고 있다. 그는 시간의 낭비를 방지하기 위해 특별히 아침에 하루의 훈련 스케줄을 설계하되 그날의 연구는 기도와 함께 시작할 것을 권하고 있다. 하나님의 개입 없이는 연구에 어떠한 성공도 있을 수 없으므로, 그의 기도는 순수한 삶 속에서 지혜와 지성과 기억력을 가지고 하나님을 섬기되 하나님의 법 아래서 진정한 경외와 학식을 가지고 섬길 수 있는 능력을 구하는 것이었다. 식사와 저녁 연구의 중요성을 포함한 하루의 행위들에 대해 조언한 이후에, 불링거는 독서를 권하되 그 독서는 '이방인의 서신들'로 시작할 것을 제안한다. 이방인 작가들은 사도 바울뿐만 아니라 바실리우스와 같은 교부들에 의해서도 읽히고 사용되어 왔다고 지적한다. 더 나아가 철학의 다양한 분야들, 즉 도덕적, 자연적 철학도 공부해야 하고 시인들과 웅변가들 및 고대 역사가들의 문헌들도 주의 깊게 읽어야 한다고 주장한다.

1528년 1월 6일부터 26일에 걸쳐 베른의 종교개혁의 가담 여부를 결정하기 위해 베른에서 토론회가 열렸는데, 불링거는 취리히 정부의 허락을 받아 츠빙글리와 함께 이 회담에 참여하게 되었다. 이 회담에서 개혁파는 취리히, 바젤, 세인트 갈, 그리고 남부 독일의 여러 도시들로부터 온 대표들에 의해 강력하게 대변되었는데, 취리히는 약 100명의 목사와 평신도들을 보냈다. 개혁파 측의 주요 연사들은 츠빙글리, 할러, 콜브, 외콜람파디우스, 카피토, 스트라스부르에서 온 부처 등이었고, 논쟁 기간 동안 콘스탄츠의 블라우러(Blaurer), 츠빙글리, 부처, 외콜람파디우스, 메간더(Megander), 그리고 다른 사람들이 설교를 하였다. 이러한 논쟁의 결과로 베른은 종교개혁에 가담하게 되었다. 불링거는 이 회의에 참석했던 많은 개신교 지도자들을 만날 수 있었고, 그들과 지속적으로 교제하게 되었다. 이 때 츠빙글리는 불링거를 가리켜 세상의 문학과 하나님의 글에 아주 박식하다고 칭찬하였고 그의 예레미야 주석에서는 불링거를 예리하고 통찰력 있는 젊은이라고 평가하였다.

불링거는 이 논쟁 후인 1528년 4월에 취리히 총회의 요청과 수도원장인 요너의 후원 속에 종교개혁에 가담하여 설교자로 선서를 하고 카펠 근처의 하우젠에서 목회를 하게 되었고, 일 년 후에 수녀 출신인 아들리슈비러(Anna Adlischwyler)와 결혼을 하였다. 1529년에 아들이 아버지에게 종교개혁에 가담하도록 설득하여, 아버지가 개혁에 대한 지지 입장을 공적으로 표현한 후에 사역지인 브렘가르텐을 떠나야만 했다. 아들 불링거는 아버지가 떠난 후에 새로운 사역자가 임명되자 그의 보조목회자가 되어 1529년 5월부터 1531년까지 자신의 고향인 브렘가르텐에서 설교자로서 활동하였다. 이곳에서 사역하던 중 일어난 카펠 전투에서 츠빙글리가 1531년 10월 11일에 사망하자 브렘가르텐은 다시 가톨릭으로 돌아가서 그는 하는 수 없이 이곳을 떠나 취리히로 피신하였다.

그는 카펠에서 교육하고 사역하는 동안 상당한 저술을 했으나, 많이 보존되어 있지는 않다. 이 시기에 그가 가장 관심을 가졌던 한 가지 문제는 미사와 성찬의 정당성 문제였다. 그는 수도원의 교사가 될 때 미사가 비성경적이라고 보아 참여하지 않을 것을 인정받았고 성찬에 대해서는 그리스도의 육체적인 임재가 아니라 영적인 실질적인 임재를 주장하였다. 이 시기 불링거는 구약에서 유월절 어린 양이 하나님과 이스라엘 사이에 맺어진 언약의 표징이듯이 성찬도 단번에 이루어진 그리스도의 죽음을 통한 새언약의 표징이라고 주장하였다.

3. 활동 후반기 취리히 사역: 츠빙글리의 후계자(1531-1575)

불링거가 취리히로 도피했을 때, 츠빙글리가 사망한 두 달 후인 1531년 12월 9일에 그는 츠빙글리의 후계자로 선정되었다. 취리히에 있을 때 불링거는 베른, 바젤, 아펜젤(Appenzell) 등에서도 목회자 초빙을 받았지만 츠빙글리와의 우정과 동역자로서의 의무감 때문에 취리히 사역자의 길을 선택하였다.

취리히의 목회자가 되었을 때 가장 먼저 해결해야 할 문제는 취리히 관리들과의 관계 설정이었다. 츠빙글리는 취리히의 세속적인 일에도 관여하는 방식으로 개혁을 진행하여 왔다. 그러나 불링거는 시의회에게 목사들은 더 이상 국가의 세속적인 일들을 간섭하지 않을 것이며 동시에 목사들은 세속권력의 간섭을 받지 않고 자유롭게 설교할 것이라는 것을 약속하였고, 교회는 종교개혁에서 국가의 도움을 필요로 한다는 것을 강조하였다. 교회와 시의회는 취리히가 기독교국가로 발전하도록 상호간에 협력해야 한다는 것이었다. 불링거는 츠빙글리와 같이 직접적으로 세속정치에 관여하지 않았으나, 소위 퓌르트래게(Fürträge, 시의회에 전달하는 개인적 보고)를 통하여 의회에 교회, 정치, 사회, 경제, 문화 전반에 걸친 중요한 문제들을 제안하게 되었고 자신의 분명한 위치를 정립하게 되었다. 이 문제는 카펠 전투를 일으켰던 다섯 주들도 목사들이 정치 문제에 관여하지 않을 것을 요구하여 1531년의 마일렌 협정에서 결정되었다.

이러한 교회와 국가와의 관계에서 치리를 누가 담당할 것인지 하는 문제에 대해 불링거는 교회가 아니라 국가가 담당해야 한다고 생각했다. 이것은 츠빙글리부터 내려온 취리히의 입장이었다. 불링거는

1532년 1월에 했던 "선지자의 직분에 관하여"(De prophetae officio)라는 연설에서 이러한 입장을 표명하였다. 그는 이 연설에서 선지자(목사)는 하나님의 말씀을 잘 해설하여 신중하게 설교해야 한다. 둘째로 그는 교회의 엄격한 치리를 비판하여, 치리는 교회가 아닌 국가의 임무라고 보았다. 교회는 인간의 행복과 교양에 관심을 가져야 하고, 국가는 안녕과 사회질서를 도모해야 한다. 이러한 측면에서 그는 교회와 국가가 밀접하게 관련을 가지고 개혁을 해야 한다고 보았기 때문에, 교회와 국가를 나누는 루터의 두 왕국 사상도 받아들이지 않았고, 교회가 독자적인 치리권을 주장하는 칼빈의 입장도 받아들이지 않았다. 따라서 취리히에서는 결혼재판도 교회가 아닌 시의회가 담당하였다.

불링거는 1532년 10월에 동료 레오 유드(Leo Jud)와 함께 "취리히의 설교자와 총회 규정"을 제정하였다. 이 규정에서 설교자의 선택, 파송, 그리고 부양, 설교자의 가르침과 삶, 총회의 구성과 모임, 목사의 직무와 사역 그리고 목사의 교회와 국가에 대한 의무 등이 규정되어 있다. 이러한 규정에서 일정 부분 국가가 교회의 일에 관여하고 있다. 일 년에 두 번 모이는 총회에서 대표목사와 시장이 공동의장이 되었다.

불링거는 츠빙글리가 1525년에 시작했던 신학교인 "예언회"(Prophezei)를 라틴어 상급과정을 졸업한 학생들이 시험을 치러 갈 수 있는 상급과정으로 발전시켰다. 이 학교에는 기독교 인문주의 교육을 받은 뛰어난 교수들이 학생들에게 신학공부에 필요한 고전어인 히브리어, 헬라어, 라틴어와 함께 성경의 번역과 해석, 교리(신학), 철학과 과학 등을 교육하여 우수한 개혁주의 목회자들을 육성하였다. 그는 목회자로서 훌륭한 목회자 후보생을 훈련하는 데 큰 관심을 가지고 있었다. 그는 신학수업을 시작하는 아들에게 다음과 같은 10가지 교훈을 주었다고 한다. 오늘날 신학을 공부하는 사람들에게도 유익하리라 생각되어 소개한다.

1. 하나님을 항상 경외하고, 하나님에 대한 경외가 지혜의 시작이라는 것을 기억하라.
2. 하나님 앞에서 너 자신을 낮추고 오직 그분께만, 우리의 유일한 중보자이시고 대변자이신 그리스도를 통해 기도하라.
3. 하나님께서 그의 아들을 통해 우리의 구원의 모든 일을 이루셨다는 것을 확고하게 믿으라.
4. 무엇보다 사랑 안에서 역사하는 강한 믿음을 구하는 기도를 하라.
5. 하나님께서 너의 명예를 보호하시고 너를 죄, 병, 나쁜 친구들로부터 지켜주시기를 기도하라.
6. 조국을 위해, 너의 부모를 위해, 도움 주시는 분들, 친구들 그리고 모든 사람들을 위해 기도하고, 하나님의 말씀이 널리 전파되도록 기도하라. 항상 주님 가르치신 기도로 끝맺고, 또 아름다운 찬송인 '하나님 당신을 찬양하나이다'를 부르라.
7. 과묵하도록 하고, 말하기보다는 듣기를 즐겨하며, 네가 이해하지 못하는 일에는 관여하지 말라.
8. 라틴어, 역사, 철학, 과학과 더불어 히브리어와 그리스어를 열심히 공부하되 특별히 신약 성경을 열심히 공부하고, 창세기에서 시작해서 성경을 하루에 3장씩 읽도록 하라.
9. 너의 몸을 청결하게 하고, 의복도 깔끔하게 하며, 무엇보다 먹는 일과, 마시는 일에 지나치지 않도록 하라.

10. 대화는 상냥하고, 명랑하고, 온건하게 하며, 일체의 무정한
      언행을 삼가라

   그는 이와 함께 목회자들의 처우 개선과 함께 도시의 건전한 기독교 생활풍속을 정착시키려고 노력하였다. 취리히에서 1530년에 사회풍속에 관한 규정이 결정된 이래 불링거는 이 규정의 시행을 통해 사회에서 고리대금업같은 경제적인 악습과 함께 알콜 중독, 도박, 오락, 매춘 등을 금지시켰다. 동시에 불링거는 가난한 자들의 돌봄에 대하여 깊은 관심을 기울였다. 그는 츠빙글리의 정책을 이어받아 교회와 수도원의 기부금을 목회자와 어린이 교육과 가난한 자들의 복지에만 사용하도록 제한하였다. 이와 함께 가난한 자들의 삶의 개선을 위해 이자를 5% 한도 내로 제한하고 농노들의 해방을 도우며, 공동체적 관심 속에 도로개설공사나 수공업관련 취업을 지원하는 제도적인 토대를 마련하고자 노력하였다. 불링거는 40년이 넘은 기간 동안 목사로서 활동하면서 7000번이 넘는 설교를 통해 취리히를 하나님의 말씀에 따라 개혁된 도시로 만들고자 노력하였다.

4. 주석과 설교집

   불링거는 40년이 넘는 기간 동안 목회자로 활동하면서, 많은 성경주석과 함께 설교를 책으로 출판하였다. 이러한 불링거의 주석과 설교책들은 유럽의 여러 나라 말로 번역되고 재판되어 많은 영향을 미치게 되었다. 불링거는 취리히의 목회자가 된 후에 1532년부터 1546년까지 요한계시록을 제외하고는 신약성경을 낱권별로 주석하여 바울서신, 공동서신, 그리고 복음서와 사도행전 순서로 모두 출판하였

고, 마지막에는 전체를 모아서 출판하였다. 불링거의 주석은 16세기 말까지 수 차례 판을 거듭하여 출판되었다.

불링거는 이미 1527년 쓴 『성경연구방법』에서 문맥 비교 관찰, 수사적 분석, 인물과 역사 배경 연구를 성경 해석방법으로 제시하였다. 불링거는 멜랑히톤을 따라 인문주의가 발견한 수사학을 사용하여 종교개혁의 성경 주석 발전에 기여하였다. 그는 멜랑히톤과 같이 원문을 정확하게 관찰하고 문맥을 비교하면서 본문에 들어있는 기본개념들을 추출해 내었고 간결하고 쉽게 읽을 수 있도록 주석하였다. 칼빈은 자신의 로마서 주석 서문에서 블링거의 로마서 주석에 대해 손쉬운 표현을 사용해 교리를 잘 설명했다고 평가하면서 당시의 멜랑히톤, 부처, 그리고 불링거의 로마서 주석을 뛰어난 주석으로 인정하였다.

불링거는 성경이 어두움이라서 주석할 수 없다는 로마가톨릭의 주장과, 성경은 너무나 분명하게 주어져 주석할 필요가 없다는 영적 방종파들의 양극단을 비판하면서 하나님께서 모세에게 말씀을 주신 후에 모세 자신도 주석을 하였고, 예언자들이 계속해서 해석을 하였으며, 예수님도 주석했다는 것을 말하면서 주석의 필요성을 주장하였다. 그는 한 설교에서 성경 주석에 대해 교회의 신앙의 규칙을 따라, 하나님과 이웃 사랑의 원리에 따라, 문맥을 따라, 더욱 분명한 본문에 근거하여 모호하고 어두운 본문을, 하나님의 영광을 구하는 열심과 성령의 인도를 구하는 기도를 하며 주석할 것을 제시하였다.

불링거는 1533년에 로마서 주석을 썼는데, 그의 주석에 대해 칼빈은 "불링거가 교리를 쉽게 표현하여 설명하여, 크게 칭송을 받았다"라고 평가하였다. 불링거는 미숙한 사람들과 적절하게 교육을 받은 사람들을 위해 주석하면서 단순성을 목표로 삼았다. 불링거는 바울이 단순하고 명료하게 저술한 것을 모델로 삼아 자신도 그렇게 했다고 말한다. 그는 주석에서 자주 에라스무스를 안내자로 삼고 있다. 불링거는 로마서 주석에서 로마가톨릭의 외형주의와 의식주의를 주로 비판하고 로마서 9장의 예정론에서는 하나님의 공의와의 조화 문제를 다루고 있다. 그는 로마서 1장 18-32절에서 이방인 철학자인 세네카를 예로 들어 하나님의 자연적인 인식 가능성을 인정하고 있다. 이러한 점들은 칼빈의 주석과 비교해 볼 때 특이한 점들이고, 나머지 부분에서는 칼빈의 주석과 거의 일치하고 있다.

불링거는 이러한 주석들을 바탕으로 연속강해 설교를 하였다. 그는 매주 주일, 화요일, 금요일 3회씩 설교를 하여 44년 동안 7,000번 이상 설교를 했다고 한다. 그래서 요한계시록 100편, 예레미야서 170편, 다니엘서 66편, 이사야서에 대해 190편의 설교를 하였다. 불링거는 요한계시록이나 다니엘서를 비롯한 예언에 대하여 설교할 때 예언은 역사 가운데 반드시 성취된다는 믿음을 가지고 설교하였다. 불링거는 요한계시록 주석을 쓰지 않았는데, 설교는 100편이나 한 점이 흥미롭다. 바쿠스(Irena Backus) 교수의 분석에 따르면 불링거는 역사적인 해석과 영적인 해석의 두 가지 방식으로 계시록을 해석하고 있다. 역사적 구조는 6부분으로 되어 있다. 1장 1-8절은 서론이고, 1장 9절-4장은 그리스도의 하나님의 보좌 우편에서의 영광스러운 통치와 성령을 통한 교회에 대한 영향력, 4-12장은 교회에 떨어질 모든 악들에 대한 교회에 대한 경고, 12-15장은 옛 용과 옛 짐승과 새 짐승에 대항하여 싸우는 교회, 15-22장은 적그리스도의 그의 하수들의 고통, 22장은 후기로 분석한다. 영적인 해석은 7부분 혹은 7환상으로 나누는데, 첫째 환상은 1-3장으로 그리스도께서 영광 중에 교회를 다스리는 환상, 둘째 환상은 4장 1절-8장 1절로 일곱 인을 떼는 환상,

셋째 환상은 8장 2절-11장으로 일곱 나팔을 부는 환상, 넷째 환상은 여인과 용, 일곱 뿔을 가진 옛 짐승(로마 제국), 두 뿔을 가진 새 짐승(교황제도), 그리고 적그리스도와의 싸움의 환상, 다섯째 환상은 15-17장의 일곱 대접의 환상, 여섯째 환상은 바벨론의 멸망의 환상, 일곱째 환상은 하늘의 예루살렘에서 참된 성도들의 승리이다.

불링거는 일곱 인에 대하여 해석할 때 자신이 설교하는 회중 가운데 한 편에는 박해를 피해 온 피난민들이 많았고 다른 한 편에는 개신교 성직자들이 있었으므로 그 이전의 전통적인 해석인 창조부터 마지막 심판으로 보지 않고, 기독교회에 집중하고자 하였다. 일곱 인의 시기를 초대교회로부터 자신의 시대의 상징으로 해석하여 자신의 설교를 그 시대에 실질적이고 직접적으로 적용시키고자 하였다. 첫째 인과 백마는 초대교회에서 복음의 열매 맺는 설교를 나타낸다. 이것은 교회는 언제나 있을 것이고 진리는 항상 교육되어야 할 것을 보여준다. 그러나 백성들은 그 복음이 제공하는 평화를 거부하였고 그래서 하나님께서는 전쟁을 보내시는데 이것은 붉은 말에 의해 상징되고 있다. 로마 황제들이 복음이 제공하는 평화를 거부했기 때문에 로마는 고트족의 침입에 의해 파괴된다. 첫 번째 십자군 전쟁의 유혈은 교황 편에서의 비슷한 거절에 대한 생생한 설명이다. 셋째 인과 흑마는 불행과 기근과 그로 인한 곡식의 높은 가격을 나타낸다. 사람들이 영적인 축복을 가진 복음을 거절한다면, 하나님께서는 사람들이 육신적인 생활에 절대적으로 필요한 것을 얻는 것도 힘들게 만드실 것이다. 불링거는 그 증거로서 구약에서부터 1529년까지의 유명한 기근의 목록들을 제시하고 있다. 비슷하게 도덕화하려는 정신 속에서 불링거는 넷째 인이 하나님께서 그의 말씀을 거절하는 사람들을 치시는 전염병과 커다란 질병을 나타낸다고 해석한다. 불링거의 다섯째 인에 대한 해석은 명백하게 반로마적이다. 그는 영혼을 네로 이후에 로마제국 하의 핍박 하에서 순교한 사람들을 나타내는 것으로 해석을 하면서, 최악의 박해는 지난 500년간, 적그리스도의 시대에, 혹은 교황주의 사단의 사주로 일어났다고 강조한다. 그는 이 영혼들이 복수를 위해 하나님께 기도하고 있으므로, 이 영혼들이 지상의 일에 개입할 능력이 없다고 해석한다. 그는 여섯째 인은 로마 교황에 의한 교리의 타락과 초대 교회 이후의 이단들이라고 해석한다. 여섯째 인 후에 오는 지진은 교리적 타락으로 인한 무질서, 혼돈, 어두움을 상징한다. 일곱째 인을 뗀 후의 반 때의 침묵은 불링거에게 로마가톨릭의 교리적인 타락이 장차 일곱 나팔에 의해 완전히 정죄받게 됨에 따라 청중들의 관심을 끌려는 시간이다.

　이러한 불링거의 주석과 설교에서 그의 신학적이고 목회적인 목적이 분명하게 드러난다. 그의 관심을 끄는 것은 적그리스도인 교황의 임박한 심판, 하나님의 참다운 백성들의 구원, 사악한 자들에 대한 정죄, 하나님의 심판의 구원의 가치 등이다. 이와 같이 그가 요한계시록 설교를 한 목적은 로마교황에 대한 임박한 심판을 경고하며 고난받는 성도들에게 구원의 확신을 선포하여 고난받는 성도들을 위로하며 믿음으로 승리하도록 권면하기 위한 것이었다. 불링거는 계시록을 설교하면서 당시의 사건과 성경의 내용을 연결시키는 묵시적인 성격을 드러내면서도 임박한 천년왕국을 강조하는 천년왕국사상으로 나아가지는 않는다. 불링거는 제2헬베틱 신앙고백에서 하나님의 말씀을 설교하는 것이 곧 하나님의 말씀이라는 말을 하는데, 이 말의 의미는 성경 말씀을 올바르게 주석하여 선포한다면, 그 말씀이 곧 하나님의 말씀으로 성도들을 올바른 신앙의 길로 인도한다는 의미이다.

　그의 가장 유명한 설교집은 1549년부터 51년 사이에 10편의 설교를 묶은 5권으로 된 『50편의 설교모음집』(Dekaden)이었다. 16세기 후반부터 17세기 대부분까지 이 설교집은 유럽과 그 너머를 통해 개혁 신앙의 확산에서 중요한 역할을 수행하는, 가장 유명한 신학적인 작품들 가운데 하나였다. 이 책은 셀 수 없는 개혁파 목사들에게 있어서 설교 준비를 위한 친숙한 자산이었다. 이 책은 또한 개혁파 가정을 위한 필수적인 소장품으로 간주되었으며, 경건과 기독교적인 행동에 대한 가르침을 위하여 가족들에 의해 가정에서 읽혀져야 할 "가정의 책"이라고 불렸다. 이 설교집은 주제별로 묶여져 있어 1권은 신앙, 2-3권은 율법, 4권은 복음, 5권은 교회로 되어 있다. 1권의 앞의 3개의 설교는 하나님의 말씀에 대해 설교하고 있다. 하나님의 말씀이 무엇이며, 성경이 어떻게, 누구에게, 무슨 목적으로 계시되었으며, 올바른 강해 방식이 무엇인지를 설명한다. 나머지 7개 설교는 참된 성경 강해에서 나오는 참된 신앙에 대하여 설명한다. 그 참된 신앙이 바로 이신칭의의 신앙이라는 것과 함께 사도신경을 강론한다. 2-3권은 율법인데, 2권부터 3권 4번째 설교까지는 십계명의 강해이고, 나머지는 의식법과 재판법, 기독교인의 자유, 죄 등에 대하여 선포한다. 4권은 복음인데, 복음과 회개, 삼위일체 하나님, 인간 몸의 죽음 후의 확실한 구원을 설명한다. 5권은 교회인데, 보편교회가 무엇이며, 어떻게 존재하는지를 논하면서 로마가톨릭교회를 떠나야 할 것을 역설한다. 그 후에 교역자의 소명과 함께 교회의 성례에 대하여 가르친다. 불링거는 이 50편의 설교를 통하여 개혁주의 신앙을 성경에 근거하여 확고하게 세우고자 이신칭의와 사도신경, 십계명, 복음, 교회 등의 가장 근본적이고 핵심적인 교리들을 가르쳤다.

불링거가 50편의 설교모음집에서 개혁교회의 교리를 잘 가르쳤지만 너무나 방대하여 이해하기 어렵다는 지적에 따라 교리를 요약적으로 제시하려는 목적으로 쓴 책이 『기독교 신앙 개요』(*Summa Christlicher Religion*, 1556)이다. 이 책은 성경, 하나님과 하나님의 활동, 죄와 형벌, 하나님의 율법(십계명 해설 포함), 은혜와 칭의, 신앙과 복음의 말씀(사도신경 해설 포함), 기도(주기도문 해설 포함), 성례, 선행, 죽음과 종말의 10가지 항목으로 되어 있다.

5. 불링거의 언약사상

불링거는 1534년에 『하나님의 단일하고 영원한 언약』(*De testamento seu foedere Dei unico et aeterno*)을 저술하여 자신의 언약사상을 설명하였다. 불링거는 츠빙글리와 거의 같은 시기인 1525년 『세례에 관하여』라는 글에서 언약이란 용어를 사용하여 세례를 설명하였다. 하나님께서 아담, 노아, 아브라함 그리고 그의 씨와 영원한 은혜 언약을 맺으시면서 동시에 하나님 앞에서 정직하게 살아가야 할 의무를 주셨다고 설명한다. 그는 이 글에서 하나님의 은혜 언약의 일방성과 함께 그 언약 속에서 하나님 앞에 정직하게 살아가야 할 의무를 언급하여 쌍방성을 분명하게 설명하고 있다. 그는 1527년에 『성경 연구 방법』에서 모든 성경은 하나의 영원한 언약을 가리킨다고 말하여 성경의 중심이 언약이라는 것을 제시한다. 이러한 사상을 발전시켜 언약에 관한 독립적인 작품으로 1534년에 쓴 것이 『하나님의 단일하고 영원한 언약』이다. 그는 이 작품에서 신구약에 있는 하나님의 모든 언약의 약속은 하나님의 영원하신 아들에 집중되어 있으며, 그러므로 이 언약은 본질적으로 하나의 영원한 언약이다. 그는 자신이 가장 좋아하는 성경 구절 "이는 내 사랑하는 아들이다"(마17:5)를 이 책의 부제로 삼았다. 그는 언약은 유대교의 산물이고 구약의 일부분일 뿐 신약의 그리스도인들과 관계가 없다는 재세례파의 주장을 반박하기 위하여 이 작품을 썼다. 불링거는 재세례파들이 구약을 거부하면서 언약과 그리스도 안에 있는 은혜의 활동을 가리키는 표징뿐만 아니라 규정의 올바른 사용과 율법과 복음의 중심 주제들을 부인한다는 것을 지적한다. 그는 이 글을 세 부분으로 나누고 있는데, 첫 부분에서는 언약의 성경적인 정의를 취급하는데 약속과 동의어로 이해한다. 이 약속은 은혜의 행동을 통하여 하나님의 백성의 영원한 상속뿐만 아니라, 언약에 따른 생활 속에서 신자들을 구속하는 의무들을 개괄하고 있기 때문에 쌍무적이다. 둘째로 불링거는 언약을 통하여 하나님께서 먼저 죄인들을 죄에 대한 속박으로부터 해방시키시고 그 후에 하나님을 섬기는 상호간의 의무 하에 그들을 놓으면서 그들은 자신에게 결속한다는 것을 보여준다. 따라서 불링거는 언약이 완전히 은혜에 속한다는 것을 강조할 때 시편 103편 8절과 로마서 11장 36절을 주목할 뿐만 아니라 신자들이 하나님 앞에서 행하여 완전하라고 서술하는 창세기 17장 1절도 함께 제시한다. 그리고 불링거는 이것이 우리의 의무이자 우리가 지켜야 할 것들이라고 말한다. 셋째로 불링거는 언약과 관련하여 일어나는 문제들, 구약과 신약의 관계, 몸과 영혼, 율법과 복음 그리고 또한 언약 복음에 대한 세례의 관계 등을 취급한다. 그는 할례의 언약 표지는 미리 그리스도의 보혈의 희생을 가리키는 것으로 이해한다. 그 희생이 단번에 영원히 드려진 후에, 언약의 표지는 그리스도의 십자가 사역의 정화하는 능력과 그의 백성들에 대한 성령의 쏟아부으심을 증명하는 물세례의 피 없는 표지가 되었다. 그는 구약과 신약이 하나의 영원한 하나님의 언약이며, 그 언약의 표지가 구약의 할례에서 신약의 세례로 바뀐 것으로 설명한다. 그러므로 구약을 부정하고 동시에 유아세례를 부정하는 재세례파는 하나님의 하나의 영원한 언약을 부정하는 잘못된 가르침에 빠져 있는 것이다.

6. 신앙고백서 작성

1) 제1 스위스 신앙고백(Confessio Helvetica prior, 1536)

제1 스위스 신앙고백은 1536년에 만들어졌다. 이 신앙고백서는 두 가지 목적에서 작성되었다. 첫째는 교황 바울 3세가 1537년 이탈리아의 만투아에서 교회공의회를 열 예정이었으므로, 이에 대비하기 위하여 개혁교회의 통일된 신앙고백을 가질 필요가 있었다. 둘째로 당시에 취리히, 베른, 바젤 등은 독자적인 신앙고백을 가지고 있어 통합된 신조를 만들 필요성이 있었다. 이러한 필요성에 따라 불링거가 그리내우스와 미코니우스 등의 몇 명의 기초 위원들과 함께 1536년 1월 바젤에서 작성한 것이 바로 제1 스위스 신앙고백이다. 이 신앙고백서는 27개 항목으로 되어있으며, 개혁교회의 중요한 교리를 담고 있다. 1조에서 성령의 감동으로 기록된 성경이 기독교 신앙의 유일한 근거가 된다는 것을 말하고 성경을 성경으로 해석한다고 해석원리를 밝힌다. 이어서 하나님과 인간에 관해 고백하는데, 인간의 의지가 선을 선택할 수 없음을 강조한다. 인간은 하나님의 영원한 경륜에 의하여 구원받는데, 그리스도를 통한 구원이 설명된다. 나아가서 교회와 직분자에 관하여 가르치면서 교회의 머리는 오직 예수 그리스도임을 고백하고 목회자의 선출과 직분, 성례를 가르친다. 마지막으로 세속정부와 결혼을 다룬다.

2) 취리히 일치(Consensus Tigurinus, 1549)

취리히와 제네바는 같은 개혁신학을 가지고 있었음에도 불구하고 성찬에 대한 이해가 달랐다. 이러한 견해를 일치시키고자 1547년부터 1549년 사이에 불링거와 칼빈 사이에 여러 차례의 서신이 오가고 칼빈이 취리히를 5번이나 찾아가는 노력을 통하여 성사된 것이 취리히 일치이다. 이 합의문 도출에는 개혁파의 신학적인 일치의 필요성과 로마가톨릭 세력의 공격 앞에서 개혁교회의 연합이란 교회정치적인 필요와 함께, 불링거와 칼빈의 교회를 연합시키려는 교회공동체적인 소망이 함께 어우러져 있었다. 불링거는 츠빙글리의 신학과 자신의 관점에 따라 성찬에서 성령의 역사를 통한 은혜의 수여를 강조하였고, 칼빈은 성찬이 성령의 역사를 통한 은혜의 수단임을 강조하였다. 이러한 두 사람 사이의 의견의 차이를 좁혀서 작성된 문서가 취리히 합의이다.

취리히 합의는 26조항으로 되어 있다. 먼저 1-5항까지는 교회의 영적 사역이 그리스도에게로 인도한다는 것을 설명한 뒤에 제사장과 왕으로 그리스도의 구속사역을 설명한다. 다음으로 6-20항까지는 성례와 그 효력에 대하여 자세하게 설명한다. 성례는 은혜에 대한 증거와 인으로서 그리스도를 고백하고 연합하고 있다는 표시이자, 감사와 경건적 삶을 위한 자극이며, 동시에 하나님이 베푸신 은혜에 대한 확신과 신뢰를 나타낸다. 성례는 하나님의 은혜의 표지인데, 은혜의 수여가 성례의 행위와는 구별되고 있다. 성령께서 성례를 은혜의 수단과 도구로 사용하시며, 성령의 역사를 통해 성례는 우리의 믿음의 인이 된다. 성례는 선택자에게만 효력이 있는데, 예정하신 자를 믿음으로 조명하시기 때문이다. 그리고 21-26항까지는 로마가톨릭의 화체설과 루터파의 공재설의 잘못된 점들을 지적한다.

3) 제2 스위스 신앙고백(Confessio Helvetica posterior, 1566)

불링거는 제1 스위스 신앙고백서를 작성하는 데 참여하였고 칼빈과 티그리누스 합의문을 작성한 후에 자신의 개인적인 신앙고백서로 1561년에 작성한 것이 제2 스위스 신앙고백서이다. 1564년에 취리히에서 흑사병이 돌아 불링거의 부인과 세 자녀를 포함하여 많은 사람들이 죽었고, 불링거도 사경을 헤매고 있었는데, 이 때 그는 초고 형태로 작성되어 있던 이 신앙고백서를 완성하여 취리히 시장에게 전해달라는 글을 써 놓기도 했다고 한다. 개인적으로 쓴 이 신앙고백서가 공적인 신앙고백서가 된 것은 두 가지 배경이 있었다. 첫째는 신성로마제국의 독일어권 지역인 팔츠의 선제후인 프리드리히 3세는 루터파가 아닌 개혁파 신앙을 받아들여 1563년에 하이델베르크 요리문답을 작성하여 공포하였다. 그러자 루터파 제후들은 독일에서 개혁파가 인정되지 않으므로 1555년 맺어진 아우크스부르크의 평화협정을 위배했다고 공격하였다. 이러한 상황에 직면하여 프리드리히 3세가 불링거에게 루터파에게 자신의 입장을 분명하게 설명할 수 있는 개혁교회의 신앙의 해설서를 부탁하였다. 불링거가 이 부탁을 받고 나서 자신의 개인적인 신앙고백서를 보내주어 독일에서 공개적으로 출판되었으며, 선제후는 이 신조를 토대로 자신의 입장을 분명하게 변호할 수 있었다. 둘째는 당시에 스위스 여러 지역이 서로 상이한 신조를 가지고 있어 통일된 신조의 필요성이 생겨나서 이 신조를 약간 수정하여 스위스 지역의 공식신조로 채택하였다. 이 신조는 1-16조는 신학을 다루고 17-27조는 교회와 성례를 다루고 있다. 이 신조는 신학을 다루는 부분에서는 이단들이나 잘못된 신학사상에 대해 개혁교회의 입장을 확실하게 설명하고 있고, 교회와 성례를 다루는 부분에서는 교회에서 필요한 실제적인 사항들을 자세하게 다루는 목회적인 성격을 가지고 있다.

이 신조는 불링거가 개인적으로 작성하여 그의 사상이 가장 잘 드러나 있으므로 그 내용을 좀 더 구체적으로 분석해 보자. 제1항은 "참된 하나님의 말씀인 성경에 대하여"라는 제목 아래, 정경, 하나님의 말씀은 경건을 충분히 가르치고 있다. 성경은 하나님의 말씀이다. 하나님의 말씀의 설교는 하나님의 말씀이다. 내적 조명은 외적 설교를 배제하지 않는다. 이단, 외경 등의 제목으로 되어 있다. 성경은 '구원의 신앙'과 '하나님이 받으실 만한 삶의 형성'에 필요한 모든 것을 기록하고 있다고 하여 어거스틴의 전통을 이어받은 다른 개혁교회 신앙고백들과 같은 입장을 취한다. 또한 디모데전서 3장 16-17절에 근거하여 참된 지혜와 경건, 교회들의 개혁과 행정뿐만 아니라 이단 반박도 성경에 토대를 두어야 한다고 주장한다.

이와 함께 하나님의 말씀의 설교가 하나님의 말씀이라고 하면서, 성령의 내적 조명에도 불구하고 하나님의 말씀의 선포가 필요하며, 하나님의 말씀의 선포는 설교자의 자격과 관계없이 하나님의 말씀이라고 강조한다. 설교와 성경이 외적인 은총의 수단이라면, 성령님은 내적으로 믿는 자의 마음 속에 역사하신다. 그러므로 성경과 성령님, 설교와 성령님은 서로 불가분의 관계에 있다.

2항은 성경해석의 가장 중요한 원리로 성경을 성경으로 해석해야 하는데 성경의 중심인 복음과 '신앙과 사랑'(어거스틴)의 규범에 일치하는 성경 해석을 해야 하며, 하나님의 영광과 인간의 구원에 공헌하기 위하여 성경을 해석해야 하는데 초대교회의 올바른 성경해석 전통을 수용한다고 말한다. 그리고 본문의 언어와 기록된 배경을 연구해야 하고, 보다 밝은 내용에 조명하여 보다 밝지 않은 부분을 해석해야 한다는 원칙을 제시한다.

3항은 하나님은 일체이시고 삼위로 계시는 것을 고백하고, 4항은 성상과 형상의 사용에 대하여 반대하며, 5항은 유일한 중보자 예수 그리스도를 통해서만 하나님을 경배하고, 예배하며, 기도를 드릴 수 있음을 설명하고, 6항은 모든 일을 통치하시는 하나님의 섭리에 대하여, 7항은 만물 창조와 함께, 천사와 마귀, 인간의 창조에 대하여 말하고 있다. 8항은 인간의 타락, 죄, 죄의 원인에 대하여, 9항은 자유의지와 인간의 능력에 대하여 설명한다. 인간은 타락 전에는 옳고 자유 하였으나, 타락 후에는 이성과 의지가 타락하여 이성은 올바른 판단능력을 잃었고 의지는 노예의지가 되어 자발적으로 죄를 짓고 선을 행할 능력이 없다. 인간의 이성은 타락했으나, 학문을 할 능력이 있는데, 이 학문의 기원은 하나님께 있다. 중생한 사람의 이성은 조명받고 의지는 변화되어 선을 행하는 데서 수동적일 뿐만 아니라 성령에 감동받아 능동적으로 행한다. 그럼에도 불구하고 중생자의 의지는 약하기 때문에 성도는 늘 성령의 인도를 구하며 기도해야 한다.

제10장은 하나님의 예정과 믿는 자들의 선택에 대하여 해설한다. 하나님께서는 믿는 자들을 창세 전에 그리스도 안에서 거룩하게 하려는 분명한 목적을 가지고 은혜로 선택하셨다. 불링거는 우리가 그리스도 밖에 있는 사람들의 선택의 여부를 묻는 것은 잘못된 것이라고 말하면서 주님이 수고하고 무거운 짐진 자들에게 복음을 전한 것같이 우리도 그리스도를 통해 예정에 대해 묵상하자고 권면한다.

예정론에서 불링거는 칼빈과 의견을 달리 하였다. 칼빈은 예정과 유기 모두가 하나님의 의지적 작정의 결과라고 보았다. 그러나 불링거는 유기를 하나님의 의지적 작정으로 보는 것을 거부하였다. 1551년에 예정론을 반대하는 볼섹에 대한 재판에 대해 제네바가 의견을 구했을 때에 불링거를 중심으로 한 취리히의 목회자회는 죄의 기원이 인간의 의지적 타락에서 기원했다고 밝혔다. 재판이 끝난 후에도 1555년까지 칼빈과 불링거는 예정론을 둘러싸고 논쟁을 했는데, 불링거는 유기가 하나님의 의지적 작정의 결과라는 칼빈의 의견에 반대하였다. 불링거는 유기를 하나님의 섭리 속에서 인간의 의지적 행위의 결과로 이해했다. 타락의 결과로 유기된 인간은 스스로 하나님의 복음을 거부하고 영원한 저주에 이른다는 것이다. 불링거는 칼빈의 예정론이 의도와 다르게 하나님을 죄의 원작자로 만드는 오해를 불러올 수 있다고 지적했다. 불링거와 칼빈은 서로의 예정론을 끝까지 고수했지만, 관계를 단절하거나 반목하지는 않았다. 두 사람의 신학적 기본은 같았지만, 접근 방식이 달랐다. 불링거는 당시 분열된 개혁교회의 상황을 의식해서 목회적 입장에서 예정론을 이해하려 애썼다면, 칼빈은 신학적 선명함을 추구하려 애쓴 결과였다. 불링거는 이 신조에서도 유기보다는 선택을 강조하며 예정론을 고백하고 있다.

11장은 참 하나님이시고 참 인간이시며 죽으시고 부활하여 승천하신 유일한 중보자이신 예수님에 대해 이야기한다. 12장에서 율법이 자연법에서 모세법의 의식법, 제사법, 도덕법으로 주어져 우리를 그리스도에게 인도하는 몽학선생이요, 구원받은 자에게는 율법의 정죄의 기능은 사라지고 우리의 삶의 안내자인 것을 말하고 있다. 13-16장은 복음, 회개와 회심과 고해성사의 비판, 참된 칭의, 믿음과 선행과 공로에 대하여 설명한다. 우리의 선행은 하나님의 영광과 이웃의 유익과 우리의 구원의 감사를 표현하려고 하는데, 하나님께서 이 선행에 대하여 상급을 주신다. 이 선행에 상급을 주시는 것은 선행에 공로가 있기 때문이 아니라, 선행을 하면 상급을 주시겠다는 하나님 자신의 약속에 따라 주시는 것이다. 우리가 하는 선행도 궁극적으로 하나님이 주시는 은혜에서 나오는 것이요, 선행에 대해 상급을 주시는 것도 하나님의 약속에 따른 것이니, 상급에 관련된 모든 것이 하나님의 약속에 따른 은혜의 선물이다.

17장에서는 태초부터 오직 하나로 존재하는 보편교회가 있으며, 유일하신 머리가 그리스도이시라는 것을 말하는데, 보편교회의 토대로 예정을 언급하지는 않는다. 18장에서는 교회의 교역자들은 하나님께서 교회를 세우기 위해 세운 직분으로, 하나님께서 교회를 직접 통치하시면서도 직분자들을 사용하셔서 일하시므로 이들을 존중해야 한다고 언급한다. 불링거는 교회 직분자들로 감독, 장로, 목사, 교사를 언급하면서 집사에 대해서는 언급하지 않고 있다. 그리고 감독, 장로, 목사의 관계에 대해서도 초대 교회에 상하관계가 없었다는 것을 언급하지만 현재 교회에서 장로와 목사의 관계에 대한 분명한 언급이 없다. 그리고 현재 교회의 교역자는 목사를 가리켜 사용하고 있다. 이러한 측면에서 취리히에서는 칼빈의 제네바와는 교직체계가 달랐던 것으로 보인다. 이와 함께 불링거는 모든 성도들이 하나님께 나아가 예배드릴 수 있는 모든 성도들의 제사장직과 함께, 교회에 세워지는 교역자의 직분이 충돌하지 않고 구별되는 것이라는 것을 밝히고 있다. 불링거는 치리 시행과 총회 참석 대상자에 대해서 목회자 이외에는 언급하지 않고 있다.

물론 불링거는 레오 유드와 함께 1532년 10월에 교회 직제에 관한 책을 만들었는데 이것이 총회에 의해 채택되어 시장, 상하양원의 권위로 선포되어 거의 300년간 시행되고 있다. 이 책은 사역자들

(Predicanten)과 보조자(Decani)의 시험, 선출, 의무들에 필요한 규정을 두었고, 성직자와 평신도 대표가 참석하여 6개월마다 열리는 총회가 있고 이 총회가 치리권을 가지고 있었다.

19-21장은 성례전, 세례, 성만찬을 다루고 있다. 불링거는 성례전에서 말씀, 표징, 표징의 대상을 구별한다. 그는 성례전의 본질은 예수 그리스도이시고, 성령께서 표징을 통해 역사하신다는 것을 강조한다. 우리는 사역자에게서 표징을 받고 성례의 제정자에게서 실체를 받는다. 우리는 성찬에서 성령의 역사를 통해 영적으로 주님을 먹고 마시는 것이며, 그의 죽으심을 기억하는 것이다. 22장은 교회의 공적 모임, 23장은 공중기도와 찬송, 24장은 거룩한 날과 금식과 음식의 선택, 25장은 청소년의 신앙교육과 환자의 심방과 위로, 26장은 장례와 연옥과 영들의 현현에 대하여, 27장은 의식법과 아디아포라를 다루고 있다. 공중기도와 찬송에서 모든 기도는 예수 그리스도를 중보로 삼아 하나님께만 드려져야 하는데, 장소에 구애받지 않고 자유롭게 드릴 수 있으며, 대표기도를 짧게 해야 한다. 찬송에서 중세의 그레고리안 찬가는 거부하고, 여건이 갖추어지지 않은 교회는 찬송하지 않아도 되고, 할 때는 절제해서 하라고 권면한다. 불링거는 취리히에서는 찬송을 사용하지 않았지만, 스위스의 여러 지역들의 형편이 달랐기 때문에 각자의 형편에 따른 융통성을 부여하고 있다. 불링거는 이러한 항목들을 통하여 로마가톨릭교회에서 지키던 교회의 여러 가지 잘못된 관습들을 성경적으로 바로잡으면서 올바른 목회의 방향을 제시해주고 있다. 불링거는 이 신앙고백서를 자신의 목회사역의 후반기에 준비하면서 자신의 목회경험을 토대로 성경에 근거하여 올바른 신학적인 교훈을 제시함으로 건강한 목회의 지침이 되도록 작성하였다.

7. 역사가로서의 불링거

불링거는 훌륭하고 열정적인 역사가였다. 그는 1520년대부터 자료들을 수집하기 시작하였다. 그의 첫 번째 작품은 카펠에 있는 신앙적인 집의 역사인 『카펠의 코엔노비우스의 연대기』(Annales Coenobii Capellani)였다. 그는 이 책에서 건물의 건축의 역사뿐만 아니라 역사적인 발전을 다루어, 스위스에서 건물의 역사를 다룬 첫 번째 인물이 되었다. 그 뒤를 이어 『합스부르그 백작들의 역사』(A History of the Counts of Habsburg)와 『콘스탄츠 주교들의 연대기』(A Chronicle of the Bishops of Constance)가 나왔다. 이러한 역사책들은 과거에 취리히를 지배했던 합스부르그가와 콘스탄츠 주교의 역사를 다루었다. 1530년대에 그의 주요한 역사적 작품들 가운데 첫 번째 작품인 『스위스 연대기』(Swiss Chronicle)가 나왔는데, 스위스 국민들의 구전역사인 『옛 증언』(Testimonium veterum)에 맞추어 문서들을 수집한 작품이다. 그는 여기에 덧붙여 『옛 취리히 전쟁의 짧은 역사』(A Short History of the Old Zurich War)를 썼다. 그의 자료에 대한 백과사전적인 지식과 그의 지칠 줄 모르는 역사 문서에 대한 추구는 『종교개혁의 역사 1519-1532』(History of the Reformation, 1519-1532)로 결실을 맺었다. 이 책은 취리히의 종교개혁이 1519년 1월에 츠빙글리에 의해 시작되어 그의 사후 불링거 자신이 후임 목사회 의장이 될 때까지의 역사를 정리한 것이다. 이 작품은 존경스러운 『스위스 연방의 역사』(History of the Venerable Swiss Confederation)의 후반부가 되었다. 이 책의 전반부는 고대부터 1516년까지의 취리히의 역사에 대한 설명이다. 그는 1574년에 『취리히 시의 역사』(History of the City of Zurich)에서 다른 판을 만들어 냈다.

불링거는 이 외에도 취리히에서 가장 큰 논쟁을 일으켰던 재세례파와 관련하여 『제세례파의 기원』(*Der Wiedertäufer Ursprung*, 1560)을 썼고, 『공의회들에 관하여』(*De concillis*, 1561), 『교회 핍박에 관하여』(*Von dew Schweren Verfolgung der Christlishen Kirchen*, 1573)를 저술하였다.

이러한 책들의 목록이 보여주는 바와 같이 불링거의 역사적인 관심은 주로 취리히에 초점이 맞추어져 있다. 이러한 관점의 집중은 그의 역사적인 저술들이 다른 사람들의 관심을 끌지 못하는 한계를 안게 되었다. 그렇지만 그는 취리히 역사에 대한 연구를 통하여 자신이 개혁의 책임을 맡고 있던 취리히의 역사적인 과정과 함께 책임을 분명하게 인식하고 여기에 헌신하게 되었다. 그는 교리적인 관점뿐만 아니라 역사적인 책임의식과 안목을 가지고 개혁활동을 전개하였다.

8. 불링거에 대한 평가

불링거는 츠빙글리의 갑작스런 사망으로 위기를 맞이했던 취리히 개혁을 이어받아 완성시킨 종교개혁자이다. 지금까지 그의 신학에 대해서는 크게 알려지지 않았으나 당시 스위스 연방에서 가장 영향력있던 취리히의 목사회 의장이 되어 44년간 목회를 하면서 개혁신학의 발전에 중요한 공헌을 하였다. 그는 종교개혁 당시에 칼빈에 못지 않은 영향력을 행사하였다. 현재 그가 주고받은 편지 12,000통이 남아 있다. 1만 통은 그에게 온 편지이고, 2천 통은 불링거가 답장으로 쓴 편지이다. 이 편지들을 분석해 보면 불링거가 유럽의 종교지도자들뿐만 아니라 정치지도자들과도 아주 폭넓은 서신교환을 한 것을 알 수 있다. 불링거는 이러한 서신교환을 통하여 유럽 전역에서 개혁주의 신앙이 자리잡도록 지원을 아끼지 않았다. 그렇지만 그의 사후에 그의 저작들이나 취리히가 개혁교회들 사이에서 커다란 지도력을 발휘하지 못해서 크게 평가받지 못하였다. 앞으로 불링거의 많은 주석들과 설교집들이 깊이 연구되어 그의 신학사상이 더욱 풍부하게 우리에게 알려질 뿐만 아니라 종교개혁 당시 개혁주의의 풍부한 흐름을 파악하게 되기를 기대해 본다.

더 읽을 책과 논문들

서원모. 김유준 역. 츠빙글리와 불링거. 두란노서원.
이형기. "불링거와 제2스위스 신앙고백, 1566." 장신논단. 1992.
박상봉. "취리히 종교개혁자 하인리히 불링거." 역사신학 논총 19집.
박상봉. "요한 칼빈과 하인리히 불링거의 성만찬 일치: Tigurinus Consensus." 한국교회사학회논문집. 27집.

제8장

스트라스부르의 종교개혁자 마틴 부처

부처(Martin Bucer, 1491-1551)

부처(Martin Bucer, 1491-1551)는 츠빙글리의 개혁파사상을 이어 받아 자신의 색채를 가미하여 칼빈에게 전해준 개혁파의 선구적인 신학자이다. 그는 평생동안 루터파와 개혁파, 더 나아가 개신교와 로마 가톨릭 사이의 화해를 위해 노력한 인물이었다. 종교개혁기 개혁파 신학을 가장 발전시켰고 4중직제를 통하여 장로교회의 기본적인 틀을 형성한 칼빈은 1538년부터 1541년까지 3년 동안 스트라스부르에 머물면서 부처로부터 커다란 영향을 받았다.

1. 부처의 교육과정과 스트라스부르의 종교개혁

부처는 신성로마제국의 자유도시인 남부 독일 엘자스 지방의 쉴레트쉬타트(Schlettstatt)에서 1491년 11월에 태어났다. 그는 이곳에서 어릴 때에 라틴어 학교에 다녔는데, 새로운 헌신운동(devotio moderna)과 인문주의의 영향을 받았다. 그는 16살이 되었을 때 도미니칸 수도원에 들어가 토마스 아퀴나스의 신학을 열심히 공부하였는데, 1515년 말경에는 하이델베르크의 도미니크 수도원으로 옮겨갔다. 부처는 인문주의자 에라스무스의 저서들을 접하게 되었는데, 1516년에 출판된 헬라어 성경을 만났다. 그는 이 성경을 통해 불가타와 다른 성경을 알게 되었다. 그는 하이델베르크에서 거주하다가 1518년 4월 루터와 그의 동료들 사이에 아우구스티누스파 수도원에서 열렸던 논쟁에 참석하였다. 여기서 부처는 루터의 주장에 감동되어 그의 추종자가 되었으며 1519년 1월에 하이델베르크 대학에서 성경학사학위를 받았다. 그는 그 해 여름 아퀴나스 신학과 결별했으며, 도미니크 교단에 의해 압박을 받자 1521년 4월에 스스로 수도사 서원을 파기하고 수도원을 떠나 1522년에 결혼을 하였다. 그는 이 시간 동안 인문주의

자들이었던 식킹겐(Sickingen)과 후텐(Hutten)의 후원을 받았으며, 1522년에 비셈부르크에서 종교개혁에 대해 설교했다. 이러한 개혁에 슈파이어(Speyer) 주교가 그를 파문하여 그는 스트라스부르로 오게 되었다.

부처는 1523년 5월 중순에 도착했을 때 스트라스부르는 마태우스 젤(Mattaeus Zell, 1477-1548)에 의해 이미 종교개혁이 진행되고 있었다. 젤은 루터의 저술들에 의해 영향을 받아 1521년부터 복음적인 영감을 가지고 로마서를 강해하였으며, 1523년에 독일어로 미사를 집례하고 성찬에서 성도들에게 빵과 포도주를 주었다가 주교에게 이단으로 고소당했다. 그는 자신을 변호하기 위하여 1523년 스트라스부르 종교개혁의 첫 번째 성명서로 여겨질 수 있는 『기독교인의 답변』(*Christliche Verantwortung Matthes Zell von Kaysersberg*)이란 글을 간행하였으며, 카피토와 부처를 동역자로 얻었다. 부처는 젤의 권고로 이곳에서 성직자와 평신도를 위한 성경 강해를 시작했고, 8월 중순 경에는 스트라스부르 교회당에서 설교하기 시작했으며, 이 해에 자신의 최초의 저술인 『남을 위한 삶』(*Das ym selbs*)[5]과 『비셈부르크에서의 설교 요약』을 출판하였다. 이 두 작품의 영향이 커서 대성당의 참사회가 개혁 운동을 저지하기 위해 부른 명성있는 설교가 헤디오 역시 종교개혁에 가담하게 되었다. 부처와 함께 여러 사역자들이 이곳에서 설교사역을 하면서 예배의 개혁이 뒤따랐다.

---

5) 이 저술의 전체 명칭은 Das ym selbs niemat sonder anderen leben soll und wie der mensch dahyn kummen moög이다. 이 제목의 의미는 "사람은 자기 자신을 위해서 살 것이 아니라, 다른 사람들을 위해서 살아야 한다. 우리는 어떻게 거기에 도달할 수 있을까?"이다. 황대우 편저, 『삶, 나 아닌 남을 위하여: 마르틴 부써의 기독교 윤리』(서울: SFC, 2007)를 참조하라.

1524년 12월에, 부처는 츠빙글리의 관점을 가지고 스트라스부르 예배의식에 도입된 변화들을 옹호하는 『갱신의 근거와 원인』(Grund und Ursach)을 출판했다. 종교개혁에 대한 반발도 일어났으나, 1525년 5월에 이르러 시민들의 지지 속에서 로마가톨릭의 사제들은 도시를 떠나게 되었다. 대성당에서 미사는 그대로 거행되었다.

부처는 1524년 말에 이르러 성찬에서 실질적인 임재를 포기하고 츠빙글리의 견해를 수용하였다. 그러면서 그는 1526년부터 1529년 사이에 루터와 츠빙글리 사이의 성찬의 견해를 화해시키려고 노력했으나 실패하였다. 그렇지만 스트라스부르에서는 1529년 2월에 미사가 공식적으로 중단되어 종교개혁에 완전히 가담하게 되었다. 스트라스부르는 1530년 1월 스위스 동맹에 가입하면서 성상과 측면 제단을 제거하였다.

2. 부처의 교회 연합운동

신성로마 황제 찰스 5세가 제2차 슈파이어 국회에서(1529년) 보름스 칙령을 적용하여 종교개혁의 확장을 금하고 로마가톨릭을 따르라는 결정을 내리자, 종교개혁을 지지하는 제후

마틴 부처가 사역했던
성 토마스교회

들은 황제의 결정에 "항의"하기에 이르렀다. 신성로마제국이 순종하지 않으면 군사적 공격을 가하겠다고 위협하자 개신교 세력들은 동맹을 맺고자 하였고 이 과정에서 종교적인 합의를 이끌어 내기 위해 분

주한 협상이 이루어졌는데, 이 때 부처는 루터와 츠빙글리 진영의 일치를 이끌어 내고자 노력하였다. 1530년에 부처와 카피토가 콘스탄츠, 린다우, 메밍겐 등의 동의를 얻어 『4개 도시의 신앙고백서』를 작성했다. 그리고 그는 종교적 영역에서 독일의 여러 지방들과 스위스 사람들 사이에서 중재 역할을 담당함으로써, 개신교 세력들 가운데 탁월한 위치를 확보했으나 의견의 접근을 끌어내지는 못하였다.

1534년 이후에 부처는 다시 루터파와 개혁파 사이의 의견의 일치를 모색하였다. 그러한 가운데 스위스 도시들 사이의 신앙의 일치로 1536년 2월에 만들어진 것이 제1 스위스 신앙고백(First Helvetic Confession)이었다. 개혁파 사이의 일치된 신조를 작성한 후에 부처는 1529년의 마르부르크 회담에서 분열된 루터파와 개혁파 사이의 일치를 끌어내고자 노력하였다. 부처는 교회가 그리스도의 몸이요 신부이기 때문에 둘로 나누어질 수 없다는 교회관을 가지고 있었다. 그는 카피토와 함께 노력하여 루터파와 개혁파 사이의 의견의 일치를 보지 못했던 성찬론의 일치를 끌어내어, 1536년 5월에 비텐베르크 일치(Wittenberger Konkordie)를 작성하였다. 그러나 성찬식에서 츠빙글리의 견해를 고수하는 취리히의 반대로 스위스까지는 의견의 일치를 보지 못하였다.

스트라스부르의 종교개혁은 도시 내부에서도 난관이 있었다. 비록 가톨릭은 이곳에서 신속히 사라졌지만, "영성주의자들"은 심각한 위협적 존재가 되었다. 칼스타트(Karstadt)가 이곳에 정착하러 찾아왔지만 그는 이내 그의 분리주의적 행동 때문에 당국에 의해 쫓겨났다. 더 위험했던 것은 재세례파와 온갖 종류의 영성주의자들로서, 이들은 자유스런 분위기를 틈타 도시에 만연했고 심지어 지도자인 카피토까지 그들에게 동조하게 되었다. 영성주의가 종교개혁에 퍼뜨린 위험을 막을 목적에서, 부처는 시당국자들에게 열광주의자들을 추방하라고 요구하였다. 그는 교회의 치리를 보다 강화하는 일에 전념했다. 1531년 각 목사에게 "감독회"를 조직하게 하였으며, 교회에 권징 기능을 부여하는 데 성공하였다. 그럼에도 불구하고 재세례파들의 세력으로 인한 혼란은 계속되었다. 그래서 1533년부터 1534년에 개최된 총회에서 부처를 중심으로 한 목사들은 교회의 교리와 정치 체제에 관한 제도적인 정의를 내리게 되었다. 부처는 1533년 6월 총회에서 16개 조항의 신조를 작성하여 승인을 받았고, 그 결과 급진주의자들을 심문하여 호프만은 수감되고 슈펭그펠트는 자진해서 이 도시를 떠났다. 부처는 치리를 말씀과 성례에 덧붙여 세 번째 표지로 강조하면서 복음적인 견진례를 발전시켰다. 부처는 재세례파로 인한 혼란 속에서 교회의 치리의 중요성을 깨닫고 교회 안에서 실천하고자 노력하였으며, 이 점에서 츠빙글리와 구별되었다. 이러한 조처들은 분파적 운동들을 약화시키고 총회의 주재를 맡은 부처의 권위를 강화시키는 데 상당히 공헌했다.

그리고 그는 목사들과 필요한 인물들을 키울 수 있는 기관으로 1538년 고등교육학교를 창설하였다. 이 학교의 총장은 요한 슈트름이었으며, 부처, 카피토, 헤디오, 베르미글리, 그리고 칼빈도 한때 가르쳤다.

부처는 1538년부터 41년 사이에는 종교개혁 안에서 뿐만 아니라 로마가톨릭까지를 포함한 교회연합운동을 활발하게 전개하였다. 이 시기의 교회연합회의는 라이프치히 회의(1539년 1월), 프랑크푸르트 회의(1539년 4월), 하게나우 회의(1540년 6-7월), 보름스 회의(1540년 10월)를 거쳐 레겐스부르크 회의(1541년 4월)에서 정점에 이르렀다. 이 회의에 개신교측 대표는 부처, 멜랑히톤, 헤센의 피스토리우스

(Pistorius)였고, 가톨릭의 대표자는 그루퍼(Gropper), 플럭(Pflug), 에크 등이었다. 부처와 그루퍼가 중심이 되어 이 회의의 결과로 23개 항의 〈레겐스부르크 문서〉(Book of Regensburg)를 작성하였다. 칼빈도 여기에 참석하였다. 이러한 연합운동의 배후에는 신성로마제국을 통일시켜 오스만투르크와 프랑스에 대응하려는 신성로마황제의 노력이 자리잡고 있었다. 이들 사이에 가장 중요한 논쟁은 칭의와 성찬이었다. 칭의는 믿음으로 인한 칭의가 먼저 있고 행위의 칭의가 뒤따라 온다는 이중칭의가 주장되어 어느 정도 수용가능성이 있었다. 그러나 성찬에서 화체설을 둘러싸고는 의견의 일치를 전혀 볼 수 없어 양편의 교회연합운동은 실패로 끝났다. 이 과정에서 부처는 "그리스도인들이 사랑 안에서 서로를 인정하고 품는 것"을 목표로 삼아서 원칙을 희생시킬 위험을 안고 있었다. 그래서 진리와 그리스도 안에서의 연합을 주장하는 칼빈은 그의 사상을 위험하다고 보고 비판하기도 하였다. 그렇지만 칼빈은 그와 함께 활동하면서 교회연합의 중요성을 깨닫게 되었고, 개신교의 연합을 위해 노력하게 되었다.

부처는 이때부터 1549년까지 스트라스부르에서 종교개혁활동을 계속하였다. 그는 스트라스부르에서 종교개혁을 하면서 주변지역인 울름(Ulum), 쾰른(Köln), 특히 헤센(Hessen) 등지의 개혁활동을 도왔다. 루터가 사망한 후 일어난 슈말칼트 전쟁에서 신성로마제국이 루터파에 대해 승리한 후에 황제 칼 5세가 제시한 로마가톨릭 색채가 강한 아우크스부르크 임시안(Augsburg Interim, 1549)을 강력하게 반대하던 부처는 결국 추방당하여 영국으로 건너갔다.

부처는 영국 왕 에드워드 6세(Edward VI)와 크랜머(Thomas Cranmer)의 초청을 받아 영국에 가서 2년 동안 케임브리지 대학교 교수로 가르쳤다. 그는 이곳에 있는 동안 1552년에 이루어진 『공동기도서』(Book of Common Prayer) 개정에 기여하였고, 영국의 교회와 사회의 개혁을 위한 청사진인 『그리스도 왕국론』을 저술하여 에드워드 6세에게 헌정하였다. 그는 자신의 고향으로 돌아가지 못하고 영국에서 1551년 2월에 소천하였다. 그의 사후에 등장한 로마가톨릭 지지자인 피의 메리는 종교개혁자였다는 이유로 그의 무덤을 파헤쳐 다른 곳으로 이장하였다. 그의 사후에 왕이 된 엘리자베스 1세는 그의 무덤을 복원시키고 명예를 회복시키는 비문도 세웠다.

3. 부처의 성경해석

부처의 작품들 가운데 가장 많은 비중을 차지하는 것이 성경 주석이다. 그의 성경 주석은 크게 세 가지에 집중되어 있다. 첫째는 4복음서 주석이고, 둘째는 바울 서신 가운데 에베소 주석과 로마서 주석, 셋째는 시편을 중심으로 한 몇 권의 구약주석이다. 그는 1527년에 『마태, 마가, 누가복음 주석』(Enarrationum in Evangelia Matthaei, Marci, & Lucae), 1528년에 『요한복음 주석』(Enarratio in Evangelion Johannis)을 따로 쓴 후에 1530년에 4복음서를 합쳐서 『4복음서 주석』(Enarrationes Perpetuae in Sacra Quatuor Evangelia)을 내었고, 1536년에는 『증보된 4복음서 주석』(In Sacra Quatuor Evangelia, Enarrationes Perpetuae)을 내었다. 『요한복음 주석』은 1528년에 나온 후에 1530년과 1536년에 다시 나왔다.

부처가 복음서 주석을 쓴 목적은 경험이 없는 신앙이 어린 형제들에게 그리스도의 말씀과 행동을 가능한 한 원래의 순서대로 이해시키고 그것들의 자연스러운 의미를 보존하려는 것이었다. 그러한 결과로 그들이 중세의 잘못된 해석이나 미숙한 해석에 의해 하나님의 말씀을 왜곡시키지 않고 오히려 하나님의 성령에 의해 기록된 대로 모든 것을 신실하게 이해한 것을 가지고 교회의 모든 사람들에게 설명하여 그들을 신앙과 사랑 안에서 굳건하게 세우고자 하였다. 그는 이를 위해 중세에 왜곡된 단어들을 성령에 의해 기록된 본래의 의미로 설명하였고, 알레고리로 해석된 것을 바로 잡아 나갔다.

그는 1527년 『에베소주석』(Epistola D. Pauli ad Ephesios Commentarius)을 썼고, 영국으로 망명해서 1550-51년에 걸쳐 케임브리지 대학에서 에베소서 강의를 한 것이 그의 사후인 1562년에 『에베소서에 대한 박식한 강의』(Praelectiones doctiss. in Epistolam D. Pauli ad Ephesios)라는 제목으로 출판되어 나왔다. 루터가 이신칭의를 강조하여 로마서와 갈라디아서를 강조한 데 반해, 부처는 성령과 말씀에 기초한 교회를 강조하여 에베소서를 강해한다. 부처가 에베소서를 강해할 때, 당시 스트라스부르에서 문제를 일으켜 금지당했던 재세례파의 오류들을 염두에 두고 있었다. 부처는 루터와 영성주의 사이의 중도 입장에서 말씀과 성령의 역사를 함께 강조하였다. 말씀이 선포될 때 성령의 조명을 통하여 우리에게 그 말씀이 인쳐지고 그리하여 교회는 든든하게 세워져 간다.

1536년에 『로마서에 대한 관주와 주석』(Metaphrases et Enarrationes Perpetuae in Epistolam ad Romanos)이 나왔다. 칼빈은 그의 로마서 주석 서문에서 부처의 주석을 아주 높게 평가하였다: 부처는 "로마서 주석에 관한 최종적인 말을 했던 사람이다. 그의 심오한 학식, 풍부한 지식, 지적인 예리함, 폭넓은 독서, 그리고 오늘날에 어떤 다른 사람에 의해 능가될 수 없는 많은 다른 다양한 탁월성들 외에도, 우리가 알다시피 이 학자와 필적할 어떤 사람도 거의 없고 다른 많은 사람들보다도 그는 우월하다. 우리 시대에 성경을 해석함에 있어서 그의 특별한 신뢰도에 있어 부처보다 더 정확하거나 더 부지런했던 사람은 아무도 없었다"고 최상의 평가를 하면서 다만 "너무나도 장황하여" 빨리 읽을 수 없고 "너무 심오하여" 이해하기 어렵다는 단점을 지적한다.

구약 주석은 1528년에 『스바냐 주석』(Tzephanaiah commentario explanatus)이 나왔고, 『시편 5권에 관한 주석』(Sacrorum Psalmorum Libri Quinque)은 1529년 처음 나온 후에 1532, 1547, 1554년에 걸쳐 출판되었으며, 1544년에 『사사기 주석』(Commentarii In Librum Judicum)이 나온 후에 1554년에 약간의 선택적인 사사기 주석이 나왔다. 칼빈은 부처의 시편 주석에 대해서는 "하나님의 교회의 가장 신실한 교사이신 마르틴 부처가 독보적인 학식과 근면과 성실성과 성공을 가지고 이 분야에서 노력을 기울였기에, 내가 이 작품에 손을 댈 큰 필요성이 없었"다고 말한다. 이러한 칼빈의 평가를 통해 볼 때 부처의 주석들은 학문적인 깊이가 아주 탁월하다는 것을 알 수 있다.

부처는 1529년에 『시편 주석』을 가명으로 출판했는데, 가명을 사용한 것은 출판업자들과 판매업자들을 로마가톨릭교회의 핍박으로부터 보호하려는 목적이었다. 그는 당시에 구약성경의 정확한 이해를 위해 히브리어를 열심히 공부할 것을 강조하였다. 그래서 부처는 시편을 주석할 때 히브리어 텍스트를 사용하였다. 그는 70인역보다 히브리 성경을 높게 평가하고, 히브리서 성경이 유대인들에 의해 손상되지 않고 세심하게 보호된 것에 경탄했다. 그는 유대인들이 히브리 원문을 잘 보존한 것을 칭찬하지만, 그들의 그리스도 없는 해석을 비판하며, 시편주석에서 역사적 주석방법을 사용하여 해석하였다.[6] 그는 여기서 유대인들의 문자적 의미에 따라 역사의 기초를 세우려고 문자적인 의미를 우선시하면서 동시에 예수 그리스도에 대한 신앙의 유비에 의해 인도받고자 하였다. 부처는 새언약에서와 동일하게 구약에서도 히브리적 진리는 그리스도의 철학이라는 동일한 경건에 서 있었다고 본다. 다시 말해 그에게 중요한 것은 그리스도 안에 있는 계시는, 하나님께서 역사(歷史) 속에서 일하시는 하나님이시라는 사실에 대한 증언의 귀결이라는 것이다. 하나님께서는 구약에서도 성령 안에서 강력하게 역사하셨고 성육신 이후에도 동일한 성령을 통해 더욱 강력하게 역사하신다. 부처는 구약의 해석에서 일차적으로 문자적인 의미를 이해하지만, 궁극적으로는 성령을 통한 하나님의 구속역사, 그리스도의 모형으로서의 해석을 추구하였다. 부처는 히브리어를 중시하여 랍비들의 작품들을 많이 인용하고 참고하였지만, 그의 궁극적인 목표는 역사적 배경을 올바로 이해한 토대 위에서 성령의 사역을 통한 하나님의 구속 사역, 즉 하나님 나라의 확장에 초점이 있었다.

부처 성경 주석의 가장 중요한 특징은 첫째로 알레고리를 강하게 비판하는 점이다. 그는 『설교에서 성경이 취급되어야 하는 방법에 대한 가르침』(1531)에서 알레고리는 "우리를 진리와 실천적인 가르침과 그리스도의 모범으로부터 떠나게 하여 열매 없는 인간적 발명들 속으로 유인하는, 성령에 대한 뻔뻔스러운 모독이며, 사탄의 교활한 가해라는 사실을 나는 조금도 의심하지 않는다"라고 강력하게 비판하였다. 알레고리는 성경을 해석자 마음대로 해석하여 성경의 의미를 왜곡시키므로 성경해석에서 사용해서는 안 된다. 그는 신앙유비(analogia fidei)의 기준에 따라 오리게네스와 히에로니무스와 다른 교부들이 알레고리를 허용한 것을 비판하면서, 예언서와 역사서와 율

---

6) 최윤배, 『잊혀진 종교개혁자: 마르틴 부처』(서울: 기독교서회, 2012), 137.

법서의 인물들의 알레고리화를 피하고 확실한 역사적 근거 위에서 해석할 것을 주장한다. 부처는 루터가 시편 19편 1-7절 해석에서 알레고리를 사용한 것들을 비판하면서 단순하게 문자적으로 그 의미를 밝히고자 한다.

그는 성경을 주석할 때 중세의 선택적 읽기(lectio divina)를 피하고 연속적인 읽기(lectio continua) 방식을 채택하였다. 중세에는 성경읽기에서 절기에 맞추어 성경의 문단들을 편집하여 읽으면서 기존의 로마가톨릭의 성경해석을 정당화하였다. 츠빙글리가 이러한 성경해석을 비판하면서 연속적인 성경해석을 시도했는데, 부처도 그러한 성경해석 방식을 따랐다. 부처에 의하면 복음서는 평범한 헬라어로 기록된 것에서 알 수 있는 바와 같이 평범한 사람들을 위해서 기록된 책이므로 가능한 한 단순하게 해석되어야만 한다. 그래서 우리는 복음의 기록 목적에 따라 그를 통해 영생을 얻는다고 말씀하신 그리스도의 탄생, 생애, 가르침을 설명하려는 목적으로 주석을 해야 한다.

부처는 신앙의 유비를 가지고 재세례파와 영성주의자들의 성경주의를 오히려 비판하였다. 마귀가 예수님을 시험할 때 성경 전체의 의미와 어울리지 않게 성경 말씀을 인용한 것이 대표적인 경우이다. 이들은 성경을 지나치게 문자적으로 해석하여 성경의 전체의 의미와 모순을 가져오는 경우가 많았다. 그래서 부처는 성경을 성경으로 해석하되, 신앙의 유비에 따라 성경 전체 의미를 고려해야 한다고 주장한다.

부처는 신앙의 유비를 기준으로, 지나친 신비적인 해석을 가져올 경우에는 비판하였다. 그는 오히려 구약의 인물들을 모형론에 입각하여 해석하였다. 그는 『에베소 주석』에서 유형론의 교육목적에 대해 그리스도 안에 있는 거의 모든 신비에 대해 미리 암시를 줌으로써 경건한 정신이 숨어 있는 신적 실재성을 반영하여 소생되고, 거룩한 것의 영역으로부터 불결한 정신이 제거되도록 하기 위하여, 하나님께서 구약 성서의 유형들을 통해 말씀 속에서 뿐만 아니라 사건과 행동 속에서 우리를 교육하신다고 하였다.7) 예수님은 엠마오로 가는 도상의 제자들에게 구약성경에 자신이 인간으로 태어나고, 죽고 부활한다는 내용이 기록되어 있다고 말씀하셨다. 그는 『요한복음 주석』에서 구약의 유형과 유비가 신약에 와서 더욱 분명해져야 하며, 신앙의 의미가 확실하게 두드러지게 나타나야 한다는 사실을 주장한다. 그는 구약의 희생제사들을 히브리서와 연관시킨다.

부처의 성경해석의 또 하나의 중요한 관점은 구속사적, 삼위일체론적 성경 해석이다. 신구약은 하나님께서 우리의 하나님이 되시고, 우리는 그의 백성이 된다는 하나님의 동일한 약속에 근거하고 있다. 삼위일체 하나님의 구원사역은 신구약의 이러한 동일한 약속 위에서 중보자 그리스도의 구속과 성령의 역사를 통한 전 구속사를 통해 이루어지고 있다. 부처는 성경해석에서 성령의 역사를 통한 신구약의 통일성과 동일한 언약에 대해 인식하여 율법과 복음의 통일성을 강조하였고, 성경해석이 삶의 실천으로 연결되어 경건을 형성하기를 원하였다.

4. 마틴 부처의 재세례파 비판

최현배 교수는 종교개혁을 루터의 구원론 중심의 개혁, 츠빙글리의 국가 중심의 개혁, 부처와 칼빈의 교회론 중심의 개혁의 3가지 유형

---

7) 최윤배, 『잊혀진 종교개혁자: 마르틴 부처』, 95.

으로 나누면서 이러한 개혁활동들이 다양성 가운데 통일성이 있다고 설명한다. 그리고 부처의 이러한 교회 중심의 개혁사상이 가장 잘 나타나 있는 것이 1527년 8월에 출판된 그의 『에베소 주석』이다. 이 책이 출판되기 직전인 7월에 스트라스부르에서 재세례파를 정죄하는 판결이 내려졌다. 그래서 부처는 이 주석에서 교회론과 구원론과 관련하여 재세례파들이 제기했던 문제들인 유아세례의 부정과 재세례, 국가와 교회의 분리, 그리고 자유의지를 통한 인간의 율법준수 가능성의 주장과 함께 예정과 선택의 확실성에 대한 그들의 비난에 답하고자 하였다.

부처는 자유의지를 통한 율법 준수 가능성에 대한 주장을 예정과 선택의 확실성을 가지고 반박한다. 부처는 『에베소 주석』을 통해 이 신칭의와 함께 하나님의 예정을 강조하여 우리의 구원의 확실성을 율법준수가 아닌 예정에 근거를 두었다. 우리의 선택은 창세 전에 그리스도 안에서 이루어졌다. 그러므로 하나님의 예정은 인간의 행위와 관계없이 이루어진 것으로, 그리스도의 구속의 역사를 통해 성취되고, 그리스도께서 승귀하신 후에 보내시는 성령의 역사를 통해 우리에게 적용된다. 이러한 성령의 역사를 통하여 하늘의 신령한 복, 바로 성령께서 우리 안에 일으키시는 영적인 복들은 우리의 것이 된다. 그리스도를 통한 선택과 그리스도와의 연합(교제) 안에 있는 선택이란 상호밀접하게 연결된 생각 속에 자유의지가 자리잡을 공간은 없다. 그리스도 안에서의 선택은 중보자가 만족을 제공하는 선택으로, 그리스도께서 자유의 영을 선물로 부어주실 때, 구원은 시작된다.8) 성령의 역사를 통한 선택은 거룩한 삶을 목적으로 한다. 성령의 인치심은

---

8) 최윤배, 『잊혀진 종교개혁자: 마르틴 부처』, 147.

우리에게 구원의 확실성을 담보하면서 동시에 거룩한 삶을 살아가게 만드는 원동력이다. 이러한 성령의 보증 속에서 구원의 확실성과 새롭게 됨과 성화와 영화의 소망은 상호 연결되어 있다. 그러나 재세례파들은 세례와 외적인 말씀을 강조하며 성령의 역사의 가능성을 배제하였다. 이에 대해 부처는 이러한 은혜의 수단들의 효력도 성령의 역사를 통하여 나타나게 된다는 것을 강조한다.

부처에게 있어서 말씀과 성령은 상호 밀접하게 연결되어 있다. 루터는 말씀을 강조하여 성령은 말씀을 통하여 역사한다(per verbum)는 것을 강조하는 반면에, 부처는 성령께서 말씀과 함께(cum verbum) 역사한다는 것을 강조한다. 이러한 점에서 부처는 성령을 말씀과 분리시켜 성령만을 강조하는 영성주의자들의 견해도 잘못된 것이라고 비판한다. 부처는 또한 말씀과 성령은 상호교통과 교제를 만들어내므로, 분리주의적인 재세례파는 잘못되었다고 비판하였다.

말씀과 성령은 분리될 수 없고 함께 역사하신다. 그러므로 그리스도를 율법제정자로 보고 우리가 그의 율법을 따라가야 한다고 주장하는 재세례파의 주장은 잘못된 것이다. 왜냐하면 복음은 이미 그리스도에 의해 성취된 구속의 선포이며, 따라서 그리스도를 통해 우리에게 은혜가 주어진다.9) 그리스도는 회개의 필요성을 선포했고, 사도들도 그렇게 했는데, 이 회개의 역사는 성령의 역사를 통해서 신앙이 생겨나야만 일어날 수 있다. 복음인 은혜가 먼저 주어져야 그 후에 열매가 나타나는데, 재세례파들은 사랑이 먼저이고 나중에 믿음이라고 주장하며 자유의지를 주장하여 잘못된 길을 가는 것이다.

재세례파가 제기하는 또 하나의 문제는 구약과 신약을 날카롭게 분

---

9) 최윤배, 『잊혀진 종교개혁자: 마르틴 부처』, 154.

리시키는 것이었다. 부처는 이 문제에 대해 다양한 저술들에서 구약과 신약을 구별하면서도 상호 연관시켰다. 구약과 신약의 연속성은 하나님의 선택하시는 은혜의 내용에 있다. 약속의 본질은 하나님께서 우리의 하나님이 되시고 우리를 보호하시며, 우리에게 영생을 주실 것이므로 우리는 그의 백성이 된다는 것이다. 구약과 신약의 계약의 하나됨은 하나님의 하나되심 속에 있다. 하나님과 인간 사이에 한 분 하나님이 계시고, 영원토록 동일하신 한 분 중보자가 계신다. 하나님은 이 한 분 중보자를 통해서 구약의 이스라엘 백성뿐만 아니라, 오늘날 우리와 화해하시고 계약을 맺으셨다. 그러므로 계약의 일치성은 그 한 분 중보자와 그의 사역 속에 있다.

그는 복음서 주석에서는 계약의 하나됨을 모든 선택된 자들을 감화시키는 성령의 하나됨 속에서 찾았다. 새언약에서 계시가 더욱 명료해지고, 성령의 역사가 더욱 강력해졌지만, 그러나 성령을 통한 역사라는 점에서 구약과 신약은 동일한 하나의 언약이다. 구약 백성도 신약백성도 성령의 역사를 통해서만 구원을 받고 선한 열매를 맺는 한 하나님의 백성이었다.

부처는 신약과 구약의 관계 문제를 다루는 과정에서 세례와 관련하여 재세례파와 로마가톨릭과 논쟁하였다. 부처는 처음에 루터의 영향을 받아 로마가톨릭의 기계론적 성례관을 비판하며 내적 씻음을 강조하였으나, 재세례파의 유아세례를 비판하면서 세례를 새언약의 징표로 해석하였다. 그는 1524년경에는 외적 의식으로서 구약의 유아 할례가 언약에 필수적인 것과 같이, 새언약에서 유아세례도 필수적이라고 주장하였다. 이 외적 의식은 믿음과 연관되어 있어, 신구약의 언약의 연속성이 존재하며 통일성의 근거가 된다. 그는 복음서와 요한복음 주석에서는 신구약 언약의 일치성을 주장하여 언약의 하나됨을 강조한다.

그는 1530년대 들어와서는 하나님의 은혜의 약속으로서의 계약 개념에서 성례에 근거하여 신구약의 통일성을 논한다.10) 은혜의 약속의 근거와 원천은 그리스도의 공로 속에 있는데, 구약의 성례에서 그림자로 예표되었고, 신약의 성례들 속에서 분명하게 드러났다. 따라서 세례는 우리가 그리스도 안에서 하나님께 접붙여지는 표적으로서 약속으로 우리에게 주어졌다. 이 약속이 새언약에서 더욱 분명해지고 성령의 역사가 강력해진다 하더라도 본질에서는 동일하여 신구약의 통일성은 분명해진다. 그러므로 신구약은 동일한 하나의 은혜언약이며 시행방법에서의 차이만 있을 뿐이다. 이러한 부처의 언약사상은 칼빈에게 계승되었다.

5. 부처의 교회의 치리

부처가 사역을 하고 있던 스트라스부르에 뮌처의 영향으로 재세례파가 등장한 것이 1524년 말이었다. 재세례파는 이 시기부터 1530년대 중반까지 스트라스부르의 정치-사회적인 혼란을 야기할 잠재적인 위험요소였다. 이 시기에 재세례파는 동질 그룹이 아니라 스위스 형제단, 마페크(Marpeck), 그리고 멜키오르 호프만 등의 지도자들을 따르는 다양한 그룹이 있었다. 따라서 이들 사이에 의견의 차이들이 존재했지만, 가장 심각한 문제는 유아세례를 반대하여 국가의 지시를 따르지 않는 분리주의적인 경향이었다. 그리고 이들은 자유의지를 주장하여 스스로 율법을 준수할 수 있다고 주장하였고, 그러므로 외적

---

10) 최윤배, 『잊혀진 종교개혁자: 마르틴 부처』, 182.

인 행위를 강조하면서 엄격한 치리를 시행하였다.

　이러한 재세례파에 대해 부처는 교회의 혼란을 방지해야 할 뿐만 아니라 시 전체의 질서를 유지하는 가운데 종교개혁을 진행하기 위하여 적극적으로 활동하였다. 재세례파들이 스트라스부르로 들어오자 시의회는 이미 1527년 7월에 이 신앙을 가지는 것을 금지시켰다. 재세례파에 대처하는 가운데 부처는 두 가지 측면에서 적극적으로 활동하였다. 하나는 시의회와 협력하는 가운데 강제력을 통하여 이들의 세력을 억압하려는 것이었다. 재세례파들은 깨끗한 행위를 내세우면서 기존교회를 공격하므로 미혹되는 사람들이 많았다. 스트라스부르에서는 부처의 개혁의 동료였던 카피토마저도 그들에게 동조하는 상황이 벌어졌다. 그러므로 1520년대 후반부터 1530년대 중반까지 재세례파는 이 도시를 위협하는 가장 중요한 세력이었다. 따라서 부처는 1526년부터 재세례파를 적극적으로 공격하기 시작했고 1528년과 30년에 재세례파에 반대하는 칙령을 제출하여 정부 관리들을 설득하여 성공을 거두었다.

　둘째로 부처는 재세례파를 물리치려고 재세례파들의 신학적인 오류와 위험성을 공격하게 되었다. 그는 제일 먼저 그들의 분리주의적인 원리의 위험성을 인식하게 되었고, 이를 극복하기 위해 가시적 교회를 강조할 필요성을 깨달았다. 이 목적을 위해 그는 그리스도의 몸이면서 그리스도의 신부(Sponsa christi), 그리스도의 왕국으로서 하나의 통일된 교회를 인식하게 되었다. 둘째로 부처의 관점에서 교회의 질서와 평화를 위해 치리의 본질에 대해 논의하게 되었다. 스트라스부르의 신학적 입장은 1520년대 후반에 루터의 경향으로부터 츠빙글리적인 유형으로 전환하였다. 물론 그는 1523년 첫 번째 저술에서부터 치리를 논의했다. 치리는 하나님께서 세상에서 그리스도인들의 사랑을 효과적으로 만드시기 위한 수단들이 되었다. 부처는 재세례파와의 대화를 통하여 치리공동체로서의 교회의 성격을 더욱 강조하게 되었다. 부처는 1527년 복음서 주석 초판에서 1526년 루터가 독일 미사에 대해 언급한 내용과 밀접하게 연결시키면서 상호간의 치리 시행의 본질에 대해 언급했다.

루터는 만인제사장의 입장에서 교인상호간의 죄의 고백과 교정을 주장하였으나 아직 구체적인 시행방안이 마련되어 있지 못했다. 그런데 츠빙글리는 치리를 목회자와 시관리들의 협력 속에서 시행하고자 하였다. 츠빙글리는 교회의 독자적인 치리권을 인정하지 않았다. 이러한 치리의 문제점은 교회의 독자적인 영적 질서를 세울 수 없다는 것이었다. 이러한 문제점을 인식하고 처음으로 교회의 독자적인 치리권을 세우려고 했던 인물이 외콜람파디우스였고 그의 영향을 받은 것이 부처다. 그러나 1530년에 시의회의 치리와 구별된 교회의 독자적인 치리 시행을 구체화시키려던 바젤에서의 외콜람파디우스의 시도는 실패했다.

스트라스부르에서도 주교의 재판권이 거부된 이후에 1531년까지 그것을 대치할 아무런 제도도 마련되지 않았다. 그래서 재세례파들은 스트라스부르에서 어떤 치리도 시행되지 않는다고 외치고 있었고, 부처는 유아세례를 변호할 준비가 제대로 되어 있지 않았다. 그러나 부처는 교회를 악으로부터 순전하게 보호하기 위해서 교회의 치리 시행은 필수불가결하다고 판단했다. 1531년 10월에 스트라스부르에서 키르헨플레거(Kirchenpfleger, 교회감독자)를 조직했으나, 이것은 평신도들의 생활을 감독하는 것이 아니라 성직자들의 생활을 감독하려는 것이었다. 그래서 부처는 성도들의 생활을 감독하는 역할을 이 기구에 부여하려고 1533년의 교회총회에서도 노력하였고, 1534년의 교회법규와 1535년의 치리법(Diziplinordnung)에도 반영하려고 했으나 시의회의 반대로 실패하였다. 이 시기에 재세례파의 분리주의적인 과격한 개혁운동에 영향을 받아 치리를 시행하고자 했으나, 성공하지 못하였다.

그는 이러한 자신의 생각을 1538년의 『올바른 목회학』(Von der waren Seelsorge)에서 설명하였다. 부처는 이 책에서 교회를 구원기관이자 상호적 치리공동체이면서 동시에 성도의 견고한 사랑의 공동체로 구성하는 것이 가능하다는 견해를 제시하였다. 그는 이 책에서 교회를 상호적 사랑의 공동체로 기능하도록 하는 교회의 구조와 조직에 관심을 가졌다. 그는 교회법은 교회의 성장과 구축을 위해 절대로 필요하다고 생각했다. 그는 교회구성들이 한 몸과 지체를 형성한다고 말하는데 이 표상은 완전한 일치성을 가리킨다. 교회는 그리스도의 지체이며 성령의 도구이기 때문에 각자는 자신의 부름을 가지고 있다. 이 부름은 영적인 일뿐만 아니라 일상적인 삶과도 관련을 가진다.

스트라스부르에서 1545년에 시의회가 목사들에게 치리권을 주는 것을 거부하였다. 그래서 아우크스부르크 임시안에 대한 협상이 진행되는 동안에 기독교 공동체(christlichen Gemainschaft)라는 교회 안의 자발적인 소모임이 탄생하였다. 부처는 기독교공동체를 이용하여 이 때 스트라스부르에 퍼져있던 자유방종주의에 대항하여 싸웠다. 그는 이 공동체가 분파가 아니라, 큰 도시 교회를 본질적인 종교개혁적인 모습으로 변화시키기 위한 수단으로 간주했다. 부처는 키르헨플레거(교회감독자)를 행정관료들이 수행하도록 하고, 교회가 그들의 사역자들을 선거하도록 하는 것을 주저하지 않았다. 시의회는 1547년 2월 21일에 생 토마스 교회와 젊은 생 뻬에르 교회의 목회자들이 치리를 시행할 사람들을 조직했다는 소식을 들었다. 부처는 교회를 성도들이 신앙고백을 한 뒤에 자발적으로 참여하는 성찬공동체로 이해하였다. 부처는 유아세례를 존중하면서, 치리는 성찬과 관련하여 시행하였다. 1540년대 후반에 스트라스부르에서 성직자들이 시의회와 관계없는 자발적인 치리를 시행하고자 할 때에도, 관리들과 지리한 협상을 하다가 결국은 1549년에 가톨릭 세력이 스트라스부르를 장악하게 되었고 부처는 영국으로 망명하게 되었다. 부처의 스트라스부르에서 시의 승인 하에 치리를 시행하려는 노력은 끝까지 성공을 거두지 못하였다.

그는 1549년 영국으로 망명한 후에 1550년 에드워드 6세에게 『그리스도 왕국론』(De Regno Christi)를 헌정하였다. 그는 이 책에서 교회를 그리스도의 신비스러운 몸으로 정의하면서 가라지도 포함되어 있다는 것을 인정한다. 그리스도는 자신의 몸인 교회에 현존하여 성령의 역사를 통해 교회를 직접 다스리신다. 이러한 공동체인 교회는 구원의 공동체, 사랑의 공동체, 치리의 공동체로 이해하는 표현들과 결부된다. 부처는 이러한 교회공동체를 통하여 영국의 사회와 국가를 하나님의 나라로 개혁하고자 하였다.

그렇지만 부처는 1538년 헤센에서는 영주 필립의 주도 하에 견신례를 시행하면서 유아세례와 견신례와 치리를 동시에 시행할 수 있었고 마르부르크(Marbourg)에서도 부처의 영향으로 치리가 시행되었다. 부처는 재세례파와 논쟁했는데, 그들은 세례받을 때에 신앙고백의 필요성을 강조하였다. 이러한 재세례파의 주장을 검토하는 가운데 부처는 유아세례 받은 사람들에게 신앙의 확신을 주기 위하여 견신례를 하는 것을 수용하였다.

부처는 『기독교 개혁에 대한 변호』(Defensio de Christiana Reformatione)에서 말씀, 성례전, 그리고 치리 안에서 그리스도의 모든 지체들과의 교통에 해당되는 가시적인 교회가 있다고 서술하여 치리를 교회의 표지로 분명하게 제시하였다. 이 작품은 부처가 언제 기술했는지 확실하지 않으나 1613년에 처음 출판되었다. 부처는 그리스도께서 성령을 통하여 그의 나라의 발전을 위해서 일하신다는 배경 속에서 선택된 자들의 불가시적인 교회를 사람들 가운데 가시적이게 하고, 구체화하려고 노력했다.

6. 부처의 직제론

부처는 직제론에서 나중의 칼빈의 4중직제론의 형성에 커다란 영향을 미쳤다. 부처의 이러한 직제론은 기독론적, 성령론적, 교회론적 근거를 가지고 있다. 그의 직제의 기독론적 근거는 전체 구속사를 수행하는 그의 유일한 중보자직이다. 그는 십자가상에서의 제사장직의 속죄를 통해 영광의 왕직으로 나아가는 중보자의 직분에 대한 이해를 가지고 있다. 그리스도인들은 성령을 통하여 그리스도의 제사장직에 참여하여 교회를 섬기는 직분을 소유하게 된다. 둘째로 그의 직제론은 성령론적인 관점을 가지고 있다. 그리스도는 성령을 보내 그리스도인에게 구원을 적용시키시며, 그들을 통하여 일하신다. 셋째로 그의 직제론은 교회론적인 근거를 가진다. 교회가 그리스도의 몸이라는 말은 그리스도와 신자들 사이의 결속에 대한 표현이자, 신자들 상호 간에 존재하는 살아있는 결합에 대한 표현이다.11)

교회 직제를 위한 가장 중요한 것은 루터의 모든 신자의 제사장직이다. 하나님의 자녀들은 성령을 통해 인도함을 받으며, 직제에 대한

---

11) 최윤배, 『잊혀진 종교개혁자 마르틴 부처』, 425-7.

최종적인 근거나 원인은 하나님의 기뻐하심이다. 둘째, 그의 직제는 화해를 위한 봉사이다. 교회의 성장은 하나님께서 하시지만, 직제를 가진 사람들의 봉사를 통해 이루어진다. 셋째, 교회의 직제는 교회 안에서 거룩하게 봉사하려는 목적을 가지고 있다. 교회는 말씀선포의 직과 다스리는 직의 두 가지가 있다. 다스리는 것이 목양하는 것이다. 이것은 앞에 서서 양을 인도하는 것을 의미한다. 넷째로 직제는 성령론적인 근거를 가지고 있다. 교회의 직제는 성령의 역사를 통해서 올바르게 사명을 수행하게 되고, 교회를 건강하게 섬길 수 있게 된다.

부처는 직제의 권위는 삼위일체 하나님에게서 나온다고 이해했다. 하나님의 사역자들을 교회에게 주시는 일은 바로 삼위일체 하나님의 사역이다. 그리스도는 사람들을 뽑아서 사역자로 파송하신다. 그리스도는 아버지에 의해 파송되었고, 그리스도는 모든 것을 그의 영을 통하여 선포하신다. 그러므로 직제의 권위는 직제를 통하여 역사하시는 그리스도의 권위이다.

교회의 직제는 하나님의 은사들이다. 은사들은 다양하지만 그 목적은 그리스도의 몸을 온전하게 세우는 것이다. 그러므로 그리스도는 모든 사람들에게 은사를 주어 교회를 섬기게 했으므로, 누구도 은사가 없다고 말해서는 안 된다.

직제는 그리스도께서 교회를 위해 주신 것으로, 교회 직제는 그리스도와의 관계 속에서 이해되어야 한다. 그리스도께서 왕이자 머리로서 교회를 통치하시는데, 말씀과 성령의 역사를 통해 교회 직제를 가지고 통치하신다. 그러므로 교회의 직분자들은 자신들의 뜻이 아닌 그리스도의 뜻을 실천하여 하나님의 교회를 위해 봉사해야 한다. 직분자들은 하나님으로부터 내적인 소명을 받고, 교회의 외적인 소명을 통해 임명을 받는다. 교회의 외적인 소명은 선거를 통해서 이루어지는데, 스트라스부르에서 부처는 직접 선거보다는 목회자와 장로와 교수들과 관료들과 교인대표들로 구성된 위원회에서 결정하였다. 선출된 사람의 임직은 하나님의 말씀과 교회의 기도와 합법적인 임직 집례자들의 안수를 통하여 이루어진다. 임직은 이러한 절차를 통해 하나님의 말씀과 성령에 위탁하는 것이며, 모든 직분은 동일하므로 각 직분의 임직은 동일하다.

부처는 교회 직제에 대해 일관된 견해를 제시하지 않았으나, 기본적으로 사도와 복음전도자는 초대교회의 임시직으로 보았고, 말씀을 전하는 목사, 치리하는 장로, 가난한 자를 돌보는 집사의 세 가지 직분을 구분하였고, 교사와 복음 전하는 자는 가르치는 직분을 돕는 자들로 보았다. 그는 이들 직분자들이 장로회에 속한다고 보았고, 장로회의 지도자가 감독이라고 보았다. 이 감독은 지배의 권력을 가진 자가 아니라 사회를 보고 행정적인 책임을 감당하는 자리이며, 부처 자신이 카피토가 죽은 후인 1541년에 스트라스부르에서 감독직을 맡았다.

부처는 장로제가 성립할 수 있는 신학적인 근거를 마련하였다. 그는 교회의 직제의 복수성과 동등성을 하나님의 은혜와 은사의 다양성과 통일성 안에서 구했다. 장로회에 속한 사람들은 다 함께 성령의 인도함을 받고 다 함께 그리스도의 몸을 만들기 위한 수단들을 봉사를 위해 찾는다.

부처는 교회직분론에서 자신의 책마다 약간의 유동성이 있으나, 일반적으로 목사, 장로, 집사의 직분에 교사의 직분을 추가하기도 한다. 교회의 직분은 왕으로 다스리는 그리스도께서 성령의 역사를 통해 그리스도의 몸이신 교회를 섬겨 교회를 건강하게 세우도록 주신 것이다. 그러므로 교회의 직분은 만인제사장으로 화해의 직분을 맡아 교회를 위해 봉사하는 것이다. 교회의 직분으로는 말씀과 성례전과 치리하는 목사와, 치리하는 장로와, 섬기는 집사로 물질 관리하는 집사와 병약자를 돌보는 집사가 있다. 그는 기본적으로 목양과 치리를 하는 목사와 장로와 돌봄을 시행하는 집사로 나눈다. 그리고 성령께서 가끔씩 교사직을 첨가하기도 한다고 말한다. 그러므로 그에게 항존직은 목사, 장로, 집사의 세 직분이다. 그는 기본적으로 장로제에서 감독직, 장로직, 그리고 집사직을 구분한다. 부처는 복음 선포, 성례전 집행, 치리를 수행하는 사람들을 감독, 치리만 하는 사람들을 장로라고 하였다. 이것은 나중에 가르치는 장로와 다스리는 장로로 나누는 칼빈의 견해와 유사하다. 집사직은 로마가톨릭에서 하급성직자의 직분이었는데, 이제 평신도로서 봉사직을 수행한다. 부처는 1523년 스트라스부르에서 사역을 시작할 때부터 집사의 디아코니아에 관심을 가져 지속적으로 이 직분에 대하여 논의한다. 특히 부처는 로마가톨릭이 사제를 돕는 자리로 만들었던 집사직을 디아코니아의 직분을 수행하는 위치로 회복시켰다. 디아코니아적 돌봄은 하나님의 돌보심과 관련이 있다. 성도들의 교제는 디아코니아의 사역을 통한 물질적인 문제에서 실재성으로 나아간다. 이러한 나눔을 통해 하나님의 사랑이 실천되고 하나님의 나라가 이 땅에서 실현되게 된다. 부처는 디아코니아의 실천을 위해 중세에 왜곡되었던 집사의 직분을 성서의 원래의 기능으로 회복시켜 사랑의 섬김의 직분으로 세워나갔다. 부처는 아직은 4중직제에 대한 설명이 약간은 모호한데, 이러한 부처의 영향을 받아 칼빈은 제네바에서 목사, 장로, 집사, 교사의 4중직을 분명하게 정립한다.

부처는 교회 직제에 대한 논의에서 정부의 소명인 질서 유지를 인정하면서 교회와 국가의 부름의 영역을 분명하게 잘 구별했다. 정부

관리들이 최고 지도자로 간주될지라도, 교회에서 최고의 우월권은 하나님의 말씀에 주어진다. 말씀의 사역자들은 그리스도의 말씀에 마땅히 바쳐져야 할 순종 때문에 결정적으로 중요한 목소리를 내야 한다. 부처는 이와 같이 정부와 교회의 영역을 구분하였고, 이러한 구분은 칼빈에게 전달되어 계승되었다.

7. 부처의 예배개혁

개혁교회의 예배의 기원을 스위스의 취리히와 제네바에서 찾지만, 실질적인 개혁교회 예배의 원조는 스트라스부르의 마틴 부처라고 할 수 있다. 디볼트 쉬바르츠(Diebold Schwarz: Theobaldus Niger)는 스트라스부르에서 미사를 개정하여 예식서를 만들었는데, 이 예식서에 따른 예배가 1524년 2월 16일 스트라스부르 성 로렌스 교회의 성 요한 채플에서 독일어로 처음 드려졌다. 독일어로 개정된 쉬바르츠의 개정본은 1524년부터 스트라스부르에서 사용되었으며, 마르틴 부처가 인도하는 유능한 신학자들의 주도로 1539년까지 보존하면서도 창조적인 7번의 개정과정을 거쳤다.

부처는 스트라스부르에서 개혁활동을 하면서 말씀에 기초하여 예배를 개혁하고자 하였다. 그는 1524년에 예배개혁의 원리를 제시한 『갱신의 근거와 원인』(*Grund und Ursache auss gotlicher schrift der neiiwerungen*)을 저술하였다. 그는 이 글에서 하나님의 말씀으로부터 예배 갱신의 근거와 원인을 끌어내겠다고 설명한다. 그는 성경의 분명한 진술들을 근거로 미사의 우상숭배적인 요소들을 개혁하였다. 1530년 스트라스부르의 감독이 된 후에 쉬바르츠의 예식서를 폭넓게 개혁하였다. 그 후에는 1537년과 1539년에 계속해서 예배를 조금씩 더 개혁하였는데, 그 차이는 크지 않았으며, 이때까지 미사의 기본적인 구조와 형태는 유지되었다. 부처의 1537년 예식서가 개혁교회 예배전통에서 매우 중요한 위치를 차지하는 이유는 이 예전으로부터 칼빈의 예전과 스코틀랜드 교회의 예전이 파생되었기 때문이고, 이 예전은 개혁교회 주일 예배의 중요한 모범이 되었기 때문이다. 이 예전은 죄의 고백과 함께 속죄의 선언이 주어졌으며, 독일어 운율 시편과 찬송을 부르게 하였다. 성찬은 1537년부터 대성당에서 매주 시행하여 말씀과 성찬의 조화를 꾀하였고, 지교회에서는 월 1회로 바꾸었다. 칼빈은 1538년에 스트라스부르에 가서 이러한 부처의 예배에 영향을 받아 예배의 순서들을 정하였으며, 그래서 이 예배순서는 개혁파 예배의 원형이 되었다.

8. 부처의 교회 연합활동

부처는 스트라스부르에서 개혁활동을 하면서 처음에는 루터의 영향을 받았으나 1520년대 후반부터는 츠빙글리의 영향을 받았다. 그는 양자의 영향을 받는 가운데 양편을 화해하는 입장을 취하였고, 더 나아가 로마가톨릭교회와의 연합을 추구하였다.

그는 먼저 개혁파 교회들 사이의 일치를 추구하여 1530년에 4개 도시가 합의한 신앙고백서를 작성하였고, 1536년에는 남부 독일의 교회들과 스위스 개혁교회들이 함께 작성한 제1 스위스 신앙고백을 작성하였다. 부처는 여기서 한 걸음 더 나아가 성찬론 때문에 결별했던 루터파와 개혁파의 의견의 일치를 끌어오고자 하여 루터파와 독일 남부교회들 사이에 일치를 보았던 비텐베르크 일치를 끌어내었다. 부처는 1529년 마르부르크의 루터파와 츠빙글리파의 대화에 참여했다가 루터로부터 너는 다른 영을 가지고 있다는 말을 들었다. 그는 그래도 연합을 위한 활동을 포기하지 않았다. 그는 재세례파와 로마가톨릭을 교리가 완전히 다른 이단이라고 보았던 반면에, 루터와 츠빙글리 사이의 차이는 용어와 이해방식의 차이여서 오류일 뿐 근본적인 일치가 있다고 보았다. 따라서 부처는 형식과 용어에서 양보하여 내용의 일치를 추구하였다. 그는 루터파와의 대화를 계속하여 1536년에 비텐베르크 합의서(Wittenberger Concordie, 1536)를 이끌어냈다. 이 때 그는 교회를 하나님께서 설교와 성례전이라는 외적 수단을 통하시지 않고서는 결코 어떤 사람에게도 믿음과 성령을 부어주시지 않는 구원의 기관으로서 이해하게 되었다. 그는 교회의 구원의 매개적 성격을 말씀의 성육신 교리와 연결시켜 이해하여, 교회는 하나님께서 죄를 용서하신다는 사실을 확언해야 할 뿐만 아니라, 교회가 하나님께서 죄의 용서를 위해서 사용하시는 수단이 된다는 사실도 확언해야 한다는 것을 강조한다. 그러나 이 신앙고백서에 대해 스위스 교회들이 거부하여 개혁파와 루터파의 신앙의 일치는 끝내 이루어지지 못하였다.

부처는 『참된 목회학』(Von der waren Seelsorge, 1538)에서 이상적인 교회의 모습을 그리는데, 교회의 통일성과 거룩성이 기독론으로부터 규정되어 밀접한 관계를 가지고 있다. 그는 이 불행하고도 치명적인 해로움을 주는 종교의 균열과 분열로부터 교회의 참된 통일성과 교회의 올바른 질서를 다시 이룩할 수 있는 정당한 수단들에 대해 기술하고 있다. 이단종파들이 교회를 분열시키고 있는 상황에서 부처는 교회의 일치성을 "의식이나 외형적 방법들 속에서가 아니라, 순전한 복음에 대한 순종과 주님께서 규정하신 대로 성례전의 올바른 집행 속에서" 파악한다. 교회의 본질은 그리스도와의 연합(교제) 속에 있다. 따라서 그는 그리스도와의 연합에서 떠나는 재세례파들의 잘못을 강력하게 비난했다.

그는 교회의 일치성을 회복하는 유일한 한 가지 방법이 각 지체에게 관심을 기울이는 것이라고 보았다. 교회의 각각의 지체는 그리스도에 속한 지체이며, 성령의 도구이기 때문에 교역자들은 모든 그리스도인들과 함께 사역하는 것이 가능한데, 여기서 돌봄의 수단으로 치리(훈련)가 사용되었다. 부처의 교회의 일치사상은 성서로부터, 그리스도의 주권적 통치와 성령의 지배권으로부터 나온 사상이다. 오직 이것을 통해서만 교회는 본질적인 일치를 형성하고, 특별히 생동적이고 사랑이 넘치는 연합을 형성하게 된다.

부처는 1534년 프랑스에서 멜랑히톤을 초청하여 로마가톨릭교회와의 연합을 위한 회의를 개최했지만, 실패하였다. 그럼에도 불구하고 그는 신성로마제국 안에서 기독교의 재연합을 위한 노력을 추구하였다. 그는 적그리스도인 교황을 배제하지만, 로마가톨릭교회까지 포함하여 교회의 연합을 이룩하고자 노력하였다. 부처는 1539년부터 41년 사이에 지속적으로 개신교와 로마가톨릭 사이의 신앙의 일치를 끌어내고자 활동하였다. 물론 1541년의 레겐스부르크 회담에서 마련한 안이 양측의 동의를 얻지 못하여 실패로 끝났지만, 부처는 이러한 교회 연합활동에서 가장 중심인물로 활동하였다. 교회일치를 이루고자 하는 부처의 노력은 1541년 레겐스부르크회의에서 절정을 이루는데 신성로마제국 안에서 개신교와 로마가톨릭 사이의 일련의 대화들을 이끌어내는 데에 주도적인 역할을 하였다.

그는 1541년 레겐스부르크 종교회의에서부터 1549년 스트라스부르를 떠나 영국으로 망명할 때까지 독일교회의 재연합을 위해 노력하였다. 여기서 그의 교회 연합의 가장 핵심적인 개념은 교리를 필수적인 것과 지엽적인 것으로 나누어 가장 필수적인 조항인 이신칭의를 중심으로 교회를 연합시키는 것이었다.12) 이신칭의의 확고한 원칙을 유지하면서 양편 교회들을 대화로 이끌고자 할 때, 오히려 은혜의 교리에서는 조정과 의견의 일치에 근접할 수 있었지만, 가장 난제는 교회론과 성례전의 개념 속에 놓여 있었다. 부처는 1542년부터 쾰른에서 주교-선제후를 도와 종교개혁을 진행하였으나, 1543년 8월에 신성로마황제가 이곳을 점령하면서 다시 스트라스부르로 귀환하였다. 이후 황제의 세력이 강화되어 연합운동의 진행은 어려워졌고, 슈말칼덴 전쟁에서 칼 5세가 승리하여 아우크스부르크 임시안을 강요하면서 실패로 끝났다.

이러한 교회 연합활동 과정에서 진행된 로마가톨릭교회와의 논쟁을 통해 부처는 그의 교회론에서 성령론을 질문하게 되고, 성찬논쟁을 통해 구원기관으로서의 교회라는 관점에서 교회를 보게 되었으며, 재세례파들과의 논쟁을 통해 교회를 형제와 자매의 치리공동체로서 더욱 긍정적으로 이해한 반면, 마지막 단계에서는 교회를 사랑의 공동체로서 이해하였다.

9. 부처에 대한 평가

부처는 스트라스부르에서 루터의 영향을 받아 종교개혁을 하다가 1520년대 후반에 츠빙글리의 영향을 받았다. 그는 양 편의 영향을 받으면서 루터파와 개혁파의 신앙의 일치를 끌어내고자 하였고, 더 나아가 로마가톨릭과의 신앙의 일치를 위해서도 노력했으나, 실패하였

---

12) 최윤배, 『잊혀진 종교개혁자 마르틴 부처』, 389.

다. 이러한 교회 연합 운동 과정에서, 부처는 이신칭의의 필수적인 신학적인 교리 위에서 교회는 그리스도의 한 몸으로서 연합되어야 한다는 교회관을 가지고 있었다. 그는 교회 연합활동에서 진리보다는 사랑의 원리에서 연합하고자 하여 진정한 연합에 이르지 못하였다.

부처는 자신의 개혁활동에서 뒤로 갈수록 분명한 개혁파의 특성을 가지게 되었고, 그러한 그의 신학적 유산이 칼빈에게 전달되어 개혁파의 선조가 되었다. 그는 재세례파의 분리주의를 경계하여 교회의 통일성을 강조하며 치리를 시행하고자 하였다. 그는 외콜람파디우스의 영향을 받아 츠빙글리와는 달리 시의회로부터 독립된 교회의 치리권을 시행하고자 했으나 스트라스부르에서는 성공하지 못하였다. 그는 이러한 치리를 위해 목사와 장로의 직분을 세우고자 하였고, 디아코니아를 위해 집사 직분을 세우고자 하였다. 그는 명확하지는 않으나 교사직도 직분으로 언급하고 있다. 그는 이러한 교회의 직분과 정부의 직분을 분명하게 구별하고 있다. 그는 예배에서도 성경에 근거한 개혁을 시행하고자 하였다. 이러한 부처의 예배개혁, 직제, 시의회로터의 독립적인 치리, 교회 연합활동 등은 칼빈에게 커다란 영향을 주었다.

더 읽어야 할 책

최윤배. 잊혀진 종교개혁자 마르틴 부처. 대한기독교서회.

제9장

제네바의 종교개혁자
존 칼빈

칼빈(John Calvin, 1509-1564)

칼빈은 제2세대 개혁자로서 종교개혁 신학을 종합하여 조직적이고 체계적으로 제시한 기독교강요를 저술하였을 뿐만 아니라 그의 개혁 사상을 프랑스, 화란, 영국, 스코틀랜드, 헝가리 등 국제적으로 전파시킨 인물이었다. 칼빈은 자신의 평생 동안 하나님 앞에서(coram Deo) 그 분의 영광을 추구하며 살았다. 맥그래스(Alister E. McGrath)는 칼빈을 종교개혁 신학의 조직화를 통한 새로운 문명의 창시자라고 하였다.

1. 칼빈의 법학과 인문주의 교육과정(1509-1531)

칼빈은 1509년 7월 10일에 지라르 꼬뱅(Girard Cauvin)과 르 프랑(Jeanne Le Franc)의 넷째 아들로 프랑스의 노용(Noyon)에서 태어났는데 어머니는 1515년에 세상을 떠났다. 그의 부친은 부르주아 신분으로 주교 법정의 서기, 주교의 비서, 대성당 참사회의 대리인으로 점차적으로 신분이 상승하였다. 칼빈은 12세때 라 제시느(La Gesine) 제단의 성직자로 임명되어 성직록을 받게 되었으며, 부친은 그가 성직자가 되기를 원했다. 당시 노용의 주교는 샤를 드 앙제(Charles de Hangest)였으며, 칼빈은 어릴 때부터 이 집안의 자녀들과 어울렸고, 파리에 유학을 갈 때 그의 자녀들과 함께 갔다. 그는 14세가 되던 1523년에 파리 대학에 속한 마르쉐(Marche) 대학에서 인문주의자 코르디에(M. Cordier)를 만나 뛰어난 라틴어 실력을 갖추게 되었다. 19세(1527)에 더 유명한 몽테규(Montaigue) 대학으로 갔으며, 스콜라주의에 기초한 토론 기술을 배웠고 중세 유명론 철학을 배웠다. 이 학교의 경건 훈련은 새벽 4시에 새벽 예배를 드리고 6시까지 강의를 듣고 이어 미사에 참석한 후 하루 종일 오후 8시 취침 때까지 질문과 토론이 계속되었다. 이 학교의 경건훈련은 훗날 그의 활동의 원동력이 되었으나 건강을 잃어버려 평생 고생하였다. 이 무렵 그의 부친이 주교와 사이가 나빠져 그의 억울한 사정을 해결하고자 하여 아들의 진로를 바꾸고자 하였고 또한 종교개혁이 진행되면서 사제가 되는 것이 바람직스럽게 보이지 않았기 때문에 몽테규 대학에서 문학석사 과정을 끝내자 칼빈을 1528년에 오를레앙(Orleans) 대학으로 보내 법학을 공부하도록 하였다. 그는 여기서 1년간 머무르면서 피에르 드 레트왈(Pierre de l'Estoile, 1480-1537)한테 법학을 배우고, 올리베탄(Pierre Robert Olivetan)의 도움으로 불란서 인문주의 서클에 소개되었으며 성경을 불어로 번역하던 올리베탄의 많은 영향을 받았다. 그 후 1529년 가을에 부르쥬(Bourges) 대학으로 옮겨가 알치아티(Andrea Alciati)에게서 인문주의 경향의 법률학을 배웠고 루터교 신자였던 볼말(Wolmar)에게서 희랍어와 복음주의 신학의 기초를 배웠다. 칼빈은 1530년 10월에 오를레앙으로 돌아와 1531년 2월에 법학사 학위를 받았다.

1531년 5월에 그의 아버지가 세상을 떠난 후에 칼빈은 진로를 바꿔 파리로 돌아와 당시 프랑소와 1세가 세웠던 왕립대학(Royal College)에서 인문주의와 함께 다네(Pierre Danes)에게서 헬라어를, 봐타블(Vatable)에게서 히브리어를 배웠다.

2. 『세네카 관용론 주석』 출판과 회심

칼빈이 인문주의자로 데뷔하기 위하여 1532년 4월에 『세네카 관용론 주석』(*Commentary on Seneca's De Clementia*)을 출판하였다. 그가 이 책을 출판한 동기는 에라스무스가 세네카의 관용론의 본문을 두 번이나 교정하여 출판하면서 주석이 나오기를 기대하였고, 당시 프랑스 국왕인 프랑소와 1세가 복음주의자들을 박해했기 때문에 이 책의 관용론이 프랑스 사회에도 적용되어야 한다고 보았기 때문이다. 관용론 주석은 세네카의 스토아 윤리를 역사적 언어철학적으로 분석 비판한 책으로, 희랍과 로마의 고전작가들을 많이 인용하면서 주석하였다. 키케로의 33 작품과 호레이스와 오비드의 모든 작품 등 55종의 라틴계 작품과 22개의 희랍어 작품을 인용하였고, 어거스틴, 제롬, 키프리안 등 교부들의 작품도 인용하였다.

그는 23세에 쓴 이 작품에서 자신의 정치적인 입장을 확립한 것으로 보인다. 이 때부터 1536년 칼빈이 『기독교강요』를 쓰기까지의 일련의 과정은 하나의 연속성을 갖는다. 오를레앙과 브르쥬에서 법학을 공부하고 왕정학교(college royal)에서 공부하면서 칼빈은 기독교강요 헌정사의 서간문을 통하여 왕에게 호소할 수 있게 되었고 더 나아가 기독교사회에서의 권력과 정의 문제를 다룰 수 있게 되었다. 이런 연속성에서 볼 때 세네카 관용론 주석이 단순한 고전 문학에 대한 그의 학문적 취미가 아니라 프랑스의 정치적 맥락에서 의미를 가지게 된다. 칼빈은 군주정치를 인정하되 확실한 한계를 둠으로써 인정했다. 칼빈은 이 책에서 스토아 철학의 관용에 바탕을 둔 정치적 입장을 확립했지만, 종교개혁 사상을 수용한 것으로 보이지는 않는다. 이 책을 출판한 1532년 4월 이후부터 콥 총장 연설문 사건이 일어난 1533년 10월까지의 기간 동안 칼빈의 행적에 대해서는 아무 것도 알려진 것이 없다.

그러면 칼빈은 언제 종교개혁 사상을 수용하여 회심했을까? 그는 1557년에 쓴 『시편 주석』 서문에서 철학을 공부하다 법학을 공부했는데, "하나님의 감추어진 섭리에 의해 나는 다시 방향을 변경시켰다.

나는 교황주의의 미신에 너무나 중독되어 있었기 때문에 이 깊은 늪에서 헤어나기가 힘들었다. 그러나 하나님께서는 갑작스런 회심(subita conversio)에 의해 나의 마음을 녹여 말씀의 가르침을 받아들일 수 있게(docilitas) 하였다"고 말했다. 이 갑작스런 회심이란 말은 한순간에 회심했다는 의미라기보다는 인문주의의 연구와 루터의 신학을 알고 있던 가운데 개신교를 받아들일 수 있게 변화된 것을 의미하는데, 그가 가톨릭의 교리에서 벗어나 개신교 교리를 수용할 수 있게 된 것을 나타낸다. 그러므로 기대하지 않다가 어느 순간에 결정적인 결단을 내려 가톨릭 신앙을 버리고 개신교로 결정적인 회심을 한 것으로 보아야 할 것이다.

칼빈은 위에서 살펴본 대로 이미 1528년부터 올리베탄과 볼말 등을 통해 인문주의와 루터사상과 접촉하게 되었다. 그러나 이러한 접촉은 1532년까지는 그의 삶에 어떤 변화를 가져온 것으로 보이지 않는다. 칼빈의 회심의 가능성이 있는 사건은 1533년의 콥 총장 연설문 사건이나 1534년의 성직록 반환 사건인 것으로 보인다. 1533년 11월 1일에 니콜라스 콥(Nicolas Cop)이 파리 대학 총장으로 취임하면서 루터의 이신칭의에 동조하며 가톨릭교회의 갱신의 필요성을 담은 취임연설을 하였다. 이 연설문에는 "하나님께서는 우리의 마음 속에 그의 말씀을 통하여 신앙과 소망과 사랑을 일깨워 주신다. 하나님께서는 은총에 의해 우리를 자기에게로 이끄신다"는 등의 종교개혁을 지지하는 복음주의적 표현들이 들어있다. 그런데 콥 총장의 연설을 하기 직전에 칼빈은 파리를 떠나 피신하였다. 이러한 정황으로 볼 때 칼빈이 콥 총장의 연설문을 직접 작성해 주었거나 최소한 영향을 주며 연관되었을 것이라는 추측이 가능하며, 그렇다면 이 때 칼빈이 회심했을 가능성을 생각해 볼 수 있겠다. 그는 1534년 5월에는 자신의 고향 노용으로 가서 어릴 때 받았던 성직록을 포기하였으므로, 이 때는 그가 가톨릭과 결별한 것이 거의 확실한 것으로 보인다. 그러므로 칼빈은 1528년부터 인문주의와 루터의 사상과 접촉을 하였으나 가톨릭 신앙을 확고하게 가지고 있다가 콥 총장 연설문 작성이나 아니면 늦어도 성직록 포기를 결단하면서 개신교로 갑작스러운 회심을 한 것으로 보인다. 칼빈이 이 무렵에 결정적인 회심을 했다 하더라도 종교개혁에의 참여는 학문연구를 통한 참여였지, 실질적인 개혁 활동에 참여하려는 결단을 한 것으로 보이지는 않는다. 그는 이 회심에서 하나님의 주도권을 인정했다. 자신이 하나님을 찾은 것이 아니라 하나님이 자신의 마음을 변화시켰다는 것이다.

3. 기독교강요 초판의 집필

칼빈은 파리를 떠난 후에 1534년 1월에 앙굴렘의 주임 신부인 뒤 틸레(du Tillet)의 집에 머물고 있었다. 그는 4월까지 이곳에 머물다가 네락으로 가서 인문주의 성경연구자인 데따플(Lefevre d'Edaple)을 만났다. 그는 그 후 노용에 갔다가 파리와 오를레앙 등으로 이동하였다. 칼빈은 이 무렵에 『영혼의 잠』(*Psychopannychia*)을 저술하였다. 당시 재세례파 가운데 일부가 사망시 영혼이 잠을 자다가 마지막 부활시에 깨어난다고 주장하였다. 이러한 주장에 대하여 칼빈은 그리스도를 믿다가 그리스도 안에서 죽은 자들은 죽은 후에도 그리스도 안에서 깨어 있다고 설명하였다. 프랑스에서 종교개혁 사상이 퍼져나가면서 1534년 10월에 파리를 비롯한 여러 도시들에서 플래카드 사건이 일어났다. 복음주의자들은 가톨릭의 미사행위가 우상숭배이자 미신이라고 고발하였다. 미사는 우상숭배라는 플래카드가 심지어 왕의 궁정에까지 게시되자, 프랑소와 1세는 대대적으로 종교개혁 세력을 척결하고자 하였다. 3개월간 박해가 진행되는 가운데 칼빈의 친구인 에티엔느(Etienne de al Forge)가 화형 당하였다.

칼빈은 이러한 박해를 피해 도망다니는 처지에 놓이게 되었고, 스트라스부르에서 부처를 방문한 후에 1535년 초 뒤 틸레와 함께 바젤에 도착하였다. 그는 바젤에서 올리베탕이 번역한 불어판 성경 서문을 쓰는데 전구원사를 요약하면서 16세기 하나님의 구원 역사를 의식하고 있었다. "하나님께서는 이스라엘 백성들 속에서 마치 도망자가 된 것처럼 도피 중에 있는 그들과 밤낮으로 동행하셨다." 프랑스에서 일어난 최근의 박해 10년사가 가져다 준 결과는 도피자 칼빈으로 하여금 성경을 새롭게 읽게 하였고 그에게 하나님을 이스라엘 백성과 함께 광야에서 맨 앞에 선 도피자로 발견하게 만들었다. 고국에서 쫓겨난 칼빈은 비록 지도자였으나 나그네와 외국인으로 살아야 했으며 박해받는 자들의 위로자가 되었다. 이러한 경험이 그로 하여금 '나그네 인생'이라는 성경 주제(출2:22)를 이해하여 표명할 수 있게 하였다. 이러한 경험이 그로 하여금 박해받는 유럽의 많은 디아스포라 기독교인들의 대변인이 되게 하였고 또한 유일한 국제적 개혁자란 칭호를 받게 하였다. 나아가 이 경험은 제네바 개혁자로 하여금 박해받는 자들이 서로 하나가 되는 연합의 필요성을 느끼게 하였다. 칼빈의 개혁은 이런 의미에서 "도피자들의 개혁"이요 칼빈의 교회는 박해받는 자들의 교회였다.

칼빈은 바젤에서 뒤 틸레의 집에 머물면서 교부들을 연구하여 『기독교강요』 초판을 1535년 8월에 완성하였고 1536년 3월에 출판하였다. 이 책의 중심내용은 "기독교의 근본 교리 곧 경건한 삶과 구원론의 총화이다. 새로 출판된 본서는 경건한 삶을 갈망하는 모든 사람들에 의해 읽혀질 가치가 있다"는 책 제목에 잘 나타나 있다. 복음주의의 근본적인 교리를 설명하여 참된 경건을 형성하려는 요리문답의 성격을 가지고 있으면서 동시에 복음주의자들을 국가의 전복세력으로 오해하여 박해하는 프랑스 국왕과 관리들에게 복음주의자들을 변호하기 위하여 썼다. 당시 재세례파들의 뮌스터 사건의 여파로 개신교도들은 국가를 전복하려는 세력으로 매도당하면서 박해받고 있었다. 이러한 상황에서 칼빈은 동료 신자들이 결코 국가를 전복하려는 불순세력이 아니라 진정한 교회를 세우려는 개혁세력이라고 변호하고 있다. 복음주의자들이 기존의 로마가톨릭교회를 무시하고 새로운 교회를 세우려 한다는 로마가톨릭의 비판에 대해 우리의 논쟁점은 두 가지인데, 하나는 교회는 항상 관찰할 수 있는 조직교회라는 것과 다른 하나는 가시적 형태가 반드시 로마가톨릭교회와 교황청과 계급적인 조직이라는 것이다. 이에 대한 우리의 답변은 교회는 가시적 형태가 없이도 존재할 수 있으며, 교회의 참다운 표지는 외적인 조직의 훌륭함이 문제가 아니라 하나님의 말씀이 순수하게 설교되고 성례전이 올바르게 시행되는 2가지 표지를 갖는 것이라는 것이다.

  이 초판은 6장으로 구성되어 있다. 1장은 율법으로, 율법의 3가지 용도를 설명한다. 첫번째 용도는 신학적 용도로 우리의 죄를 보여주어 믿음으로 구원받아야 한다는 것을 깨닫게 하는 것이고, 두번째 용도는 정치적 용도로 사회의 질서를 유지하는 것이며, 세번째로 교육적 용도 내지는 규범적 용도로 믿는 자들은 율법을 통하여 하나님의 뜻을 깨닫게 되고 성령의 역사를 통하여 율법을 자발적으로 지키게 된다는 것이다. 2장은 신앙으로 사도신경을 해설하며, 3장은 기도로 6가지 항목으로 나누어 주기도문를 설명하고, 4장은 성례전으로 세례와 성찬을, 5장은 견진성사, 고해성사, 서품성사, 혼배성사, 종부성사 등의 다섯 가지 거짓 성례전, 6장은 기독교인의 자유, 교회 정치와 국가를 취급한다. 이 초판의 기본적인 내용은 1529년에 출판된 루터의 대소요리문답이 1) 십계명, 2) 사도신경, 3) 주기도문, 4) 세례, 5) 성찬의 순서로 되어 있는 것을 보면 루터의 영향을 받은 것이 분명해 보이고, 또한 스트라스부르의 부처의 복음적인 『4복음서 주석』과 『에베소 주석』, 그리고 츠빙글리의 『참 종교와 거짓 종교에 대한 주석』, 바젤의 외콜람파디우스의 영향을 받은 것으로 보인다.

4. 제네바 1차 종교개혁(1536. 9-1538. 4)

제네바는 사보이 공국의 식민지로 있다가 독립하면서 1536년 5월 시민 총회에서 종교개혁에 가담하기로 결정하였다. 제네바의 종교개혁은 정치적인 독립과 밀접하게 연관되어 있었다. 제네바는 사보이 공국에서 파견한 주교가 지배하고 있었는데, 로마가톨릭 세력이 떠나면서 제네바의 정치적인 해방과 함께 종교개혁이 이루어졌다. 제네바는 이 해방과정에서 베른의 군사적인 지원을 받았고, 독립된 이후에도 국가 방위에서 베른의 군사 지원에 의존하였다. 따라서 종교개혁 후에 제네바는 시의회를 중심으로 자치도시로서 통치되었으나, 베른의 영향을 많이 받았다. 이 때 제네바의 종교개혁은 파렐과 비레가 지도하고 있었다. 칼빈은 바젤에서 기독교강요를 출판한 뒤에 파리로 왔다가 스트라스부르로 가려고 했다. 그런데 전쟁 때문에 직접 갈 수 없어서 제네바를 경유하게 되었다. 이 때 파렐이 칼빈을 찾아와 제네바에서 함께 개혁활동을 할 것을 요구하였으나, 칼빈은 학문 활동을 하고자 하여 거절하였다. 그러나 칼빈의 도움이 절실했던 파렐은 "네가 거절하면 하나님께서 너를 여지없이 저주할 것이다"라고 공격하였다. 칼빈은 "나는 파렐의 저주의 음성을 듣고 항복해서 계획했던 스트라스부르로의 여행을 포기하였다"고 고백하였다.

칼빈은 파렐과 함께 제네바에서 종교개혁을 추진하였다. 그는 1536년 11월 10일에 신앙고백서(Confession of Faith)를 제출하여 모든 시민들이 서명할 것을 요구하였다. 당시 제네바에는 아직도 로마가톨릭 신자들과 그 잔재가 남아 있었기 때문에 이러한 요구를 하였던 것이다. 그는 1537년 1월 16일 제네바 시의회에 『제네바 교회의 조직과 예배에 관한 조례』(Articles on the organization of the Church and Its Worship at Geneva)를 제출하였다. 이 교회법의 내용은 매 주마다 성찬을 시행하는 것이 좋으나 신자들이 일 년에 한 번, 많아야 두세 번 시행하던 가톨릭의 방식에서 너무 갑작스러운 변화이므로 한 달에 한 번 하자는 것과 성찬에 관련된 치리의 시행과 관련이 있는 것이었다. 칼빈은 성찬이 은혜의 수단으로서 그리스도와 믿는 자들 사이의 영적인 연합을 재확인하고 두텁게 하며 신앙과 순종을 성장시킬 수 있다고 보았으므로 자주 시행하고자 하였고, 성찬이 이렇게 중요시됨에 따라 치리와 신앙 훈련도 엄격하게 시행하려고 계획하였다. 이를 위해 각 행정구역마다 훌륭한 사람들을 선택하여 잘못된 사람들을 바로잡고, 듣지 않으면 파문에 처하여 참으로 회개할 때 다시 성찬에 참여하도록 허락하였다. 이와 같이 칼빈은 성찬을 새 교회 질서 수립의 기초로 보았다. 성례에서 시행되는 권징은 영적 권징과 도덕적 권징을 포함하였다. 칼빈은 이 권징을 교회 실존의 필수적인 조건 가운데 하나로 여기고 평생 이 원리를 위해 싸우며 승리를 위해서 그토록 힘든 전투를 겪는 일에 조금도 주저하지 않았다. 그러나 이 제안은 너무나 파격적이어서 시의회는 일 년에 4번 정도 시행하는 것으로 결정하였다. 그리고 어린아이들이 올바른 신앙을 가지게 하기 위하여 요리문답을 만들어 가르치고 일 년의 정해진 시간에 목사에게 와서 올바르게 배웠는지 질문 받도록 하였다. 그리고 시편 찬양의 시행과 결혼법정의 설치도 요구하였다.

그러나 시민 전체가 신앙고백에 서명하는 것에 대하여 불만이 표출되어 1537년 11월에 총회는 신앙고백 실천을 거부하였고 200인회는 성찬과 관련된 파문권이 목사들에게 없다고 선언하였다. 더구나 1538년 초에 실시된 선거에서 칼빈의 반대파가 승리하였고 이들은 목사들과 상의도 하지 않고 베른의 예식을 도입하였다. 시의회는 교회가 국가의 통제 아래 있는 베른의 체계에 따라 자신들의 명령을 따를 것을 요구했으나, 칼빈과 파렐은 그 요구를 거절하였다. 그래서 칼빈과 파렐은 1538년 부활절에 성찬식 집례를 거부하였고 그들은 결국 4월 23일 제네바를 떠나야만 했다.

5. 스트라스부르에서 프랑스 피난민 목회(1538.9-1541. 9)

칼빈은 바젤에서 신학을 연구하려 했으나 부처가 스트라스부르로 와서 불란서 피난민 목회를 하도록 권유하였다. 칼빈은 처음에 거절했으나 강권에 못이겨 1538년 9월 부처의 권고를 받아들여 스트라스부르로 가서 400-500명의 프랑스 피난민들을 섬기며 목회를 하였다. 그는 목회활동을 하면서 예배의 중요성을 절감하여 한 달에 한 번 성찬식을 시행하고 1539년에 불어로 『시편 찬송』(Psalmody)을 출간하여 모든 사람들이 함께 모국어로 찬송할 수 있게 만들었다. 칼빈은 제네바에서 시편 찬송을 부를 것을 제안했으나 시행하지 못하였다. 그러나 이곳에서 프랑스 궁정 시인이었던 마로의 시편의 불어 번역과 칼빈 자신이 제작한 것 등 총 19편에 곡조를 붙여 제작했는데, 이 찬송을 처음 부를 때에 회중들이 너무나 감격하여 울었다고 한다.

1539년 8월에 『기독교강요』 재판을 발행하였는데 "종교의 총화를 포괄하려고 목적하였다." 초판이 평신도를 위한 것이었던 반면에 2판은 목사후보생들과 교역자들을 위하여 썼다. "이 작품의 의도는 신학도들에게 하나님의 말씀을 잘 연구하도록 준비시키고 훈련시켜 성서에 쉽게 접근하고 부단히 성서 연구를 계속할 수 있도록 하는 데 있다"고 하였다. 그는 성경 주석에 기초하여 신학적인 주제들을 간결하고 조직적으로 제시하였다. 1539년판은 6장이 17장으로 증보되었는데, 6장은 전혀 새로운 내용을 첨가한 것이고 나머지 것들은 초판의 내용이 증보된 것이었다. 새로운 내용은 1장과 2장을 구성하고 있는 하나님에 대한 지식과 인간에 대한 지식, 이신칭의와 공로, 신구약의 유사점과 차이점, 하나님의 예정과 섭리이며, 마지막은 기독교인의 생활에 관한 장이었다. "거룩한 교리의 총체는 하나님에 대한 지식과 우리 자신에 대한 지식의 두 부분으로 되어 있다"는 초판의 첫 문장을 2판에서는 1장과 2장으로 나누어 취급했다. 『기독교강요』 2판은 1541년에 불어로 번역되어 프랑스의 개혁세력에게 커다란 힘이 되었다.

칼빈은 1539년 9월에 제네바를 로마가톨릭으로 되돌리려는 사돌레토(Sadolet) 추기경에 대해 답변을 하였다. 칼빈이 떠난 후에 혼란에 빠진 제네바시민들에게 사돌레토는 로마가톨릭교회는 오랜 전통을 가지고 있고, 성령의 인도를 받으며, 믿음과 사랑을 실천하고 있는 진정한 교회이니, 분리주의적인 개신교회에서 떠나 로마교회의 품으로 돌아오라고 편지하였다. 이러한 편지에 대해 칼빈은 개신교회는 전통보다 진리의 원천인 성서에 의존하고 있고, 성령과 함께 말씀의 올바른 토대 위에 세워져 있고, 믿음으로 구원받은 열매로서 사랑을 강조하는 참다운 교회라고 변증하였다. 개신교회가 분리주의자들이 아니라, 오히려 타락한 교회를 떠나 진리의 말씀과 머리되신 그리스도에게 돌아간 참된 몸이라고 주장하였다. 그의 이 편지를 통해 제네바는 견고하게 개신교 진영에 머물게 되었다.

그는 1539년 10월에 『로마서 주석』을 출판하였다. 그는 1539년판 『기독교강요』 서문에서 자신은 강요에서 "기독교의 전 내용을 빠짐없이 요약해서 조직적으로 정리해 놓았기 때문에" 이것을 올바로 이해한 사람은 성경에서 주로 무엇을 찾아야 하고 그 내용을 어떤 목적과 연결시켜 이해해야 하는지를 이해하는 데 큰 어려움이 없을 것이라고 하였다. 따라서 칼빈은 성경 주석을 쓸 때 교리에 대한 장황한 논의를 하지 않고 성경 본문의 이해를 돕고자 하였다. 그러한 본보기로 그는 로마서 주석을 집필하였다. 칼빈은 성경이 하나님의 말씀이란 견지에서 간결하고 용이한(Brevitas and facilitas) 방법으로 주석하였다. 그는 부처의 장황한 주석 방법을 피하였을 뿐만 아니라, 멜랑히톤의 주제 중심의 주석방식도 피하였다. 멜랑히톤은 중요한 주제와 관련된 부분은 자세히 주석하고 나머지는 간략하게 넘어갔는데, 칼빈은 모든 성경은 동일한 하나님의 말씀이라는 원칙에서 모든 성경을 다 주석하였다. 칼빈은 "사도들은 성령의 필기자였다"고 말하여 성경의 영감을 인정하였고, 하나님께서는 인간이 이해할 수 있는 방법으로 인간들에게 말씀하시는 것을 적응(accommodation) 개념으로 설명하였다.

그는 1540년 8월에 재세례파 과부였다가 개종한 이델레트와 결혼하였다. 결혼 동기에 대해 "이델레트가 나의 관심을 끈 것은 그녀가 겸손하고 친절하며 악의가 없고 알뜰하고 참을성 있고 나의 건강을 돌보아 줄만한 점이었다"고 하였다. 칼빈은 1540년에 『성만찬에 대한 소론』(The Short Treatise on the Lord's Supper)을 저술하여 츠빙글리의 기념설보다는 루터의 견해에 가까운 영적 임재설을 주장하였다. 칼빈은 스트라스부르의 부처에게서 개혁교회의 예배의식, 4중 직제, 치리 제도 등을 배웠다.

6. 제네바에서의 2차 개혁

이들이 떠난 후에 제네바 시의회와 교회는 혼란에 빠져들었다. 특별히 종교개혁을 추진할 능력 있는 영적 지도자가 없었다. 그리하여 1541년에 칼빈을 지지하는 정치세력이 권력을 장악하자 이들은 칼빈을 다시 초청하였다. 그는 "나는 그 십자가를 지느니 차라리 백번 죽는 것이 좋겠습니다. 이 정보를 당신에게 알리고 싶은데 제발 나를 제네바로 돌아오라는 책략을 막아 주십시오"라고 파렐에게 편지하였다. 파렐은 다시 강권하며 제네바로 돌아가도록 촉구하였다. 그는 1541년 9월 13일에 "주님께 나의 심장을 드리나이다. 즉시 그리고 신실하게"라고 고백하며 하나님에 대한 온전한 헌신을 다짐하여 돌아왔다.

칼빈은 제네바로 돌아온 뒤에 1564년 세상을 떠날 때까지 교회와 함께 시를 전체적으로 개혁하였다. 물론 이 개혁의 과정은 제네바 시민들의 완강한 반대를 극복하고 이루어진 것이었다. 칼빈은 임종시에, 패역했던 제네바에서 "삼천의 소요"를 막아내며 개혁을 했다고 말했다. 칼빈은 이러한 개혁을 통하여 무질서 했던 제네바에 질서를 확립하며 근대문화가 꽃필 수 있는 기반을 마련하였다. 그래함(Fred Graham)은 칼빈을 장 자크 루소와 비교하면서 제1 제네바 혁명가로 명명하였는데, 제네바에서 교회는 바로 이러한 혁명적인 변화의 시발점이었다. 칼빈은 교회법을 제정하고 예배를 개혁하였으며, 장로법원을 설치하여 제네바 시민들의 삶을 새롭게 변화시켰고 구빈원의 운영과 프랑스 구호기금(Bourse francaise)을 통하여 프랑스 난민뿐만 아니라 여러 나라 난민들이 정착하도록 만들었다. 그리고 제네바 아카데미를 설립하여 유능한 인재들을 육성하여 이들을 프랑스, 네덜란드, 영국, 스코틀랜드, 헝가리 등 유럽의 여러나라로 파송함으로써 각국의 종교개혁을 주도하도록 하였다.

1) 교회법령 제정

칼빈은 스트라스부르에서 돌아온 직후인 9월에 교회법령(L'ordonnances ecclesiastiques)을 작성하여 시의회에 제출하였는데 11월 20일 통과되었다. 이러한 법령 제정을 통하여 칼빈은 무형교회론에서 벗어나 자신의 유형교회론을 정립시켰다. 칼빈은 기독교강요 초판에서 하나님의 선택에 기초한 무형교회를 참된 교회로 설명하였다. 그러나 이제 칼빈은 하나님만이 아시는 그러한 무형교회를 넘어서 새롭게 제정된 교회법을 토대로 제네바에 세워질 유형교회에 깊은 관심을 가지게 되었다.

칼빈이 조직하려는 교회는 새로운 신앙고백을 바탕으로 하는 새로운 질서를 세우고자 하였다. 칼빈에게 있어 종교개혁이란 내적 변화뿐만 아니라 외적 혁신을 포함한다. 이 외적 혁신을 위해 그는 교회법을 통해 성도들의 내면적인 신앙의 성숙과 함께 외적인 삶의 변화를 가져오고자 하였다. 물론 그의 새로운 교회법은 성도들을 지배하고 다스리려는 로마가톨릭의 교회법과는 다르다. 제네바의 교회법은 그들을 교육하고 양육하며 훈련하여(discipline) 거룩한 삶을 살도록 목양하려는 목적을 가지고 있었다. 따라서 이 교회 법령은 목회적인 의

도와 기독교인의 삶 전체를 규제하려는 의도로 작성되었다.

이 법령에는 성경 말씀의 원리를 따르면서 이러한 목적을 달성하기 위하여 목사, 장로, 교사(doctor), 집사의 4중직제가 규정되어 있었다. 목사는 말씀을 설교하고 성례를 시행하며 믿는 자들에게 신앙과 순종을 가르치고 병든 자와 가난한 자들을 돌보아야 한다. 목사의 선출은 목사들의 추천을 받아 시의회의 승인을 받고 회중의 투표로 결정하였다. 목사들은 시의회 앞에서 "하나님을 잘 섬기고 교회 법규를 잘 지키며, 시당국과 시법규를 잘 이해할 것"을 서약하였다. 칼빈은 목사들의 성경 지식의 향상과 함께 올바른 삶의 모범을 형성하고자 두 종류의 목사들의 모임을 조직하였다. 매주 성경연구를 위해서는 "모임(Congregation)"이란 조직을 만들었는데, 매주 금요일 아침에 성경구절을 가지고 주석을 하였으며, 오후에는 조직신학적으로 토론(disputation)을 하였다. 이 토론은 질문과 세 개의 명제와 결론의 형태로 되어 있는데, 질문은 교리와 윤리와 교회의 실천 사항에 대한 것이었다. 이러한 성경 연구와 토론 모임을 통해 제네바에서는 신학과 목회가 함께 만나 현장에서 실천되었다. 그리고 목사들이 일 년에 4번 정도 상호 교정을 위해 모이는 모임인 "목사회"(Venerable Company of Pastors)를 조직하였다. 이 모임은 목사들의 윤리적인 잘못을 바로잡고 모범적인 삶을 살도록 상호규제하려는 목적을 가지고 있었다. 예배는 세 교구 교회에서 매 주일마다 새벽, 오전 9시, 오후 3시에 드렸고 12시에는 어린이 요리문답반이 있었으며, 평일에는 매일 새벽에 각 교구에서 예배를 드렸다. 부활절 이후부터 10월까지는 6시, 그 이후에는 7시에 드렸다.

칼빈은 교회에서 성경의 원리에 따라 목사의 직분의 위치를 올바르게 세우려고 노력하였다. 루터는 로마 가톨릭의 교황제와 사제제도에 반대하여 베드로전서 2장 9절을 토대로 모든 신자의 제사장직을 주장하였다. 영국의 청교도들과 17세기 후반의 경건주의자들도 모든 성도의 제상장직에 입각하여 교직제도에 부정적이었다. 그러나 칼빈은 목사 직분과 관련하여 모든 신자의 제사장직을 언급하지 않았고 오히려 목사직의 중요성을 강조했다. 물론 목사는 제사장 내지는 사제가 아니라는 견해에는 동의했다. 칼빈은 그의 교회관 때문에 목사 직분을 중요시하였다. 루터는 교회를 '성도들의 교제'(fellowship of the saints)로서 모임의 성격을 강조하였으나, 칼빈은 여기에 덧붙여 하나님이 세우신 기관이라는 것을 강조하였다. 주님은 직분자들을 통해 교회를 다스리신다. 목사는 말씀의 수종자이다. 그는 1541년 이후 목사들은 교회의 직분을 통해 그리스도의 사역에 참여한다는 것을 강조했다.

 교사는 이단에 떨어지지 않도록 바른 교리 교육을 시켜야 한다. 칼빈은 교회를 교사와 어머니로 정의하여 다분히 교도권(Magisterium)을 개신적인 의미로 확립하였다. 칼빈이 스트라스부르에서 부처를 통해 배웠던 것이 바로 장로 직제였다. 장로는 평신도 가운데 선출되며 12명으로 구성되어 있었다. 소의회(Little Council)가 2인, 60인회가 4인, 200인회가 6인의 후보자를 선출하는데, 목사들과 협력하여 결정하였다. 이들 후보자들은 시민 총회에서 투표로 승인을 받았다. 장로들은 목사와 협조하여 교인들의 생활을 돌보고 감독하였다. 목사와 장로들이 장로법원을 구성하여 매주 목요일마다 회집하여 소환된 사람들에게 목회상담을 해주고 교육을 하며, 필요한 경우에 치리를 시행하여 수찬정지, 파문 등을 실시하였다. 장로법원과 시의회 사이에 최종적인 파문권을 누가 가질 것인가를 둘러싸고 갈등이 심화되었는데, 1555년에 이르러 장로법원이 가지는 것으로 결정되었다.

칼빈은 시의회가 장로법원에 부당한 압력을 가하지 못하게 하여 국가권력으로부터 교회 치리의 실질적인 독립을 확보하려고 노력하였다.

집사직은 가난한 사람들을 돌보고 병든 자를 도와주는 직책이었는데 당시 구빈원(Hospital)에서 근무하던 사람들을 집사라고 불렀다. 집사에는 이 구빈원 운영에 필요한 자금을 조달하는 재무담당집사(Procurer)와 직접 사람들을 돌보는 구빈원장(hospitaller)이 있었다. 나중에는 집사들이 프랑스 구호기금을 조성하여 프랑스 난민들의 정착을 도왔다. 제네바의 집사제도에서 개혁교회의 디아코니아가 발전하였다.

2) 개혁파 예배의 시행

칼빈은 1542년에 『교회의 기도와 찬송의 형식』(*The Form of Church Prayers and Hymns*)이란 예식서를 제정하여 예배를 드렸다. 이 예식서는 예배의 부름과 죄의 고백으로 시작하는, 부처의 스트라스부르의 예배순서를 약간 변경한 순서를 사용하였다. 그리고 제네바 시편 찬송(Genevan Psalter)을 발간하여 회중찬송가집으로 사용하였다. 루터는 자신이 찬양을 작곡하고 성가대를 조직하고 악기를 사용했으나, 츠빙글리는 이 모든 것을 시행하지 않았다. 칼빈은 "오직 성경"(sola scriptura)의 원리를 시행하는 가장 좋은 방법이 구약시대 찬양으로 사용된 시편을 찬송하는 것이라고 판단하여 시편에 곡을 붙여 회중이 찬송하도록 하였다. 그러나 악기를 사용하지 않았고 성가대도 없었다. 칼빈은 성찬을 은혜의 수단으로 중시하여 매주 시행하기를 원했으나, 츠빙글리의 영향을 받아 4회 시행을 원했던 시의회의 요구를 받아들여 부활절, 성령강림절, 9월 첫주일, 그리고 크리스마스 때 등 4회를 실시하였다.

  칼빈은 설교자가 하나님의 말씀을 선포하면 하나님께서 설교를 통해 역사하신다고 보았다. 따라서 설교는 가장 중요한 은혜의 수단이다. 성도들은 교역자를 통하여 하나님의 음성을 듣는다. 칼빈은 성서 전체를 주석하고 강해하는 설교를 하였다. 그는 주일에는 신약을 설교하고 주중에는 격주로 매일 구약을 설교하였다. 칼빈은 설교자가 설교할 때 성령이 역사하여 그들의 마음이 변화되고 은혜받는 것으로 보았다.

3) 외국 피난민들의 정착

  칼빈은 제네바에서 종교개혁을 추진하는 과정에서 프랑스를 비롯한 유럽 여러 나라에서 오는 피난민들이 이곳에 정착하는 것을 도왔다. 그는 처음에는 프랑스인들이 제네바를 통과하여 다른 지역으로 이주하는 것을 도와주는 것으로 만족하였으나, 그의 개혁 작업이 어느 정도 자리를 잡게 된 1546년 이후에는 프랑스 피난민들이 제네바에 정착하도록 도왔다. 그는 프랑스 피난민들이 이곳에 정착하는 과정에서 집사들을 통해 프랑스 자금을 조성하여 도와주었고, 원주민들과 경제적인 충돌이 일어나지 않도록 인쇄업과 같은 새로운 산업에 종사하도록 도왔다. 이들은 또한 제네바에서 부르주아 신분을 얻으면서 돈을 지불하여 이 도시의 재정적인 안정에 도움을 주었고 칼빈의 영향력이 확대되는 데도 중요한 역할을 하였다. 제네바에는 이외에도 이탈리아, 독일, 영국, 스코틀랜드 등지의 피난민들이 정착하였고, 이들은 후에 자신들의 조국으로 돌아가 그 나라의 종교개혁에 커다란 역할을 하였다.

4) 새로운 정치 질서로의 모험

칼빈은 교회법을 제정했을 뿐만 아니라 제네바에 필요한 정치제도에 관한 법, 결혼법과 사치 제한법 등을 제정하는 것을 도왔다. 이와 같이 칼빈은 제네바가 교회와 사회 양 측면에서 중세 질서의 다른 근대적인 질서를 확립하는 데 필요한 법률적인 질서를 구축하는 데 크게 기여하였다. 그래서 루소는 그의 사회계약론에서 제네바 공화국과 함께 칼빈에 대해 다음과 같이 언급하였다: "칼빈을 신학자로만 아는 사람은 그의 재능의 넓이를 모른다. 그가 크게 힘을 보탠 우리나라 제네바의 현명한 여러 법령의 편찬은 그의 『기독교강요』에 못지않게 그에게 영예를 주는 것이다. 시간의 경과와 더불어 우리의 신앙에 어떤 혁명이 일어나더라도 조국과 자유에 대한 사랑이 우리들한테서 사라지지 않는 한, 이 위인의 기억은 언제까지나 우리의 축복이 대상이 될 것이다."

7. 칼빈의 반대 세력들

칼빈은 제네바를 교리적으로 개혁할 뿐만 아니라 윤리적으로도 개혁하려고 하였다. 그는 술취함, 노름, 신성모독의 언행, 간음, 교회 결석, 예배 도중에 나가는 행위, 춤추기 등 삶의 구석구석을 개혁하려고 하였다. 이러한 그의 개혁활동에 대한 반대파들을 리베르틴파(방종파)라고 한다. 리베르틴파에는 신학적 리베르틴파와 정치적 리베르틴파들이 있었다. 신학적 리베르틴파는 예정론을 반대했던 제롬 볼섹(Jerome Bolsec)과 삼위일체론을 반대했던 세르베투스 등이 있었다. 제롬 볼섹은 파리 수도승이자 외과 의사였고 신학자로서 제네바로 피난왔었다. 그는 요한복음 8장 47절에 "하나님께 속한 자는 하나님의 말씀을 들나니"에서 하나님께 속한 자는 "예정된 자"라는 칼빈의 주장에 반대하여 선택과 유기는 하나님의 영원한 뜻이 아니라 인간의 선택에 달렸다고 주장하였다. 하나님이 영원한 작정에 의해 사람을 구원에서 제외시킨다면 이는 하나님을 폭군으로 만드는 것이요 쥬피터와 같은 이방인의 우상과 다른 것이 없다고 하였다. 볼섹은 예정론뿐만 아니라 칼빈과 그의 추종자들을 우상숭배자로 비난했다는 죄목으로 제네바 의회에 의해 구속되어 추방당했다. 칼빈은 1536년판 『기독교강요』에서부터 예정론을 취급하였다. 1537년에 출판된 『제네바 요리문답』은 제3편 신앙론에서 예정론을 취급하였다. 하나님은 말씀을 통해 우리에게 그 아들을 주시는데, 이들 중 많은 사람들이 불신앙으로 어두워지고 이 엄청난 은혜를 모독한다. 오직 믿는 자들만이 그리스도를 향유하고 영생한다. 말씀이 받아들여지고 안 받아들여지는 것은 하나님의 영원한 작정에 달렸기 때문에 이러한 차이가 생겨난다. 칼빈은 이중예정론을 주장하는데, 신론이 아닌 구원론과 연관시켜 논의하였다.

세르베투스(Servetus)는 르네상스 인문주의의 교육을 받고 초대교회의 순수성의 회복을 주장하였다. 그는 바젤에서 1531년에 『삼위일체 오류에 관한 7책』(De Trinitatis errobibus libri septem)을 저술하여 외콜람파디우스의 삼위일체론을 공격했다. 그는 스트라스부르로 가서 부처를 공격하다 다시 바젤로 쫓겨나 여기서 『삼위일체에 관한 두 권의 대화』(Dialogorum de Trinitate libri duo)를 저술하였다. 스페인 종교재판소에서 체포명령을 내렸으나 불란서로 피신하여 의학 연구에 성공하였다. 그는 1545년에 칼빈에게 세 가지를 질문하였다. 1) 십자가에 달린 인간 예수가 하나님의 아들이었던가? 2) 믿는 사람들 안에 천국이 있다고 할 때 이들이 중생한 후에 그런가? 3) 세례는 성만찬처럼 신앙을 요구하나? 왜 새 언약 시대에 세례가 제정되었는가? 질문의 초점은 첫 번째 항목이었는데, 세르베투스는 역동적 군주신론, 양자설을 따랐다. 유대교와 이슬람교와 같이 하나님을 믿지만 예수님을 하나님의 아들로 믿을 수는 없었다. 그는 예수님의 신성을 믿을 수가 없었다. 1553년에 『기독교의 회복』(Christianismi Restitutio)을 출판하여 동일한 입장을 반복하였다. 그는 불란서에서 이탈리아로 가는 도중에 제네바에 들렀다 체포되었다. 1553년 10월 26일 제네바 의회는 그를 이단으로 정죄하고 사형선고를 내렸다. 세르베투스는 이단이 처형 받아야 할 범죄라는 로마법에 따라 처형되었고, 칼빈도 여기에 동조하였다. 세르베투스의 처형에 대하여 카스텔리오(Castellio)는 『이단자들에 관하여』(Concerning Heretics)라는 저서를 출판하여 강력하게 비판하였다. 이단자의 화형은 그리스도의 정신과는 거리가 먼 것이며 이단자를 죽이는 것은 교리를 방어하는 것이 아니고, 사람을 죽이는 것이라고 공격하였다.

칼빈의 국가관은 1536년판 『기독교강요』부터 1559년판에 이르기까지 변함이 없다. 국가는 국민들의 의식주를 해결하고, 우상 숭배와 하나님을 모독하는 일, 즉 종교의 공적인 건전성이 유지되도록 해야 하는 책임이 있다. 그런데 최종판에서 한 걸음 더 나아가 국가는 소극적으로 종교의 발전을 저해하는 요소를 막아주는 방패 역에서, 적극적으로 발전할 수 있는 환경을 조성하도록 요구하고 있다. 이것은 1555년 칼빈을 지지하는 정치세력이 성립되어 교회가 발전할 수 있는 적극적인 외적 환경을 조성했던 것과 관련이 있다. 그리고 하나님은 우주의 입법자이시자 왕이시므로, 칼빈의 개혁 활동은 사회의 전체적인 개혁을 목표로 했다. 경제에서 대부문제, 빈민구제, 노사문제,

식량문제, 부의 올바른 사용 문제 등을 다루었다.

세르베투스 처형 후 리베르틴파와의 투쟁에서 칼빈이 완전히 승리했다. 특히 칼빈의 윤리적 개혁에 반대했던 정치적 리베르틴파들의 세력도 이 무렵에 제거되었다. 1553년 9월에 필버트 베텔리어(Philbert Berthelier)라는 정치적 리베르틴파 중의 한 사람에게 수찬정지와 아울러 파문에 처하려 했을 때 소의회가 반대하였다. 이 파문권의 문제는 1555년 2월 선거에서 페렝추종자들이 패배함으로써 해결의 실마리가 풀렸다. 리베르틴파의 다른 지도자였던 아미 페렝(Ami Perrin)은 1546년 이후부터 칼빈과 불화하였다. 그는 춤추는 무도회에서 적발되어 당회에 소환되었다. 페렝을 지지하던 세력들은 1555년 5월 16일에 소요를 일으키다 진압되었다. 이러한 과정을 거쳐 리베르틴파들은 제거되고 칼빈의 지지세력들이 정치적 권력을 완전히 장악하여 파문권이 장로법원에 있는 것으로 인정되었다. 이러한 파문권의 인정으로 국가 권력이 교회의 영적인 문제에 간섭할 수 있는 길이 차단되어 교회의 실질적인 독립이 확보되었다.

8. 제네바 아카데미의 설립(1559)과 성경 주석 및 『기독교 강요』 최종판

칼빈은 1559년에 제네바 아카데미를 설립하고 베자(Theodore Beza)를 학장으로 임명하였다. 아카데미를 설립하는 데 필요한 자금은 추방된 리베르틴파들의 재산을 몰수하여 마련하였다. 5년 이내에 제네바 아카데미의 대학부에는 유럽 각지에서 1,000명이 모여들었고 신학교에서는 300명이 공부하게 되었다. 이 학교를 통하여 칼빈의 개혁 사상은 유럽의 여러 지역으로 확산되어 나갔고 칼빈주의는 국제적인 성격을 띠게 되었다. 제네바 아카데미는 7년 과정으로 구성된 초중등교육 수준의 학교(schola privata)와 학년 규정이 명확하지 않는 고등교육 수준의 학교(schola publica)로 이루어져 있었으며, 후자가 신학교였다. 초중등과정에서는 어학은 프랑스어, 라틴어, 헬라어를 배웠고, 학문으로는 문법, 역사, 논리학, 수사학을 학습했으며, 교재는 그리스와 로마의 베르길리우스, 키케로, 오비디우스, 호메로스의 시와 편지, 이소크라테스, 티투스, 리비우스, 크세노폰, 폴리비우스, 헤로디안 등의 역사서 등을 주로 배웠고, 최고학년의 토요일에는 1시간씩 사도들의 서신도 읽었다. 제네바 아카데미의 고등교육 학교에서는 물리학, 수학, 수사학, 논리학 같은 교양과 헬라어와 히브리어 언어, 그리고 신구약 성경주석을 배웠다. 그리하여 아카데미의 설립 목적은 일차적으로 목회자와 신학교수를 양성하면서 시 운영에 참여할 관리들을 육성하는 것이었다.

칼빈은 1540년 『로마서 주석』을 시작으로 평생 동안 거의 요한계

제네바 아카데미를 방문하여 학생들을 격려하는 칼빈

시록을 제외한 거의 대부분의 성경을 주석하였다. 칼빈의 성경주석 방법론은 간결하고 용이한 방법론이었다. 안명준 교수에 따르면 간결한 방법론은 4가지 원리로 되어 있다. 첫째는 반장황성의 원리로 성경의 본문을 해석할 때 단어나 혹은 문장의 사용에서 보통 사람이 이해하기 어려운 전문적인 단어를 사용하지 않고, 또 문장을 쓸 때 장황하게 하지 않는 것이다. 이는 독자들이 장황한 주석으로 부담을 갖는 것을 원하지 않았기 때문이며, 이러한 맥락에서 그는 성경해석을 장황하게 했던 에라스무스나 고대 신학자들, 그리고 부처를 공격했다. 둘째는 축소성의 원리로 이 원리는 해석의 내용을 전체적으로 축소시키기 위해 성경 해석시에 수사학자들이 썼던 몇 가지 패턴들을 통하여 본문의 의미를 간결하게 하려는 것이다. 1) 의도적으로 다른 사람들의 의견을 소개하기를 피하고 직접 저자의 분명한 의도를 드러내는데 관심을 가진다. 2) 불필요한 논쟁이나 토론 그리고 논의를 피한다. 과거의 많은 논쟁이 있었다 하더라도 그것이 현재 본문의 의미를 밝히는 데 적합하지 않을 때는 그러한 것들을 전혀 언급하지 않는다. 3) 중요하지 않은 문제나 단어를 가지고 지리한 설명을 하지 않는다. 4) 다른 곳에서 해석된 내용은 중복하여 주석하지 않고 앞의 것을 참조하게 만들고 기본적인 교리 내용은『기독교강요』를 참조하도록 한다. 셋째는 보존성의 원리로 성경을 해석할 때 원문의 내용을 수정하지 않고 원문 그대로 보존된 상태에서 설명을 시도하는 것이다. 그는 지나치게 원문을 변형시키기도 하고 이성적인 관점에서 단어나 전치사를 삽입하기도 한 에라스무스를 비판하면서 성경 본문을 그대로 둔 상태에서 성경을 기록한 성령의 의도를 드러내려고 하였다. 넷째는 관계성의 원리로 성경을 해석할 때 본문과 관련된 문제에만 제한을 두고, 본문과 무관한 주제들에 대해서는 가급적 언급하지 않으며, 그런 주제로 인해 해석이 본문의 중심에서 이탈하지 않는 방법이다. 본문 중심에 관계성을 가지는 해석이 문맥의 지지를 받을 뿐만 아니라 자연스러운 해석이 된다.

칼빈의 개혁주의 교리를 가장 포괄적이고 체계적이며 조직적으로 보여주는 『기독교강요』는 1559년에 이르러 완성판이 나왔다. 이 『기독교강요』는 초판에서부터 최종판까지 내용이 계속 증보되어 왔으나 초판의 내용의 기본적인 골격을 유지하면서 발전 확장되고 세분화된 것이다. 칼빈 자신이 이 판이 나오기 전까지는 만족하지 못했다고 토로하였다. 1550년판은 21장으로 되어 있었는데, 최종판은 4권 80장으로 네 배 정도로 늘어났다. 『기독교강요』의 기본적인 구조는 사도신경의 구조에 따라 4권으로 구성되어 있다. 1권은 창조주 하나님, 2권은 그리스도 안에 나타난 구속주 하나님, 3권은 그리스도의 은총을 얻는 구원론(성령론), 4권은 하나님이 우리를 그리스도와의 연합으로 부르시며 이 교제를 지속시키는 외적 수단인 교회와 국가를 다룬다. 이 책의 내용은 기본적으로 이중적인 신지식인 창조주 하나님과 구속주 하나님을 다루고 있다.

1권은 하나님을 아는 지식을 다룰 때 제일 먼저 신인식의 문제를 다룬다. 로마가톨릭이 주장하는 자연계시에 따른 신인식은 불가능하므로(1-5장), 성경을 통해서만 하나님을 인식할 수 있다. 그 성경의 권위는 객관적인 증거에 의해서가 아니라 성령의 내적 증거에 의해 인식된다(6-8장). 그러므로 직접 계시를 구하는 광신자들(9장)이나 성상에 의해 하나님을 경배하려는 로마가톨릭은 우상숭배에 빠진다(10-12장). 성경에서 우리가 인식하는 하나님은 삼위일체 하나님이신데(13장), 창조(14-15장)와 섭리의 역사(16-18장)를 하신다.

하나님의 형상으로 창조된 인간은 타락한 후에 지성과 의지가 완전히 타락하였다(II.1-5장). 인간 구원의 길은 중보자 예수 그리스도를 통해 열리는데(6장), 구약시대에는 율법을 통해 모형론적으로 계시되었다가 신약에 더 분명하게 드러났다(7-9장). 따라서 신구약성경은 하나의 동일한 은혜언약이나, 시행방식은 다르다(10-11장). 신약의 중보자인 예수 그리스도는 온전한 인성(12-13장)과 온전한 신성을 가지신 하나님의 아들(14장)로서 선지자, 제사장, 왕의 3직분을 수행하여(15장) 죽으셨다 부활하여 대속을 통해 우리의 구원을 완성하셨다(16-17장).

그리스도께서 완성하신 구속을 우리에게 적용시키는 분이 성령이신데, 그리스도와 우리를 연결시키는 끈으로서(1장), 믿음을 주어 회개(중생)하게 하신다(2-3장). 따라서 고해와 보속을 바탕으로 하는 로마가톨릭의 회개론과 그와 연관된 면죄부와 연옥은 성경적 근거가 전혀 없는 잘못된 것이다(4-5장). 거듭난 그리스도인의 생활은 자기를 부인하고, 자기 십자가를 지고, 내세를 묵상하며, 세상 물건을 절제하는 가운데 사용한다(6-10장). 우리는 믿음으로 의롭다함을 받으며, 이 칭의는 성화와 연결되어 있다. 우리가 믿을 때에 그리스도의 의가 전가되어 의롭다함을 받으면서 믿음으로 그리스도와 연합되어 성령께서 내주하시므로 성령의 역사와 우리의 순종으로 인한 성화의 삶이 시작된다(11-17장). 우리의 선행에 대한 상급은 하나님께서 자신이 스스로 하신 약속에 따라 주시는 것으로 공로에 대한 보상이 아니다(18장). 우리는 믿음으로 구원받음으로 기독교인의 자유를 누리며(19장), 그러한 가운데 하나님과 교제하는 은혜의 수단이 기도이다(20장). 우리의 구원은 하나님의 예정에 의한 것이므로 완전히 하나님의 은혜이다. 물론 유기도 하나님의 뜻에 의한 것이다(20-24장). 우리의 사후에는 영원한 심판과 부활이 있다(25장).

하나님께서 자신의 백성들을 그리스도의 공동체로 인도하여 머무르게 하시는 은혜의 수단으로 교회와 국가를 세우셨다. 거짓교회와 비교되는 경건한 자들의 어머니인 참교회는 직분자들을 선거로 세우는데(1-3장) 중세에 타락하여 교황의 수위권이 세워졌다(4-7장). 교회는 신조제정권, 입법권, 재판권을 가지고 재판권에는 권징과 출교가 있다(8-12장). 그 가운데 사제 권징권이 타락하여 독신서원과 수도사서원이 생겨났으므로, 올바른 맹세의 성격을 논한다(13장). 우리의 믿음을 돕는 수단인 성례는 세례와 성만찬이 있으며(14-17장) 로마가톨릭의 나머지 다섯 성례전은 잘못된 것이라 비판한다(18-19장). 마지막 장에서 국가의 정부(관리) 형태, 법, 저항권의 문제를 다룬다.

9. 칼빈의 정치와 사회 경제적 윤리

막스 베버는 『프로테스탄트의 윤리와 자본주의 정신』이란 저서를 통해 근검과 절약을 통해 자본을 축적할 수 있게 만드는 자본주의 정신이 예정론을 믿는 칼빈주의자들에게서 나왔다고 주장하였다. 그런데 막스 웨버는 칼빈이 아닌 칼빈주의적인 색채를 지닌 리차드 백스터(Richard Baxter)와 벤자민 플랭클린(Benjamin Franklin)의 사례를 가지고 자신의 주장을 전개하였다. 백스터는 "성도의 거룩한 안식은 피안이므로 성도들은 은혜 상태에 있다는 것을 확인하기 위해 하나님의 일을 하라. 하나님의 계시된 뜻을 이루고 영광을 위하여 일하라. 안일과 게으름은 큰 죄악이다"라고 주장하였다. 프랭클린은 시간은 돈이고, 영적으로 시간은 하나님의 영광을 드러내므로 가치가 있다고 하였다. 노동은 사람을 시험하는 금욕수단으로 서구에서 아주 높이 평가되었는데, 이런 관점은 수도원의 관점과 대치되었다. 노동은 하나님의 창조 목적이다. 바울의 일하기 싫은 자는 먹지도 말라는 말은 동서고금의 진리다. 청교도는 일하기 싫은 것은 은혜를 벗어난 것이라 하였다.

그러나 이와는 다른 의미에서 칼빈은 자본주의와 상업의 발전에 크게 공헌하여 근대사회 형성의 원동력을 제공하였다. 칼빈은 경제사에서 획기적인 변화의 시기에 살았다. 칼빈은 신앙의 세계와 경제의 세계와 연관하여 혼합되어서도 분리되어서도 안 된다고 하였다. 인간 활동의 모든 활동은 예수 그리스도의 왕권 하에 들어가야 한다. 칼빈이 노동과 경제 활동과 돈을 인간의 활동의 결과로 자유롭게 주어진다고 말한 의미에서 그를 자본주의의 아버지라고 말할 수 있다. 또한 칼빈의 입장이 자본주의 발전에 간접적으로 기여했다고 볼 수 있는 두 가지 점을 볼 수 있다. 그는 상업활동의 가치를 인정하였다. 인간 사회에서 물건의 유통이 필수적이라고 하였다. 둘째로 이자 받는 것에 대해서 새로운 이해를 하였다. 아리스토텔레스의 돈은 돈을 낳지 못한다는 비판과 성경에 이자 받지 말라는 말씀에 따라 교회에서는 이자를 받지 못하도록 가르쳤다. 그러나 현실에서는 음성적으로 이자를 받고 있었다. 그러한 상황에서 칼빈은 이자 받는 것이 직업이 되어서는 안 되고 가난한 자에게서 이자를 받아서도 안 된다고 하였다. 그러나 공업이나 상업 활동을 하여 이윤을 남기는 경우에는 이자를 받을 수 있다고 보았다. 그는 자본투자를 허용한다. 물론 그는 가난한 자를 돕는 것이 먼저이고, 그 후에 자본투자를 인정한다(자연의 공평의 원리와 예수의 황금률). 칼빈에게서 공평의 개념이 중요하다. 이자율의 표준은 하나님의 말씀에 의존하여야 하며, 개인적인 이익의 관점에서 시행되어서는 안 되고, 사회의 전체적인 영향을 고려해야 한다. 따라서 법적인 규정은 항상 공평의 원칙에 따라 행해야 하는데,

5% 이내에서 인정했으며, 이자 받은 것이 산업경제를 돕는 데 사용되어야 한다고 강조했다.

그렇지만 다른 한편에서 칼빈은 자본주의의 오용에 대해서는 비판하였다. 그는 경제와 재정 생활에서 신앙을 벗어나 자기법칙성을 허용하지 않았다. 다시 말해 윤리가 없는 경제인은 있을 수 없다. 또한 경제활동이 사회 전체의 유익에 기여하도록 강조한 측면이 많으며, 그래서 앙드레 비엘러는 칼빈을 기독교사회주의의 원조로 이해하기도 한다. 칼빈의 신학이 근대화에 기여한 네 가지를 열거할 수 있다. 첫째로 기독교인들이 실제 사회에 들어가 전체 사회를 기독교화 시키는 책임을 강조하였다. 둘째로 하나님과 인간의 밀접한 관계를 강조한 결과 개인의 책임을 강조한다. 셋째로 칼빈의 율법은 세상과 연관되어 있다. 계명은 인간을 인간적이고 역사적인 생활에서 순종으로 이끌어 개신교적인 의무의식을 발생시켰다. 넷째로 칼빈에 따르면 노동은 특별한 의미를 지닌다. 노동자의 개념은 교회가 요구한 내용을 끝까지 참고 버티는 것이고 끈기있게 승리하는 것이다. 직업 생활에 끈기있게 헌신하는 것은 칼빈의 노동의 내용물이다.

칼빈의 정치윤리에서 모든 관직은 하나님께서 주신 것이다. 그러므로 기독교인들은 관직에서 하나님을 위해 정당하게 봉사할 수 있다. 그리고 정치권력을 가진 왕에게 복종해야 한다. 물론 왕이 정당한 한계를 벗어날 때 삼부회같은 대의기구를 통해 정당한 절차를 통해 항거할 수 있다고 보았으나 무력을 통한 저항은 인정하지 않았다. 그리고 그는 귀족정이나 왕정보다는 귀족정을 가미한 민주정이 가장 좋은 정치기구라고 보았다. 그는 시의회와 함께 교회 직분자의 선거를 통해 교회의 정치질서의 민주화를 가져왔고 서양사회의 민주화에 기여하였다. 이러한 측면에서 칼빈은 신앙을 정치, 경제, 사회, 문화의 모든 면에 적용하여 새로운 근대문명을 건설함으로써 새로운 문명의 건설자가 되었다.

10. 제네바의 국제적인 사역과 칼빈의 임종

칼빈이 사역하던 제네바로, 프랑스의 피난민들을 중심으로 유럽 각지로부터 박해받는 개신교도들이 몰려들었다. 대부분이 불어를 사용하는 프랑스인들이었으나, 영국인 피난민들도 많았으며 존 낙스와 윌리암 휫팅햄(William Witthingham)이 이들의 목회자로 활동하였다. 영국인 피난민들이 1560년에 성서를 영어로 번역하여 출판한 것이 제네바 성경(The Genevan Bible)이다. 킹 제임스판이 나오기 이전까지 많이 읽혀졌다. 이탈리아 피난민 교회도 1542년에 세워졌다. 그리하여 칼빈이 이끌던 제네바는 국제적인 도시가 되었다. 칼빈은 각국의 국왕과 귀족, 종교개혁 지도자, 평신도들과 수많은 편지를 교환하였으며, 그의 서신은 11권의 책으로 편찬되어 있다. 그는 특별히 영국의 에드워드 6세, 섬머세트공, 엘리자베스 여왕에게 주석을 헌정하였고, 프랑스, 네덜란드, 스코틀랜드, 영국, 폴란드, 헝가리 등지의 개혁운동에 영향을 미쳤다. 불란서의 경우는 1534년 이후에 복음주의 교회에 박해를 가하였고, 프랑소와 1세, 앙리 2세가 더욱 박해하였으며, 1547년에 종교재판소 격인 성실청(Chambre Ardente)을 설치하여 박해하였다. 이런 상황에서 칼빈은 프랑스의 종교개혁을 지원하였다. 1540년에 교회 조직을 갖추고 성례전을 시행하였으며, 1559년에 불란서 개혁교회총회를 조직하고 칼빈의 제네바 신앙고백에 입각하여 불란서 신앙고백을 작성하고 총회(national synod)를 탄생시켰다. 제네바에서 1552년-1562년 사이에 프랑스로 100여명의 선교사를 파송하였고 많은 성경과 찬송, 그리고 기독교 서적을 보급하였다.

프랑스에서 앙리 2세 사망 후에 정치권력에 폭력으로 항거하려는 복음주의자들이 발생하였다. 칼빈은 "말씀이 보장하지 않는 일은 하지 않아야 한다. …하나님의 복음이 무기와 폭력으로 말미암아 비난받는 것보다 우리 모두가 파멸하는 것이 낫다"고 하였다. 칼빈은 통치자가 불의하고 잔인할지라도 백성들은 순종해야 할 것을 가르쳤고, 왕이 하나님을 떠나도록 명령하는 경우에는 불순종할 수 있다고 하였다. 그러면서 하나님이 구원자를 일으키실 것을 믿고 기도하며 인내하도록 권면하였다. 그러나 국민의 관원들은 국왕의 전제적인 권력이 국민들을 탄압할 때 국왕의 권력을 제지할 수 있다고 주장하였다. 그는 1564년 5월에 세상을 떠났고 그의 장례식장에서 베자는 "빛 후에 어둠이 왔다"고 애도하였다. 그는 자신의 무덤도 남기지 않도록 유언하였다.

11. 칼빈에 대한 평가

칼빈은 종교개혁에서 주장되었던 신학사상들을 체계적이고, 조직적으로 정리하여 정착시키는 데 결정적으로 공헌하였다. 그의 기독교 강요는 로마가톨릭과 재세례파 등의 잘못된 신앙의 교리들을 비판하면서 당시 종교개혁자들의 사상을 종합하여 개혁파 신앙의 체계로 탄생시켰다. 그는 이러한 신학사상을 제네바 아카데미와 이곳에 왔던 피난민들을 통하여 유럽의 각국으로 전파시켜 박해받는 자들의 국제적인 개혁자가 되었고, 특히 영국의 청교도들이 신대륙으로 이주하면서 미국문화의 뿌리가 되었다. 그는 교회정치에서 선거제의 도입과 평신도의 정치 참여, 그리고 일반정치에서 합법적인 범위 안에서의 저항사상과 경제에서의 이자수취의 합법화와 상업활동의 인정을 통해 근대문화의 토대를 형성하였다.

더 읽어야 할 책들

셀더위스 저. 조승희 역. 칼빈. 대성닷컴.
칼빈. 기독교강요. 생명의 말씀사.
리처드 멀러. 이은선 역. 16세기 맥락에서 본 진정한 칼빈신학. 나눔과 섬김.

제10장

2세대 제네바의 종교개혁자 테오도레 베자

베자(Theodore Beza, 1519-1605)

베자(Theodore Beza, 1519-1605)는 불어로는 테오도르 드 베즈(Théodore de Bèze)라고 표기하는데, 칼빈의 후계자가 되어 제네바 개혁운동을 계속했던 인물이다. 그는 칼빈 사후에 제네바 아카데미의 책임자가 되어 이 학교를 개혁신학의 중심지로 발전시켰다. 그는 제네바 아카데미에서 교수, 주석가, 종교개혁의 변호자로서 활동하며 개혁신학의 정립에 기여하였다. 특히 루터파가 1577년에 협화신조를 작성하여 교리의 일치를 이룩하자, 개혁파 내에서도 신조들의 일치의 필요성이 생겨났다. 이 때 베자는 다른 신학자들과 협력하여 1580년에 개혁파 신조들의 조화(Harmony of the Reformed Confession)를 작성하였다. 베자의 성장과 교육과정을 살펴보자.

1. 법학 수업과 인문주의자로서의 성장

베자는 1519년 6월 24일 프랑스의 부르군디의 베즐레이(Vézelay)에서 태어나서 1605년 10월 13일 제네바에서 소천하였다. 그의 아버지 피에르 베즈(Pierre de Bèze)는 부르군디의 작은 귀족 출신이었고, 그의 작은 아버지인 니콜라스는 파리에서 국회의원이었다. 결혼하지 않았던 니콜라스는 베즈베이를 방문했다가 베자의 뛰어난 능력을 보고 그를 아주 사랑하여 부모님의 허락을 받아 그를 파리로 데려갔고, 그래서 베자는 파리에서 교육을 받았다. 그는 파리에서 10살 때인 1528년 12월에 오를레앙으로 가서 유명한 독일의 법학자인 멜키오르 볼마르(Melchior Wolmar) 밑에서 교육을 받게 되었다. 작은 아버지인 니콜라스가 베자를 훌륭한 인물로 키우고자 당시 가장 뛰어난 교사였던 볼마르에게 베자를 맡겼던 것이다. 그래서 베자보다 10살이 많은 칼빈은 볼마르 밑에서 배울 때, 그의 스승이 데리고 있던 천재

소년 베자를 볼 수 있었지만, 훗날 베자가 종교개혁의 최전선에서 자신과 동역하게 되리라고는 당시로서는 상상도 못했을 것이다. 베자는 볼마르의 집에 기거하였으며, 볼마르는 루터의 추종자였으나, 그를 개종시키지는 못했다. 볼마르는 1530년에 프랑소와 1세의 자매인 앙굴렘의 마가레트 공주의 초청을 받아 오를레앙을 떠나 브뤼주(Bourges)로 갔는데, 베자도 스승을 따라 갔다. 베자는 스승으로부터 철학적이고 문학적인 기술들의 토대를 받아들였을 뿐만 아니라, 불링거의 『오류의 기원론』(de origine erronis)을 읽은 후(1528)에 브뤼주에서 개혁사상에 공감하게 되었다.

미사가 우상숭배라고 공격하며 교회개혁을 주장하는 플랜카드 사건이 1534년 일어나서 프랑소와 1세가 교회 개혁에 반대하는 칙령을 발표했을 때, 볼마르는 신변의 안전을 위해 1535년에 조국인 독일로 돌아갔다. 이 때 베자는 아버지의 뜻에 따라 법률을 공부하러 오를레앙으로 돌아갔으며, 거기서 20세가 되던 1539년까지 머물렀다. 그렇지만 그는 법률공부에 큰 매력을 느끼지 못했고, 오히려 라틴 고전 시인들, 특히 오비드(Ovid), 카탈루스(Catullus), 그리고 티불루스(Tibullus)의 작품들을 읽기를 즐겼다. 그는 법률학을 공부하여 1539년 8월에 변호사 자격증(licentiate)을 받았고, 아버지가 원하는 대로, 파리로 가서 작은 아버지와 함께 변호사로 일하게 되었다. 그의 친척들은 그를 위해 두 개의 성직록을 얻었는데, 그 수입이 일 년에 700골든 크라운에 달하였으며, 그의 작은 아버지는 그에게 성공을 약속하였다.

그는 성직록으로 인한 수입과 작은 아버지의 후원 덕분에 경제적인 어려움이 없이 장래가 보장되어 있었기 때문에 변호사로서 일하기보다는 훨씬 더 문학 활동에 관심을 기울였던 것으로 보인다. 베자는 여러 성적 유혹들에 빠지는 것을 막기 위하여, 친구들의 소개로 1544년에 신분이 낮은 클로딘 데노즈(Claudine Denosse)와 비밀리에 약혼을 하였다. 그는 환경이 허락하면 이 약혼을 공개하겠다고 약속했는데, 이 약속을 지켜 그녀를 자신의 아내로 삼았다. 그들은 결혼생활에서 자녀를 두지 못했다. 베자는 그의 아내가 59세 되던 1588년 세상을 떠난 후에 재혼을 했는데 둘째 부인은 제노아(Genoa)에서 피난 온 과부인 피아노(Geneviève del Piano)였다.

1548년은 베자의 인생에서 중요한 두 가지 사건이 일어났다. 하나는 라틴어 시집의 발간이다. 그는 파리에 정착한 후에 라틴어 시작 활동을 열심히 했는데, 이러한 시들을 모아 쥬베날리아(Juvenilia)라는 시집을 발간하여, 재능 있는 시인으로 명성을 얻었다. 그는 후에 이러한 문학적 재능을 바탕으로 많은 시편들을 불어로 번역하게 되었다. 그렇지만 이러한 명성을 얻으면서 동시에 여러 가지 모함과 비난에도 시달리게 되었다. 둘째로 심한 병을 앓으면서 개신교로 개종한 사건이다. 베자가 이러한 경제적인 안정과 문학적인 영예를 누리고 있을 때 갑자기 심각한 육체적인 질병을 얻게 되었고, 이것이 계기가 되어 영적인 곤고함을 느끼며 개신교로 돌아서게 되었다. 베자는 1540년대 초에 이미 칼빈의 팜플렛을 접하면서 개신교에 대한 관심이 더욱 많아지고 있었다. 이렇게 질병을 통해 종교개혁에 가담한 면에서 그의 회심은 츠빙글리와 유사한 면이 있다. 그는 심각한 질병에서 어느 정도 회복하게 되자, 성공에 따른 정신적 고통에 환멸을 느끼면서 파리에서의 생활을 청산하고, 연인과 함께 제네바로 이주하여 1548년 10월 23일에 그곳에 도착하였다. 그는 그곳에서 오를레앙에서부터 알고 있던 칼빈의 환영을 받았다. 그는 이곳 교회에서 정식으로 결혼식을 하였다.

2. 로잔에서의 교수생활

그는 이 때까지 변호사였고 인문주의자로서 아직 신학을 공부하지 않은 상황이었지만, 그 이후 그의 활동을 볼 때 관심사가 신학으로 바뀐 것으로 보인다. 그는 이전의 스승인 볼마르를 방문하러 튀빙겐으로 갔다가, 돌아오는 길에 로잔에 있는 비레(Peter Viret, 1511-1571)를 방문했는데, 그는 베자를 설득하여 로잔 아카데미의 헬라어 교수 자리를 제공하였다. 그는 열심히 학생들을 가르치면서, 1550년에 시 형식으로 성경의 비극 드라마인 『제사하는 아브라함』(Abraham Sacrifiant)을 저술하였다. 이 글은 자신이 조국인 프랑스를 떠나 진리와 자유의 땅을 찾아오는 과정을 아브라함이 이삭을 바치는 제사에 비유하여 설명하면서 다른 한 편으로는 프랑스에서 로마가톨릭을 떠나지 못하고 고민하고 있는 사람들에게 결단을 촉구하는 글이기도 하였다. 그래서 베자는 이 드라마에서 믿음에 대한 로마가톨릭과 개신교의 이해의 차이를 대조하였는데, 이 작품은 사람들에게 좋은 평가를 받으며 수용되었다. 그는 1551년 6월에 마로(Marot)가 시작한 시편 몇 편의 불어 번역을 시도하였는데, 아주 성공적인 결과를 거두었다. 같은 시기에 그는 나쁜 평판을 가지고 있던 피에르 리제(Pierre Lizet)를 반대하는 풍자시인 "파스반티우스"(Passavantius)를 썼다. 리제는 파리 의회의 이전 의장이었고 성실청(Chambre ardente)을 만든 장본인이었다. 그는 1551년에 파리 근처의 성 빅토르 수도원 원장이면서, 많은 논쟁적인 글을 저술하여 이단을 굴복시킨다는 명성을 얻으려고 혈안이 된 인물이었는데, 그의 활동을 비판하려고 이 작품을 썼다. 그는 로잔에 있으면서 신약성경의 언어를 분석했던 『헬라어 기초』(Alphabetum Graccum, 1554)를 완성하였다.

그는 1554년부터 1556년에 걸쳐 계속해서 『행정 관리들에 의한 이단의 처벌에 관하여』(De hæreticis a civili magistratu puniendis), 『예정론 도표』(Tabula preadestinationis), 『신약성경 주해』(Annotationes in Novum Testamentum)를 저술하였다. 앞의 두 작품은 제네바에서 칼빈을 둘러싸고 일어난 논쟁에 대한 베자의 저술이었다. 『행정 관리들에 의한 이단의 처벌에 관하여』는 1553년 10월 27일 제네바에서 일어난 미카엘 세르베투스(Michael Servetus)의 화형에 대하여 카스텔리오(Sebastian Castellio)가 했던 비판을 반박하며 베자가 제네바에서 관리들과 칼빈의 정책을 옹호한 글이다. 카스텔리오는 사람을 화형시킨다고 해서 그 사상이 없어지는 것이 아니라고 주장하며 세르베투스의 처형에 대해 반대하였다. 이러한 카스텔리오의 주장에 대해 베자는 관리들에게는 하나님을 올바르게 예배하도록 공공질서를 유지할 책임이 있으며, 당시에 삼위일체론을 부정하는 것은 공공질서를 무너뜨리기 위해 이단적인 주장을 하는 것이었으므로, 관리들은 정당하게 처벌할 수 있다는 것이다. 『예정론 도표』는 칼빈의 예정론을 반대했던 볼섹(Jerome Bolsec)을 비판하고 예정론을 옹호한 글이다. 신약성경 주해는 베자의 인문주의적인 지식과 함께, 주석가로서의 그의 활동을 보여주는 작품이다.

3. 프랑스의 박해받는 자들을 위한 외교활동

1557년에 베자는 프랑스 정부에 의해 박해받던 피에몬트 지방의 왈도파에 특별한 관심을 가졌으며, 이들을 위한 후원세력을 조직하기 위해 파렐과 함께 베른, 취리히, 바젤, 샤프하우젠, 거기서 스트라스부르, 몽벨리아르, 바덴, 그리고 고핑엔으로 여행하였다. 이러한 그들의 여행은 당시에 루터파와 개혁파 사이에 의견의 일치를 보지 못하고 있던 성찬에 대한 의견의 제시를 요구하였다. 그래서 바덴과 고핑엔에서 베자와 파렐은 왈도파의 성례관과 그들 자신의 성례관을 선언해야만 했으며, 1557년 5월에 그들의 입장을 분명하게 서술한 신조인 고핑엔 신앙고백(Göppingen Confession)을 제출하였다. 루터파 학자들은 이 선언을 잘 받아들였으나, 베른과 취리히는 강력하게 거부하였다. 1557년 가을에 베자는 파리에서 박해받는 형제들을 지지하는 제국의 복음주의 영주들의 중재를 가져오려는 목적으로 파렐과 함께 다시 스트라스부르를 경유하여 보름스까지 두 번째 여행을 했다. 그 때 보름스에 모인 멜랑히톤과 다른 신학자들과 함께 베자는 모든 개신교 그리스도인들의 연합을 고려했으나, 이러한 제안은 취리히와 베른에 의해 결정적으로 거부되었다. 프랑스에서 개혁 세력에 대한 박해가 끝났다는 거짓 보고들이 독일 제후들에게 이루어져, 어떤 사절도 프랑스 궁정에 파견되지 않았다. 베자는 파렐, 요한네스 부대우스(Johannes Buddæus) 그리고 카르메(Gaspard Carme)와 함께 프랑스 개신교 세력을 위해 스트라스부르와 프랑크푸르트까지 세번째 여행을 했으며, 여기서 파리로 사절을 파견하기로 결정되었다.

제네바 아카데미

4. 제네바 아카데미의 교수

베자는 이러한 외교 활동을 마치고 로잔으로 귀환하자마자, 로잔은 커다란 혼란에 빠졌다. 비레는 칼빈의 영향을 받으면서 로잔 시와 주변의 지방에 있는 많은 목사들과 교수들과 연합하여, 마침내 장로회를 설립하여 특히 성찬의 집례에서 파문을 시행하는 교회 권징을 도입하려고 생각하게 되었다. 그러나 로잔에 영향력을 행사하던 베른 사람들은 츠빙글리의 사상의 영향을 받아서 이러한 칼빈주의적인 교회 행정을 전혀 도입하려고 하지 않았으며, 이러한 갈등이 많은 어려움을 발생시켰다. 비레가 로잔의 관리들과 권징을 시행하려고 시도하자, 결국 베른의 관리들은 이에 격노해서 비레와 동료 목사들을 추방시켰다. 그래서 비레와 동료 목사들 그리고 학생들은 칼빈의 환영을 받으며 제네바로 이주하였다.

이와 동시에 제네바의 칼빈은 베자의 도움이 절실하게 되었다. 제네바의 오랜 숙원이었던 제네바 아카데미의 설립이 가시화되고 있었으며, 그에 따라 능력있는 교수초빙이 필요한 시기였다. 베자는 이미 로잔에서 오랜 기간 동안 헬라어 교수로 있었을 뿐만 아니라, 칼빈의 신학사상을 적극적으로 변호하며 따르고 있었다. 그래서 칼빈은 베자에게 제네바로 오도록 요청하였고, 베자도 1558년에 제네바에 정착하는 것이 최선이라고 생각하여 응하게 되었다. 여기서 그는 처음에 새로 설립된 제네바 아카데미에서 헬라어 교수직을 맡았으며, 칼빈의 사후에는 신학교수직도 맡았다. 이것 외에 그는 교회 설교의 책임도 맡아야만 했다. 그는 몇 년 전에 시작된 올리베탄의 신약성경 번역의 수정 작업을 완성하였다.

베자는 1559년 무렵에 함부르크에 있는 요아킴 베스트팔(Joachim

Westphal)과 틸레만 헤수센(Tileman Hesshusen)에 대항하여 칼빈을 변호해야만 했다. 칼빈은 1555-1558년 사이에 베스트팔와 헤수센 등의 루터파 신학자들과 성찬에 대하여 격렬한 논쟁을 하였다. 베자는 1559년에 이들과 함께 논쟁하면서 성찬에서 그리스도의 영적 임재설을 변호하였다. 베자는 또한 자신의 아버지에게 자신의 개종을 설명하기 위하여 자신의 신앙고백(Confession de la foy)을 작성하였다. 따라서 이 신앙고백은 개인적인 목적으로 준비된 것이었는데 프랑스인들 가운데서 복음에 대한 지식을 확산시키려고 수정된 형태로 출판되었다. 이 신앙고백은 1560년에 볼마르에게 헌정되어 라틴어로 출판되었고, 더 나아가 1562년에는 헝가리 개혁교회의 공식적인 신앙고백 문서들 가운데 하나가 되었다. 뿐만 아니라 1563, 1572, 1585년에 영어로 번역되어 런던에서 출판되었고, 독일어, 화란어, 이탈리아어로도 또한 간행되어 상당히 폭넓은 영향을 미쳤다.

5. 프랑스 개혁교회를 위한 활동들

베자는 제네바에 정착한 후에 이 개혁교회는 1555년부터 조직되기 시작하여 1559년에 총회를 조직하였다. 국왕으로부터 박해받고 있던 프랑스 개혁교회를 위한 다양한 외교활동을 전개하였다. 나바르의 안토니(Antony) 왕은 복음주의 귀족들의 간곡한 요청을 받아들여, 자발적으로 교회의 저명한 교사의 의견을 청취하겠다고 선언하고 베자를 네락으로 초청하였다. 1560년에 베자는 왕을 만났으나, 그의 가슴 속에 복음주의 신앙의 씨를 심는 성과를 거두지는 못하였다. 다음 해에 베자는 포이시(Poissy) 종교회의에서 복음주의자들을 대변하였고, 유창한 방식으로 복음주의 신앙의 원칙들을 변호하였다. 종교회의는 아쉽게 큰 성과 없이 끝났으나, 베자는 프랑스와 스위스 개혁교회의 대표자로서 프랑스 가톨릭대표들과 협상을 함으로써 프랑스 개혁교회의 지도자로서의 위치를 굳히게 되었다. 프랑스의 섭정인 카타리나 드 메디치(Catharina de Medici)는 정치적인 목적을 위해 다른 종교 회의를 열 것을 주장하여 1562년 1월 28일에 생 제르맹 회의가 개최되었다. 섭정은 개신교도들에게 파리 밖에서 예배를 드리는 중요한 특권을 허용하는 생 제르맹 칙령을 발표하였다. 그러나 가톨릭 당파가 3월 1일의 바시 대학살 후에 개신교를 전복하려고 준비하고 있다는 것이 분명해졌을 때 종교화의는 깨졌다. 베자는 서둘러 3월 25일에 신성로마제국 내에 있는 모든 개혁파 회중들에게 회람 편지를 썼으며 꽁데(Louis de Condé)와 그의 군대들은 오를레앙으로 진군했다. 신속하고 정력적으로 진군하는 것이 필수적이었으나, 군인들도 재정도 부족하였다. 꽁데의 요청으로 베자는 이 두 가지를 얻기 위해 종교개혁을 지지하는 모든 도시들을 방문하였으나, 큰 성과를 거두지 못하였다. 그 후에 프랑스에서는 로마가톨릭과 위그노 사이에 종교전쟁이 계속되었다.

그는 1571년에 라 로첼(La Rochelle)에서 열린 프랑스 개혁교회 총회의 사회를 보았다. 여기서 1559년에 제정된 신앙고백서가 개정되어 승인되었는데, 베자는 성찬식에서 츠빙글리의 기념설이 아니라 그리스도의 실질적인 영적 임재의 칼빈주의적인 고백이 유지되도록 영향력을 행사하였다. 이로 인해 베자와 라무스와 불링거 사이에 이에 관한 논쟁이 일어나게 되었다. 그는 이 회의에서 파리의 목사인 장 모렐(Jean Morel)과 철학자 피에르 라무스(Pierre Ramus)가 요구했던 회중주의 교회제도를 반대하여 장로회 제도를 지지하였다. 다음 해 (1572년 5월)에 베자는 님스(Nimes)에서 열린 총회에서 중요한 역할을 했으며, 특히 1564년 이후에 그리스도의 위격과 성찬 교리 때문에 독일에서 있었던 아우구스부르크 신앙고백과 관련된 논쟁에 관심을 가졌으며, 베스트팔, 헤슈센, 셀네커(Selnecker), 요한 브렌츠(Johann Brenz), 그리고 야곱 안드레아에 반대하는 여러 권의 책들을 출판하였다. 프랑스 종교전쟁 과정에서 로마가톨릭이 수만 명의 위그노들을 살해한 성 바돌로뮤 대학살 사건(1572) 이후에 그는 제네바에 대해 위그노 피난민들에게 호의적인 피난처를 제공하도록 영향력을 행사하였다. 그는 이 무렵에 『관리들의 권리에 대하여』(De jure magistratum)를 썼는데, 그는 종교적인 문제에서 전제정치가에 대항하여 강력하게 항의했으며, 국민들이 무자격한 찬탈자에게 실질적인 방식으로 저항하고, 필요하면 무기를 사용하여 폐위하는 것도 합법적이라고 주장하였다.

6. 칼빈의 계승자

22개월 동안 베자는 제네바를 떠나 있었으나 칼빈의 건강이 나빠져 교회와 학교를 돌보기 위해 그는 귀환해야만 했다. 칼빈이 더 이상 혼자서 직무를 감당할 수 없는 상황이 되자, 베자는 칼빈과 함께 격주로 연합하여 임무를 수행하였는데, 칼빈은 1564년 5월 27일에 세상을 떠났다. 그의 사후에 당연히 베자는 그의 계승자가 되었다. 1580년까지 베자는 목사회 의장일 뿐만 아니라, 칼빈이 1559년에 세워 김나지움과 아카데미로 구성되어 있는 제네바 아카데미의 실질적인 책임자가 되었다. 그는 살아있는 동안에 고등교육에 관심을 가졌다. 그는 거의 40년 동안 젊은이들에게 신학을 강의하며 가장 순수한 칼빈의 신학을 확립해 나갔다. 그는 또한 상담자로서 관리들과 목사들의 의견을 청취하였다. 베자는 또한 프랑소와 오트망 (Fransois Hotman), 율리스 파키우스(Jules Pacius), 그리고 데니스 고데프로이 (Denys Godefroy) 등이 교대로 강의하는 법률학교를 세우는 데 큰 기여를 하였다.

칼빈의 계승자로서 베자는 그의 일을 수행할 뿐만 아니라, 제네바 교회를 평화롭게 하는 데서 큰 성공을 거두었다. 관리들은 칼빈의 이념들을 충분하게 전용하였고 목사회와 장로회의 양 기관이 협력하였던 영적인 일들의 방향은 견고한 토대 위에 세워졌다. 1564년 이후에 교리적인 논쟁들은 크게 일어나지 않았다. 목사들과 관리들의 상호관계, 설교에서의 자유, 목사회의 다수에게 복종할 목사들의 의무와 같은 실천적이고, 사회적이거나 교회적인 성격의 문제들과 관련된 논의들이 이루어졌다. 그는 목사회 의장으로 조력자들에게 그의 뜻을 강요하지 않았고 중재 역할을 하기는 했지만 억압적인 조치들을 취하지 않았다. 물론 그는 극단적인 반대에 직면하여 사퇴하겠다고 위협해야만 하는 경우도 있었다. 그는 관리들과 잘 협력을 하여, 문제가 발생했을 때 칼빈이 하던 바와 같이 영적 권력에 우세한 영향력을 허용하지 않으면서도, 영적 권한의 권리와 독립을 잘 변호하여 나갔다. 그의 활동은 광범위했다. 그는 목사회와 관리들 사이를 중재했다. 관리들은 정치적인 문제들에서조차 계속적으로 그의 충고를 요청했다. 그는 유럽에 있는 개혁파 지도자들과 서신교환을 했다. 그의 스승인 칼빈과 같이 위대한 교리학자도 아니었고, 교회 영역에서 창조적인 천재도 아니었지만, 베자는 인문주의자, 주석가, 연설가로서 종교와 정치 문제에서 지도자가 될 수 있는 자질과 함께 모든 유럽에 있는 칼빈주의자들의 지도자가 될 자격을 갖추고 있었다. 관여했던 다양한 논쟁들 속에서, 베자는 관용적인 입장보다는 자주 분명한 입장을 취하였다. 그러한 결과로 이탈리아 회중의 목사인 베르나르디오 오치노(Bernardino Ochino)는 일부다처제에 관한 몇 가지 반박할 수 있는 요점들을 포함했던 논문 때문에, 바젤에 있던 세바스찬 카스텔리오(Sebastian Castellio)는 성령의 라틴어와 불어 번역 때문에 특히 베자에게 큰 공격을 받았다.

그가 아카데미의 신학교수로 활동하면서 저술한 저작들이 1570년과 82년 사이 『신학 논문』(*Tractationes theologicae*) 3권으로 편집되어 나왔다. 이러한 작품들 속에서 베자는 칼빈의 완전한 제자 혹은 그의 다른 분신으로 나타난다. 그의 신학적 작업의 토대는 하나님의 절대적이고, 영원하며, 변할 수 없는 뜻의 효과로서 모든 시간적인 존재의 필연성에 대한 예정론적 인식이었으므로, 타락전선택설의 입장에서 인류의 타락조차 그에게는 하나님의 세상에 대한 계획에 필수적인 것으로 나타난다. 이 논문집 속에 들어 있는 매우 대표적인 논문 가운데 하나가 기독교의 요약을 제시하는 『기독교의 종합』(*Summa totius Christianismi*)이다. 여기에 덧붙여, 그는 두 부분으로 되어 있는 확장된 요리문답인 『기독교의 질문과 응답의 소책자』(*Quaestionum & responsionum christianarum theologiae*)를 출판했는데, 당시에 상당히 인기가 있어 제네바에서는 전반부는 9번, 후반부는 5번이 출판될 정도였고 영어, 불어, 독일어, 화란어 등으로 번역되었다.

그는 1580년대 이후에는 원래 1556년에 출판했던 주해(Annotation)을 확대하여 주목할 만한 주석 작업을 진행하였다. 그는 1582, 1589, 1598년에 걸쳐 새로운 판들의 시리즈를 출간하였다. 그는 두 가지 주해를 제공했는데, 첫째는 난외에 간단한 주를 붙였고, 각 절에 대한 긴 주석을 했는데, 불가타 성경, 에라스무스, 칼빈, 그리고 다른 번역자들과의 대화 속에서 언어학적인 문제를 제공하고 마침내 결론을 끌어냈다. 성경 본문 연구에 대한 베자의 기여는 주석 작업에 못지 않게 중요하다. 1565년에 그는 헬라어 성경의 편집을 출판했다. 이 성경은 평행한 줄로 불가타의 본문과 (이미 1556년에 출판되었던) 그 자신의 성경번역을 함께 싣고 있다. 그는 역시 이전에 출판된 주석들을 첨가하면서, 그것들의 질을 높이고 확대시켰다. 헬라어 본문의 1565년 판을 준비하면서도 이용했을 수 있으나, 베자는 1582년에 출판했던 제2판의 준비 속에서 두 개의 매우 가치 있는 사본들의 도움을 이용했을 가능성이 있다. 하나는 베자 사본(Codex Bezae) 혹은 칸타브리겐시스(Cantabrigensis)라고 알려져 있는데, 베자가 후에 케임브리지 대학에 제출하였다. 둘째는 칼로몬타누스 사본(Codex Claromontanus)인데, 베자는 이것을 클레르몬트(Clermont)에서 발견했으며, 현재는 파리 국립도서관에 소장되어 있다. 그러나 베자가 크게 의존했던 것은 이러한 자료들이 아니라, 오히려 저명한 로버트 스테펜스(Robert Stephens, 1550)의 이전 편집을 참고했는데, 스테펜스의 편집 자체는 에라스무스의 후기 편집들 가운데 하나에 상당한 정도로 의존하였다. 이러한 방향에서 베자의 수고는 후학들에게 상당히 도움이 되었다. 그의 라틴어 판과 거기에 붙어 있는 풍부한 주들도 동일하게 후대에 커다란 영향을 미쳤다. 라틴어 판은 백판 이상 출판되었다고 이야기 된다.

그는 신학자로 활동하면서도 인문주의적이고, 신랄하며, 풍자적인 성격의 작품인 파사반티우스(Passavantius)와 피에르 리제에 대한 불만(Complainte de Messire Pierre Lizet) 등을 저술하였다. 베자의 뛰어난 문학적인 능력은 노년에도 변함이 없어 엘리자베스 1세가 스페인의 무적함대를 무찌르자, 가톨릭에 대한 개신교의 승리의 의미를 새기면서 그 전쟁의 승리를 축하하는 시를 쓰기도 하였다. 노년에 베자는 『기독교인 고발자 카도』(Cato censorius christianus, 1591)를 출판하였는데, 카도가 비난했던 것을 기독교인인 베자 자신도 같이 비난하는 내용으로 교만, 게으름, 술취함, 탐욕 등을 라틴어 시로 쓴 것이다. 그는 1597년에 『다양한 시들』(Poemata Varia)을 수정했는데, 그는 이 작품들로부터 젊은 날의 기행들을 정화시켰다. 그의 역사편찬의 작품들 가운데 당시 종교개혁자들에 대한 간략한 전기적인 내용들과 함께 그들의 초상화를 담고 있는 『아이콘스』(Icones, 1580)가 있다. 아이콘스라는 제목은 종교개혁자들의 초상화를 가리키는 것이다. 이 책은 종교개혁자들을 루터파와 개혁파, 영국 개혁자, 스코틀랜드 개혁자 등으로 분류하는데, 부처와 무스쿨루스를 루터파에 포함시키는 것이 흥미롭다. 오늘날의 학자들은 부처와 무스쿨루스 등을 개혁파의 중요한 인물로 평가하는데, 베자는 다른 입장을 가지고 있었다. 그는 이와 함께 유명한 『프랑스 왕국의 개혁교회사』(Histoire ecclésiastique des églises réformées au Royaume de France, 1580)를 저술했으며, 칼빈 사후인 1564년에 칼빈의 전기인 『칼빈의 생애』(Ioannis Calvini Vita)를 썼고, 1575년에 개정하여 다시 썼다. 베자는 공적이고 사적인 도덕을 혼합해 칼빈 생애의 대부분을 이단과 투쟁한 모범적 교인, 교회에 대한 봉사, 신적 은총의 간섭, 순결에 대한 부분을 강조해서 기술하였고, 1575년 판은 칼빈의 서신에서 주의 깊게 발췌한 내용을 그 전의 전기에 삽입하여 칼빈을 기독교 영웅으로 묘사하였다. 그는 1575년에 『칼빈의 서신과 답장』(Epistolæ et responsa)을 편집하였다.

7. 몽벨리아르 종교회의

루터파와 개혁파 사이에 성찬과 그와 관련된 기독론 이해는 커다란 논쟁의 주제이다. 이러한 문제를 해결하고 개신교 세력의 연합을 이루고자 베자는 뷔르템베르크 공작의 요청으로 1586년 3월 14-27일 사이에 몽벨리아르에서 다시 한 번 루터파 대표들과 만나 종교회의를 열었다. 루터파의 대표자는 야곱 안드레애(Jacob Andreae)와 루카스 오시안더(Lucas Osiander)였고, 개혁파 대표자는 베자와 제네바의 안토니우스 파이우스(Antonius Faius)와 베른의 아브라함 무스쿨루스(Abraham Musculus)였다. 이들은 고대 기독교 신조 가운데 니케아 신조와 칼케돈 신조에서 발견되는 의견의 일치를 토대로 논의를 진행하여 나갔으나, 끝까지 양측의 의견의 차이를 좁히는 데 실패하였다.

그럼에도 불구하고 개혁파 교회 안에서 이 회의는 중요한 발전을 가져왔다. 안드레애가 자신들의 관점에서 준비했던 회담의 의사록이 출판되었을 때, 베른 근처의 부르크(Burg)의 사무엘 후버(Samuel Huber)는 스위스 성직자 가운데 루터파에 속한 인물이었는데, 베자와 무스쿨루스가 몽베리아르에서 설명한 타락전선택설의 예정론 교리를 아주 심하게 공격하여 베른의 관리들에게 무스쿨루스를 가리켜 교리를 새롭게 바꾼 이단같은 인물이라고 비난하고 나섰다. 이 문제를 조정하기 위하여, 관리들은 후버와 무스쿨루스 사이에 1587년 9월에 회담을 열었는데, 후버는 은혜의 보편주의를 제시하였고, 무스쿨루스는 은혜의 특수주의를 대변하였다. 회의가 결론이 없었음으로, 토론이 1588년 4월에 베른에서 열렸다. 이 회의에서 공인된 교리 체계의 변호는 베자의 수중에 떨어졌다. 토론에서 사회를 보았던 스위스 칸톤의 세 명의 대표자들은 마침내 베자가 몽벨리아르에서 제시했던 가르침을 정통적인 것으로 구체화했다고 선언하였고 후버는 그 자리에서 해임되었다.

8. 베자의 노년

그는 65세까지 건강하게 지냈으나, 그 후에 건강이 점점 약화되어 갔다. 그래도 그는 가르치는 활동을 계속하다가 80세가 되던 1599년에 교수직에서 완전히 은퇴하였다. 그의 노년의 가장 슬픈 경험은 그의 간절한 호소에도 불구하고(1593년) 앙리 4세가 로마가톨릭으로 개종하여 프랑스 왕으로 즉위한 것이었다. 1596년에는 베자와 제네바 교회가 로마의 품으로 돌아온다는 이상한 소문이 예수회에 의해 독일, 프랑스, 영국, 그리고 이탈리아에 퍼져 나갔다. 베자는 여전히 원숙한 사상의 불꽃과 표현의 활력을 소유하고 있다는 것을 보여주는 풍자시를 써서 반박하였다. 그는 세상을 떠나기 직전에 시편 130편과 로마서 5장 1절 말씀을 들으면서 하나님의 품으로 돌아갔다. 그는 칼빈과 같이 일반 공원묘지에 묻히지 못했다. 사보이 가문이 그의 시체를 로마로 유괴하겠다고 했기 때문에, 관리들의 지시로 성 삐에르 수도원에 안장되었다.

9. 베자의 예정론

칼빈이 예정론을 구원론의 마지막에서 서술했던 것과 달리 베자는 이 교리를 하나님의 작정 교리를 다루는 신론으로 옮겨서 논하였다. 그래서 바르트와 신정통주의자들은 베자가 칼빈의 신학을 왜곡시켜 정통주의 신학을 정립시켰다고 주장하는데, 이렇게 칼빈의 신학과 베자의 신학을 대립시키는 것은 명백하게 잘못된 해석이다. 멀러가 지적하는 바와 같이 베자는 칼빈의 예정론을 옹호하고자 1555년에 자신의 『예정론 도표』를 저술하였다.

베자의 『예정론 도표』에서 많은 학자들이 베자의 신학이 스콜라주의적이고, 신론중심이며, 필연론적이라고 주장하는데, 이에 대해 비키(Joel Beeke)는 이 글이 논쟁적인 분위기에서 저술되었다는 것과, 많은 학자들이 그가 덧붙인 해설은 주목하지 않고 도표만을 강조했다고 지적한다.

베자는 『예정론 도표』에 8장에 걸쳐 해설을 첨가하는데, 1장에서부터 이 예정론을 설교하는 목적은 들을 귀를 가진 사람이 듣고서 하나님의 영원한 은혜로운 작정을 확신하게 하려는 것이라고 말한다. 그가 예정론을 저술하는 목적은 출발에서부터 목회적이고 성도들을 위로하려는 것이었다. 그가 이중예정을 설명하는 목적은 선택자의 구원의 확신이었다. 그는 2-3장에서 타락전선택설을 암시하지만 그럼에도 불구하고 구원론적인 강조점이 전체 글을 지배하고 있다.

베자는 예정과 예정의 시행을 구별하고 있다. 이러한 구별을 통하여 그는 예정의 시행에서 역사 속에서의 구원의 진행을 설명하고 있다. 그는 이 구원의 시행에서 기독론중심의 관점을 주장하고 있다. 예정의 시행에서 거룩하신 하나님과 타락한 인간 사이의 중재자가 필요하다. 그는 그리스도가 선택에서 토대를 놓는다고 말한다. 그는 5장에서 그리스도가 제2의 아담이고 선택자의 구원에서 토대이며 실체(foundation and substance)라고 명백하게 말한다.

그는 예정론 교리를 포함하는 더 큰 기독론의 구조를 가지고 있다. 그가 그리스도께서 예정의 시행자라고 말함으로써 작정에서 그리스도의 근본적인 역할을 부정했다는 비난을 그는 부인했다. 그는 중보자로서의 그리스도와 하나님의 아들로서의 그리스도를 구별하여 이러한 긴장을 해결하였다. 그러므로 그리스도는 아버지와 성령과 함께 예정의 유효한 원인이시고 그 안에서 자비롭게 선택된 사람들 때문에 예정 자체의 첫 번째 효과이다. 멀러가 지적한 바와 같이, 이러한 형식은 그의 다른 일부 형식들의 결정론적인 암시들을 상쇄하는 베자의 구원론적인 추진력을 증명한다.

그는 로마가톨릭을 떠나 종교개혁을 수용한 것을 아버지에게 설명하면서 자신의 신앙의 입장을 정립하기 위하여 자신의 신앙고백을 저술하였다. 이 신앙고백은 베자가 썼던 글들 가운데서 신학적인 주제들의 상호연관성을 설명한 가장 체계적인 글이다. 이 신앙고백은 7가지 제목으로 되어 있다. 1) 하나님의 일체와 삼위(unity and trinity of God) 2) 아버지 3) 아들 4) 성령 5) 교회 6) 마지막 심판 7) 교황주의자들의 가르침과 거룩한 보편 교회의 가르침의 대조. 그는 이 신앙고백에서 예정론을 주요한 제목으로 삼지도 않고 있고, 기독론과 관련하여 하나의 신앙항목으로 다루고 있을 뿐이다.

그는 1582년에 쓴 『예정론 교리에 관하여』에서 로마서 9장에 근거하여 타락전 예정론으로 기울어지고 있다. 그럼에도 불구하고 이 논문에서조차 예정론 교리는 그의 신학 방법론의 사상에서 중심교리는 아니었다. 무라야마는 베자의 신학이 체계화되어가는 것은 스콜라주의의 영향이 아니라 오히려 전통주의의 영향이라고 주장하였다.

그래서 비키는 결론적으로, 첫째로 베자의 타락전 예정론의 경향은 과장되기 쉽다고 말한다. 베자는 켄달이 지적하는 바와 같이 타락전 예정론의 경향이 있다고 말하는 것이 타당하다. 그는 신학적인 논쟁과정에서 점차로 타락전 선택설의 방향으로 기울어진다. 흥미로운 점은 남아있는 그의 87개의 설교에는 예정론이 들어있지 않고, 설교는 기독론-구원론의 경향을 가지고 있다. 이러한 증거는 베자가 자신의 신학을 예정론 체계 하에 포함시키지 않았다는 심도 있는 증거이다. 베자의 타락전 예정론은 타락후 예정론을 배제할 정도로 폭이 좁지 않았다. 그는 1561년 프랑스의 라 로첼의 총회 사회자로였는데 여기서 채택된 신앙고백서가 타락후 선택설을 채택하는 것을 반대하지 않았다.

둘째로 베자와 칼빈의 신학적 차이가 과장되기 쉽다. 칼빈과 베자는 상호간에 신학적 차이의 느낌을 가지고 있지 않았다. 베자의 모든 저술들은 칼빈의 허락 하에서 출판되었다. 베자는 칼빈보다 스콜라주의, 합리주의, 타락전 선택설의 방향으로 좀 더 나아갔다. 그러나 베자가 신학적인 상황과 논쟁적인 압력 하에서 이러한 방향으로 나아갔지만, 그의 신학사상이 예정론 주제에 한정되지는 않았다. 그의 저술들 가운데 소수만이 예정론 주제를 다루었다. 그는 칼빈과 다르다고 해도 질적으로 다른 것이 아니라, 양적으로 다르다.

셋째로 베자가 기독론중심에서 삼위일체론의 방향으로 움직인 것은 단순한 사색이 아니라 전체적으로 칼빈의 신학을 확대하고 개선하려는 것이었다. 베자는 더욱 철저한 삼위일체 중심주의로 이동하여 기독론의 특성을 제거하지 않았다. 베자의 예정론은 그리스도 안에서 신자의 구원과 그들의 위로와 관련되어 취급되었다는 것이 강조되어야만 한다. 개혁파의 구원론이 기독론 중심주의를 제거한 것이 아니다, 인간중심주의가 되어 기독론 중심주의를 보존하지 못하는 알미니안주의 신학과 대조하여 오히려 신중심주의의 인과관계를 강조하여 기독론 중심주의를 보존하였다.

넷째로 베자의 신학 속에 긴장 관계, 논쟁적이면서 목회적이고, 엄격하면서도 탄력성이 있고, 사색적이며 구원론적인 긴장관계가 존재하고 있다. 그는 이러한 긴장 관계 속에서 사색적이기보다는 성경의 노선을 따라간다. 그에게는 예정론이 신학의 출발을 위한 손쉬운 출발점이기 때문이거나, 형이상학적이고 추상적인 출발점을 제공하기 때문이 아니라, 성경에 확실한 근거를 가지고 있다는 진정한 확신이 있기 때문이었다.

베자의 예정론은 논리적이고 사색적이기 보다는 철저하게 목회적이고 성경적이라고 평가할 수 있다. 그가 예정론을 논하는 것은 볼섹이 예정론을 공격하기 때문에 그의 잘못을 지적하려는 것이었다. 그런 과정에서 베자는 예정론이야말로 우리의 구원의 확실성을 분명하게 담보해 준다고 믿으면서 볼섹의 오류들을 비판하였다.

그의 예정론은 성경적인 근거 위에서 우리의 구원이 우리의 믿음이나 행위에 달려 있는 것이 아니라, 하나님의 창세 전의 선택에 달려 있다는 것을 강조한다. 이러한 가장 분명한 증거가 로마서 9장 11-13절에 있는 에서의 미움과 이삭의 선택이었다. 그는 이 선택을 근거로 결국 우리의 구원은 하나님의 타락전 선택의 결과라는 것을 주장한다. 이러한 타락전 선택은 사변적인 것이 아니라 성경 주석에 근거한 확실한 증거를 가지고 있다.

그는 이러한 선택의 결과로 우리가 그리스도 안에서 구원받는 것을 설명한다. 그리고 그러한 선택이 역사 속에서 구체적으로 어떻게 실현되는지를 성경에 근거하여 설명한다. 그리고 7장에서는 이것을 어떻게 설교할 것인지 설명하고, 8장에서는 개인에게 어떻게 적용하여 신앙적인 유익을 얻을 것인지를 설명한다. 그러므로 베자는 이 예정론을 쓰면서 볼섹의 주장을 반박하면서, 예정론이 우리의 구원의 확실성을 담보하는 성경적인 진리라는 것을 확증하고자 하였다.

10. 베자의 확신 교리

멀러는 『그리스도와 작정』(*Christ and Decree*)에서 베자에게서는 구원의 확신 교리에서 그리스도에 관한 논의를 만나기가 어렵다고 인정하였다. 이러한 멀러의 주장에 근거를 두고 브레이(Gerald Bray), 켄달(Kendall) 등은 베자가 칼빈의 신앙의 확신교리를 변질시켰다고 주장한다.

그러나 베자가 목회적인 필요 때문에, 의심하거나 사단의 시험을 받는 사람들에게 그들이 확인할 수 있는 가장 낮은 사다리, 가장 낮은 단계까지 내려가서 거기서부터 다시 올라오도록 조언하기 위하여, 자신 안에서 느껴지는 것들, 성화와 그 열매인 선행을 주목하도록 하는 경우도 있다. 이런 면에서 베자에게서는 실천적 삼단논법이 구원의 확신에서 일정 부분의 역할을 하고 있다. 그렇지만 주목해야 할 것은 그는 이 단계에서 출발해서 그리스도에 대한 믿음, 더 나아가 하나님의 선택까지 성도들을 이끌어간다는 것이다. 이와 함께 주목해야 할 것은 베자가 선행이나 성화를 선택의 증거 내지 신앙의 증거라고 말하고 있지, 확신의 근거라고 말하지 않는다는 것이다. 그 증거들은 그 확신의 근거에서 나오는 것인데, 이 증거들의 근거는 바로 예수 그리스도에 대한 신앙이다. 그러므로 예수 그리스도가 우리의 구원의 확신의 근거라고 하는 점에서는 칼빈과 달라지지 않았다. 그렇지만 베자가 우리의 확신의 근거를 강조하기 보다는 목회적인 조언에서 성화와 선행에서 출발하여 구원의 확신의 근거인 예수 그리스도에 대한 믿음으로 나아가기 때문에, 이것은 제대로 파악하기가 어렵다. 그렇지만 베자는 심지어 제한 속죄에서도, 우리의 확신은 예수 그리스도에 대한 믿음이라는 것을 강조하고 있다.

베자의 확신교리는 대단히 그리스도 중심적이다. 이것을 간과하는 사람들은 그가 확신을 분명하게 그리스도에 대한 믿음과 연결시키는 많은 문단들을 파악하지 못하는 것이며, 시험의 시기에 제공되는 베자의 목회적 조언들이 그의 확신교리에 대한 그들의 이해를 지배하도록 허용하는 것이다.

베자는 자신의 사역 기간 동안 관헌들의 권리에 대하여 두 권의 책을 썼다. 첫번째 책은 『행정관료의 이단처벌론』(De haereticis a civili magistratu puniendis)이다. 이 책은 제네바의 관리들이 세르베투스를 처형했을 때, 카스텔리오를 비롯한 사람들이 그의 처벌에 대하여 항의할 때, 베자가 이단을 처벌할 관리들의 권한을 변호한 것이다. 관리들은 국가의 공공질서를 유지할 책임뿐만 아니라 이단들을 방지하고 건전한 신앙의 질서를 발전시킬 임무도 가지고 있다. 둘째로는 1572년에 성 바돌로뮤 대학살 사건이 일어난 후에 『백성에 대한 관리의 권리와 관리에 대한 백성의 의무에 대하여』(de jure magistratumin subditos et officio subditorum erga magistratus)를 썼다. 그는 이 책에서 백성들은 통치자들에게 무조건적으로 복종해야 하는가? 라고 물으면서 시작한다. 그는 통치자가 하나님께서 금지하는 것을 강요하거나 하나님께서 명령하는 것을 금지하는 비종교적인 것을 지시하거나, 이웃에 대한 자비의 행위를 소홀히 하거나 금지하도록 명령하는 불의한 것들에 대해 불순종할 것을 주장하였다. 그는 더 나아가 폭군에 대한 저항권을 인정하였다. 그는 폭군을 권력의 찬탈자와 정당한 통치자가 독재자가 된 경우로 나누었다. 권력의 찬탈자에 대해서는 일반 백성들이라도 저항할 수 있다고 보았다. 그러나 정상적인 통치자가 독재자로 변질될 경우에 백성들은 그에게 불순종할 수는 있으나, 적극적인 저항은 할 수 없다고 보았다. 반면에 하급관리들은 상급통치자들이 하나님의 법을 어기거나 백성들을 억압할 때 자신들에게 맡겨진 백성을 구원하고 그 질서를 바로잡기 위하여 무력저항이라도 할 수 있다고 주장하였다. 합법적인 권력 기관인 의회는 폭군의 통치에 대해 그들의 의무를 상기시키고 필요하면 처벌할 수도 있다고 하였다. 베자는 왕과 백성들 사이에 계약에 따른 상호간의 의무가 있다고 보았고, 백성들은 국왕이 계약에 따른 의무를 위반할 경우에 저항할 수 있다고 보았다.

베자는 그의 문학적인 재능을 살려 시편을 불어로 번역하는 일에서 큰 공헌을 하였다. 칼빈은 시편을 찬양으로 부르는 시편 찬송가(Psalmody)를 만드는 과정에서 처음에는 마로의 도움을 받았으나, 그가 중도에 제네바를 떠난 후에는 베자의 도움을 받았다. 프랑스 파리에 있을 때부터 라틴어 시집을 낼 정도로 문학적 능력이 뛰어났던 베자는 1548년 제네바에 도착한 이후로 시편을 불어로 번역하는 작업을 진행하였다. 시편 찬송가가 탄생하는 데는 가사인 시편을 라틴어와 히브리어에서 불어로 번역했던 마로와 베자, 그리고 그것을 작곡한 작곡가들이 중요한 역할을 하였다.

11. 베자에 대한 평가

베자는 인문주의자로서 문인으로 활동하다 1548년 이후에 종교개혁 진영에 가담하였다. 그는 이 때부터 로잔 아카데미에서 헬라어 교수로 가르치다가 1558년 제네바로 옮겨와서 신학을 가르쳤다. 1564년 칼빈이 세상을 떠난 후에는 제네바 아카데미의 책임자였을 뿐만 아니라 제네바의 개혁작업을 전체적으로 이끌면서 개혁파 신학이 정착하는 데 크게 기여하였다. 일부에서 베자가 칼빈의 신학을 스콜라주의로 변질시켰다고 주장하기도 하지만, 근본적으로 칼빈의 신학을 이어받아 정착시키는 역할을 하였다. 물론 그의 활동 시기가 종교개혁 신학에 대한 각 교파의 논쟁의 시기였기 때문에, 그의 저술들에서 논쟁적인 면들이 발견되지만, 근본적으로 칼빈의 신학에서 이탈한 것은 아니었다. 그는 또한 성경 사본들을 발견하고 성경을 편집하여 성경의 사본비평을 통한 발전에도 크게 기여하였다.

더 읽어야 할 책들

김재성. 개혁신학의 정수. 이레서원.
박건택. 종교개혁사상선집. 개혁주의신행협회.

제11장

스코틀랜드의 종교개혁자
존 녹스

녹스(John Knox, 1515-1572)

제11장 스코틀랜드의 종교개혁자 존 녹스 | 313

녹스(John Knox, 1515-1572)는 1547년에 스코틀랜드의 종교개혁에 가담한 후에 영국과 스코틀랜드의 종교개혁에서 중요한 역할을 담당하였다. 영국의 메리 여왕이 즉위한 후 제네바에 건너가 칼빈과 교류하며 영향을 받았으나, 저항권에서는 칼빈보다 훨씬 더 적극적인 무력저항사상을 주장하였다. 그는 1559년에 스코틀랜드에서 무력저항을 통해 종교개혁을 성취하였고 국가 규모에서 공인된 장로교회를 최초로 수립하는 데 핵심적인 역할을 담당하였다. 국내에서는 아직도 Knox를 녹스 혹은 낙스로 혼용되고 있으나, 이 글에서는 스코틀랜드에서의 발음에 따라 녹스로 표기하겠다.

1. 녹스의 출생과 교육

녹스는 1515년에 스코틀랜드의 에딘버러 서쪽에 위치한 이스트 로티안(East Lothian)주 지역의 하딩톤(Haddington) 교외의 기포드게이트(Giffordgate)에서 농부의 아들로 태어났다. 그의 부모는 아들을 대학에 보낼 정도의 재력은 있었던 것으로 보인다. 그는 하딩톤에서 교육을 받은 후에 세인트 앤드류스 대학에서 존 메이저(John Major, 1479-1550) 밑에서 공부하였다. 베자는 녹스가 자신과 동향출신인 유명한 메이저 아래서 세인트 앤드류스 대학에서 공부했다고 서술한다. 메이저는 1531년부터 세인트 앤드류스 대학에 있었다. 그런데 녹스는 존 메이저에 대해 언급조차 한 적이 없고, 그가 이 대학을 졸업했다는 기록도 없다. 그렇지만 녹스가 훌륭한 라틴어를 구사하였고 헬라어와 히브리어를 알 뿐만 아니라 초대교부들의 글에도 익숙한 것으로 보아 훌륭한 대학교육을 받은 것은 확실하다. 그는 공중인이자 사제로서 처음으로 언급되는 1540년 이전 어느 시기에 서임을 받았다. 그는 1543년 5월에 사제로서 공증서류에 서명하는 것을 볼 때 이 때까지는 로마가톨릭에 머물고 있었다. 당시 공증인은 자기의 서명으로 각종 법적 서류들의 효력을 공식적으로 인정하는 권한을 행사할 수 있었다. 그는 사제였지만 사제직을 수행한 것이 아니라, 개인교사를 한 것으로 보인다. 그는 여러 해 동안 잉글랜드 국경에 가까운 롱니드리(Longniddry)의 휴 더글러스 가문(Hugh Douglas)과 오미스톤(Omiston)의 존 콕버언(John Cockburn)의 자녀들을 가르치고 있었는데, 이들은 친영파로 영국의 종교개혁에 대하여 호의적이었다.

녹스의 회심 시기를 명확하게 밝히기는 쉽지 않지만, 1545년 말에 공적으로 개신교 신앙을 고백한 것으로 보인다. 칼더우드(David Calderwood, 1575-1650)의 『스코틀랜드 교회사』(History of the Kirk of Scotland)에 따르면, 도미니크 수도회 소속이면서 1543년에 잠시 동안 섭정 아란(Arran) 백작의 사제였던 토마스 길리암(Thomas Guillaume)이 처음으로 "녹스에게 진리의 맛을 제공했다"고 한다. 베자는 당시 종교개혁자들의 삶을 기록한 『아이콘스』(Icons)에서 녹스의 개신교로의 변화를 아우구스티누스와 제롬의 연구에 돌렸다. 그러나 녹스의 개신교로의 회심에 직접적인 영향을 미친 인물은 1544년에 유럽에서 돌아와 개혁사상을 전파했던 조지 위샤트(George Wishart)인 것으로 보인다. 위샤트는 종교개혁을 주장하다가 이단으로 의심을 받아 1540년경에 유럽대륙으로 망명하여 독일과 스위스 지역의 취리히를 방문하고 귀국하였다. 그는 영국으로 먼저 귀국했다가 1544년에 스코틀랜드로 돌아와 개혁신앙을 설교하며 여러 지역을 순회하였고, 제1 스위스 신앙고백을 영어로 번역하였다. 위샤트가 1545년 12월에 이스트 로티안에 왔을 때 녹스는 그를 만나 그의 가르침을 들어 개혁신앙에 동조하였고, 그 이후에 양날 달린 칼을 들고 그를 호위하였다. 위샤트가 1546년 1월 체포되기 직전에 "희생자는 한 사람으로 족하다"고 말하였기 때문에 녹스는 피신하여 죽음을 모면하였다. 위샤트는 3월 1일에 세인트 앤드류스 성에서 처형되었다. 그의 처형은 시민들과 일부 귀족들의 봉기로 이어졌다. 교회개혁을 주장하던 사람들은 그의 죽음에 분개하여 1546년 5월 29일에 비이튼(David Beaton, 1494-1546) 대주교를 살해하였다. 당시 스코틀랜드는 친불 세력이던 아란 총독과 비튼 추기경의 세력 하에 있었다. 스코틀랜드의 국왕이었던 제임스 5세는 1542년 12월에 영국과 전쟁을 하다가 사망을 하였고, 그 해 태어난 메리가 왕이 되었다. 가톨릭세력이 정권을 잡자 영국 왕 헨리 8세는 자신이 포로로 잡았던 사람들을 귀국시켜 친영세력을 구축하고 종교개혁을 추진하도록 하였다. 그래서 비이튼 대주교가 살해되었을 당시 스코틀랜드 왕국에서 친영파와 친불파가 대립하고 있었다.

2. 세인트 앤드류스에서의 사역과 갤리선의 노예

비튼 대주교를 살해한 사람들은 왕실의 탄압과 프랑스군의 침략에 대비하여 세인트 앤드류스 성을 점령하였다. 위샤트의 추종자로 알려져 있었던 녹스는 정부의 종교개혁을 주장하는 자들에 대한 탄압정책에 위기를 느끼면서 자신이 가르치던 학생들을 데리고 1547년 4월에 세인트 앤드류스 성에 합류하였다. 녹스가 합류했을 때 헨리 발네이브즈(Henry Balnaves)가 영국의 후원을 약속받고 돌아왔고 이들은 영국과의 동맹을 지지하였다. 녹스 자신이 쓴 『종교개혁사』(History of the Reformation in Scotland)의 설명에 따르면 그는 세인트 앤드류스 성에 들어간 후에 나이 많은 사제였던 존 로우(John Rough)

의 추천과 회중들의 동의로 설교자가 되었다. 그는 다음 주일 날 다니엘 7장 24-25절을 본문으로 설교를 하면서 로마 제국의 잔재에서 솟아난 로마교황들은 신약이 말하는 적그리스도이며 이들의 생활이 하나님 아버지와 예수 그리스도의 가르침과 법들에 반대된다고 비판하였다. 녹스는 그들의 가르침을 성경의 교훈인 이신칭의로 비판하면서 그들의 부패상을 지적한 후에 누구라도 원하면 자신에게 와서 성경으로 토론할 것을 제안하였다. 이러한 논쟁이 제안 된 후에 가톨릭교회의 존 윈람(John Winram)은 녹스를 소환하였고, 이 소환모임에서 녹스는 개혁파의 특성이 분명하게 드러나는 9개 항목을 제시하였다. 그는 "사람들은 하나님께 수용될 수 있는 종교를 만들거나 고안할 수 없다. 오히려 인간은 삭제하거나 변화시키는 것 없이, 하나님으로부터 받은 종교를 준수하고 보존해야만 한다"고 하여 종교는 성경에 규정된 대로 지켜져야 한다는 것을 강조하였다. 또한 "신약의 성례는 그리스도 예수께서 제정하시고 사도들이 실시한 대로 시행되어야만 한다. 어느 것도 첨가되거나 삭제되어서는 안 된다"고 하여 주님이 제정하신 세례와 성찬이 초대교회의 모습대로 시행되어야 할 것을 주장하였다. 미사에 대해서 "미사는 가증스러운 우상숭배이며, 그리스도의 죽음에 대해 가증스러운 것이고, 주의 만찬의 신성모독이다"라고 비판하였다. 이러한 자신의 주장에 대한 윈람과의 논쟁에서 녹스는 교회 의식은 "그 확신에 대하여 하나님의 말씀"에 기초해야 하는데, 로마가톨릭교회의 의식은 이 근거가 없다고 비판한다. 그는 "하나님이 명하신 모든 것을 지키며, 더하지도 말고 빼지도 말라"(신12:32; 12:8)는 말씀을 근본원칙으로 삼아 자신의 주장을 전개한다.13) 녹스는 이 때 이미 하나님께 드리는 예배는 하나님의 말씀에 확실한 근거가 있어야 하고, 그러한 의미에서 성례는 말씀대로 시행되어야 하며,

미사는 우상숭배라는 확고한 입장을 정립하였다. 이러한 논쟁 후에 녹스는 예배시간에 설교와 함께 신약의 형식을 따른 성찬식을 거행하였다.

　녹스가 설교자로 활동을 하고 있을 때, 프랑스와 동맹을 맺고 있던 스코틀랜드 왕실은 교회개혁 세력을 토벌하기 위해 군대를 요청하였다. 프랑스는 1547년 7월 중순에 20여척의 갤리선으로 구성된 함대를 보내 세인트 앤드류스를 점령했다. 성 안에 있던 120여명의 사람들이 체포되었고, 녹스와 그 일행은 프랑스로 끌려갔다. 귀족들은 루엥(Rouen)의 감옥에 감금되었지만 녹스와 평민들은 가장 비참한 갤리선의 노예가 되었다. 그는 프랑스의 갤리선 '노트르담' 호에서 19개월 동안 고난의 시간을 보냈다. 1547년 9월에 벌어진 핀키 전투에서 패배한 스코틀랜드는 11월에 프랑스에 지원을 요청하여 나라를 지켰으며, 그러한 군사적 지원에 대한 감사의 표시로 당시 5살이었던 메리여왕을 인질로 프랑스로 보냈고 그녀는 이곳에서 가톨릭신앙으로 양육되었다. 당시 이러한 전쟁에 참가하려고 노트르담 호가 스코틀랜드로 출항하여 녹스는 이 기간 동안 두 번 조국을 방문할 수 있었다. 두 번째 출항에서는 심각하게 건강을 잃었으나, 그는 세인트 앤드류스 성을 바라보며 "저곳에서 다시 하나님의 영광을 위해 부르짖기 전에는 절대 이대로 죽지 않을 것을 확신한다"고 고백하였다. 프랑스는 포로들을 가톨릭으로 개종시키려고 노력했으나 녹스는 이들의 지도자가 되어 신앙을 지키도록 격려하였다. 루엥에 수감되어 있던 발네이부스는 이신칭의에 대한 논문을 작성하여 녹스에게 검토를 부탁하

---

13) Dickinson, *John knox's History of the Reformation in Scotland* V.01Ⅰ, 88.

였다. 그는 노예로서의 그 어려운 상황에서도 이 논문에 서문을 붙이고 정리하여 보내주었다. 이 글은 필사본으로 스코틀랜드에서 유통되었을 가능성도 있다. 이와 같이 녹스는 갤리선의 노예로 있으면서도 스코틀랜드의 종교개혁에 대한 꿈을 포기하지 않았다. 그는 여기서 말할 수 없는 고통을 겪었지만 하나님께서 자신을 버리지 않으실 것이고 조국으로 돌아갈 것이라는 믿음을 가지고 인내하였다. 녹스의 갤리선에서의 노예 생활은 영국이 프랑스와의 전쟁 과정에서 협상하면서 그의 석방을 요구하여 1549년 1월에 자유의 몸이 되었다.

3. 영국에서의 사역(1549-1554)

그가 석방이 된 후에 스코틀랜드에서는 가톨릭 세력 때문에 거의 활동을 할 수 없었으므로, 에드워드 6세 하에서 종교개혁이 진행되던 영국으로 건너가 목회활동에 전념하였다. 그는 1549년 4월에 스코틀랜드 국경 밑에 있으면서 덜함(Durham) 교구에 속해 있는 버위크(Berwick)에서 목회를 하였다. 버위크는 한 편으로는 영국이 스코틀랜드를 공격하러 나기는 전초기지이면서 동시에 스코틀랜드에서 전쟁을 피해 피난온 사람들이 있었을 가능성도 있었다. 그리고 영국에서는 종교개혁의 영향을 거의 받지 않은 가장 보수적인 장소였다. 따라서 예배서로서 『제일공도서』(*Book of Common Prayer*)가 출판되었고 미사를 대치하여 공도서에 따라 예배를 드리라는 통일법이 제정되었지만, 덜함 주교는 미사 시행을 계속해서 지원하였다. 그래서 녹스가 미사를 우상숭배라고 비난하자, 주교가 그를 소환하여 그의 입장을 설명하도록 지시하였다. 녹스는 이 교구에서 개혁파 교리를 설교한 첫 번째 인물이었는데 강력한 설교를 통하여 복음을 전파함으로 많은 회심자들을 얻었다. 미사에 대한 녹스의 입장은 1550년 4월 4일에 제출되었고 후에 『미사의 희생은 우상숭배라는 교리에 대한 변증』(Vindication of the Doctrine that the Sacrifice of the Mass is Idolatry)으로 출판되었다. 그는 미사는 현재뿐만 아니라 과거에도 언제나 우상숭배이자 하나님 앞에서 가증스러운 것이라고 아주 일관되게 주장하는 이유를 제시하려고 이 변증을 저술하였다. 그의 주장은 두 가지 삼단논법에 근거하고 있다. 첫째 하나님의 명령이 없이 인간이 발견한 모든 예배 형식은 우상숭배이다. 미사는 인간의 발명품에 속하며 그러므로 우상숭배이다. 그는 예루살렘공의회가 하나님의 명령이 없는 어떤 일들로부터의 절제를 이방인들에게 명령했다(사도행전 15장 20절)고 주장하는 로마가톨릭의 반대를 반박한다. 그에 따르면, "사도들은 예수 그리스도의 분명한 명령"과 그러한 교훈을 허용하는 그들 자신들 안에서 "역사하시는 진리와 지식의 영"을 가지고 있으나 교황주의자들은 그러한 것을 가지고 있지 못하다. 둘째 삼단논법에서 그는 사악한 의견이 첨가되거나, 혹은 거짓된 교리에 의해 정의된 모든 예배는 우상숭배라고 강조한다. 미사는 사악한 의견이 첨가되었으므로 가증한 것이다. 녹스가 언급하는 사악한 견해는 미사가 "산 자와 죽은 자의 죄를 위한 희생제물이고 봉헌제물"이므로 그래서 "죄의 용서"가 사제의 행동에 의해 영향을 받는다는 주장이다. 그러나 그는 교황주의자들을 그리스도의 사역이 완전하고 완성된 것이라는 언급을 가지고 반박한다. 따라서 녹스는 미사와 주의 만찬 사이의 어떤 일치도 전혀 찾아 볼 수 없다고 지적한다. 녹스는 전체적인 주장을 다음과 같이 요약한다. "미사는 아무 것도 아니다. 오히려 하나님을 영화롭게 할 목적으로 하나님의 말씀의 권위가 없이 세워진 사람의 발명품에 불과하여, 그러므로 우상숭배이다. 여기에 헛되고 거짓되고, 기만하며, 가장 사악한 견해들이 덧붙여진다. 다시 말해 이 것에 의해 죄의 용서가 획득된다는 말이 첨가된다."

녹스는 가톨릭의 미사는 우상숭배라고 논쟁한 후에 이 논쟁에 첨부된 짧은 글에서 성찬에 대한 자신의 요약된 견해를 밝히고 있다. 녹스는 성찬에 대해 두 가지를 말한다. 하나는 성찬이 "지상의 가시적인 것들을 통해 우리를 하늘의 불가시적인 것들로 들어 올리는 하나님께서 제정하신 거룩한 행동이라고 고백한다." 성찬을 통해 우리가 하나님과 영적으로 교제한다. 그러므로 이 성찬은 우리의 영혼을 영적으로 양육하는 교제인데, 이 교제는 화체나 실질 임재를 통해 이루어지는 것이 아니라, 우리가 그의 몸과 피를 영적으로 먹음으로 이루어지는 것이다. 따라서 그는 "이것이 내 몸이다"라는 말은 성례전적으로 한 말이므로, 성례전적으로 이해해야 한다고 주장한다. 그러므로 성찬에서 그리스도의 임재는 마음 속에 있는 영적 임재이며, 그러므로 우리는 이러한 그리스도의 영적 임재를 입으로 먹는 것이 아니라 믿음으로 먹는 것이다. 둘째로 녹스는 성찬을 통해 우리가 그리스도의 몸과 피와의 영적인 교제에 참여함으로 그리스도와 연합하여, 그의 몸으로 연합된다는 것을 강조한다. 그리스도의 몸으로서 우리는 교회를 이룬다. 이 성찬에의 참여는 우리가 가지고 있는 신앙을 공개적으로 드러내는 것이며, 결국 우리 상호간의 사랑의 증거이다. 이러한 표현은 하나님과의 교제를 통한 "성도들 상호간의 사랑의 결속"(a band of mutual love)인 언약을 나타내고 있다. 이 시기 그의 주장에는 미사는 성경에 근거없는 우상숭배이고 성찬을 영적 임재와 언약신학으로 이해하는 칼빈과 츠빙글리의 개혁파의 입장이 드러난다.

그는 버위크에서 목회를 잘 감당하여 1551년 여름에 덜함 교구가 자리 잡은 큰 도시인 뉴캐슬(NewCastle)로 옮기게 되었다. 그가 이곳에서 목회를 할 때 새로 섭정이 된 노섬버랜드 공작이 이곳을 방문하였다. 그의 설교를 듣고 감동을 받아 추밀원을 통해 그를 왕실목사로 선출하여 1552년 8월에 런던으로 와서 왕 앞에서 설교하는 직분을 맡았다. 당시 영국은 성공회 체제 하에서 점진적인 개혁이 이루어지고 있었고, 감독제도가 시행되고 있었다. 그런데 녹스는 성공회 체제 하에서 사제가 된 것이 아니라, 추밀원에서 직접적으로 개혁파 설교자로 위촉을 받아서, 교구의 재판권에서 독립되어 있었다. 그는 1552년 10월에 로체스터(Rochester)의 주교직을 제의받았으나 거절하였다. 그가 이 제의를 거절한 것은 목회에 대한 책임감과 당시 영국 예식서에 대한 거부감 때문이었던 것으로 보인다. 당시에 녹스는 감독제도에 대해서 어떤 입장을 가지고 있었나? 코언(Henry Cowan)은 그가 주교직을 거절했지만 감독제 자체에 대해서는 크게 반대하지 않았다고 하였으나, 녹스가 성공회의 가톨릭적인 요소를 반대하는 것을 볼 때 그가 계급제도인 감독 제도를 지지했다고 보기는 어렵다. 녹스는 1552년에 개정되는 『공도서』에서 성찬식에서 무릎 꿇는 것에 대하여 반대하였다. 그가 반대했지만 성찬식에서 무릎 꿇는 규정이 들어가자, 그는 이 의식에 숭배하는 의미가 없다는 것을 명시하는 주서(Black Rubric)를 달도록 주장하여 관철시켰다. 이 해 『제이공도서』가 공포된 후에 42개 신조를 작성할 때에도 녹스는 개혁신앙을 가진 사람들이 협력하여 예정론과 성찬식에서 개혁파의 입장이 반영되도록 노력하였다. 녹스는 이 시기에 영국의 개혁자들보다 훨씬 더 개혁파의 입장을 가지고 있었던 것으로 보인다.

녹스는 감독직 제의를 거절한 후 1552년 12월에 다시 뉴캐슬로 돌아가 목회하게 되었다. 녹스는 크리스마스 때에 로마가톨릭에 대해 경고하는 설교를 했는데, 강력한 반발에 부딪쳤다. 그는 1월 경에 버위크에서 알게 되었던 보우스(Bowes) 부인의 딸인 마조리(Marjorie) 와 약혼을 하였다. 노섬버랜드 공작은 2월에 어려움에 처한 녹스를 런던의 올할로우즈(Allhollows) 교구 목사직에 임명했으나 거절하였 다. 녹스는 구교적인 잔재를 많이 가지고 있는 영국 교회의 직접적인 통제 하에 들어가는 것을 원하지 않았을 뿐만 아니라 에드워드 6세의 나빠지는 건강과 그에 따라 메리의 즉위에 대한 불안감도 가지고 있 었던 것으로 보인다.

4. 대륙에서의 망명생활(1554-1559)

녹스는 1553년 7월에 즉위하여 가톨릭으로 복귀한 메리 튜더의 박 해를 피해 1554년 1월에 대륙으로 망명하여 프랑스의 디페에 도착하 였다. 녹스는 2월경에 영국에 남아있는 성도들에게 신앙을 지킬 것을 권면하는 편지를 썼다. 그는 "런던, 뉴캐슬, 그리고 버위크의 성도들 에게 주는 경건한 편지"에서 자신이 영국에 있을 때 우상숭배를 떠나 야 하고 그렇지 않을 경우 환란이 닥칠 것을 경고했음에도 불구하고 예레미야의 시대와 같이 그러한 경고를 제대로 듣지 않아 이러한 어 려움이 왔음을 설명하고 있다. 그리고 요시야 왕같은 에드워드 6세가 서거하고 메리가 등극하여 박해를 하자, 귀족들은 설교자들을 보호하 기는커녕 반동적 세력에 가담하고 있다. 그러나 하나님의 신실한 성 도들은 재산의 약탈이나 생명의 위험을 무릅쓰고라도 우상숭배인 미 사를 거부하고 신앙을 지켜야 한다고 권면하였다. 그는 메리가 스페 인의 필립 2세와 결혼하려 한다는 소문을 듣고 스위스 종교개혁자들 을 찾아가게 된다.

그는 1554년 1월에 대륙으로 망명하면서 심각한 질문을 제기하였다. 영국에서는 메리 튜터가 가톨릭으로 복귀하여 종교개혁자들을 처형하고 있었고, 스코틀랜드에서는 메리 여왕의 어머니인 메리 기즈(Mary Guise)가 섭정을 하면서 종교개혁자들을 탄압하고 있었는데 과연 이러한 여성 통치자들에게 복종해야 하는가? 하는 문제였다. 녹스는 이 때부터 이 문제들과 씨름을 하면서 종교개혁자의 길을 걸어가게 된다. 그는 당시에 다음과 같은 네 가지 질문을 제기하였다. 첫째, 여성이 신실한 권위로 왕국을 통치할 수 있으며, 그녀의 남편에게 결혼을 통해 통치권을 양도할 수 있는가? 둘째로 우상숭배를 시행하려는 관리들에게 순종해야 하는가? 셋째로 이러한 경우에 하위의 관리들이 명령을 거부하고 무력으로 도시와 촌락을 점령하는 것이 합법적인가? 넷째로 신실한 귀족들이 저항할 때에 신실한 백성들은 어느 편에 가담해야 하는가? 이러한 그의 질문에 대해 칼빈과 불링거 등은 신중한 대응을 할 것을 주문하면서 저항에 대하여 부정적인 답변을 하였다.

그는 5월에 다시 디페로 돌아와 "영국에 있는 고난받는 형제들에게 주는 두 개의 위로 편지"를 썼다. 교회는 그리스도의 부활 이전이나 이후에도 항상 박해로 환란을 당하고 있으나, 하나님께서는 마침내 승리로 이끌어 주실 것이다. 그러므로 영국의 개신교도들은 궁극적인 승리의 소망을 잃지 말아야 한다고 위로하였다. 국가의 법으로 정해진 예배라고 하더라도 하나님의 말씀에 어긋나는 것에 순종해서는 안 된다고 경고하였다. 그러나 영국에서 메리의 극심한 박해의 소식을 접한 녹스는 7월에 "영국에 있는 하나님의 신실한 고백자들에게 주는 신실한 권면"이란 편지를 써서 성도들에게 죄를 회개하며 신앙을 지키도록 권면하면서, 메리와 그 추종자들이 일단 성공한 것같이 보이지만, 하나님께서는 택한 자들을 반드시 보호하시고 승리하게 하실 것이라고 확신시켰다. 이 편지에서 "하나님의 선지자들은 경우에 따라 왕들에게 반역할 것을 가르칠 수도 있다"고 하여 적극적인 저항의 방향으로 조금씩 나아가고 있다.

이렇게 영국에서 메리의 박해가 점점 심해지자 800여명이 넘는 영국의 지도자들과 성도들이 대륙으로 피신하여 프랑크푸르트, 취리히, 바젤, 엠덴, 스트라스부르 등 여러 지역으로 이동하여 갔다. 이러한 피난민들 가운데 프랑크푸르트에 모였던 영국인 피난민들이 녹스를 목회자로 초청하였다. 그는 1554년 9월에 칼빈의 권유로 프랑크푸르트에 있는 영국 피난민 교회의 목회자로 초빙 받아서 11월에 이곳에 도착하였다.

이 때 영국 피난민들은 프랑스 피난민들의 교회를 사용하기로 되어 있었다. 조건은 양자가 비슷한 신앙을 받아들여 비슷한 예전을 한다는 것이었다. 녹스가 도착한지 한 달 후에 스트라스부르에 있는 영국의 회중들은 서신과 그린달(Grindal)과 챔버스(Richard Chambers)의 방문을 통해 예배서를 1552년의 영국의 공도서(Book of common prayer)에 더 일치시키도록 압력을 가하였다. 스트라스부르와의 협상은 1554년과 1555년 사이의 겨울에 위기에 봉착하였다. 이 때 녹스가 이 문제로 칼빈에게 편지를 보냈고, 그의 답장이 2월경에 도착하였다. 찬반논쟁이 있은 후에, 녹스, 윌리엄 휫팅햄(William Whittingham)과 크리스토퍼 굳맨(Christopher Goodman) 등을 중심으로 한 5명이 예배서를 작성하여 제출하도록 하였고, 이 때 만들어진 것이 바로 제네바 예배서(Genevan Book of Order)이다. 이 예배서는 칼빈이 1539년에 스트라스부르에서 만들었고 풀렝(Poullain)이 개정한 프랑스의 개혁파 예배서에 가깝게 만들어졌으며, 영국 기도서와는 구별되었다. 이 예배서는 프랑크푸르트에서 채택되어 1555년 4

월까지 사용되게 되었다.

그런데 이 때 콕스(Cox)를 비롯한 새로운 영국인 망명자들이 도착하여 성직자 복장 사용, 성공회식 성찬식 거행, 그리고 『공도서』를 사용하여 영국교회의 얼굴을 가지기 원했으나, 녹스는 『공도서』보다 더욱 개혁된 예배의식을 사용하고자 하였다. 녹스는 프랑크푸르트 교회가 그리스도의 얼굴을 가지기 원한다고 하여 콕스지지자들과 개혁주의 입장을 가진 성도들이 충돌하게 되었다. 공도서와 관련된 개혁을 논의할 때, 녹스는 1552년의 공도서에 중세때부터 내려오는 마술같은 연도(Litany)는 포함되고, 오히려 권징이 들어있지 않는 것을 비판하였다. 이 과정에서 콕스를 비롯한 영국 피난민들은 녹스의 이전의 편지 가운데 한 부분이 신성로마제국의 황제를 비난한 것이라고 지적하여, 결국 녹스는 1555년 3월 26일에 프랑크푸르트를 떠나서 제네바로 귀환해야만 했다.

녹스가 떠난 후에 개혁파 예배를 드리려던 영국인 피난민들도 휫팅함(Whithingham)의 지도로 8월에 제네바를 향해 출발하여 11월 첫 주에 제네바에서 교회를 세웠다. 교회를 세운 후에 이들은 녹스를 중심으로 프랑크푸르트에서 제정했던 예배서를 1556년 2월에 제네바에서 『기도의 형식과 성례의 시행』(The Form of Prayers and Ministration of the Sacrament)으로 출판하였는데, 일반적으로 제네바 예배서라고 불린다. 그리고 이 제네바 예배서에는 성공회의 『공도서』와 구별되는 개혁파 예배의 특성이 뚜렷하게 드러난다.

녹스는 1555년 8월에 세력을 확장해가고 있던 개신교 세력으로부터 스코틀랜드를 방문해 달라는 초청을 받고 9개월 동안 그곳에 머물면서 여러 지역에서 개혁파의 교훈들을 전파하였다. 녹스는 종교개혁에 호의적인 인물들에게 우상숭배인 미사에 참여하지 말도록 설득하면서 개혁파의 방식에 따른 성찬식을 거행하였다. 그는 1556년 3월에 에딘버러의 고위성직자들 앞에 출석하라고 소환되었으나, 제네바로 귀환하여 목회를 재개하였다. 그는 스코틀랜드에 머무는 동안에 마조리 보위즈(Marjorie Bowes)와 결혼하고 그의 장모와 함께 제네바로 돌아왔다.

그러나 녹스가 떠난 후에 스코틀랜드에서 종교개혁 세력은 존 더글러스(John Douglas), 폴 메스벤(Paul Methven), 존 윌록(John Willock) 등이 리이스, 던디, 에딘버러 등에서 공개적으로 예배를 인도하였다. 이렇게 세력을 형성하게 되자, 이들은 1557년 3월에 녹스에게 귀환을 요청하는 편지를 보냈다. 녹스는 1557년 5월에 이 편지를 받고 9월에 디페에 도착했으나, 다시 조국으로 귀환하지 말라는 편지가 도착하여 있었다. 그는 여기서 초청을 기다리면서 종교개혁을 촉진하기 위하여 연속적인 저술활동을 하였다. 녹스는 이 시기에 이르러 자신의 확고한 저항사상을 주장하기에 이르렀다. 1554년 초에 망명할 때부터 품었던 질문, 우상숭배를 강요하는 여성 통치자들에게 순종해야 하느냐 하는 질문에 대하여 자신의 답변을 제시하기 시작하였다. 그런데 녹스는 영국의 메리 여왕과 스코틀랜드의 섭정 메리 기즈에 대한 접근을 달리 하였다. 당시 영국의 메리 튜터는 종교개혁자들을 아주 심하게 박해하여 많은 사람들을 사형에 처하고 있었다. 따라서 메리 여왕에 대항해서는 무력저항을 요구하였다. 반면에 스코틀랜드의 섭정인 메리 기즈는 종교개혁 세력에 대해 유화적인 입장을 취하고 있었다. 따라서 녹스는 스코틀랜드 귀족들에게는 귀족들의 종교적인 개혁의 의무와 책임을 강조하면서도 법률 안에서의 합법적인 행동을 강조하고 있었다.

그가 1558년 초에 메리 튜더에 대한 정치적인 혁명을 주장하며 쓴 것이 유명한 『여성의 괴물 같은 통치에 반대하는 첫 번째 나팔 소리』 (The first blast of the Trumpet against the Monstrous Regiment of Women)이다. 당시 칼빈이나 불링거는 여성이 통치자가 될 수 있는가 하는 문제에 대해 상속권에 의해 통치자가 될 수 있고, 드보라와 같이 비상시에 통치자가 될 수 있다고 인정하였다. 그러나 녹스는 이 글에서 성경, 특히 구약 율법, 자연법, 그리고 아리스토텔레스 등을 인용하면서 여성들은 통치자가 될 수 없으며, 남편이 다른 나라의 통치자일 때 그에게 통치권을 양도할 수 없다고 주장하였다. 여성이 우상숭배를 강요할 때 영국의 귀족들은 무력으로 괴물스러운 통치자에게 저항해야 한다고 주장한다. 이 책이 제네바에서 출판되자 칼빈은 상당히 난처한 입장에 처하게 되었다. 그래서 이 책의 입장은 자기와는 전혀 관계가 없다는 입장을 밝히게 되었다. 이 책이 출판된 지 얼마 후에 메리 튜더가 죽고 영국의 엘리자베스 1세가 즉위하자 영국의 여왕은 종교개혁자들에 대해 상당히 부정적인 태도를 취하게 되었다.

녹스는 디페에서 이 글을 쓴 후에도 스코틀랜드로의 귀환이 어렵다는 것을 알고는 다시 제네바로 돌아와 영국인들을 위한 목회를 하면서, 또한 스코틀랜드 귀족들에게 종교개혁에 적극적으로 동참하도록 촉구하는 『호소문』(The Apellation from the sentence pronounced by the bishop and clergy, Addressed to the nobility and Estates of Scotland)과 일반 백성들도 영적 신분의 동등성에서 개혁에 참여하도록 권면하는 『평민들에게 보낸 편지』(A Letter addressed to the Commonalty of Scotland)를 썼다. 녹스는 이 글에서 합법적인 범위 안에서 귀족들과 백성들에게 종교개혁의 책임을 다할 것을 호소하였다. 그는 종교개혁의 책임을 언약사상에 입각하여 주장하였다. 구약의 히스기야와 요시야 왕이 백성들과 언약을 맺어 종교개혁을 했던 바와같이 스코틀랜드의 귀족들과 백성들도 하나님과 언약을 맺었으므로 종교개혁을 해야 한다는 것이다. 첫번째 언약은 왕과 백성들을 포함하여 온 국민이 하나님을 잘 섬기겠다며 맺은 언약이다. 그리고 두 번째 언약으로 귀족들과 백성들은 왕에게 순종한다는 언약을 맺었다. 그러므로 왕이 하나님에게 불순종하거나, 백성들에게 하나님의 명령을 어기고 우상숭배를 하라고 강요한다면, 하나님과의 언약에 순종하여 통치자들에게 불순종할 수 있다고 주장하였다. 그는 이 글에서 백성과 귀족들이 언약의 책임으로서 교회의 진정한 회복을 위한 개혁을 위해 헌신해야 한다고 주장하였다.

이렇게 무력을 통해서도 개혁을 해야 한다고 요구하던 녹스는 영국의 메리 튜더가 1558년 11월에 사망하여 영국 피난민들이 귀환하였을 뿐만 아니라, 스코틀랜드에서의 개혁활동이 어느 정도 진전이 되자 1559년 1월 제네바를 떠나 귀국길에 올랐다.

5. 귀환과 스코틀랜드 종교개혁의 성취

녹스는 1559년 5월 2일 에딘버러에 도착하였다. 개혁파 당파는 그가 부재하는 동안에 더욱 성장하였다. 이들은 1557년 12월에 처음으로 교회를 개혁하겠다고 약속하는 언약을 체결하였다. 이 언약체결에 가담한 인물들은 5명의 귀족들이었다. 이들을 회중의 영주들(lords of congregation)이라고 명명했는데, 종교개혁을 지지하는 귀족동맹이었다. 이들이 1557년 3월에 녹스의 귀국을 요청했었다. 그러나 섭정인 메리 기즈가 4월에 자신의 딸인 메리 스코츠(Mary of Scots)를 프랑스의 프랑소와 2세와 결혼 시키기로 결정하자 몇 명의 귀족들은 이러한 결혼에 찬성하여 개혁세력에서 이탈하게 되었고, 그래서 녹스에게 귀국하지 말도록 요청하였다. 그래서 녹스는 귀족들에게 하나님의 말씀에 순종하여 종교개혁을 촉구하는 편지를 썼고, 그러한 요구에 부응하여 이 귀족들은 처음으로 5명의 귀족들이 자신들의 목숨을 다하여 복음의 회중들을 보호하며 종교를 개혁하겠다고 약속하는 언약(band)을 결성하였다. 그 후에 이들은 섭정과 의회에 종교개혁을 요구하였는데, 섭정은 에딘버러와 레이스를 제외한 장소에서 조용하게 예배하는 것을 허용하였다. 그러나 로마가톨릭 성직자들은 개혁을 지지하는 성직자 한 사람을 화형에 처했다. 이후에 종교개혁 세력과 섭정 사이에 개혁을 둘러싼 갈등이 증폭되어 있었다. 이러한 가운데 1558년 11월에 스코틀랜드 의회는 메리 여왕의 결혼을 승인하고 프랑스인들에게 스코틀랜드의 시민권을 허용하였다. 프랑스의 무력 후원을 등에 업은 메리 기즈는 종교개혁 세력에 대한 탄압을 점차 강화시켜 나갔다. 그래서 종교개혁 설교자들에게 1559년 5월 10일 스털링에 출두하라고 명령하였다. 반면에 섭정의 이러한 강경정책에 맞서 개혁을 지지하던 영주들도 힘을 결집시키며 무력 사용도 불사하겠다는 입장을 견지하고 있었다.

   섭정이 종교개혁 세력을 무력으로 진압하고자 하여 스코틀랜드가 내란의 위기에 빠져 들어가고 있을 때 녹스는 귀국하였다. 5월 10일에 설교자들이 출두하지 않자 섭정은 이들을 반란자라고 선언하였다. 녹스가 다음 날 퍼스에서 미사가 우상숭배라고 설교했을 때, 설교가 끝나자마자 그들은 성당에 들어가 성상들을 파괴하였다. 섭정이 귀족들에게 종교개혁자들에 대한 진압을 명령하자, 녹스는 섭정과 가톨릭 귀족들에게 자신들을 핍박할 경우에는 내란이 발생하여 참담한 결과를 가져올 것이라고 위협하는 편지를 보냈다. 이후에 종교개혁을 지지하는 오륙천명의 세력들이 결집하여 섭정 세력과 내란이 발생하였다. 이 때 녹스는 강력한 설교를 하여 스코틀랜드 군의 사기를 북돋았고, 이러한 그의 사역에 따라 하나님의 나팔수라는 별명을 얻게 되었다. 종교개혁군의 세력이 아주 위기에 처했을 때, 녹스가 설교하는 모습에 대해 잉글랜드의 대사는 본국에 녹스의 설교가 오백 개의 나팔 소리보다 군인들의 사기를 더 복돋았다고 편지하였다. 그는 종교개혁의 과정에서 "하나님, 이 스코틀랜드를 저에게 주시든지, 그렇지 않으면 저의 생명을 취하소서"라고 기도했다는 일화는 유명하다.

당시에 정치와 종교는 밀접하게 연결되어 있었는데, 녹스는 스코틀랜드를 프랑스의 속박으로부터 해방시키려고 분투하였다. 엘리자베스 1세는 녹스의 『첫 번째 나팔소리』 때문에 스코틀랜드의 지원을 주저하였으나, 스코틀랜드가 프랑스의 수중에 들어갈 경우에 영국에 미칠 위험을 고려하여 1560년 2월에 에딘버러 조약을 맺고 스코틀랜드의 지원을 결정하였다. 이 때 섭정이 1560년 6월에 사망하고 영국군의 후원을 받으면서 개혁세력들이 승리하였다. 개혁세력이 승리한 후에 영국군과 프랑스군의 철군이 이루어진 상태에서 스코틀랜드의 종교개혁은 1560년 8월의 의회 소집을 통하여 이루어졌다. 이러한 종교개혁이 가까워질 때, 녹스를 중심으로 한 개혁파 목사들은 『제1치리서』(First Book of Discipline)와 『스코틀랜드 신조』(Scottish Confession)와 같은 종교개혁에 필요한 실질적인 문서들을 작성하였다. 그리고 제네바에서 사용되었던 제네바 예식서가, 스코틀랜드의 사정에 필요한 내용들이 추가된 후 1562년 스코틀랜드에서 『예배서』(Book of Common Order)로 채택이 되었다. 이와 함께 운률 시편이 출판되었는데, 제네바에서 사용되다 1558년에 확장된 『시편 찬송가』가 1561/2년 영어판뿐만 아니라 1564/5년의 스코틀랜드판에 통합되었다. 예배에서 운율 시편의 사용은 영국성공회의 단성 시편 사용과의 결별을 의미했다.

1) 신앙고백서

스코틀랜드의 종교개혁이 성취되어갈 때, 녹스를 포함한 여섯 명의 존(John)[John Winram, John Spottiswoode, John Wilock, John Douglas, John Row]이 모여 스코틀랜드 『신앙고백서』를 작성하였다. 이 신앙고백서는 녹스가 영국에서 망명해 온 사람들을 제네바에서 목회하면서 작성해서 칼빈의 허락을 받아 사용하던 것을 수정해서 의회에 제출하여 승인받은 것이다. 이들이 4일 만에 작성한 이 문서는 일반적으로 제네바에서 사용하던 것을 토대로 작성된 것으로 인정되는데, 리이드(Stanford Reid)는 녹스가 영국과 스코틀랜드에서 제네바로 오가는 과정에서 자주 접촉했던 프랑스 신앙고백서의 영향을 받았을 가능성도 있다고 주장한다. 이 신앙고백서는 25장으로 되어 있는데, 성부(1-5), 성자(6-11), 성령(12-15), 교회와 국가(16-24), 종말(25)로 구성되어 사도신경의 구조를 따른 것으로 보인다. 그러므로 이것은 제네바에서 사용된 사도신경의 해설을 좀 더 확대한 것으로 이해된다.

이 신앙고백서는 성경의 권위에 대해 특히 강조하며, 4장과 5장에서 드러나는 바와 같이 성경과 신학에 대한 계시사적이고 구속적인 접근(언약사상)을 강조하고, 예정론에 입각하여 삼위일체 하나님의 사역만으로 구원이 이루어진다는 신독력주의 구원 이해, 에덴동산에서부터 시작하여 각 시대에 교회를 모으시고 보존하시고 인도하시는 성경적인 교회 이해, 구속된 자들의 삶과 실천을 강조하는 정통적 실천을 강조하는 특성을 가지고 있다. 그리고 이 고백서는 녹스가 해 왔던 바와 같이 21-23항에서 개혁주의의 성례관을 상당히 강조하고 있을 뿐만 아니라, 교회의 표지로서 말씀의 참된 선포와 성찬의 올바른 시행에 권징을 추가하여 3개의 표지를 제시한다.

2) 제1치리서

녹스는 다른 5명의 목사들과 함께 제1치리서를 작성하였는데, 스코틀랜드의회의 인준은 받지 못했다. 이 제1치리서는 스코틀랜드 교회의 전체적인 재건 계획을 담고 있었다. 제1치리서에서 치리(Discipline)는 잘못된 행동을 바로 잡는다는 좁은 의미보다는 스코틀랜드의 교회와 국가를 기독교 신앙을 토대로 훈련하여 개혁하겠다는 의미를 지니고 있다. 이 문서는 교리, 성례, 우상숭배 철폐, 목사의 합법적 선출, 목사 생활비와 교회 수입의 분배, 교회의 세입과 세속 재산, 권징, 장로와 집사의 선출, 교회 정치 등 9가지를 다루고 있다. 기독교 국가 건설에서 가장 눈에 띄는 것은 제5항목에서 논하는 교회 수입을 통하여 각 마을마다 교회와 학교를 설립하고 양 기관이 협력하여 전 국민을 기독교 신앙으로 양육하려고 했다는 점이다. 저자들은 개혁파 신앙에 입각한 민족적인 개혁의 본질적인 구성요소로서 광범위한 학교 체제를 제안하였다

첫째 항목인 교리에서는 예수의 복음이 "이 왕국의 모든 교회와 총회에서 진실하고 공개적으로 설교되고, 동일한 것에 어긋나는 모든 교리들은 인간의 구원에 가증스러운 것으로, 완전하게 억압되는 것이 필요하다"고 촉구한다. 이 복음의 선포는 신약과 함께 비유(figure) 속에 예수 그리스도를 제시하는 구약을 함께 강조하여, 율법폐기론적

인 성경해석을 극복한다. 다음으로 예배는 성경에 근거가 없는 예배를 비판하여, 예전적인 복장, 독신 서약, 성일들과 교회 축제 등의 예배에서 발견되는 다양한 요소들을 정죄하여 철폐시켜야 한다고 주장한다.

성례는 "복음에 첨가되어 말씀 속에 포함된 영적인 약속들의 도장과 가시적인 확증들로서 신실하게 시행되는 것이 필수적이다." "지금 우리 교회들의 일부에서 사용되고 있는 제네바 예식서는 이러한 두 가지 성례들이 올바르게 시행되는 방식을 성실한 독자에게 가르치기에 충분하지만, 그럼에도 불구하고, 통일성을 준수하기 위하여, 우리는 이것을 충분하게 첨가하는 것이 좋다고 생각했다"고 하여 제네바의 영향을 인정하고 있다.

4항과 8항에서 목회자와 장로와 집사를 매년 선출한다고 하여 제네바 예식서의 규정을 따르고 있다. 목사 선출에 대해서는 그들의 "일반적인 소명은 선거, 심사, 그리고 승인으로 구성되어" 있는데, 목사 선출권이 "백성들, 그리고 모든 여러 회중들에게 속한다"는 것을 명기하며 이들의 심사와 승인은 순회설교자들이 시행하였다. 사도들은 안수 의식을 사용하였으나, 이제 그 기적이 중단되었으므로, 우리는 의식의 사용이 불필요하다고 판단한다. 8항에서 교회의 규모가 작아 개교회가 장로와 집사를 선출할 수 없는 경우에는 이웃의 교회가 연합하여 선출하도록 하였다.

5항에서는 목사들의 생활비 제공과 관련한 교회 수입의 사용과 분배에 대하여 논하는데, 여기에 독경자(reader)와 순회설교자(superintendent)가 제시되어 있다. 이 두 가지 직분은 종교개혁 당시 목회자가 부족한 상황을 해결하기 위한 임시직제였다. 첫째 독경사 제도를 시행하였다. 독경사란 신학교육을 받지 못한 평신도 가운데서 신앙과 행실이 모범적인 사람을 선출하여 예배시간에 성경을 읽도록 하는 사람을 의미한다. 이 당시 많은 교회에 충분히 훈련된 목사가 부족하였기 때문에 임시적인 조처로 독경사를 임명하였던 것이다. 독경사는 시간이 지나가면서, 더 높은 등급에 이를 수 있고, 교회와 분별력 있는 목사의 동의에 의해 성례를 시행하는 것을 허락받을 수 있다. 독경사들은 2년 정도의 기간을 두고 그들이 성경을 읽고 해설해 줄 수 있으며, 교구민들의 자녀들을 가르칠 수 있으면 목사가 되고, 그 때까지 할 수 없으면 그 직에서 해고되었다. 적어도 21세가 되어야 독경사가 될 수 있었다.

둘째로 목회자들이 부족한 상황에서 유능한 설교자들로 하여금 목회자가 없는 여러 지역을 순회하여 설교하고 교회를 세우며 교회를 지도하는 순회설교자를 두었다. 이 직제가 임시적인 직분이었다는 것은 분명한데, 그들의 활동구역이 당시까지 존재했던 주교의 구역과 유사하고 일부 직무에서도 유사성이 있기 때문에 이 직제가 감독제이냐 장로제이냐 하는 논쟁이 벌어지고 있다.

리드(Stanford Reid)와 커크(James Kirk)같은 학자들은 이 직책이 기본적으로 복음을 전파하고 교회를 세우는 직책이라는 점을 강조하면서 감독제라는 것을 부인한다. 리드는 이것은 목회자가 심각하게 부족한 스코틀랜드의 상황에 따른 잠정적인 직책이었고, 그들이 일반 목사들에 대한 상위계급이란 개념이 없었으므로, 녹스가 장로제도를 인정한 것이 확실하다고 주장하였다. 커크는 제1치리서가 스코틀랜드의 개혁교회를 세우려는 청사진이었다고 인정하고, 힐리(Robert M. Heale)는 스코틀랜드의 장로교의 창시자는 앤드류 멜빌이 아니라 녹스라고 주장한다. 반면에 도날드슨(Donaldson)은 순회설교자들이 감독제 하의 감독과 같은 성격을 가지고 있어 "목사들의 평등성"의 원리에 위배된다는 것을 강조하면서 치리서의 교회제도를 "감독제도의 성향을 가진 회중주의"라고 주장한다.

순회설교자들은 주교직과 달리 자기 교회를 가지고 있지 않았으며, 동료 목사들에 의해 선출되었고, 특별한 교권을 소유한 자가 아니었다. 따라서 순회설교자들의 가장 중요한 임무는 교회가 없는 농촌 지역에 교회를 설립하는 것이었다. 이들은 교회가 세워지고 목사 혹은 최소한 독경사가 세워질 때까지만 거주하고, 더 이상 거주하는 것은 허용되지 않는다. 다음으로 이들은 국민들이 참된 예수 그리스도를 알도록 해당 지역을 통하여 복음을 설교하는 것이다. 이 직제는 목사의 부족을 해결하고 전국적으로 복음화 사역을 촉진하려는 것이다. 전통적인 위계질서가 거부되어, 그들은 교회 법정의 권위에 복종하였고 사법권에서 다른 목사들과 동등한 위치에 있었다.

그렇지만 이러한 순회설교자의 성격은 당장에 장로교제도를 도입하는 데는 미치지 못하였다. 순회설교자들은 새로 설립된 교회에 목회자들을 세울 때에 승인하는 권리를 가지고 있었고 해당 지역의 목회자들의 신앙과 도덕에 대하여 감독하는 권리를 가지고 있었다. 그러므로 순회설교자가 자기 관할 지역에 감독적인 요소를 가지고 있는 측면이 있으나, 전체적으로 볼 때 복음전파자로서 다른 목회자들과의 동등성이 더 강한 것으로 보이고, 그러므로 장로교제도를 세우기 위한 임시직제로 보아야 할 것이다.

제6항에서는 목회자 사례비를 비롯한 교회 운영, 가난한 사람들의 구제, 학교 운영 경비로 사용할 재정을 징수하는 문제를 논한다. 제1치리서의 작성자들은 당시 세속귀족들이 소유한 교회토지를 환수하여 교회의 재정수입을 확대함으로 이러한 개혁을 하고자 하는 데 큰 관심을 가지고 있었다.

그리고 장로교 정치제도의 가장 중요한 노회제도가 제1치리서에 있는가? 제1치리서에 아직은 분명한 장로회제도가 들어 있지 않다. 그러나 앞으로 장로회로 발전할 수 있는 싹인 성경연구회(Exercise)가 있었다. 이 모임은 고린도전서 14장 29-32절에 근거를 두고 있다. 이러한 모임으로 츠빙글리는 1524년에 예언회를 시작하였고, 칼빈은 1542년의 교회법에 따라 시행하였다. 녹스도 칼빈의 영향을 받아 제네바에서 이 제도를 시행하였는데, 제1치리서에서는 주변의 교회들이 모여 성경연구를 하는 모임이었다. 이 성경 연구모임은 처음에는 성경 연구모임으로 시작되었다가, 순회감독이 점차 폐지되어 가면서 1570년대에 행정적인 기능을 가지게 되어 점차 노회로 발전되어 나갔다.

권징의 목적은 교회의 질서를 유지하려는 것으로 제네바 예식서와 거의 동일한데, 앞에서 지적한 대로 권징을 위한 모임에 목사, 장로, 집사가 참여했다. 권징을 위한 이들의 모임에 대해 한 번은 consistory라는 명칭을 사용하나, 대부분은 ministry라고 표현한다. 칼빈의 제네바에서 consistory는 시 전체로 구성된 데 반해 스코틀랜드에서는 개교회에서 조직되어 오늘날의 당회의 성격이 강하고, 이 모임을 주로 ministry라는 명칭으로 부른다. 권징을 받은 사람이 회개한 후에 교리를 잘 모르면 교리 교육을 하도록 하였다.

3) 예배서

스코틀랜드에서 종교개혁이 이루어진 후에 1562년 총회는 교회들이 제네바 예배서를 사용하도록 명령하였고, 1564년 총회에서는 이 예배서를 확대하여 출판한 후에 모든 교회들이 사용하도록 지시하였다. 이 확대에서 가장 중요한 변화는 기존의 예배서에 칼빈의 소요리 문답과 영어 운율로 되어 있는 시편을 첨가한 것이었다. 이 예배서는 일반적으로 '녹스의 시편과 예전'(Knox's Psalm and Liturgy)이라고 하는데, 원래 알려진 더 정확한 명칭은 『예배서』(Book of Common Order)이다.14)

기도서와 예배서의 가장 중요한 차이는 기도서는 변화를 줄 수 없는 의식서인 반면에 예배서는 주로 안내서로 사용된다. 그러므로 주서들의 일부에서, "목사는 이러한 일들을 반복하는 것이 기대되지 않는다. 오히려 그는 설교를 마친 후에 이러한 기도들을 사용할 것인지, 그가 취급했던 시간과 문제에 따라서 동일한 것을 구성하면서, 하나님께서 그의 마음을 감동시킨다면 성령으로 기도할 것인지 선택권을 가지고 있다"고 분명하게 서술된다. 1564년에 출판된 예배서는 제네바에서 사용했던 것에 국가적 규모의 교회 수립에 필요한 다양한 기도들을 추가하였다.

이 예배서에 들어 있는 시편의 판(version)은 1548년부터 1564년 사이에 다양한 사람들에 의해 만들어졌다. 이것이 완성되어 1562년에 출판되었을 때 영국에서 수용된 스턴홀드(Thomas Sternhold)와 홉킨스(Hopkins)의 것과 거의 유사하였다. 시편 150편 가운데 109개는 영어 본문과 공통된 것이고, 나머지 41개는 스코틀랜드 판에 있는 독특한 것이다.

6. 메리의 귀국과 녹스의 개혁활동

---

14) The Works Of John Knox VI, 278.

프랑스에서 메리의 남편인 프랑소와 2세가 마상시합을 하던 중 갑자기 사망하자 그녀는 1561년 8월에 귀국하였다. 그녀가 귀국한 후에 녹스는 종교개혁에 중대한 위협을 느끼고, 그녀의 미사에 대하여 강력하게 공격하였다. 이러한 그의 강력한 공격을 통해 5번의 여왕과의 면담이 이루어졌고, 여기서 녹스는 백성들의 저항권을 강력하게 주장하였다. 결국 메리가 1567년 영국으로 망명함으로써 모레이(Moray) 공이 섭정이 되어 종교개혁이 추진되었다. 녹스는 1572년 11월에 사망하였다. 그의 장례를 치를 때 당시 섭정이 "그 어떤 인간도 두려워하지 않던 사람 여기 누워 있다"고 외쳤다고 한다. 녹스는 종교개혁을 수행하는 동안에 자신이 하나님으로부터 부름받은 예언자라는 의식을 가지고 활동하였다.

7. 녹스의 설교와 성경해석

녹스의 개혁활동에서 가장 중요한 측면은 그는 기본적으로 종교개혁자이자 설교자이며, 목회자라는 것이다. 녹스는 1547년 세인트 앤드류스 성에서 설교를 시작한 이후 영국에서 1549년부터 1554년까지 설교를 하였고, 대륙으로 망명한 후에도 프랑크프르트와 제네바에서 영국의 피난민들에 설교하였으며, 1559년에 귀국해서 종교개혁과정과 그 후에도 지속적으로 설교를 하였다. 녹스는 헬라어와 히브리어와 함께 저지대 스코틀랜드어, 영어, 그리고 불어 등을 알아 국제적인 설교자가 될 수 있었다. 그러므로 녹스의 설교자로서의 특성에 대해 주목할 필요가 있겠다. 그는 "나는 주님의 나팔을 불기를 사랑한다"고 말하였다. 하나님의 나팔수가 되어 그의 나팔을 분다는 것이 그의 설교에서 핵심적인 의식이었다. 따라서 이 "나팔수 주제가 그의 사고의 중심이 되었다." 혹은 더글러스 맥밀런(Douglas MacMillan)이 표현한 바와 같이, 이러한 "설교와 설교만이 성취할 수 있는 것에 대한 총체적인 헌신이 녹스를 인간, 기독교인, 그리고 개혁자로서 이해하는 실질적인 열쇠를 제공한다." 그의 설교는 우상숭배인 로마가톨릭 교회를 무너뜨리고 개혁된 참된 교회를 세우려는 목적으로 시행되었다. 그러므로 그의 설교는 우상숭배를 공격하면서 이스라엘 나라의 종교를 개혁하려고 했던 구약을 중심으로 이루어졌다. 그의 설교는 구약에 대한 과도한 강조, 그리고 그 구약 본문을 거의 문자적으로 해석하면서, 그 내용을 당시의 영국 혹은 스코틀랜드에 그대로 적용하면서 이루어졌다.

그의 설교는 기본적으로 칼빈의 영향을 받은 강해설교였다. 그러므로 그는 설교 본문을 정하고 성경 본문의 한 절 한 절을 설명한 후에, 그 내용을 당시의 영국과 스코틀랜드의 현실에 적용하면서, 청중들이 종교개혁에 적극적으로 참여하도록 결단을 촉구하였다. 그러므로 녹스는 자신을 거의 구약의 예언자들로 인식하였다. 그리하여 예언자로서의 사명감을 가지고 우상숭배를 정화시켜 예배의 순수성을 회복하고자 하였다.

녹스는 개혁파 신학을 확실하게 이해하였고, 그 신학을 토대로 강력한 설교를 하였다. 그는 성경을 철저하게 연구하였고, 교부들을 신학의 안내자로 삼으면서 설교자가 되었다. 그는 성경을 최고의 권위로 삼으면서 강단에서 권위 있는 말씀의 선포자가 되었다. 그는 성경이 하나님의 말씀으로서 최고의 권위를 가지고 있다고 믿으면서 그 성경에 기초하여 설교하였다. 그는 성경의 권위뿐만 아니라 성경의 명료성을 주장하였다. 그는 이러한 성경의 명료성을 확신하면서 성경의 문자적인 해석을 추구하였다. 그래서 구약의 사건들에서 당시의 문제들로 나아가는 해석방식을 취하였다. 그는 1559년부터 1572년 세상을 떠날 때까지 주일에 두 번, 주중에 세 번 정도의 설교를 하였다. 녹스는 설교할 때에 한 권의 책을 선택하여 전체적으로 강해설교를 하는 경우도 있었고, 필요한 경우에는 특별한 교리들을 선택하여 그 주제에 대하여 설교하기도 하였다. 녹스의 설교는 그의 하나님의 불변성과 하나님의 주권을 강조하는 그의 신관과 구약에 대한 과도한 강조에 의존하여 이루어졌다. 녹스의 설교는 영국과 스코틀랜드에서 종교개혁을 촉진시키는 데 중요한 기여를 하였고, 스코틀랜드의 설교의 모델을 제시하였다.

녹스의 설교는 그의 성경 해석, 특히 구약 성경 해석에 근거하여 이루어졌다. 키일에 따르면 녹스는 구약을 과도하게 강조하였고, 구약을 거의 문자적으로 해석하면서 자신을 선지자로 인식하는 선지자적 해석의 특색을 가지고 구약을 해석하는 데 그의 해석학의 특징이 있다. 그의 신학의 유일성과 급진성의 근원은 바로 구약을 해석하는 그의 독특성에서 나오는데, 그가 신약보다 구약을 현저하게 강조한 이유는 그가 추구했던 개혁 활동, 종교의 정화, 언약, 민족적 규모에서 추진되는 공동체적 종교의 개혁, 그리고 우상숭배(로마가톨릭)를 추진하는, 통치하는 당국자들에 대한 저항 등의 내용이 주로 구약에 나오기 때문이었다. 녹스는 구약의 사건들을 스코틀랜드 당시에 그대로 적용할 정도로 구약을 강조한다. 그의 구약의 강조는 신명기 12장 32절에 근거하여 신구약성경의 차이점보다는 연속성을 강조하면서 생겨난다. 이 구절을 출발점으로 삼은 이러한 문자적인 구약 해석의 결과들은 종교를 정화하려는 녹스의 추진력, 그리고 차례로 우상숭배하는 통치자들에 대한 그의 저항 개념들에 대한 동기를 제공하는 데서 분명하게 드러난다.

그의 구약성경 해석의 두 번째 특징은 문자적인 해석이다. 종교개혁자들이 성경의 문자적인 의미를 강조했지만, 루터는 기독론 중심의 해석원리를 가지고, 칼빈은 성령의 내적 조명을 강조하면서 그렇게 한 데 반해, 녹스는 츠빙글리를 따르면서, 성경의 실질적인 내용보다는 성경에 기록된 문자의 의미 그대로 해석하는 문자적인 해석을 하였다. 녹스는 성경을 현재의 상황과 문제들에 대한 선행하는 사례들의 기록으로 해석하여, 직접 현실에 적용시키는 상당히 급진적인 개혁자였다. 따라서 여기서 우상숭배자들에 대한 과격한 저항사상이 나오게 된다.

녹스의 세 번째 성경 해석의 특성은 예언자적 해석이다. 녹스는 자신이 예언자라는 의식을 가지고 성경을 해석하여 거의 그대로 구약을 현실에 적용하는 방법의 특성을 가지게 되었다. 녹스는 예언자로서 스코틀랜드와 영국에 대한 하나님의 심판을 선포하였고 해석자로서 성경을 문자적으로 해석하여 저항의 논리를 세웠으나, 목회자로서 그는 구약뿐만 아니라 신약을 설교하였고, 그러한 설교에서 하나님의 사랑과 용서를 전파하였다.

8. 녹스에 대한 평가

녹스는 영국과 스코틀랜드에서 종교개혁을 추진하였던 개혁자였다. 그는 자신이 믿었던 신앙을 위해 행동하는 것을 주저하지 않았다. 그는 특히 스코틀랜드에서 종교개혁을 할 때 언약사상에 기초한 저항사상을 가지고 무력저항을 통해 종교개혁을 성취하였다. 그는 이러한 종교개혁을 통해 국가규모에서 장로교회를 세운 인물이 되었다. 그는 종교개혁을 통해 스코틀랜드 민족을 완전히 새롭게 바꾸었다.

더 읽어야 할 책

스탠포드 리이드. 서영일 역. 존 낙스의 생애와 사상. 기독교문서선교회.

마틴 로이드 존스. 이안 머레이. 조계광 역. 존 녹스와 종교개혁. 지평서원.

데이비드 캠벨. 이용중 역. 녹스와 떠나는 여행. 부흥과개혁사.

제12장

재세례파 종교개혁자 메노 시몬스

메노 시몬스(Menno Simons, 1496-1561)

종교개혁의 유형을 크게 나눌 때 루터파, 개혁파, 영국의 성공회, 그리고 재세례파로 나눈다. 재세례파는 오늘날 침례교의 기원이 된다고 볼 수 있다. 재세례파는 유아세례를 부정하고 교회와 국가의 분리를 주장하였으며, 산상수훈을 문자 그대로 해석하여 맹세를 금지하고 군대제도를 부정하는 절대평화주의를 주장하였다. 이들의 이러한 주장은 당시 루터와 칼빈을 비롯한 종교개혁자들뿐만 아니라 로마가톨릭교회와도 정면으로 대립하였기 때문에, 많은 박해를 받았다. 이들은 그렇게 많은 박해 속에서도 자신들의 신앙의 양심을 지켜 오늘날까지 그들의 신앙을 보존하고 있다. 재세례파들은 오늘날 미국에 많이 살고 있는데, 그들을 메노나이트라고 부른다. 메노 시몬스(Menno Simons, 1496-1561)의 추종자들이라는 뜻이다. 다른 교파는 보통 그 교파를 처음으로 시작한 사람들의 이름을 따라 명명된다. 그런데 메노는 재세례파의 창시자가 아님에도 불구하고 그의 이름으로 이 교파가 명명되는 데서 그의 중요성을 알 수 있다. 재세례파는 츠빙글리가 종교개혁을 했던 취리히에서 발생했는데, 그 후에 재세례파의 추종자들 가운데 일부가 1534-1535년에 독일의 뮌스터를 점령하고 무기를 사용하여 국가권력과 전쟁을 함으로써 당시에 커다란 충격을 주었다. 급진적인 재세례파들이 1535년에 진압되어 몰락함으로써 재세례파가 커다란 위기를 만났을 때 이들의 원래의 가르침을 회복하여 재세례파를 재건한 인물이 메노 시몬스이다. 이 장에서는 메노 시몬스의 생애와 사상을 살펴보기로 하자.

1. 재세례파의 발생

재세례파는 영어로 아나뱁티스트(Anabaptist)라고 부른다. 우리나라 말 재세례파나 영어의 아나뱁티스트는 동일한 뜻으로 다시 세례 받는 것을 의미한다. 재세례파들은 유아세례를 부정하여 유아세례받은 사람들이 성인이 되어 다시 세례를 받았으므로 재세례파라고 불리게 되었다. 그러면 이들은 왜 유아세례를 부정하게 되었을까? 루터가 종교개혁을 일으키면서 가장 강조한 것이 두 가지였다. 하나는 "오직 성경으로(sola scriptura)"라는 원리로 성경에 분명한 근거가 있는 것들을 교회에서 시행한다는 것이다. 성경에 명백한 근거가 없으면 시행하지 않겠다는 것이었다. 둘째는 우리는 오직 믿음으로(sola fide) 구원받는다는 것이었다. 믿음이 있어야 그 믿음을 통해서 구원받을 수 있다는 것이었다. 이러한 종교개혁의 가르침이 츠빙글리의 지도하에 취리히에서 전파되자 유아세례를 반대하는 사람이 나오게 되었다. 이들은 유아세례가 종교개혁이 강조하는 "오직 성경으로"와 "오직 믿음으로" 라는 두 가지 가르침 모두에 위배된다는 것이었다. 성경에 분명한 근거가 있어야 시행할 수 있는데, 신약성경 어디에도 아이들에게 세례를 주라는 분명한 말씀이 없다는 주장이다. 구약에서는 하나님께서 아브라함과 언약을 맺으신 후에 아이들에게 난지 8일만에 할례를 주라고 분명하게 말씀하셨는데, 신약성경에서는 예수님께서도 너희는 가서 모든 족속으로 제자를 삼아 아버지와 아들과 성령의 이름으로 세례를 주라고 말씀하셨지만 아이들에게 세례를 주라는 성경 말씀이 없으므로 유아세례를 주어서는 안 된다는 것이었다. 둘째로 믿음이 있어야 구원을 받는데 그러면 어린 아이들이 구원받는 수단이 되는 믿음이 있느냐? 하는 질문이다. 믿음은 인간이 장성하여 스스로 신앙을 고백할 수 있을 때 생겨나는 것인데, 어린 아이들은 이러한 신앙을 가질 수가 없다는 것이었다. 그러므로 성경에 분명한 근거도 없고 신앙도 없는 아이들에게 유아세례를 주는 것은 종교개혁의 가르침에 어긋나는 것이요 종교개혁의 가르침에 따르려면 유아세례를 배제하고 성인세례를 시행해야 한다고 주장하였다.

취리히에서 츠빙글리와 함께 종교개혁을 시행하던 무리들 가운데 일부가 1523년 2차 논쟁 이후부터 성경의 원리대로 개혁을 시행하지 않는 것에 불만을 품었다. 츠빙글리가 논쟁 전에 미사는 비성경적이기 때문에 시행해서는 안 된다고 주장하였으나, 논쟁 후에는 관리들이 아직은 시간이 더 필요하다는 이유를 들어 미사 폐지에 반대하자 츠빙글리는 미사 시행에 찬성하였다. 이 때 콘라드 그레벨(Conrad Grebel, 1498-1526)를 중심으로 한 급진주의자들은 비성경적인 미사를 폐지하지 않고 관리들의 주장을 따르는 츠빙글리의 개혁은 성경적인 개혁이 될 수 없다고 주장하기 시작하였고, 이들은 자신들끼리 모여 따로 성경공부와 기도를 하기 시작하였다. 이들은 1525년 1월 21일 펠릭스 만츠(Felix Manz)에 모여 그레벨이 게오르그 블라우록(George Blaurock)에게 재세례를 시행하고, 블라우록이 다른 참석자들에게 재세례를 시행하면서 재세례파가 탄생하였다.

2. 재세례파의 주장에 대한 츠빙글리의 비판

이러한 재세례파들의 주장에 대하여 츠빙글리는 다음과 같은 반론을 폈고, 이것이 오늘날 장로교회가 따르는 가르침이다. 하나님께서는 구약과 신약에서 동일한 하나님이시다. 동일하신 하나님께서 구약에서 아브라함과 언약을 맺으셨다. 그 언약의 내용은 나는 네 하나님이 되고 너는 내 백성이 된다는 약속이었다. 하나님께서 이러한 언약을 맺으신 후에 이 언약을 반드시 지키실 것이고, 인간 편에서도 하나님의 약속을 믿고 그 언약의 내용을 신실하게 순종하겠다는 징표로 할례를 받으라고 명령하셨다. 할례는 하나님께서 그 언약을 지킬 것이라는 것을 보증하는 징표이다. 할례는 하나님께서 할례받은 사람을 볼 때, 그 할례를 보면서 이 사람은 내 언약의 백성이라는 것을 인정하여 확실하게 보호하시겠다는 약속의 표시이다. 동시에 인간 편에서는 내가 하나님께 속한 하나님의 백성이라는 것을 기억하여 하나님의 말씀에 순종하며 살겠다는 약속의 표시이다. 그러므로 할례는 하나님의 언약의 백성이라는 징표였다. 출애굽하면서 하나님께서는 그들에게 유월절 양을 잡는 예식을 정하셨다. 이 유월절 양을 잡으면서 그들은 자신들을 대신하여 죽음으로 자신들에게 죽음이 넘어가는 유월절 양의 의미를 되새기게 되었다. 이 두 가지 의식은 이제 그들이 하나님의 백성에 속하며 그들이 구원받은 백성이라는 것을 보여주는 표지였다.

이러한 구약의 언약이 예수님의 탄생을 통하여 새로운 언약으로 바뀌었다. 예수님은 성찬식을 행하실 때 잔을 들고 말씀하시기를 이 잔은 내 피로 세우는 새 언약이니(눅22:20)라고 말씀하셨다. 예수님께서 자신의 피로 우리들과 새 언약을 세우셨는데, 이것은 아브라함과 맺으셨던 옛 언약의 성취로 세워진 것이다. 구약의 약속의 성취로 새 언약이 세워진 것이다. 그래서 그 언약의 본질은 동일하다. 하나님께서 우리의 하나님이 되시고, 우리는 그의 백성이 되는 것이다. 그래서 그 언약의 징표도 동일하게 연속성이 있다. 구약에서 주어졌던 언약의 징표인 할례와 유월절 의식이 신약에서는 세례와 성찬으로 바뀌었다. 그러므로 구약에 난지 8일 만에 시행하던 할례가 신약에서는 동일하게 유아세례로 바뀌었고, 유월절의 행사는 성찬식으로 변경되었다. 유아세례는 구원받았다는 징표가 아니라, 부모님이 신앙을 가지고 있기 때문에, 그 자녀도 부모의 신앙의 약속의 공동체에 포함되어 있다는 징표(표시)이다. 유아세례 받은 아이들도 나중에 스스로의 신앙고백을 통해 입교문답을 해야 정식 교인이 된다. 그러므로 재세례파들이 신약에 세례를 주라는 말이 없다는 주장은 성경을 지나치게 문자적으로 해석하는 결과에서 나온 잘못된 견해이다. 하나님은 구약과 신약에서 동일한 분으로, 자신의 언약에 대한 분명한 징표를 주시는데 구약에서는 할례를, 신약에서는 세례를 징표로 주셨다. 그리고 어린아이들이 자신들의 믿음으로 유아세례를 받는 것이 아니라, 부모님의 믿음을 통해 언약의 공동체에 속해 있다는 표시로 세례를 받고, 나중에 성장하여 자신의 신앙을 고백함으로 자신의 믿음으로 구원받는 것이다.

3. 재세례파들의 주장

그러나 재세례파들은 이러한 츠빙글리의 주장을 받아들이지 않았고 자신들의 신앙을 따라 성인들에게 다시 세례를 주어 하나의 분파를 이루게 되었다. 이들은 로마가톨릭교회의 부패가 바로 콘스탄티누스 황제가 기독교를 공인하여 교회와 국가가 결탁하면서 시작되었다고 보았다. 종교개혁이 초대교회의 신앙으로 돌아가자는 운동이었으므로, 이들은 예수님 당시의 모습으로 돌아가자고 주장하였고, 그 때는 교회와 국가가 분리되어 있었으므로 교회와 국가가 분리되어야 한다고 주장하였다. 이들은 교회는 초대교회 당시에 국가로부터 박해받는 소수의 무리였다고 주장하면서, 국가교회 제도를 반대하였다. 국가와 교회가 연합되어 서로를 도와주는 제도를 반대하였다. 교회는 성도들이 자발적인 신앙으로 모인 단체가 되어야 한다고 주장하였다. 이러한 주장은 오늘날 미국이나 우리나라에서 이루어졌다. 그러나 당시 유럽은 교회와 국가가 긴밀하게 연합되어 있는 체제였기 때문에 이들의 주장은 받아들여지지 않았다.

오늘날 교회와 국가는 분리되어 있다. 국가가 특정한 교파를 지지하는 국가교회 형태는 유럽의 일부 국가들에 남아 있지만, 오늘날의 대부분의 국가에서는 특정한 교파를 지지하지 않고 모든 교파들을 동등하게 대우하여 국가와 종교가 분리되어 있다. 이렇게 교회와 국가가 분리되는 정교분리를 주장했던 것이 바로 재세례파들이었다. 오늘날 이렇게 교회와 국가가 분리되어 있지만, 그렇다고 해서 정치와 종교가 분리된 것은 아니다. 오늘날도 우리들은 정치에서 하나님의 뜻에 어긋난 것을 시행하려고 할 때는 기독교인들이 힘을 합쳐서 하나님의 말씀이 시행되도록 노력해야 한다. 우리는 종교와 정치를 구분하여 서로의 영역을 존중해 주어야 한다. 그렇지만 정치가 기독교의 교리를 정면으로 반대되는 정책을 하고자 한다면 우리는 그러한 정책에 대해서는 분명하게 반대해야 하겠고, 하나님의 뜻을 시행하는 정치를 하고자 한다면 적극적으로 지지해야 하겠다. 재세례파들은 종교개혁 기간 동안에 국가와 교회를 분리하려고 시도했던 첫 번째 사람들이었다.

이들은 또한 산상수훈을 문자 그대로 해석하여 시행하고자 하였다. 산상수훈에서 문자대로 시행할 때 문제가 되는 것은 두 가지였다. 첫째는 예수님께서 너희는 도무지 맹세하지 말라고 하신 말씀을 어떻게 실천하며 살 것이냐? 하는 문제이다. 재세례파들은 이 말을 문자 그대로 시행하여 일체의 맹세를 못하도록 하였다. 이렇게 일체의 맹세를 못하도록 하면 성도들은 학교에도 갈 수 없고 공무원도 될 수 없고 일체의 사회생활을 할 수 없게 된다. 우리가 학교에 가도 학교의 교칙을 지키겠다고 맹세를 하고 국가공무원이 되어도 국가의 법을 지키겠다고 맹세를 하기 때문이다. 그래서 이들은 국가의 공무원이 되는 것을 거부하였다. 그러면 예수님의 말씀을 어떻게 해석해야 올바른 해석이 될 것인가? 예수님께서 이러한 가르침을 주셨을 때, 유대인들은 맹세를 하면서 나중에 지키지 않을 구실을 찾고 있었다. 구약에서 하나님께서는 하나님의 이름으로 맹세를 하고 반드시 지키라고 말씀하셨다. 그러므로 유대인들은 맹세를 할 때 예루살렘으로 맹세하노니 한 후에 나중에 맹세를 지키라고 하면 하나님의 이름으로 하지 않았다며 지키지 않았다. 이런 식으로 거짓 맹세하는 자들에게 예수님은 도무지 맹세하지 말라고 하셨다. 그리고 구약에서 하나님께 지키려는 뜻을 가진 사람들에게는 하나님의 이름으로 맹세하라고 말씀하셨다. 그러므로 우리는 지키려는 뜻을 가지고 정당하게 맹세할 수 있다. 그래서 우리는 학교에 들어갈 때 교칙을 지키겠다고 맹세하고, 공무원이 될 때도 국가의 법을 지키겠다고 맹세를 한다. 그러므로 우리가 만용을 부려 함부로 맹세해서는 안 된다. 그렇지만 공적인 조직에서 이러한 맹세를 요구할 때, 우리는 그러한 맹세를 지킬 정당한 의지를 가지고 있다면 맹세할 수 있다.

 다음으로 이들은 예수님께서 오른 뺨을 치면 왼 뺨을 돌려 대라고 한 말씀을 근거로 그리스도인들은 누가 공격을 해도 자신을 방어해서는 안 된다는 절대평화주의를 내세운다. 이들은 이 말씀을 근거로 군대를 가지 않고 국가가 군대를 가지는 것도 반대한다. 이들의 이러한 주장 때문에 미국에서는 유명한 대체복무제도가 생겨났다. 이렇게 양심상의 이유로 군입대를 거부하는 사람들을 국방의 의무를 어긴 죄로 감옥에 보내는 대신에 해외에 나가서 봉사하도록 해서 생겨난 것이 평화봉사단이다. 우리나라에서도 이러한 대체복무제 도입이 논의되었지만, 남북이 대치하고 있는 상황에서 군전력의 약화가 문제가 되어 시행되지 못하고 있다. 그러면 이들의 성경해석은 정당한가? 하나님께서는 관리들에게 범죄하는 사람들을 처벌할 권리를 주셨다. 그러므로 외국의 군대가 침략해서 자신의 백성들을 죽이는 것은 중대한 범죄이므로, 그들을 처벌하는 것은 정당한 행위이다. 이와 동시에 아우구스티누스는 정당방어전쟁이론을 펼쳤다. 기독교인들이 다른 사람들을 먼저 공격하는 것은 범죄이기 때문에 절대적으로 불가능하다. 그러나 적들이 공격해 올 때에 우리가 방어하기 위해서 전쟁을 하는 것은 정당한 방어행위가 된다는 것이다. 물론 방어전쟁에서 사람을 죽이는 것도 살인행위이다. 그렇지만 자기 백성이 죽도록 방치하는 것보다 적의 침략을 방어하여 적을 죽이는 것이 더 많은 백성의 생명을 살리는 길이다. 우리가 악을 범할 수밖에 없는 상황이라면 적은 악을 선택하여 더 큰 악을 방지해야 한다는 것이다. 그러므로 적의 공격으로부터 방어전쟁을 하는 것은 정당한 방어전쟁이 되는 것이다.

4. 재세례파의 확산과 뮌스터 사건

취리히에서 탄생한 재세례파를 '스위스 형제단'이라고 부른다. 재세례파들은 이러한 주장을 내세우며 개혁활동을 하는 과정에서 로마가톨릭교회와 종교개혁자들로부터 많은 박해를 받았다. 그들의 이러한 주장들은 당시 교회들에게는 수용될 수 없는 주장들이었기 때문에 이단들로 간주되었고 그래서 많은 박해를 받았다. 그렇지만 이들의 주장은 여러 사람들에게 확산되어 갔다. 당시 유럽 사회에는 농민전쟁이 일어날 정도로 기존 사회에 불만을 가진 사람들이 많았고, 그래서 개혁을 외치는 다양한 사람들이 많이 생겨났다. 이들 재세례파들은 국가의 지배로부터 벗어나 깨끗한 생활을 하는 경우가 많았고, 일부 사람들은 재산을 공유하는 경우도 있었다. 이러한 그들의 생활 모습을 통해 공감하는 사람들에게 재세례파의 사상은 퍼져나갔다.

독일 남부 지역에서 휘브마이어((Baltarsar Hubmaier, 1485-1528)와 마펙(Marpeck)이 재세례파의 지도자로 등장하였다. 이러한 가운데 새틀러(Michael Sattler, 1490-1527)가 중심이 되어 1527년에 『슐라이타임 신앙고백서』(Schleitheim Confession)를 작성하였다. 여기에 바로 유아세례 반대, 국가와 교회의 분리, 맹세와 무기 사용 금지가 고백되어 있다. 또한 야곱 후터(Hacob Hutter)는 박해를 피해 모라비아 지방에 정착하여 예루살렘의 원시교회를 본떠 재산의 공유를 강조했는데, 그의 추종자들이 아직도 미국과 캐나다 서부지역들에 주로 남아 있으며, 회원은 2만 명 가량 된다. 그들은 60-150명 단위로 마을을 이루어 집단농장(Bruderhof)을 경영하며, 외부 바깥 사회와 절연한 채 정치에 일체 관여하지 않는다. 재세례파들 가운데 과격한 영성주의자들이 있었는데, 이들 가운데 일부는 천년왕국을 주장하기도 하였다. 과격한 영성주의자들은 신비주의로 흘러 성경이나 교회의 제도보다는 성령의 역사를 강조하였다. 독일의 영성주의는 한스 후트(Hans Hut)가 주도하였는데, 하나님에 의해 파송된 사도로, 예언자임을 자처하고, 임박한 그리스도의 재림과 최후의 심판에 대하여 설교하였다. 한스 뎅크(Hans Denk, 1500-1527)는 영성주의자로 독일 농민운동을 일으켰던 토마스 뮌처의 영향을 받아 영성주의자가 되었으며, 직접 계시를 받는다고 주장하였다. 이러한 영성주의자들은 성령의 역사를 통한 혁명을 일으켜 천년왕국을 세우고자 하는 과격한 영성운동을 전개하였고, 그 가운데 대표적인 사건이 뮌스터 사건이다.

독일의 뮌스터에서 루터파 목사였던 로드만이 재세례파 신앙을 수용하면서 이곳으로 많은 재세례파들이 몰려들었다. 다른 곳으로 갈 수 없었던 재세례파들이 이곳으로 집결하면서 큰 세력을 이루게 되었다. 이들은 예수 그리스도의 재림이 임박했다는 종말론적인 사상을 가지고 있었다. 나중에 성이 포위되어 혼란에 빠진 가운데 재세례파의 지도자였던 얀 반 레이든은 성경 이외의 책들을 불태우고 재산을 공유할 뿐만 아니라 심지어는 일부다처제를 시행하는 광신적인 모습을 연출하였다. 독일의 영주들은 이들의 세력을 진압하고자 하였고 이들은 이러한 종말론적인 사상을 가지고 독일의 주교와 무력 충돌을 하게 되어 전쟁이 일어났다. 이 때 뮌스터에 모여든 재세례파들은 무력을 사용하여 독일 주교세력과 싸우다가 1535년에 패배하여 비참하게 진압 당하였다. 이렇게 재세례파가 뮌스터 사건으로 최대의 위기를 맞이했을 때 재세례파를 다시 재건한 인물이 바로 메노 시몬스이다.

5. 메노 시몬스

시몬스는 오늘날 네덜란드의 프리시아 지방의 비트마르숨(Witmarsum)의 작은 마을에서 태어났다. 메노의 탄생 연대는 1492년이라고 믿어왔는데, 메노의 첫 번째 전기 작가인 카렐 보스(Karel Vos)는 메노가 1524년에 겔리우스 파버(Gellius Faber)에게 보낸 답변에서 당시 자신의 나이가 18세였다고 말한 것을 근거로 1496년으로 확정시켰다.

그의 부모님들은 낙농을 하는 농부였다. 그에게 피터 시몬스(Pieter Simons)라는 동생이 있었으므로, 아버지의 이름은 시몬인 것으로 보인다. 프리시아 지역에서는 15세기 말에서 16세기 초까지 여러 세력이 그 땅을 차지하려고 전쟁을 벌였고 이 지역 주민들은 그러한 세력들에게서 벗어나 자유를 얻으려고 싸웠으나 세력이 부족하여 결국은 신성로마황제 찰스 5세의 지배를 받아들였다. 이러한 혼란한 시기에 메노는 근처 수도원에서 공부를 한 것으로 보이는데, 라틴어를 알고 있었고 헬라어는 약간 알았으나 히브리어는 전혀 몰랐다. 그는 사제가 될 훈련을 받는 동안에 라틴 교부들에 대하여 약간 교육을 받았다. 그는 1524년 3월 우트레히트에서 사제로 서임을 받아 12년 동안(1524-1536) 사제직에 있었다. 7년 동안은 아버지의 고향인 핑윰(Pingjum)에서 사역을 했는데, 훌륭한 사제로 인정받아 고향인 비트마르슘으로 이전하여 5년 동안 그곳에 있었다. 그는 나중에, 자신과 동료 사제들이 전혀 쓸모없는 사람들의 생활습관인, 카드놀이, 음주, 오락에 시간을 보내면서 편안하게 살았다고 그 시기의 삶에 대해 고백하였다.

메노가 로마가톨릭의 사제에서 재세례파의 성직자로 변화하는 과정에서 중요한 세 가지 계기가 있었다. 첫째는 성찬에 대한 이해의 변화였다. 메노는 1525년경에 아마도 초기 성례형식론자(Sacramentist)의 개념들에 의해 영향을 받아, 미사의 빵과 포도주가 실질적으로 그리스도의 살과 피로 바뀌는지에 대하여 의심하기 시작하였다. 성례형식론은 1520년 이전에 호헨(Cornelius Hochen)에 의해 주장되기 시작하였다. 호헨은 1523년에 예수님이 마지막 만찬을 하시면서 빵을 들고 하신 "이것이 내 몸이다"라는 말씀이 "이것이 내 몸을 상징한다"는 의미라고 해석하는 편지를 루터와 츠빙글리에게 보냈다. 그리하여 그는 성찬에 예수님의 실질적인 임재를 부정하였다. 이러한 주장을 하는 성례형식론 운동은 화란의 저지대 지방에서 로마가톨릭교회의 부패와 남용을 개혁하여 성경으로 돌아가자는 개혁운동이었다. 이들은 루터나 츠빙글리에게 속하지 않는 개혁운동이었다. 츠빙글리는 자신의 성찬론에서 호헨의 견해를 수용하였고 메노가 성찬에서 화체에 대해 의심하기 시작할 무렵인 1525년에 취리히에서 호헨의 견해를 책으로 출판하였다. 이러한 성례형식론자들은 1530년 엠덴에서부터 멜키오르 호프만과 그의 복음주의자들의 사상이 저지대에 들어와서 전파되어 가는 모판의 구실을 하였다.

　메노는 그러한 의심으로 거의 2년 동안 고통을 당한 후에 이 문제를 해결하기 위하여 신약과 교부들의 도움을 찾아보려고 결정하였다. 그는 당시의 전형적인 사제로서 교회는 오류가 없다는 가르침을 받아들였으나, 그 때까지 성경을 읽어본 적이 없었다. 당시 로마가톨릭교회는 성경이 너무 어려워서 로마교황의 가르침을 따르는 것으로 충분하다고 하였다. 개인적으로 성경을 읽다가는 잘못된 길로 빠지기 쉽다고 경고하였다. 그래서 메노는 성경을 읽으면 오도될까봐 두려웠으므로 자신의 삶 속에서 성경책과 접촉해 보지 못하였다. 성경을 읽으면서 메노는 화체설 교리의 어떤 증거도 발견할 수 없었다. 성경 연구를 한 후의 그의 결론은, 자신이 기만당하고 있다는 것을 깨닫기 전까지는 성경에서 크게 전진하지 못하였다는 것이었다. 그는 성경을 연구하면서 확신에 도달하게 되었다. 메노는 성례형식론자들의 주장이 성경적이므로 주의 만찬의 의미가 상징적이라고 결론을 내렸다.

　메노는 이제 성경과 교회의 두 권위 사이에서 갈등하게 되었다. 그는 지금까지 성경을 사용하는 것을 피하여 왔다. 루터, 츠빙글리, 그리고 다른 사람들이 성경을 따르면서 교회를 떠나갔다. 메노는 이 길을 가는 것이 두려워 성경을 피해 왔는데, 이제 어느 권위를 따라야 할 것인가? 그는 두 권위에 복종하기 원했으나 양자가 충돌하고 있었다. 이 때 메노는 루터의 저술들을 읽으면서 도움을 받았는데 루터가

1522년에 저술한 『피해야할 인간의 가르침에 대하여』(*Von der Menschenlehre zu meiden*)를 읽었을 가능성이 있다. 루터는 성경을 첫 번째 자리에 두어야 한다고 강조하였고 로마가톨릭교회의 가르침이 성경의 토대와 어긋난다면 그러한 교회의 가르침, 다시 말해 인간들이 만들어낸 가르침은 우리를 영원한 죽음으로 인도할 수 있다고 가르쳤다. 메노는 성례형식론자들과 루터의 저술들의 영향을 받으면서 교회의 권위보다 성경의 권위를 높이고 그 성경의 권위에 순종하게 되었다.

둘째로 메노가 로마가톨릭을 떠나게 되는데 영향을 미친 것은 유아세례에 대한 새로운 이해였다. 메노가 이러한 새로운 이해를 가지는데 영향을 미친 인물은 멜키오르 호프만(Melchior Hoffman)이었다. 호프만은 루터의 추종자로서 평신도 설교자였으며 발틱해까지 전도하며 순회하고 있었다. 그는 1530년에 스트라스부르에서 재세례파들과 접촉하였으며 이들의 영향을 받아 재세례를 받았다. 그는 1530년 엠덴에 성인세례를 도입하였다. 그는 엠덴을 중심으로 한 프리시아 지방에서 성례형식론자들에 의해 준비된 비옥한 환경을 발견하였다. 성례형식론자에 의한 성례의 상징적인 해석이 이들 모임의 중심이었던 바와 같이, 이제는 호프만에 의한 성인세례가 이들 모임의 중심이 되었다. 호프만의 영향으로 재세례를 받았던 한 재단사가 1531년 3월 20일에 재세례를 받았다는 이유로 처형당했다. 메노는 이 사건에 대하여 듣고 놀랐다. 그는 두 번째 세례에 대해 들으면서 그것이 무엇인지 이상하게 여겼다. 재단사의 죽음을 통해 메노는 다시 한 번 성경으로 돌아가 유아세례를 시행하는 것에 대한 성경적인 토대를 탐구하게 되었다. 그는 성경을 연구하는 동안에 성경에서 유아 세례에 대한 어떤 직접적인 언급을 찾을 수가 없었다. 메노는 성경과 별도로 또한 교부들을 연구하였으며, 인문주의자 에라스무스, 루터, 부처, 그리고 불링거같은 종교개혁자들의 작품들을 읽었다. 종교개혁자들이 유아세례에 대해서 한 설명들도 성경보다는 각자의 마음을 따라가고 있었다. 그는 자신이 유아세례의 문제에서 모든 사람들에 의해 기만당하고 있다는 것을 깨닫게 되었다. 그는 유아세례에서 종교개혁자들이 각자의 마음을 따라 입장을 정하는 것보다는 성경이 더 권위가 있다고 판단하였는데, 성경이 유아세례에 대하여 아무런 언급이 없으므로 성인 신자의 세례가 기독교의 참된 실천사항이라고 확신하게 되었다.

그는 성인세례가 진리라고 믿었고, 이러한 자신의 입장을 복음주의적인 설교자의 입장이라고 말하고 있다. 그는 이렇게 로마가톨릭교회의 여러 가지 문제점들을 보고 있었으나, 교회를 떠나지는 않았고 교회 안에 머물러 있었다. 그는 이러한 문제들과 씨름하던 1531년에 비트마르숨으로 옮겨갔다. 그는 이곳에서 로마가톨릭교회가 아닌 자신의 가정 교회 목사가 되어 사역을 했으며, 가정 교회의 목사가 되어 달라는 초청을 수락했으며, 1536년 1월에 재세례파에 가담할 때까지 그 위치에서 사역하였다.

메노가 로마가톨릭과 결별하게 되는 데 가장 큰 영향을 미친 것은 뮌스터 사건이었다. 메노가 5년 동안 그러한 위치에 머물러 있었던 것은 네덜란드에서 전개된 재세례파 운동과 밀접한 관계가 있다. 호프만은 스트라스부르가 새 예루살렘이 될 것이라고 하면서 예언의 비전과 그리스도의 재림을 강조하였는데, 1531년 이후에 박해가 심해지자 2년 동안 성인세례를 중단하였다. 그럼에도 불구하고 그는 1533년 5월에 스트라스부르에서 체포되어 수감되었다. 호프만이 수감된 후에 네덜란드에서 재세례파 운동이 얀 마티스(Jan Matthijs)와 얀 반 레이덴(Jan van Leyden)같은 사람들의 영향력 아래 들어갔다. 얀 마티스는 호프만의 천년왕국 사상을 이어받았고 성인세례를 다시 시행하였다. 심한 핍박을 받는 가운데서 이들 중에 그리스도의 재림 사상에 사로잡혀, 뮌스터가 그리스도께서 재림하여 천년왕국이 시작될 곳이라고 예언하는 자들이 생겨났다. 이러한 종말론적 천년왕국 사상에 사로잡히자 이들 안에 지금까지의 재세례파의 평화주의적인 입장을 포기하고 무력을 사용하여 새 예루살렘을 세워야 한다는 폭력주의적인 주장이 득세하게 되었다. 이들은 그리스도께서 시작하실 천년왕국은 자신들이 칼의 세력을 통하여 실현해야 한다고 나서게 되었다. 1534년에 마티스와 그의 추종자들은 독일의 뮌스터 도시를 접수하였는데, 그들은 이곳을 새 예루살렘으로 세우고자 하였다.

 뮌스터에서 이러한 폭력적인 사태가 발생하고 있던 1534년에 메노는 뮌스터의 지도자들과 이러한 문제에 대해 논의했다. 메노는 그들의 열심, 성경, 교회, 그리고 제자도에 대한 그들의 견해에 일부 수용할 만한 점들도 있다는 것을 인정했지만, 그들이 오도되고 있고 광신적이라고 간주했다. 뮌스터에서 일어난 사태에 영향을 받으면서 300명이 넘는 한 그룹의 무리들이 1535년 4월에 무력으로 볼스바르트(Bolsward) 근처에 있는 수도원인 오울드 클루스터(Olde Klooster)를 접수하고자 시도하였다. 이들 대부분은 그 후에 포위 속에서 전투를 하다가 죽거나 포로가 되어 처형되었다. 재난을 당한 사람들 가운데 메노의 형제 피터 시몬스(Peter Simons)와 메노 회중의 여러 회원들이 들어 있었다. 동생과 함께 자신의 일부 회중의 죽음은 그에게 커다란 영적, 정신적 위기를 가져왔다. 그는 하나님께서 슬퍼하는 죄인인 자신에게 주시는 탄식과 눈물로 하나님께 기도드렸다고 말한다. 하나님의 은혜의 선물로 자신 안에 정한 마음을 창조하시고 그리스도의 고귀한 보혈의 공로를 통하여 은혜롭게 자신의 더러운 걸음과 무익한 삶을 용서해 달라고 기도드렸다. 뒤이어 뮌스터의 사람들이 여러 달 동안 도시에 머물렀으나 1535년 7월 25일에 주교 군대에게 패배하였다.

오울드 클루스터와 뮌스터를 접수하려는 시도들이 실패한 후에 그에 대한 반동으로 메노는 그의 첫 번째 글인 『얀 반 레이덴의 신성모독에 반대하여』(Against the Blasphemy of Jan van Leyden)를 썼다. 메노에게 이 사건은 결정적이었다. 그는 책임을 느끼지 않을 수 없었고 이 사건에 가담했던 사람들을 목자 없는 양으로 여겼다. 그는 이 열심을 가진 사람들이 오류를 범하였지만 자원하여 그들의 가르침과 신앙을 위하여 생명을 바치는 것을 보았다. 그는 자신이 그 무리의 일부에게 교황 체제의 가증스러운 것을 드러냈던 사람들 가운데 하나라는 것을 느꼈다.

이러한 고통스러운 패배 후의 중대한 시기에 메노는 복음의 진리를 받아들여 그리스도의 십자가를 짊어져야 한다는 분명한 결단에 이르게 되었다. 그는 목자 없는 양들의 목자가 되라는 도전을 받으며 용기를 가지고 그러한 부름에 응답하였다. 메노는 볼스바르트에서의 패배 후에 9개월 동안 강단에서 더욱 공개적으로 참된 회개의 말씀을 설교하면서 성도들에게 좁은 길을 가르치고 모든 죄와 사악함, 간음과 거짓 예배를 질책하였으나, 또한 자신이 그 때에 하나님께 받았던 은혜와 통찰력의 범위에 따라 그리스도의 가르침에 따른 참된 예배, 세례와 주의 만찬을 제시하였다. 이러한 그의 공개적인 설교에 따라 메노의 성찬과 유아세례에 대한 입장이 분명하게 세상에 알려지게 되었다.

6. 제세례파로의 개종

메노는 이제 교회의 권위와 성경의 권위 사이에 신중하고 분명한 선택을 해야만 할 시기에 도달했다고 느꼈다. 그는 이제 재세례파에 가담하면서 공개적인 활동보다는 지하로 들어가서 활동하게 되었다. 그는 1536년 1월 30일의 공적인 서술에서 그리스도에 대한 그의 새로운 헌신에 대하여 언급하면서 재세례파에 참여한 것으로 보인다. 그 직후에 메노는 당시에 네덜란드에서 평화주의적인 재세례파의 지도자였던 오베 필립스(Obbe Philips)에 의해 재세례를 받았을 것이다. 1536년 10월에 이르면 헤르만과 게리트 얀(Gerrit Jan)이 시몬에게 숙소를 제공한 것을 이유로 체포되어 기소되었기 때문에 그의 재세례파와의 연결은 분명하게 드러났다. 일년 후에 재세례파 운동의 지도자가 되라는 요구를 받았을 때, 메노는 주저하면서 승낙하였다. 그는 오베 필립스(Obbe Philips)에 의해 1537년 성직자 직분에 임직되었다.

오베와 그의 형제인 디르크 필립스(Dirk Philips)는 평화주의자들이었다. 폭력적인 호프만의 추종자들이 네덜란드에 유입되었으나 메노 시몬스는 폭력이 비성경적이라고 믿으면서 뮌스터의 폭력 사태를 비판하여 폭력을 거부하였다. 그의 신학은 세상과의 분리와 그 분리를 상징하는 회개에 의한 세례를 강조했다. 왜냐하면 참된 복음적인 신앙은 지배하는 자리에 있을 수 없다. 오히려 그 자체를 모든 의와 사랑의 역사로 나타내야 한다. 신앙은 벗은 자에게 옷을 입혀주고, 배고픈 자를 먹이며, 고난받는 자를 위로하고, 비참한 자에게 쉴 곳을 제공하며, 억압받는 자를 돕고 위로하며 악을 선으로 갚고 해를 끼치는 자들을 섬기며, 박해하는 자를 위하여 기도하기 때문이다. 그는 자신의 능력이 부족하다는 것을 알았으나 목자 없는 양들 같이 무력을 사용하는 오류를 범했던 재세례파들 사이에 지도자가 필요하다는 것을 또한 깨달았다. 이 때로부터 계속해서 메노는 복음의 설교와 형제들의 목양에 일생을 바쳤으며 네덜란드와 북서독일에서 평화를 추구하는 재세례파의 가장 저명한 지도자가 되었다.

메노는 분명히 신속하게 영향력을 미치는 사람으로 일어섰다. 1540년 이전에는 영성주의 계열의 재세례파인 데이비드 요리스(David Joris)가 네덜란드에서 가장 영향력있는 지도자였는데, 1544년에 이르면 메노나이트(mennonite)가 화란 재세례파주의자들을 언급하는 용어가 되었다. 메노는 1544년에 개혁파 신학자인 존 라스코와 논쟁하였다. 그리고 1545년에 재세례파에 대해 메노나이트라는 공식 기록이 등장하였다. 이러한 사실에서 볼 때 메노는 1544년에 이르면 가장 중심인물인 것을 알 수 있다. 그는 재세례파 안에서 두 가지 분파와 분명하게 입장을 달리 하였다. 첫째는 뮌스터와 같은 폭력주의적인 천년왕국 사상과 결별하여 원래의 평화주의적인 입장을 견지하였다. 둘째로 요리스와 같은 신비주의자들과 입장을 달리 하였다. 요리스는 1535년에 오베 필립스에 의해 재세례파의 지도자로 임명을 받았으나, 환상이나 신비체험을 강조하여 지나치게 신비주의적인 성격을 가지고 있어서 메노를 중심한 주류 재세례파에서 밀려나게 되었다.

메노의 교리 가운데 정통교회와 다른 것이 그의 기독론 사상이다. 정통교리에서는 그리스도 안에서 신성과 인성이 동등하게 존재한다고 이해하는데 반해, 메노는 그리스도의 인성보다는 신성을 강조한다. 그는 그리스도의 성육신에 대한 그의 독특한 개념을 멜키오르 호프만으로부터 채택하였다. 성육신에서 그리스도는 마리아의 "범죄한 육신"을 취하지 않고 물잔을 통과하는 햇빛과 같이 마리아의 자궁을 통과하였다. 그는 이렇게 해야만 구세주가 완전할 수 있으며, 이것 때문에 그의 구원의 사역인 예수 그리스도의 교회가 완전할 수 있다고 주장하였다. 그러므로 메노의 교회관에서 그리스도의 무죄수태 교리는 본질적인 부분이다. 그리스도가 완전하므로, 그의 구원사역도 완전하고, 그에 따라 교회도 완전해야 하며, 그러므로 교회의 성도들의 삶도 완전해야 한다는 것이다. 그는 교회가 완전하기 위해 교회에서는 어떤 죄라도 처벌을 받아야 하고, 교회 공동체가 이러한 처벌에 참여해야 한다고 주장한다. 이러한 면에서 메노는 초기에 호프만의 사상을 따르는 자였는데, 뮌스터 사건 이후에 폭력성 때문에 이러한 사상조류와 결별하였다.

그러나 이러한 메노의 주장은 두 가지 면에서 개혁주의 관점에서 볼 때 문제가 있다. 첫째는 기독론에서 개혁파도 그리스도의 무흠수태를 주장하나, 그리스도의 무흠수태가 예수 그리스도께서 마리아에게서 죄없는 인성을 취하지 않았기 때문이 아니라, 성령으로 잉태되었기 때문이다. 그래서 사도신경에서 성령으로 잉태되어 동정녀 마리아에게서 나셨다고 고백한다. 만약에 그리스도께서 마리아의 자궁에서 아무 것도 취하지 않고 통과만 하셨다면 그리스도의 인성은 진정한 인간의 인성이 될 수 없을 것이다. 그러므로 메노의 기독론은 그리스도께서 참 인간이라는 성경의 말씀과 일치하지 않는다. 예수님은 마리아에게서 나실 때 우리와 동일한 육체를 가지고 태어났으나, 성경은 죄는 없으시다고 기록하고 있다. 둘째로 이 땅에서 교회는 완전한 교회가 있을 수 없고 성도도 온전한 성화를 이룰 수 없다. 예수님은 마태복음 13장에서 이 땅의 교회에는 곡식과 가라지가 섞여 있다고 말씀하셨고, 우리들도 점점 성화되어 가나, 우리는 늘 부족한 무익한 종일 뿐이요 온전함에 이를 수가 없다고 성경은 기록한다.

그는 이단자로 지목되어 당국자들에 의해 쫓기는 계속적인 위험 속에서 살았으며 지속적인 박해로부터 피난처를 구해야만 했다. 1544년에 그는 자신은 모든 나라에서 오두막 하나도 발견할 수 없었으며 내 가난한 아내와 우리 어린 아이들은 일 년 동안, 아니 반 년 동안이라도 안전하게 지낼 수가 없었다고 토로하였다. 메노의 목에는 2천 길더의 현상금이 걸려 있었고 그에게 음식이나 쉴 곳을 제공하거나, 그의 책들 가운데 어떤 것이라도 읽거나 혹은 그와 대화를 하는 사람들에게도 동일한 현상금을 걸었다. 1539년에 그에게 안식처를 제공했던 사람이 처형당했고 1549년 6월에 클라스 얀(Klaas Jan)은 메노와 함께 밤을 보냈기 때문에 처형되었다.

7. 1554년 피난처의 발견

영국의 메리 여왕이 즉위하면서 영국으로 피난갔던 개혁파 신앙인들이 존 라스코의 지도 하에 1553-1554년 겨울에 비스마르(Wismar) 항구로 돌아왔다. 이 때 메노나이트들이 이들을 마중했던 것이 계기가 되어 1554년 2월에 양자 사이에 회합이 열렸으나 기독론에 대한 의견 차이로 결렬되고 말았다. 이 회합 전에 메노와 다른 장로들이 모여 신자와 불신자의 결혼, 법정에 고소하는 것과 무저항 같은 교회의 치리와 실천 사항 등의 문제에 대해 의견의 일치를 보아 비스마르의 항목들(Articles of Wismar)을 작성하였다. 이 무렵에 메노는 『겔리우스 파버에 대한 답변』(*Reply to Gellius Faber*)을 저술하였는데, 이 글 속에서 자신이 왜 로마가톨릭교회를 떠나 재세례파에 합류하게 되었는지를 가장 길게 설명하고 있다.

재세례파들이 비스마르 도시에 거주하고 있었는데, 이들의 활동과 명단이 알려지면서 11월에 모두 도시를 떠나라는 명령이 떨어졌다. 메노와 그의 추종자들은 홀스타인 지방에 있는 올데스로(Oldesloe) 마을로 함께 나아갔다. 이 마을 근처에서 바톨로메우스 폰 알레펠트(Bartholomeus von Ahlefeldt)가 1543년 이후로 그의 커다란 영지들 가운데 하나인 뷔스텐펠데(Wüstenfelde)에 억압받는 재세례파들을 모으고 있었다. 마침내 메노는 이곳에서 보호받는 안식처를 발견하였다. 그의 인쇄업자는 그의 책들을 출판하기 시작하였고 메노는 그의 초기 작품들을 교정하고 여러 권의 새로운 책들을 저술할 기회를 가졌다. 폰 알레펠트는 자주 메노나이트들을 추방하라고 도전을 받았지만 그는 네덜란드에 있을 때 그들의 입장을 이해할 기회를 가졌으므로 그들의 보호자로 남아 있었다.

메노나이트들은 참된 교회와 사도적 교회의 설립을 목표로 하였다. 그들은 자신들을 그리스도께 점도 없고 흠도 없는 신부로 드리기를 힘썼으며, 주변 세상과 관련을 맺을 때 자신들을 순수하고 깨끗하게 보존하고 교회가 세상에 들어가지 않으려는 것을 목표로 하였다. 그들은 파문과 회피를 사용하면서 거룩함을 치리를 통하여 하고자 하였다. 교회 권징의 적용과 관련한 문제들은 결국 논쟁을 일으켰다. 메노는 엠덴, 프랭커(Francker), 그리고 하를링겐(Harlingen)에서 동료 활동가들과 회합을 가졌다. 디르크 필립과 레엔나르트 보츠와나(Leenaert Botswana)는 교회 권징의 엄격한 적용을 지지하였고 다른 사람들은 관용적이었다. 메노는 양 극단 사이를 중재하였다. 그는 이 문제에 대한 논쟁을 해결하기 위하여 1557년에 그의 고향인 프리시아 지방을 마지막으로 방문하였다. 그러나 아무런 소득이 없었다. 이 문제는 적어도 다음 세기 동안에도 화란 메노나이트들의 핵심 관심사였다. 그를 고향 방문에서 돌아온 후에 친구에게 "전능하신 하나님께서 지금과 같이 작년에도 나를 보존하지 않으셨다면, 나는 이미 미쳤을 것이다. 지구상에서 내 마음이 교회보다 더 사랑하는 것이 아무 것도 없다. 그렇지만 나는 교회에서 일어나는 이 슬픈 고통을 보면서 살아야만 한다"고 썼다. 메노는 그의 생애의 말년에 엄격한 교회 치리를 주장하는 사람들 편으로 기울어졌다. 1557년 독일지역의 스트라스부르에서 치리 문제를 논의하기 위한 회의가 열렸다. 이 회의에 모라비아, 스위스, 그리고 알사스 같은 남부 독일의 여러 지역에서 50여명의 대표들이 참석하였다. 이곳에 모인 장로들은 메노에게 가족생활마저 깨져가고 있으니 극단적인 입장으로 기울어지지 않도록 부탁하였다. 그러나 메노와 디르크 필립은 좀 더 엄격한 입장을 변호하면서 글로 답변하였다. 메노는 이제 그리스도와 영혼 사이의 하늘의 결혼이 지상 결혼에서 남편과 아내의 관계보다 더 중요하다고 강조한다. 이 격렬한 치리에 대한 논쟁을 통해 그의 인생의 마지막은 슬픔으로 가득 차게 되었다. 그는 이러한 논쟁들을 뒤로 하고 가톨릭교회를 떠난 지 25년이 되는 1561년에 마지막 삶의 안식처였던 독일의 뷔스텐펠데(Wüstenfelde)에서 소천 하였다.

8. 메노 시몬스의 저술들

그는 초기 작품 후에 하나님의 말씀을 연구하면서, 영적인 도움이 필요한 사람들을 강화하고 인도하며 재세례파의 복음적인 신앙을 상실한, 위기에 빠진 사람들을 회복하려는 목적으로 저술을 하고 있었다. 1536-1537년 무렵에 쓴 것으로 보이는 책들로 『영적인 부활』(Van de Geestlijke Verrijsenisse)과 『새로운 탄생』(De nieuwe

Creatuere)같은 작품들이 나왔다. 영적인 부활에서는 마지막에 있는 육체적 부활과 현세에서 그리스도를 영접하여 죄에서부터 벗어나면서 얻게 되는 영혼의 부활을 대조하였다. 중생의 교리를 가르치는 『새로운 탄생』에서는 육체를 억제하려는 규제들의 억압에서 벗어나 회개와 거듭남의 긴요함을 강조하였다. 그 후에 『시편 25편에 대한 묵상』(*Christelycke leringhen op den 25. Psalm*), 『기독교 교리의 토대』(*Dat Fundament des Christelycken leers*, 1539-1540) 등이 나왔다. 이러한 저술들의 내용은 메노가 예수 그리스도 안에서 구원의 확실한 토대를 발견했다는 것과 그리스도를 수용하여 그의 제자가 되라고 독자들에게 도전하고 있다는 것을 나타내고 있다.

 메노 시몬스의 가장 중요한 저술은 『기독교 교리의 토대』이다. 메노나이트들에게 있어서 이 책의 중요성은 개혁파 교회에서 칼빈의 『기독교강요』에 비교된다. 특히 이 책은 칼빈이 『기독교강요』 초판에서 프랑스 국왕 프랑소와 1세에게 프랑스의 개혁자들을 핍박하는 것에 대해 관용을 탄원한 것같이 재세례파를 탄압하는 정치세력들에게 동일한 인간성에 근거를 두고 재세례파에 대한 관용을 호소하였다. 이 책은 1539년에 저술되었고 은혜의 시기, 회개, 신앙에 관하여, 사도적인 세례, 주의 만찬, 세상으로부터의 분리, 그리고 참된 목회자들 같은 주제들을 다루고 있다. 뮌스터 사건 이후 『기독교 교리의 토대』는 목자 없는 양 같은 네덜란드에서 참되고 평화를 추구하는 재세례파들을 위한 가장 중요한 안내 책자가 되었다. 이 책은 재세례파 이념들에 관한 많은 오해에 대한 변증을 의도하여 저술되었다. 특히 메노는 자신들이 뮌스터의 과격파와 관련이 없으며 오히려 평화적이고 무저항적인 입장을 가지고 있다는 것을 역설하였다. 자신들이 이러한 입장을 가지고 있음에도 불구하고 전혀 안식과 평안을 누릴 수 없도록 계속해서 탄압과 박해를 받고 있다는 사실을 상기시켰다. 이 책은 1554년과 1558년에 나왔는데, 최종판은 참된 기독교 신앙에 대하여, 중생 혹은 새로운 문화에 대하여, 고난, 십자가, 그리고 성도들의 박해에 관한 위로, 시편 25편에 대한 묵상, 영적 부활에 관하여, 파문, 출교, 그리고 회피에 관하여, 경건한 부모들이 자녀를 훈련시키는 방법 등을 다루고 있다.

특별히 『기독교 교리의 토대』는 망각되어갈 중대한 위기에 있었던 원래의 재세례파의 개념들과 원리들을 회복하는 데 많은 기여를 하였다. 그의 저술들은 신학적인 체계로서의 우수하고 논리적인 특색 때문이 아니라 그 배후에 기독교회와 하나님의 영광을 위하여 정직하고 신실하게 모든 것을 주기 원했던, 성경에 따라 개혁된 사람이 서 있기 때문에 효과적이었다. 메노는 자신의 용기있고 헌신적인 삶을 통하여 교회와 국가의 분리, 양심의 자유, 자발적인 교회 회원 자격, 민주적인 교회 정치, 거룩한 삶, 그리고 분쟁하는 세상 속에서 기독교인의 평화의 증언같은 그러한 재세례파의 기본적인 원칙을 증언하고 있다.

메노의 신학 사상에서 하나의 중심점은 확인되지 않고 있다. 그러나 그는 경력의 초기에 회심을 강조했는데, 순서대로 교회를 점차적으로 강조하다가 생애 후기에 훨씬 더 권징을 강조하게 되었다. 메노는 순수한 교회의 비전을 역설하면서 인간 그리스도의 하늘의 기원을 강조하기에 이르렀는데, 이 교리는 이미 그의 당시에도 커다란 논쟁을 일으켰다. 최근에 이 교리는 메노의 구원 이해가 신자들이 그리스도와 같이 되는 가능성의 생생한 부분으로 학자들에 의해 주장되고 있다. 메노가 그리스도께서 물이 수도관을 통과하는 것같이 마리아의 자궁을 통과했다고 말하여 가현설을 주장하는 것같이 들리나, 재세례파는 그런 것이 아니라고 주장한다. 그래서 역시 순수한 교회를 성취하려는 방식으로 성경 안에 있는 교회의 모습과 규범으로의 복귀에 대한 메노의 강조도 자주 확인되고 있다.

재세례파 운동에서 메노의 영향력이 아주 커서 침례교 역사가인 윌리엄 에스텝은 그들의 역사는 메노 이전, 메노 시대, 메노 시대 이후로 나누어진다고 말한다. 메노는 아주 심하게 박해받던 시기에 재세례파 운동을 유지했을 뿐만 아니라 생존가능한 급진적인 개혁운동으로 확립시켰다. 메노 시몬스는 칼빈과 비교될 수 있을 정도로 권징을 교회의 가장 중요한 표지로 만들었다. 그는 권징이 신약에 표현되었던 근본적인 원리에 따라 시행되어야 한다고 믿었다. 메노는 죄에 대한 질책의 적용을 전체 교회에 의해 시행되는 과정으로 보았고 죄의 경중에 구별을 두지 않았다. 이러한 점에서 중요한 죄에 대한 권징을 장로회라는 대표기관에 의해 시행한 칼빈과 구별된다. 메노는 권징이 필요한 이유를 인간이 회심한 후에 완전성에 도달할 수 있다고 보았기 때문이었다. 이처럼 메노가 인간이 자유의지를 가지고 자신의 삶을 변화시켜 완전주의에 도달할 수 있다고 보았던 점에서 개혁주의와 구별된다. 개혁주의는 인간은 회심한 이후에 성화되어야 한다고 보았으나, 인간 안에 죄의 세력이 남아 있기 때문에 완전에 도달할 수는 없다고 보았다.

9. 메노 시몬스의 삶에 대한 평가

메노 시몬스는 로마가톨릭의 사제로 살아가다가 로마가톨릭의 화체설에 대한 의심, 한 재단사의 재세례에 의한 죽음을 듣고 가지게 된 유아세례에 대한 의심 등을 해결하고자 성경을 연구하다가 로마가톨릭교회의 가르침에서 떠나게 되었다. 그는 그럼에도 불구하고 로마가톨릭교회를 떠나지 않고 그 안에 머물러 있었는데, 1535년에 일어난 뮌스터 사건을 계기로 로마가톨릭교회의 타락상과 함께 목자 없는 양 떼같은 재세례파의 무리들을 돌보기 위하여 재세례파에 합류하였다. 이 때부터 메노의 삶은 말할 수 없는 고난과 박해 받는 삶이었다. 그럼에도 불구하고 그는 재세례파들의 가르침이 성경에 가장 부합한 교리라는 믿음을 가지고 그 모든 것들을 참아내며 재세례파의 지도자로 평생을 활동하였다.

그는 이러한 재세례파로서의 활동을 통해 자신이 성경적이라고 인식한 교회를 세우기 위해 평생동안 헌신하였다. 첫째는 유아세례와 성찬에 대한 새로운 이해였다. 성찬은 상징이라는 견해를 수용하였고 유아세례를 부인하고 성인세례를 실시하였다. 둘째로 그는 뮌스터 사건 이후에 폭력을 사용하는 세력과 결별하고 원래의 재세례파의 원리의 가르침인 평화주의적인 입장을 회복하였다. 그에 따라 이들은 절대평화주의를 주장하며 군대 제도 자체를 거부하여 군입대도 하지 않았다. 셋째로 그는 교회와 국가를 분리하고자 하였다. 교회만이 하나님의 말씀의 지배를 받는 거룩한 곳이요 국가는 사단의 영역이므로 기독교인들이 참여해서는 안 된다는 것이다. 넷째로 교회는 거룩한 곳이므로 이곳에서는 범죄가 자리 잡지 못하도록 엄격하게 치리를 시행해야 한다고 주장하였다. 그는 이러한 완전한 교회론을 주장하기 위하여 그리스도는 마리아의 자궁을 통과하기만 하였지 죄 있는 육신을 취하지 않았다는 천상육신론을 주장하였다. 그들은 자신들이 옳다고 믿는 이러한 신앙을 위해 박해에도 굴하지 않고 인내하여 양심의 자유와 종교의 자유를 확립하는 역할을 감당하였다.

개혁주의의 입장에서 볼 때 이들의 개혁은 성경해석에서 지나치게 문자적인 해석을 하여 올바른 성경해석에서 벗어난 점들이 있다. 그러므로 우리들은 이들의 유아세례 부정, 군입대 거부, 상징적인 성찬론, 천상기독론 같은 것들은 수용할 수 없다.

더 읽어야 할 책들

티모디 조지. 이은선. 피영민 공역. 종교개혁자들의 신학. 요단출판사.
홍지훈. 마르틴 루터와 아나뱁티즘. 한들출판사.

제13장

영국의 종교개혁자
토마스 크랜머

크랜머(Thomas Cranmer, 1489-1556)

크랜머(Thomas Cranmer, 1489-1556)는 영국 성공회 종교개혁의 중심인물이었다. 영국의 종교개혁은 헨리 8세에 의해 시작되어 에드워드 6세 때에 크게 진전되었다. 에드워드 6세 때에 영국 예배모범으로 1549년에 제일공도서가 제정되었고 1552년에 개정되었으며, 다음 해에 42개 신조가 작성되었다. 에드워드 6세 때 캔터베리 대주교로서 영국종교개혁의 중심인물이었던 사람이 크랜머였다. 에드워드 6세때 종교개혁을 주도했던 크랜머는 로마가톨릭으로 복귀한 메리 여왕에 의해 1556년 3월에 화형을 당했다. 화형을 당하는 순간에 자신의 종교개혁 신앙을 고백했던 크랜머는 영국종교개혁의 산 증인이자 진리수호를 위한 순교자였다.

1. 출생과 케임브리지에서의 교육과정과 교수생활

크랜머는 1489년 7월 2일에 노팅햄셔(Nottinghamshire)의 애스랙턴(Aslacton)에서 태어났다. 그의 부모인 토마스와 애그네스 크랜머(Thomas와 Agnes Cranmer)는 약간의 재산이 있었으나 귀족 가문에 속하지는 못했다. 장남인 존(John)이 재산을 상속했고, 크랜머와 동생 에드먼드(Edmund)는 성직자가 될 준비를 하고 있었다. 크랜머의 초기 교육 과정은 잘 알려져 있지 않은데, 고향에서 문법학교를 다닌 것으로 보인다. 부친이 세상을 떠난지 2년 후인 14세 때 그는 신설된 케임브리지의 지저스 칼리지(Jesus College)에 입학하였다. 그는 논리학, 고전문학과 철학을 8년 간 배운 후 22세(1511)에 문학사 학위를 받았다. 그는 이 때 중세 스콜라주의 서적들을 모아 평생 동안 소장하였다. 그는 석사과정에서는 데따플(Jacques Lefèvre d'Etaples)과 에라스무스(Erasmus)같은 인문주의자들에 집중하여 3년만인 1515년에 학위를 받았고 지저스 칼리지의 연구원이 되었다.

그는 석사 학위를 받은 후에 조안(Joan)이란 여인과 결혼을 하였다. 그는 아직 사제는 아니었지만, 결혼한 결과로 지저스 칼리지 연구원직을 잃게 되었다. 그는 생계를 위해 오늘날 막달렌 칼리지인 버킹햄 홀(Buckingham Hall)에서 강사직을 얻었다. 그의 아내가 출산하다가 사망했을 때, 지저스 칼리지는 그의 연구원직을 다시 회복시켜 주었다. 그는 신학을 공부하기 시작하여 1520년에 이르러 사제로 서품을 받는데 대학은 그를 이미 설교자로 지명하였다. 그는 1526년에 신학박사 학위를 받았다.

케임브리지에서 교육을 받으며 보낸 30년 동안의 크랜머의 사상과 경험에 대해서는 알려진 것이 별로 없다. 전통적으로 인문주의자로서 성경에 대한 그의 학문적 연구의 열정을 통해 그가 1520년대 동안에 퍼져가고 있었던 루터의 사상을 수용할 준비가 되었던 것으로 묘사되고 있다. 그러나 그가 읽은 책들의 난외주 기록들을 연구해 보면 그는 에라스무스를 존경하고 루터에 대해서는 반감을 드러내고 있다. 그러므로 이 시기 그의 인문주의 연구는 에라스무스의 사상을 추종하는 데 머무르고 있었던 것으로 보인다. 그는 이 시기에 케임브리지 대학에서 신학을 강의하면서 공적 심사관의 직분을 가지고 있었다. 이 심사관 자격으로 그는 성경 언어의 중요성을 강조하였다.

2. 대학교수와 헨리 8세에 대한 봉사(1527-1532)

크랜머가 국왕 헨리 8세와 밀접한 관련을 맺게 된 것은 왕의 이혼 문제 때문이었다. 헨리 8세는 자신의 형인 아더(Arthur)가 세상을 떠났을 때, 스페인의 공주였던 형수 캐더린(Catherine)과 결혼하게 되었다. 부왕인 헨리 7세는 장미 전쟁의 승리를 통해 튜더 왕조를 세운 후에, 당시 신대륙의 은이 유입되면서 유럽에서 가장 강대국이 된 스페인과 동맹관계를 맺고자 하여, 큰 아들을 스페인의 아라곤의 공주인 캐더린과 결혼시켰다. 그러나 큰 아들이 1502년에 죽자 이 결혼을 지속하기 원했던 아버지는 작은 아들을 1509년 과부가 된 형수와 결혼을 시켰다. 이 부부는 여러 번의 유산을 한 후에 1516년에 메리라는 딸을 얻었다. 그러나 1520년대까지 국왕은 자신의 후계자가 될 아들을 얻지 못하고 있었다. 이렇게 아들을 얻지 못하자, 국왕은 아들을 얻지 못하는 자신의 결혼이 형수를 취하지 말라는 레위기 20장 21절의 하나님의 말씀을 어긴 것에 대한 하나님의 저주의 결과라고 생각하게 되었다. 그래서 국왕은 추기경을 통해 교황청과 이 문제를 해결하고자 하였다. 중세에 로마가톨릭교회에서 결혼은 혼배성사였으므로 교황청은 이혼을 교회법으로 금지하고 있어서, 합법적인 이혼은 불가능하였다. 그러나 국왕이나 귀족들이 교황청으로부터, 이혼이 아니라 자신들의 결혼이 원래부터 성립되지 않았다는 결혼무효를 승인받으면 이혼을 할 수 있었다. 그러나 캐더린은 자신의 조카였던 신성로마황제 찰스 5세를 통해 교황에게 결혼무효를 승인하지 못하도록 압력을 가하였다. 그래서 교황이 이혼결정을 하지 않았기 때문에 헨리 8세는 교황청을 통한 합법적인 이혼의 길이 막혀 있던 상황이었다. 이러한 상황에서 이혼 문제의 해결을 책임 맡은 울시 추기경은 대학 전문가들과 상의하기 시작하였고 크랜머는 1527년부터 이 과정에

헨리 8세

가담하기 시작하였다.

　1529년 여름에 영국 전역에 흑사병이 창궐하였을 때 크랜머는 교사로서 크레시 가문의 케임브리지의 두 명의 학생들과 함께 전염병을 피하기 위하여 월섬(Waltham)에 있는 학생의 아버지 집에 머물고 있었다. 이 때 그 근처로 국왕을 모시고 피난 와 있던, 두 명의 케임브리지의 동료인 스테펜 가디너(Stephen Gardiner)와 에드워드 폭스(Edward Foxe)가 크랜머와 만나 결혼 취소의 문제를 논의하게 되었다. 교회법이 실패한 곳에서 신학은 무엇을 할 수 있을까? 이 문제를 논의하는 과정에서 크랜머는 이혼과 관련하여 신학자들의 신학적인 연구도 좋은 처방이라고 말하였다. 따라서 이혼과 관련하여 유럽 전역의 신학대학 교수들의 의견을 전체적으로 조사할 것을 제안하였다. 이 방법은 교황청과의 충돌을 피하면서 문제를 해결할 수 있는 길이었다.

　헨리 8세는 가디너와 폭스가 그에게 이 제안을 했을 때 그 아이디어에 상당한 관심을 보였다. 마침내 이 계획이 시행되었고 가을에 크랜머는 국왕을 만났으며, 이혼문제를 학문적으로 뒷받침하는 데 전념하도록 제안을 받았다. 그는 연구하는 과정에서 초대 공의회 가운데 교황의 권위와 대립한 경우도 발견하였고, 중세의 철학과 교회법보다는 교부들의 권위가 자신에게 우호적이라는 것을 알게 되었다.

　크랜머는 국왕의 이혼을 성경, 교부들과 공의회의 결정들로부터 정당화하는 논문을 작성하였고, 이 과정에서 앤 볼린 가문의 지원을 받았다. 1530년에 신성로마황제 찰스 5세는 볼로냐에서 교황에 의해 황제관을 받기로 되어 있었다. 그러므로 헨리는 크랜머를 로마에 보내 사태의 추이를 지켜볼 뿐만 아니라 대학교수들의 의견을 수집하고 교황청과 논의해 보도록 하였다. 로마에 있는 동안 에드워드 폭스는 크랜머의 연구 작업을 도와주었고 연구 팀은 『충분하고 풍부한 자료수집』(Collectanea Satis Copiosa)과 국왕이 왕국 안에서 최고의 사법권을 행사한다는 주장에 대한 역사적이고 신학적 지원인 『결정』(Determination)을 작성하였다. 이러한 준비를 하고 교황청과 접촉하였으나 아무런 성과를 얻지 못하였고 그는 1530년 10월에 영국으로 귀국하였다.

크랜머는 스위스 바젤에서 활동하는 인문주의자인 시몬 그리내우스(Simon Grynaeus)를 통해 대륙의 개혁자들과 처음으로 접촉하게 되었다. 1531년 여름에 그리내우스는 영국 왕과 대륙 개혁자들 사이에 중재 역할을 하고자 영국을 장기간 방문하였다. 그는 크랜머와 우정을 쌓고 바젤로 돌아간 후에 영국의 종교개혁에 관심을 가지고 있는 스트라스부르의 독일 개혁자 부처에게 크랜머에 대하여 편지를 썼다. 그리내우스와의 초기 접촉들을 통해 크랜머는 스트라스부르와 스위스 개혁자들과의 관계의 물꼬를 열게 되었다.

1532년 1월에 크랜머는 신성로마황제 찰스 5세의 궁정 거주 대사로 지명되었다. 황제는 3월에 라티스본(레겐스부르크)에 거주하였고, 여름에 누렘베르크에서 제국의회가 개최되었다. 크랜머는 루터파 도시인 누렘베르크에 거주하면서 처음으로 종교개혁의 결과들을 보고 직접 체험하게 되었다. 그는 누렘베르크 개혁의 주도적인 인물인 안드레아스 오시안더를 만났는데, 오시안더는 헨리 8세의 이혼에 대한 딜레마를 지지하는 글을 썼다. 그들은 좋은 친구가 되었으며, 7월에 크랜머는 오시안더 아내의 조카딸인 마가레트(Margarete)와 결혼하는 놀라운 행동을 감행하였다. 크랜머가 독신의 서약을 한 사제였다는 사실을 감안하면 이것은 대단히 파격적인 행동이었다. 그는 독신서약이 아주 엄격했던 사제들의 일반적인 습관이었던 바와 같이 그녀를 자신의 정부가 아닌 정식 아내로 맞이하였다. 그의 행동은 성경의 지원이 성직자 독신에 관한 교회법을 이길 수 있다는 그의 진정한 확신을 보여주고, 루터파의 종교개혁과 그에 따른 성직자의 결혼을 긍정한다는 것을 드러내는 것일 수 있을 것이다. 그렇지만 이 시기에 그의 신학적 입장은 교황의 수위권에 반대하는 입장이었고 루터의 종교개혁에 어느 정도 동조하여 결혼을 하였지만, 신학적으로 보아 종교개혁의 사상에 전적으로 동조한 것으로 보기는 어렵다.

3. 캔터베리 대주교(1532-1535)

크랜머가 대사로서 이탈리아를 통해 찰스를 따라가고 있는 동안에, 대주교 윌리엄 와함(William Warham)의 죽음에 뒤이어 자신이 신임 캔터베리 대주교로 임명되었다는 것을 알리는 왕의 편지를 1532년 10월 1일에 받았다. 크랜머가 캔터베리 대주교로 지명되도록 후원한 것은 앤 볼린(Anne Boleyn)의 가문이었다. 당시 앤 볼린은 국왕의 사랑을 받고 있는 상태였으므로, 출산하기 전에 결혼이 취소가 되어야 자신이 낳은 아이가 공식적인 왕위 계승자가 될 수 있었다. 그러므로 결혼 취소를 적극적으로 지지하는 크랜머가 캔터베리 대주교가 되어 이 일을 추진하기를 원했던 것이다. 그는 영국으로 돌아오라는 명령을 받고 11월에 만투아를 떠나 이듬 해 1월 초 영국에 도착하였다. 헨리 8세는 크랜머의 캔터베리 대주교 승진에 필요한 교황 칙령을 받아내는 데 개인적으로 재정적인 지원을 하였다. 로마 교황 대사는 마지막 파국을 피하려는 노력으로 영국을 즐겁게 해 주라는 교황청으로부터의 명령을 받고 있었기 때문에 칙령들은 쉽게 허락되었다. 칙령들이 1533년 3월 말에 도착하여 크랜머는 성 스테펜 채플에서 대주교로 서임되었다. 그는 봉헌식에서 하나님의 율법과 왕에 대한 충성을 중시하고 교황수위권에 대한 유보적인 입장을 분명하게 표명하였다.

크랜머는 대주교가 되어 결혼 취소 절차를 계속 추진하였고, 앤 볼린이 임신을 발표한 후에는 사태가 더욱 시급하게 되었다. 헨리 8세와 앤 볼린은 약간의 증인들이 보는 앞에서 이미 1533년 1월 비밀리에 결혼을 하였다. 다음 몇 달 동안, 크랜머와 왕은 최고 상급 성직자가 국왕의 결혼을 판단할 법률적 절차를 수립하였다. 일단 이혼 절차들에 대한 의견의 일치를 보자, 크랜머는 국왕과 캐더린 왕비가 출두하도록 초청한 후에 5월 10일 법정을 개정하였다. 가디너는 왕을 대변하였다. 캐더린은 나타나지 않았고 대리인을 보냈다. 5월 23일에 크랜머는 국왕의 캐더린과의 결혼은 하나님의 율법에 어긋나는 것이라는 판결을 발표하였고, 국왕이 왕비와 이혼하지 않는다면 심지어 파문하겠다는 위협까지 하였다. 국왕은 이제 자유롭게 결혼할 수 있게 되었고, 크랜머는 5월 28일에 국왕과 앤의 결혼식을 합법화시켰다. 6월 1일에 크랜머는 개인적으로 앤 왕비에게 왕관을 씌우고 기름을 부었으며 홀과 장을 전달하였다. 교황 클레멘트 7세는 이러한 도전에 격노했으나, 영국과 돌이킬 수 없는 결별을 피하라는 다른 군주들의 압력을 받아 결정적인 행동을 할 수가 없었다. 그러나 7월 9일에 교황은 국왕과(크랜머를 포함한) 그의 조력자들을 잠정적으로 파문하면서 국왕이 9월 말까지 앤을 폐위하도록 지시하였다. 국왕은 앤을 계속해서 아내로 두었으며 9월 7일에 엘리자베스를 낳았다. 크랜머는 출산 직후에 공주에게 세례를 주었고 그녀의 대부들 가운데 한 명이 되었다. 그 후 의회는 왕위계승법을 제정하여 앤 볼린이 합법적인 왕비라고 결정하였다.

이 시기에 크랜머의 신학적 견해가 정확하게 무엇이었는지 평가하기는 어렵다. 그가, 와함 대주교가 이전에 에라스무스에게 제공했던 연금을 갱신한 것으로 볼 때 인문주의를 계속 지지한 증거인 셈이다. 1533년 6월에, 그는 존 프리츠(John Fritz)가 화체설을 반대하는 것을 치리하여 그가 화형당하는 것을 목도해야만 했다. 그는 성찬에서 그리스도의 살과 피의 실질적인 임재를 부인하였다. 크랜머는 그의 견해를 바꾸도록 설득하였으나 실패하였다. 그는 프리츠의 급진주의를 거부했지만, 1534년에 이르면 로마가톨릭교회와 결별했으며 새로운 신학의 과정을 시작했다고 분명하게 신호를 보냈다. 그는 휴 라티어(Hugh Latimer)같은 새로운 사고를 따르는 사람들과 함께 교회의 반대파들과 점진적으로 대치하면서 개혁의 대의명분을 지원하였다. 그는 로마교황청과의 연계를 유지하기 원하는 종교적 보수주의자들을 실망시킬 정도로 개혁자들을 지원하면서 종교 논쟁에 관여하였다.

4. 왕의 대리자(1535-1538)

크랜머는 왕의 신임을 받아 로마가톨릭과 영국교회의 분리를 진행하며 교황수위권을 부정했으나, 보수적인 주교들은 그에게 반대하였다. 따라서 교회법에 따른 교회 방문을 시도하면서, 그는 보수적인 주교가 그의 권위에 대해 당혹스러운 도전을 하는 지역을 피하였다. 뿐만 아니라 수장령이 통과되어 국왕의 교회에 대한 수위권이 확립되면서 대주교의 권한이 약화되었다. 국왕은 1534년 4월에 토마스 크롬웰(Thomas Cromwell)을 종교정책 비서관으로 임명하였고 1535년 1월에 그를 교회 정치의 국왕 보좌의 최고 대리인에 앉혔다. 크롬웰은 1534년 11월에 통과된 수장령에 따른 국왕 수위권에 대한 분명한 제도적 구조를 제공하는 일련의 기구들을 만들어냈다. 그러므로 대주교는 왕의 영적인 재판권과 관련하여 보좌 대리인인 크롬웰에 의해 밀려나게 되었다. 크랜머는 훌륭한 학자로서 그러한 직제의 재조정에 반대하지 않았으며, 자신은 정치와 관련된 권력을 가지는 것보다는 예수 그리스도의 사도라 불리는 것으로 만족한다고 하면서 목회적인 역할을 더 중요시하였다.

1536년 1월 29일에 앤이 아들을 유산한 직후에, 왕은 제인 시모어(Jane Seymore)에게 관심을 가지기 시작하였다. 4월 24일에 이르면, 국왕은 크롬웰에게 이혼을 위한 근거를 준비하도록 위임하였다. 앤은 5월 2일에 성적 부도덕을 저질렀고 반역을 도모했다는 죄목으로 런던탑에 감금되었다. 5월 16일에 크랜머는 런던탑에서 그녀를 면회하여 고백을 들었고 다음 날, 그는 결혼이 무효이며 취소되었다고 선언하였다. 이틀 후에 앤은 처형당했다.

헨리 8세는 교황청과 결별하고 신성로마제국과 프랑스를 비롯한 가톨릭 세력들과 적대관계를 형성하게 되자, 이들의 침입을 대비하기 위하여 독일의 슈말칼덴 동맹과 우호적인 관계를 맺고자 노력하게 되었다. 이와 함께 당시 독일 남부 라인 지방의 종교개혁자들, 스트라스부르의 부처와 카피토, 취리히의 불링거 등은 영국의 종교개혁에 관심을 갖기 시작하여, 개혁을 진전시키고자 노력하였다. 그리고 영국 내에서 크롬웰은 교회 개혁을 왕의 통제 아래로 끌어들였다. 보수파들과 개혁자들 사이에 세력균형이 이루어졌는데, 이 때 제정된 10개 조항에 그러한 균형이 반영되어 있다. 이 조항들은 양분된 구조를 가지고 있었다. 첫째 다섯 조항들은 7성례 가운데 세례, 성찬, 그리고 고해의 세 가지만을 인정하여 독일 개혁자들의 영향력을 보여 주는 반면에, 마지막 다섯 조항들은 성상, 성인들, 의식들과 의례들, 그리고 연옥의 역할들과 관련되어 있었다. 이 문서 작성과정에서 쿠버트 툰스털(Cuthbert Tunstall)을 중심한 보수파들과 크랜머가 이끄는 개혁자들 사이에 경쟁이 있었으나 7월 11일에 이르면 크롬웰, 크랜머, 그리고 고위성직자회의, 성직자들의 총회가 10개 조항에 서명하였다.

로마 교황청과의 단절에 대한 반발로 1536년 가을에 은혜의 순례자들(Pilgrimage of Grace)로 알려진 집단의 일련의 봉기들이 발생하였다. 이들의 주요한 분노의 대상은 크롬웰과 크랜머였다. 국왕은 반란을 진압하고 자신의 통치가 안전하다는 것이 분명해졌을 때, 정부는 10개항을 개정하고자 하였다. 1537년 9월에 『기독교인의 기구』(Institution of the Christian Man)가 발표되었는데, 이 때부터 주교들의 책(Bishops Book)으로 알려졌다. 1536년의 10개 조항과 나란히 주교들의 책의 목적은 로마가톨릭교회로부터 분리한 영국 교회(Ecclesia Anglicana)를 개혁하는 데서 헨리 8세의 개혁 정책을 시행하려는 것이었다. 이 작품은 강력하게 루터의 개혁 정책을 따르는 것은 아니었지만, 기본적인 방향에서 교회 전통에서 나온 의식들보다는 그리스도 자신이 세운 제도들에 우선권을 주었다. 그래서 성상, 성유물숭배, 성지순례를 비난하고 사제들에게 성경을 하나님의 말씀으로 받아들이도록 신자들에게 권면하도록 지시하였다. 이렇게 성경을 중시하면서 크랜머와 크롬웰은 자국어 성경의 출판을 허락하도록 국왕에게 요청하였고, 로저스(John Rogers)가 가명으로 출판한 매튜 성경(Matthew Bible)의 판매가 허용되었다.

이 시기에 국왕의 관심사는 주로 제인 시모어의 임신과 그가 그렇게 오랫동안 소망했던 남자 상속자인 에드워드의 탄생에 사로잡혀 있었다. 제인은 출산 후에 곧바로 죽었고 그녀의 장례는 11월 12일에 거행되었다.

1538년에 왕과 크롬웰은 루터파와 정치적이고 종교적인 동맹을 맺고자 하여, 루터의 동료인 미코니우스(Friedrich Myconius)를 포함한 여러 독일 도시들의 연합대표단이 1538년 5월 27일부터 10월 1일까지 영국을 방문하였다. 국왕은 이 협상에 크랜머와 함께 보수파인 툰스털을 함께 임명하여 루터파와의 의견조율에서 아무런 성과를 거둘 수가 없었다. 독일 방문단은 아무런 성과를 얻지 못하고 떠났지만, 크랜머는 이들과의 대화를 통해 종교개혁에 대한 입장을 분명하게 정립할 수 있었다.

5. 수정된 개혁들(1539-1542)

1539년에 멜랑히톤이 헨리 8세에게 종교개혁을 종용하는 편지를 보내 중재하여, 다시 한 번 동맹을 맺고자 독일 대표단이 영국에 도착하였다. 그러나 지금까지 헨리 8세는 로마가톨릭 세력의 침략을 막고자 독일 루터파와 동맹을 맺는 정책을 펴 왔으나, 다시 정책의 방향을 바꾸어 로마가톨릭과의 관계를 개선하는 쪽으로 기울어졌다. 국왕은 지금까지 크롬웰을 통하여 왕권 강화를 위한 강력한 개혁정책을 취해왔다. 그래서 1536년에는 로마가톨릭교회를 폐지하였고 수도원 재산의 몰수를 시작하였다. 1539년에는 대수도원의 재산을 몰수하였으며, 4월에는 영어성경번역을 출판하였다. 이러한 정책들이 로마가톨릭과의 갈등을 고조시키자 국왕은 이들과의 관계 개선에 나서기 시작하였다. 다른 한 편에서 1538년 6월 프랑스의 발로아 왕가와 신성로마제국 사이에 체결된 니스 휴전 조약이 헨리 8세를 불안하게 만들었다. 그래서 그 이후에 헨리는 가톨릭 세력들에게 자신의 신앙이 정통적이라는 것을 보여주기 원하였고, 그래서 1539년 6월에 이르러 6개 조항(Act of Six Articles)을 작성하게 되었다.

6개 조항은 성찬에서 그리스도의 몸과 피의 실질적인 임재, 성직자 독신제, 그리고 귀로 듣는 고백의 필요성, 사제에 대한 죄의 개인적인 고백 같은 가톨릭적인 교리를 포함하고 있었다. 크랜머는 6개 조항 법에 명확하게 반대했으나 막을 수는 없었다. 법이 6월 말에 통과되자 라티머와 니콜라스 색스턴(Nicolas Shaxton)은 이 조치에 대한 명백한 반대 의견을 표명했으므로 그들의 교구에서 사임을 강요당하였다.

보수주의자들의 방해는 단명하여 9월에 이르면 국왕은 개혁세력이며 충성스러웠던 크랜머와 크롬웰을 지지하였다. 왕은 크롬웰의 지도 하에 1539년 4월에 수정되어 출판되었던 영어 번역 성경인『대성경』(Great Bible)을 위한 새로운 서문을 쓰도록 크랜머에게 요청하였다. 헨리 8세는 라틴어 성경을 사용해야 한다고 주장하며, 로마가톨릭과 결별한 1533년 이후에도 성경 번역을 인정하지 않았다. 그러다가 1537년 성경 출판을 인정했는데 이 때 커버데일이 중심이 되어 다시 수정된 영어성경인『대성경』(Great Bible)을 승인했다. 대성경이란 이름은 책이 아주 크다는 것을 나타낸다. 1539년에 발간된 이 성경은 헨리 8세의 인정을 받았으며, 책의 앞장에 왕의 사진이 실리고, "교회에서 이 성경을 읽도록 규정한다"는 문구가 적혀 있다. 1539년 판의 제2판이 1540년에 나왔는데, 이 성경의 서문을 크랜머가 새로 써서 출판하게 된 것이다. 이 서문은 독자들에게 전달되는 설교 형식이었는데, 그는 여기서 가능한 한 명료하게 종교개혁에 대한 자신의 헌신을 표명하였는데 루터파와는 구별되는 중도의 길을 표명하였다. 그는 성경을 통해 모든 사람들이 전능하신 하나님을 배울 수 있고 인간도 배울 수 있다고 주장했다.

　개혁파가 득세하면서 크롬웰은 국왕이 독일 영주의 자매인 클리브스의 앤(Anne of Cleves)과 결혼하도록 계획을 추진하여 왕의 승인을 얻어냈다. 크롬웰이 보기에, 이 결혼은 슈말칼덴 동맹과의 접촉을 복원시킬 가능성을 가지고 있었다. 국왕은 1540년 1월 처음 만났을 때 화가가 실제보다 아름답게 그린 그림보다 못한 미모를 가진 앤에게 실망하였으나, 크랜머가 공식화한 의식으로 1월 6일에 주저하면서 그녀와 결혼하였다. 그러나 이 결혼은 국왕이 그 후에 곧바로 왕실 이혼을 요구하기로 결정함에 따라 비극으로 막을 내렸다. 이혼의 결과로 국왕은 당혹스러운 처지에 놓이게 되었고 크롬웰은 그러한 결과로 고통을 받았다. 노폴크 공작을 포함하여 크롬웰의 오랜 적들은 그의 세력이 약화된 기회를 이용하여 6월 10일에 그를 체포하였다. 앤 클리브스와 국왕의 결혼은 당시에 크랜머와 가디너가 이끌던 대리 총회에 의해 7월 9일에 신속하게 취소되었다. 취소 결정에 뒤이어, 크롬웰은 1540년 7월 28일에 처형되었다.

　크랜머는 이제 협력자를 잃었으나, 국왕의 나머지 통치 기간 동안, 국왕의 전폭적인 신뢰를 받으며 개혁을 추진해 나갔다. 1541년 6월 말에, 새로운 아내 캐더린 하워드(Catherine Howard)와 함께 국왕은 영국 북부 지방을 방문하려고 출발하였다. 크랜머는 국왕 부재 시에 국사를 돌보는 위원회의 일원으로 런던에 남아 있었다. 그의 동료들은 대법관 토마스 오들레이(Thomas Audley)와 허트포드(Hertford) 백작인 에드워드 세이모어(Edward Seymour)였다. 왕과 왕비가 부재하던 10월에 존 라스켈레스(John Lascelles)라는 개혁자가 크랜머에게 캐더린이 혼외정사를 하고 있다는 것을 알렸다. 왕이 진노할 것을 두려워하여, 오들레이와 세이모어는 크랜머가 왕에게 알릴 것을 제안하였다. 크랜머는 만성절 미사 동안에 국왕에게 메시지를 흘렸다. 조사 결과 결혼의 부정의 사실이 드러나 캐더린은 1542년 2월에 처형되었다.

6. 왕의 후원(1543-1547)

1543년 4월에 소위 성직자들의 음모(Prebendaries' Plot)가 표면화되었다. 이것은 보수적인 성직자들이 음모를 꾸며 개혁자들을 제거하고자 한 것인데, 크랜머도 공격대상에 포함되어 있었다. 그러나 이들이 공격했던 리처드 터너(Richard Turner)는 왕의 사절들의 조사 후에 방면되었고 보수주의자들은 더욱 격노하게 되었다. 크랜머에 대한 음모가 진행되고 있는 동안에, 보수주의자들은 4월에 『주교의 책』의 수정을 논의하는 회의를 소집하여 이신칭의를 포함하여 많은 개혁적인 사상들을 전복한 훨씬 보수적인, 『왕의 책』(King's Book)이라고 부르는 새로운 수정안을 5월 5일에 제출하였다. 5월 10일에 의회는 참된 종교 향상 법(Act for the Advancement of True Religion)을 통과시켜, 오류가 있는 책들을 철폐하였고 고귀한 신분을 가진 사람들에게 영어 성경을 읽어주는 것을 제한하였다. 5월부터 8월까지 개혁자들은 심문을 받았고 철회를 강요당하거나 혹은 수감되었다.

다섯 달 동안, 국왕은 대주교에 반대하는 고발들에 대해 아무런 행동도 취하지 않았다. 음모는 마침내 국왕 자신에 의해 크랜머에게 알려졌다. 국왕은 1543년 9월에 크랜머에게 그에 대한 고발내용을 알려주고 크랜머에게 조사하도록 하였다. 그리고 그에 대한 신임을 보여주기 위하여, 국왕은 크랜머에게 그의 개인적인 반지를 주었다. 추밀원이 11월 말에 크랜머를 체포하기도 했으나, 그가 승리하였고, 오히려 사건을 주도했던 보수주의자 제메인 가디너가 처형당하면서 끝났다.

크랜머는 우호적인 분위기 속에서 예전을 개혁하여, 1544년 5월에 첫 번째로 공식 승인된 자국어 예배서 『권면과 연도』(*Exhortation and Litany*)가 출판되었다. 크랜머의 설교 중의 하나인 기도에 대한 권면(Exhortation unto Prayer)이 이 책의 서문으로 실려 있다. 이 예배서는 중보의 행진 예배서이다. 당시 국가적인 재난이나 어려움에 처하면 성도들이 행진을 하면서 중보기도를 하였는데, 이러한 기도에서 사제들이 라틴어로 기도를 하여 성도들이 제대로 반응을 보일 수가 없었으므로 헨리 8세가 영어로 예배서를 작성하도록 지시하여 크랜머가 작성한 것이었다. 전통적인 연도는 성인들에 대한 기도를 사용하나, 크랜머는 그러한 숭배를 위한 본문을 전혀 제공하지 않아 철저하게 이러한 측면을 개혁하였다.

1546년에 가디너, 노폴크 공작, 대법관 라이어스레이(Wriothesley), 런던 주교 에드먼드 보너(Edmund Bonner)를 포함한 보수주의자들이 연합하여 개혁자들에 대한 마지막 도전을 하였다. 이들의 공격 목표는 크랜머와 연계된 여러 개혁자들이었다. 래스셀레스(Lescelles)같은 일부 사람들은 화형을 당했다. 그러나 강력한 개혁적인 성향을 가진 귀족들인 에드워드 세이모어와 존 더들레이(John Dudley)는 해외로부터 여름 동안 영국으로 귀환하였고, 그들이 보수주의자들에 반대하는 방향으로 흐름을 바꿔놓았다. 가을에 일어난 두 사건이 균형을 무너뜨렸다. 가디너는 고위성직자의 영지들을 교환하는 것에 대하여 동의를 거절했을 때 왕의 호의를 잃어버렸고, 노폴크 공작의 아들은 모반의 혐의를 받고 처형되었다. 그 후 왕의 건강이 마지막 몇 달 동안에 쇠약해짐에 따라 더 이상의 음모들은 없었다. 크랜머는 1547년 1월 28일에 왕을 위한 그의 마지막 의무들을 수행하였다. 그는 이 때에 왕에게 마지막 장례 의식들을 준비하는 대신에 국왕의 손을 잡으면서 그에게 개혁된 신앙의 내용을 말해주었다. 크랜머는 국왕의 죽음에 통곡하였다. 1월 30일에 그는 왕의 마지막 유언장의 집행자들 가운데 한 사람이었는데, 세이모어 경을 호국경으로 삼고 왕자를 에드워드 6세로 옹립하였다.

7. 에드워드 6세 하의 전기 개혁활동(1547-1549)

종교개혁을 지지하는 세이모어(섬머세트 공작) 섭정 하에서, 크랜머를 중심한 개혁자들은 적극적으로 종교개혁을 진행하게 되었다. 세이모어는 에드워드 6세의 어머니 제인 세이모어의 큰 오빠이자 왕의 외삼촌으로 섭정이 되었다. 크랜머는 제일 먼저 가톨릭 색채가 짙은 6개 조항을 폐지하였다. 새로운 국왕은 1547년 8월에 지방을 방문하면서 크랜머를 중심으로 종교개혁적인 내용을 담은 12편의 설교로 구성된 설교집을 한 권씩 제공하였다. 이 설교집에서 크랜머는 이신칭의 교리를 강조하였다. 그는 "믿음에 첨가된 선행에 관한 설교"에서 필수적인 것으로 고려될 수 있는 선행의 범위를 축소하였고 신앙의 우위성을 재강조하면서 수도원주의와 예전의 암송과 의식들에 포함된 다양한 개별적인 행동들의 중요성을 공격하였다. 그가 방문한 각 교구에서, 숭배의 의심이 가는 성상들을 제거하도록 결정한 명령들이 시행되었다.

크랜머를 중심으로 한 개혁자들은 1548년에 이르러 점진적이지만 좀 더 적극적으로 예배 개혁을 추진하였다. 당시 영국 안에는 개혁에 반대하는 세력도 만만치 않았기 때문에 신속한 개혁이 이루어지기 어려웠다. 첫째로 라틴어로 진행되던 예배에 영어가 도입되기 시작하였다. 1548년 3월 8일 영어 '성찬 규정'(Order of Communion)이 발표되어 라틴어로 진행되던 미사에 영어가 삽입되었다. 이 해에 교회당 안에 있던 성상들의 철거가 지시되었다. 에드워드 6세 치하에서 이러한 개혁이 진행되어 예배에서 영어 사용이 확산되어 감에 따라, 통일된 예전 제정의 필요성이 대두되었다. 마침내 『공도서』(Book of Common Prayer) 제정모임이 1548년 9월에 시작되어 상원에서 성만찬에 대한 토론회를 12월에 열었다. 크랜머는 여기서 공개적으로 자신은 루터의 그리스도의 살과 피의 실질적인 임재 교리를 포기하였고 성찬의 임재는 다만 영적이라고 믿는다고 밝혔다. 크랜머는 에드워드 6세가 즉위한 후 부처에게 성찬에 관한 의견을 구하는 편지를 보냈는데, 부처는 1547년 11월 28일자의 답장에서 실질적인 임재를 부인하고 화체설과 빵과 포도주에 대한 경배를 정죄하였다.

『공도서』가 실질적으로 어느 정도 크랜머의 개인적인 작품인지 확인하기는 어렵지만 그가 공도서를 편집하고 전체 구조의 책임을 맡은 것은 확실하다. 이 공도서는 작성과정에서 11세기부터 공도서 제정 이전까지 사용되었던 사룸 의식서(Sarum Rite), 16세기 쾰른의 대주교인 헤르만 폰 비이드(Hermann von Wied)의 저술들, 오시안더와 유스투스 조나스(Justus Jonas)를 포함한 여러 가지 루터파의 자료들을 참고하여 만들어졌다. 이 기도서는 가톨릭의 불필요한 비난을 피하면서 온건하게 개혁의 성과를 반영하려는 선에서 조심스럽게 작성되어 전체적으로 가톨릭의 교리적 색채가 많이 들어 있다. 크랜머는 부처에게 고대에 대한 존중과 이 시대의 연약함 때문에 비롯된 잠정적인 양보로 만들어진 것이라고 말했다. 특히 성만찬에 관해서는 취리히나 제네바의 개혁자들의 입장을 수용하면서도, 화체설이라는 표현은 피하되 성찬식에서 무릎을 꿇도록 하고 전통적인 사제 복장을 유지하여 가톨릭의 입장을 어느 정도 유지한 모호한 점이 있었다. 이런 점에서 이 기도서는 개혁파와 보수파의 타협의 열매였다. 이런 점들에 대해서 부처는 매우 비판적이었다. 그러나 한 가지 큰 변화는 이 기도서는 영어로 작성되었고 영어 성경을 읽도록 하며 예배의 주체로서 회중의 참여를 강조하여 영국인들은 처음으로 자기들의 말로 된 예배의식을 갖게 되었다는 점이다.

   이러한 예배서를 제정한 중요한 목적 가운데 하나는 영국에서 온건하게 개혁된 신학을 반영할 뿐만 아니라 다양한 형태로 드려지던 예배를 통일하려는 것이었다. 이에 따라 의회는 1549년에 모든 교회가 이 공도서를 사용해야 한다는 통일령(Act of Uniformity)을 통과시켰으며, 그 때 이 법은 성직자의 결혼을 합법화시켰다. 따라서 새로운 기도서는 1549년 6월 9일부터 강제적으로 사용되었다. 개혁이 조심스럽게 진행되었음에도 불구하고 공도서 사용에 따른 공도서 반란(Prayer Book Rebellion)이 데본(Devon)과 콘월(Cornwall)과 노폴크(Norfolk) 등지에서 일어났다. 7월 말에 이르면, 봉기는 잉글랜드 동쪽의 다른 지역으로 확산되어 갔다. 반란자들은 6개 조항들, 평신도들에게 제공되는 봉헌된 빵만을 가진 미사에 대한 라틴어 사용, 연옥에 있는 영혼들을 위한 기도의 회복, 그리고 수도원의 재건을 포함하는 많은 요구들을 하였다. 크랜머는 반란의 사악함을 비난하면서 왕에게 이러한 요구들에 강력히 진압할 것을 요청하는 편지를 썼다. 이러한 반란을 진압하는 과정에서 섭정 세력의 변화를 가져왔다.

   이와 함께 크랜머는 슈말칼덴 전쟁에서 신성로마제국 황제 찰스 5세가 승리하면서 위기를 만난 유럽 대륙의 종교개혁지도자들을 영국으로 초청하여 대학에서 가르치도록 하였다. 부처의 중재를 통한 크랜머의 초청으로 1547년에 영국으로 온 개혁자들은 이탈리아 출신인 피터 마터(Peter Martyr)와 베르나르디노 오치노(Berrardino Ochino)이다. 마터는 옥스퍼드 대학 신학부에서 가르치면서 이곳에 있는 동안 논쟁을 통해 성찬에서 개혁파의 견해를 채택하게 되었다. 1549년 4월에 스트라스부르의 개혁자였던 마틴 부처가 영국에 왔다. 부처는 케임브리지 대학에서 흠정교수로 임명받아 개혁주의 신학을 소개했다. 그는 『그리스도 왕국론』을 저술하여 에드워드 6세에게 헌정하며 국왕이 교회개혁에 관심을 갖도록 촉구했다. 크랜머는 예전과 교리의 개혁에서 자신을 도울 뿐만 아니라 설교자들의 새로운 세대를 훈련하기 위하여 이러한 새로운 학자들을 필요로 하였다. 그의 초대를 받았던 다른 사람들 가운데 폴란드 개혁자 존 라스키(John Laski)도 포함되어 있었다.

8. 에드워드 6세 하의 후기 개혁활동들(1549-1551)

기도서 반란과 엔크로우저 운동에 따른 사회적 불안들은 세이모어 섭정의 실각을 가져왔다. 섭정과 의견을 달리하는 일단의 위원들이 반란을 진압하는 데 공을 세운 존 더들리 중심으로 뭉쳐 그를 제거하고자 하였다. 이 때 크랜머는 윌리엄 파제(William Paget)와 토마스 스미스 등과 세이모어를 지지하였으나, 유혈 없는 쿠데타를 통해 세이모어는 1549년 10월 13일에 권력을 상실하였다. 종교개혁에 부정적인 보수적인 인물들이 더들리를 지지했음에도 불구하고, 개혁자들은 새로운 정부 하에서 세력을 유지하여 영국의 종교개혁은 계속해서 성과를 거두어 나갔다. 세이모어는 런던탑에 수감되었으나, 1550년 2월에 석방되어 추밀원으로 복귀하였다. 크랜머는 개혁의 지지자이자 자신의 채플린(Chaplain)이었던 니콜라스 리들리(Nicholas Ridley)를 로체스터에서 런던의 교구로 이동시켰다. 세이모어와 함께 체포되었던 존 포네트(John Ponet)는 복권되어 리들리의 이전 자리를 맡았다. 존 후퍼(John Hooper)는 츠빙글리의 종교개혁에 의해 영향을 받았고 좀 더 급진적인 개혁을 지지하였다. 그래서 더들리 하에서 오히려 보수파들은 자리에서 밀려나고 개혁자들로 대치되었다.

이와 같이 크랜머는 개혁세력들을 강화시키면서 개혁을 좀 더 적극적으로 추진하였다. 물론 이 과정에서 부처를 비롯한, 유럽에서 건너 온 개혁자들의 『제일공도서』에 대한 비판도 영향을 미쳤다. 더들리가 집권한 이후에 크랜머가 개혁을 추진하여 얻은 성과는 크게 보아 세 가지이다. 먼저 그는 부처와 협력하여 1550년 5월에 새로운 성직 수임을 위한 예전(Ordinal)을 제정하였다. 크랜머는 부처의 안을 채택하여 부제, 사제, 그리고 주교를 위임하기 위한 세 개의 예배를 만들었다. 이 예전에서 성직자의 임무는 "회중들 가운데서 하나님의 말씀을 설교하고 성례를 집행하는 자"로 정의되었다. 다시 말해 성직자는 로마가톨릭이 말하는 희생 제사를 집례하는 사제가 아니라 하나님의 말씀의 종이며 성례를 집행하는 사역자가 되었다. 이러한 성직의 의미 규정은 가톨릭의 사제주의로부터의 신학적 개혁이었고 예배의 개혁이었다.

크랜머는 개혁이 진행되어 감에 따라, 헨리 8세 때부터 여러 차례 시도했으나 제대로 이루어지지 못했던 교회법 개정에 착수했으나 목적을 이루지는 못하였다. 그는 피터 마터와 함께 한 때 자신에게 반기를 들었던 라스키와 후퍼까지 영입하면서 1551년 12월에 위원회를 설립하였다. 그 후 크랜머와 마터는 영국에서 개혁된 교회 헌법의 성공적인 제정이 트렌트 종교회의를 반박하는 목적을 가진 국제적인 중요성을 가질 것이라는 생각으로 영국의 지도력 하에 유럽의 모든 개혁된 교회들을 집결하려는 계획을 세웠다. 그는 1552년 3월에 대륙의 주요한 개혁자들인 불링거, 칼빈, 그리고 멜랑히톤에게 영국으로 와서 에큐메니칼 회의에 참석하라고 초청하였으나 실패하였다. 뿐만 아니라 최종본이 의회에 제출되었을 때 크랜머와 더들리의 불화가 최고조에 달해 섭정은 상원에서 교회법을 효과적으로 폐기시켰다.

둘째로 그는 『제일공도서』를 개정하여 『제이공도서』를 작성하였다. 부처는 영국종교개혁이 좀 더 빠른 속도로 진행되기를 원하여, 크랜머와 협력하였다. 두 사람의 협력으로 해결한 문제가 성직자 복장 논쟁이었다. 하인리히 불링거의 추종자로 최근에 취리히에서 귀환한 존 후퍼(John Hooper)는 크랜머의 『제일공도서』와 서품예전에 만족하지 못하였고 특히 로마가톨릭적인 의식들과 성직자 복장의 사용에 반대하였다. 1550년 5월에 글로세스터 주교로 선출되었을 때, 그는 외국인 교회의 지도자였던 잔 라스키(Jan Laski)의 지지를 받으면서 주교 복장 착용을 거부하였을 뿐만 아니라 그의 교회의 예전의 형식들과 실천사항들을 크랜머가 수용할 수 있는 이상으로 개혁을 시행하였다. 이 때 부처와 피터 마터는 후퍼의 입장에 공감은 하지만, 개혁 시기와 권위에 대한 크랜머의 주장을 지지하였다. 크랜머와 리들리의 압력에 굴복하여 후퍼는 서품 예전에 따라 1551년 3월에 서품을 받고 주교의 복장을 입고 왕 앞에서 설교를 하였다. 정부의 권위 하에서 주의깊은 단계들을 통한 크랜머의 개혁의 비전은 유지되었다.

『제일공도서』의 경우와 같이 『제이공도서』 수정 작업에서 시작과 참가자들은 모호하나, 크랜머가 계획을 이끌었고 그 발전을 조정했다는 것은 분명했다. 캔터베리 종교회의가 이 문제를 논의하려고 만났던 1549년 말에 이 논의가 시작되었다. 1550년 후반에, 예전이 향상

될 수 있는 방안에 대한 마터와 부처의 의견들이 구해졌다. 부처는 크랜머를 지지하면서 1551년에 28장으로 되어 있는 『검열』(Censura)이라는 책자를 써서 공동기도서의 신학적 문제를 지적했고 다른 개혁자들도 기도서의 수정을 요구했다. 크랜머 자신도 1550년에 공도서 안에 있는 거의 공식적인 성찬 신학 해설인 『그리스도의 몸과 피의 성례의 참되고 보편적인 교리의 변호』(Defence of the True and Catholic Doctrine of the Sacrament of the Body and Blood of Christ)를 저술하였다. 이것은 크랜머의 첫 번째 저술로, 그는 서문에서 염주, 사면, 순례, 그리고 교황제도 같은 것들을 잡초와 비교하면서 로마교황청과 그와의 싸움을 요약하였는데, 잡초의 뿌리들은 화체설, 실질적인 임재, 그리고 미사의 희생적인 성격이라고 지적하였다.

크랜머는 자신의 신학사상의 발전과 다른 신학자들의 개정 요구를 받아들여 개정 작업을 진행하였다. 개정 작업을 진행하는 동안에 세이모어는 1551년 10월 16일에 모반죄로 체포되어 1552년 1월 22일에 처형되었다. 크랜머는 중대한 지지세력을 잃어버렸고 섭정인 노섬버랜드공작과 교회 재산 문제로 갈등을 빚게 되었다. 섭정이 교회 재산을 점진적으로 정치에 전용하자 불화는 그 해 동안에 더욱 악화되었다. 그러나 이러한 정치적인 소요 가운데에서도, 크랜머는 동시적으로 기도서의 개정, 그리고 교리 서술의 공식화라는 주요한 개혁 작업을 진행하였다.

더들리는 섬머세트 공작을 제거하는 과정에서 가톨릭측의 지지를 요구하는 조건으로 '옛 신앙'의 회복을 약속했었다. 그러나 그는 권력을 잡은 후 이 약속을 지키지 않았는데, 아마도 가톨릭으로 복귀할 경우 옛 귀족계급과 보수적 주교들의 정치적 간섭을 우려한 것이 아닌가 추측된다. 그는 자신의 이해관계 때문에 종교개혁 쪽을 선택했고 이전 시대보다 더 철저하게 개혁을 추진했던 것이다.

이에 크랜머는 대륙의 개혁자들과 함께 공도서의 개정 작업에 들어가『제이공도서』(Second Book of Common Prayer)를 완성하였다. 이 기도서는 제일공도서에 들어있던 가톨릭의 예배의식의 대부분을 폐지하였고, 오히려 칼빈주의적인 요소들이 많이 도입되었다. 예를 들어 미사의 성격을 규정하는 신학적 원칙들과 함께 '미사'라는 단어가 삭제되었으며, 성찬 용어들은 감사와 기념을 강조하였고, 제단(祭壇)은 성찬대로 대치되었다. 비밀고해성사, 성체예배, 죽은 자를 위한 기도는 폐지되고 중세적인 예복은 중백의(中白依, surplice)로 대체되었다. 성찬식에서 영적 임재의 의미가 명확해졌다. 이『제이공도서』는『검열』에 들어있던 부처의 제안이 상당히 반영되었다. 이 기도서는 1552년 3월 의회를 통과한 제2통일령에 의해 승인되었고 모든 교회가 11월부터 이 기도서를 사용하도록 요구되었다. 이 기도서가 출판되는 과정에서 약간의 변화가 있었다. 잉글랜드의 북쪽 지방을 여행하는 동안에, 더들리는 뉴캐슬에서 사역하던 스코틀랜드의 종교개혁자 존 녹스를 만났다. 그의 설교에 감명을 받아 더들리는 그를 왕실 설교자로 선택하였고, 개혁작업에 참여하도록 남쪽으로 데리고 왔다. 왕 앞에서 했던 설교에서 녹스는 성찬식 동안에 무릎을 꿇는 행위를 공격하였다. 1552년 9월에, 추밀원은 새로운 기도서의 출판을 중단시켰고 크랜머에게 그것을 수정하라고 말하였다. 그는 예전에서 어떤 변화를 결정하는 것은 왕실의 동의를 받아 국회가 결정하는 것이라는 주장을 담은 긴 편지로 응답하였다. 10월에 추밀원은 현재 있는 대로 예배서를 보존하면서 소위 검은 주서를 첨가하기로 결정하였다. 검은 주서는 성찬식에서·무릎을 꿇을 때 어떤 경배도 의도되지 않는다고 설명하였다. 에드워드 6세 치하에서 공포된 이 기도서는 엘리자베스 여왕에 의해 약간 수정되어 기본골격이 그대로 유지된 채 오늘날에까지 영국 교회의 기도서로 사용되고 있다.

셋째로 보다 개신교적인 성격을 보여주는 42개 조항의 신앙고백서가 1552년에 작성되어, 1553년 6월에 공포되었다. 42개 항목의 기원이 명확하지 않지만, 1549년 12월에 크랜머는 주교들에게 어떤 교리적인 항목들에 대한 서명을 요구하고 있었다. 1551년에 크랜머는 주교들에게 교리 서술의 한 버전을 제시했으나, 그 지위는 모호하게 남아 있었다. 크랜머는 교회법 수정 작업 때문에 신조의 항목들을 개선시키는 데 많은 노력을 기울이지 못하고 있었다. 일단 에큐메니칼 공의회에 대한 소망이 사라지자 그는 신조에 더 큰 관심을 가지게 되었다. 1552년 12월에 이르면 신조 항목들의 최초 판이 크랜머와 존 체크(John Cheke)에 의해 연구되어 있었다. 1553년에 마침내 종교회의가 42개 항목들에 동의하였고 왕의 권위에 의해 출판되었다. 이 기도서는 크랜머가 리들리와 존 녹스와 같은 신학자들의 도움으로 작성하였는데 이신칭의를 인정하고 재세례파의 교리를 비판하며 성상, 성유물, 성자숭배, 면죄부, 연옥 등은 "하나님의 말씀에 위배되는 것"으로 규정되었다. 또 화체설, 성찬식에서의 남은 것들에 대한 숭배, 영국교회에 대한 교황의 재판권 등이 거부되었다. 특히 이 42개조에서는 온건 예정론이 강조되고 성찬에서의 칼빈의 견해가 반영되어 칼빈주의적 성격을 가지게 되었다.

9. 시련, 취소, 죽음(1553-1556)

에드워드 6세는 병세가 위중해지자 1553년 6월에 제3의 상속법(Third Succession Act)을 위반하면서 자신의 사촌이며 개신교 신자인 제인 그레이(Jane Grey)가 왕위를 계승한다는 유언장을 작성하였다. 7월 중순에 메리를 지지하는 중요한 지방 반란들이 일어났고 추밀원에서의 제인에 대한 지지는 실패하였다. 메리가 여왕으로 선포되자, 더들리, 리들리, 체크, 그리고 제인의 아버지 서폴크(Suffolk) 공작은 수감되었다. 메리가 여왕이 되는 것은 영국이 지금까지 진행된 모든 종교개혁을 부정하고 다시 로마가톨릭으로 복귀하는 것을 의미하였다. 그의 어머니 캐서린이 가톨릭이었고 자신도 가톨릭신앙을 가지고 있었으므로, 그녀는 왕위에 즉위하면서 종교개혁추진자들에게 잔인하게 복수하기 시작하였다. 그래서 그녀의 별명이 피에 젖은 메리이다. 그녀는 국왕이 되자, 자신의 어머니의 결혼을 취소시켰고 종교개혁의 중심적인 추진자였던 크랜머에게 복수하고자 하였다.

그러나 메리의 즉위 초기에 크랜머에게는 어떤 조치도 취해지지 않았다. 8월 8일에 그는 기도서의 의식에 따라 에드워드의 장례식을 집례 하였다. 이 몇 달 동안에 크랜머는 피터 마터를 포함하여 다른 사람들에게 영국에서 떠나도록 충고하였으나, 자신은 잔류를 선택하였다. 개혁파 주교들은 직책에서 해임되었고 에드문드 보너같은 보수적인 성직자들은 옛 지위로 복귀하였다. 크랜머가 캔터베리 대성당에서 미사드리는 것을 허용했다는 소문이 퍼졌을 때, 그는 그러한 소문이 거짓이라고 선언하고 에드워드 6세에 의해 이루어진 모든 교리와 종교가 천여 년 이상 동안 영국에서 사용된 어떤 것보다 하나님의 말씀에 따른 순수한 것이라고 말하였다. 놀랍지 않게, 정부는 크랜머의 이러한 선언을 반역에 해당한다고 간주하여 9월 14일에 성실청으로 소환하였다. 그는 즉시 런던탑에 감금되었고 휴 라티머와 니콜라스 리들리와 합류하였다.

1553년 11월 13일에 크랜머와 다른 4명은 모반죄로 심문을 받고 사형선고를 받았다. 1554년 2월에 제인 그레이와 다른 죄수들이 처형되었다. 이제 종교지도자들을 다룰 시간이 되었으므로 1554년 3월에 추밀원은 크랜머, 리들리, 그리고 라티머를 옥스퍼드에 있는 보카도 감옥으로 옮겨 이단에 대한 2차 재판을 기다리게 하였다. 감옥에 있는 동안에 크랜머는 스트라스부르로 피신한 피터 마터에게 몰래 보낸 편지에서 "교회의 극단적인 상황이 교회가 마침내 구출될 것이라는 증거라고 서술하고 하나님께서 우리에게 끝까지 인내할 수 있도록 은혜를 주실 것을 나는 기도하고 있다"고 썼다. 크랜머는 1555년 9월에 재판이 시작되기 전에 17개월 동안 보카도 감옥에 홀로 남아 있었다. 이 기간 동안 그는 자신의 신앙을 부인하라고 압력을 받으면서 정신적으로 육체적으로 심한 탄압에 시달렸다. 이 재판은 영국에서 일어났지만, 교황의 재판권 아래 있었고 최종 선언도 로마로부터 오게 되어 있었다. 심문 과정에서 크랜머는 그 앞에 놓여 있는 모든 사실을 인정하였으나, 어떤 모반, 불순종 혹은 이단을 부인하였다. 라티머와 리들리의 재판은 크랜머 재판 직후에 시작되어 그들의 선고는 거의 즉시 내려져 10월에 화형에 처해졌다. 크랜머는 진행절차를 지켜보기 위하여 탑으로 이송되었다. 12월에 로마는 대주교직을 박탈하고 세속 당국자들이 그의 판결을 시행할 권리를 주었다.

10. 크랜머의 순교

감옥에서의 고통 속에서도 무너지지 않았던 크랜머는 최후의 기간 동안에 회유와 유혹에 무너지면서, 여러 번 자신의 신앙을 부정하는 비참한 경험들을 하게 되었다. 12월 11일에 크랜머는 보카도 감옥에서 나와 그리스도 교회의 사제장의 집에 머물렀다. 이 새로운 환경은 감옥에 있던 2년 간의 기간과는 매우 달랐다. 그는 학문 공동체 속에 있으면서 손님으로 대우받았다. 도미니크 수도사 빌라가르시아(Juan de Villagarcia)가 접근하여 크랜머와 교황 수위권과 연옥의 문제에 대하여 토론하였다. 1월 말과 2월 중순 사이에 발표된 그의 첫 번째 4가지 취소들에서, 크랜머는 왕과 여왕의 권위를 승인하였고 교황을 교회의 머리로 인정하였다. 1556년 2월 14일에, 그는 다시 감옥으로 돌아갔다. 그는 매우 적게 양보하였고 에드문드 보너는 이러한 승인들로 만족하지 못하였다. 2월 24일에 옥스퍼드 시장에게 영장이 공포되었는데 크랜머의 처형 날짜가 3월 7일로 정해졌다. 이 영장이 공포된 2일 후에, 첫 번째 참된 취소라고 부를 수 있는 다섯 번째 취소가 공포되었다. 크랜머는 모든 루터와 츠빙글리의 신학을 거부하였고 교황 수위권과 화체설을 포함하여 가톨릭 신학을 충분하게 수용하였으며 가톨릭교회 밖에 구원이 없다고 서술하였다. 그는 가톨릭 신앙으로 돌아가는 기쁨을 발표하였고 성례의 방면을 요청하여 인정받았으며, 미사에 참여하였다. 크랜머의 화형은 연기되었고 교회법의 정상적인 시행 하에서라면, 그는 방면되어야만 했다. 그러나 메리는 더 이상의 연기는 불가능하다고 결정하였다. 그의 마지막 취소는 3월 18일에 공포되었다. 이것은 신앙과 인격이 깨어진 사람의 표지였고 죄의 전면적인 고백이었다. 이단을 취소하는 것이 형집행을 정지한다는 교회법의 규정에도 불구하고, 메리는 크랜머의 부정과 완고함은 하나님과 그 분의 은혜에 너무나 크게 범죄 하여 하나님의 관용과 자비가 그 안에서 자리 잡을 여지가 없다고 주장하면서 크랜머를 본보기로 삼기로 결정하였고 처형을 진행하였다.

크랜머는 최후의 취소를 할 수 있는데, 그러나 이번에는 대학 교회에서 예배 동안에 공적으로 해야 한다는 말을 들었다. 그는 미리 연설

원고를 써서 제출하였고 이것은 사후에 출판되었다. 그가 처형되던 날 강대상에서, 그는 기도를 시작하여 왕과 왕비에 대한 순종을 권면하였다. 그러나 그는 준비된 원고로부터 이탈하면서 전혀 기대하지 못했던 방식으로 설교를 끝냈다. 그는 성직 박탈 이후로 그의 손으로 썼거나 혹은 서명했던 취소들을, 자신이 살기 위하여 거짓으로 했던 것이라고 취소하였고 그러한 증거로서 그의 손이 먼저 불타는 것에 의해 처벌받을 것이라고 진술하였다. 그 때 그는 말했다. "교황에 대하여, 나는 그를 그리스도의 적으로 그리고 모든 그의 거짓 교리들과 함께 적그리스도로 거부한다." 그는 강단에서 끌려 나와 라티머와 리들리가 6개월 전에 화형당했던 곳으로 압송되었다. 불꽃이 그를 둘러싸고 있을 때, 그는 "너무나 무가치한 손"이라고 말하는 동안에 불 한 가운데에 그의 오른손을 올려놓아 그의 약속을 지켰으며 그의 죽어가는 말들은 "주 예수여, 내 영혼을 받으소서 … 나는 하늘이 열리고 하나님의 우편에 서신 주님을 바라본다"는 것이었다.

메리 정부는 크랜머가 대학 교회에서 하려고 했던 연설의 본문에 더하여 6개의 모든 취소들을 팜플렛으로 제작하였다. 실제로 일어났던 것은 곧바로 상식이 되었고 그 팜플렛이 메리를 위한 효과적인 선전이 될 수 없었지만, 그의 취소들에 대한 그의 이후의 철회는 언급되지 않았다. 비슷하게 개신교 측에서 그의 신앙은 취소들을 고려하면 이 사건을 신앙의 영웅적인 모습으로 이용하는 데 어려움이 있었다. 망명자들의 선전은 크랜머의 저술들의 다양한 표본들을 출판하는 데 집중되었다. 마침내 그의 이야기는 1559년에 출판된 존 폭스의 책 『행적과 기념비』(Acts and Monuments)에서 효과적으로 이용되고 있다.

11. 크랜머에 대한 평가

크랜머는 영국 종교개혁에서 성공회의 국왕 수위권을 확립하였고, 신학에서는 개혁신학을 수용하여 점진적으로 개혁하고자 하였다. 그는 영국성공회의 1차와 제이공도서를 작성하여 성공회 예배의 기초를 만들었고 42신조를 작성하여 성공회의 39개 신조의 토대를 놓았다. 물론 크랜머를 중심으로 이루어진 영국교회의 개혁은 신학적으로는 개신교에 가깝게 접근하였으나, 예배 의식에서는 아직도 로마가톨릭의 요소를 많이 가지고 있었다. 그래서 이러한 로마가톨릭의 요소를 개혁하려고 나서는 사람들이 청교도들이다. 크랜머는 그의 생애의 마지막 과정에서 인간의 연약함을 적나라하게 보여주었으면서도 마지막에 순교의 신앙적 결단을 하는 신앙의 위대함도 동시에 보여주었다.

에필로그

종교개혁에 대한 종합적인 평가

1. 종교개혁은 중세 말기의 로마가톨릭의 타락을 비판하던 위클리프, 후스, 그리고 에라스무스를 비롯한 인문주의자들의 영향 하에서 루터의 종교적인 각성으로부터 출발하였다. 루터의 이신칭의의 교리적 각성에서 출발하여 발생한 종교개혁은 각 나라의 사정과 상황에 따라 적어도 우리가 살펴본 대로 루터파, 개혁파, 재세례파, 영국의 성공회의 네 가지 유형으로 전개되었다. 이러한 종교개혁의 각 유형들은 이신칭의를 수용한다는 공통점을 가지고 있지만 각자의 다양한 독특성을 가지고 있다.

2. 종교개혁은 중세에서 근대로 이행하는 과도기에 발생한 현상으로 종교개혁의 영향 하에서 개인주의를 비롯한 여러 가지 근대적인 문화가 발생하였고, 이러한 근대적인 문화의 발전 가운데 가장 중요한 것이 민주주의와 자본주의의 발전과 그 정신의 형성, 근대적인 복지국가의 형성, 그리고 자연과학의 발전 등이다.

3. 종교개혁은 하나이던 중세 교회가 여러 가지 교파로 분열되는 결과를 가져왔고, 그러한 교파들 사이의 충돌로 종교전쟁이 일어났으며, 그러한 전쟁의 결과로 종교의 자유와 양심의 자유가 주어졌다.

4. 성경과 초대 교회의 신앙으로 돌아가자는 관점에서 출발한 종교개혁은 새로운 시대의 요청에 따른 신앙유형의 형성 과정이었다. 그 가운

데 츠빙글리에서 칼빈, 프랑스, 화란, 영국, 스코틀랜드로 이어지는 개혁파는 신학적으로 가장 체계적이고 포괄적인 개혁 신학을 발전시켰고 교회정치에서는 장로교제도를 형성하였다.